河南社科名家文库

刘志伟卷

刘志伟 著

河南人民出版社

图书在版编目(CIP)数据

河南社科名家文库.刘志伟卷/刘志伟著.—郑州:河南人民出版社,2019.11
ISBN 978-7-215-12094-5

Ⅰ.①河… Ⅱ.①刘… Ⅲ.①社会科学-文集 Ⅳ.①C53

中国版本图书馆CIP数据核字(2019)第273834号

河南人民出版社 出版发行
(地址:郑州市郑东新区祥盛街27号 邮政编码:450016 电话:65788053)
新华书店经销 河南瑞之光印刷股份有限公司印刷
开本 710毫米×1000毫米 1/16 印张 30
字数 406千字
2019年11月第1版 2019年11月第1次印刷

定价:90.00元

刘志伟　1962年11月生，甘肃通渭人。文学博士，郑州大学二级教授、博士生导师、学科特聘教授、“中原历史文化”双一流学科“中原文化”方向带头人，河南省首届社科名家，文选与华夏文明研究院（筹）院长，复旦大学古籍保护研究院暨文物保护创新研究院特聘教授。兼任国家社科基金项目通讯评委，国家博士后基金评委，中国文选学研究会副会长兼秘书长，国际考古学暨历史语言学学会常务理事、学术委员会副主任兼学刊副主编等职。

学术成果 主要研究方向为“文选学”与“活体文献”研究，先唐文学、史学研究，中国古代小说研究，中国古代思想史与艺术史研究等。主持国家社科基金重点项目“《文选》李善注校理”、国家古籍整理出版规划及资助项目“古典文学研究资料汇编——文选资料汇编”、教育部社科规划项目“英雄文化与先唐文言小说关系研究”《〈中国历代书画图目〉释文暨文艺符号学研究》横向重大项目等多项。总编或主编著作9部，参编著作多部，出版《“英雄”文化与魏晋文学》（修订版）、《汉魏六朝文史论衡》、《齐梁萧氏文化概论》等著作。在《光明日报》《文学遗产》《文艺研究》等报刊上发表论文多篇。

获奖情况 2010—2015年，先后4次获教育厅人文社科优秀成果奖一等奖；2013年、2015年，两次获“河南省社会科学优秀成果奖二等奖”；2016年，获“河南省社会科学优秀成果奖一等奖”；2015年，被评为“河南省高等学校教学名师”；2016年，被评为“河南省高等学校哲学社会科学优秀学者”；2017年，入围国家“万人计划”教学名师；2009年、2017年两次获“河南省优秀硕士论文指导教师奖”，2019年2月，获“河南省社科名家”荣誉称号。

耕耘理论沃土　绽放出彩华章

习近平总书记在哲学社会科学工作座谈会上的讲话中指出，一个没有发达的自然科学的国家不可能走在世界前列，一个没有繁荣的哲学社会科学的国家也不可能走在世界前列。坚持和发展中国特色社会主义，哲学社会科学具有不可替代的重要地位，哲学社会科学工作者具有不可替代的重要作用。为深入贯彻落实习近平总书记在哲学社会科学工作座谈会上的重要讲话精神，大力实施以育人育才为中心的哲学社会科学整体发展战略，更加有效地发挥社科理论研究服务全省大局的重要作用，中共河南省委宣传部、省社科联组织了"河南社科名家"评选和"河南社科名家文库"（以下简称"文库"）的编纂工作。

"文库"收录了韩国河、余丽、张先飞、刘志伟、陈忠海、孙先科、李恒、李伟昉等八位首批"河南社科名家"的代表性理论研究成果，内容涵盖考古、古代文学、现当代文学、比较文学、国际政治、档案管理、区域经济等多个领域，集中展示了首批"河南社科名家"漫漫科研路上的不断求索和丰硕成果，从整体上看，"文库"主要体现了以下几个鲜明特点。

一是聚焦学术前沿问题。理论思维的起点决定着理论创新的结果。"文库"坚持马克思主义指导地位、坚持以人民为中心的研究导向，立足于我们所经历的伟大时代变革，以强烈的使命担当，敏锐的学术自觉，感知、关切、探究、解答各自学术研究领域的核心性、关键性、前沿性问题。有从理念、方法到技巧方面对考古学的学科建设探索，有对现代中国关于人的形而上思考、"人间"本位的解析，有从中华文化观念发生视角对中华文化思想起源发展的探究，有对中西方文学比较研究、比较文学实证方法与审美批评之间的辩证关系研究等。这些都充分体现了"文库"作者用思想观照时代、观照现实的探索精神，为河南社科理论界专家学者严谨治学、开拓创新的品格作出了生动注解。

二是聚焦重大现实问题。问题是创新的起点、理论的生长点。马克思曾深刻指出:“主要的困难不是答案,而是问题。”与时代同步伐,与人民共命运,关注和回答时代和实践提出的重大课题,是马克思主义永葆生机活力的奥妙所在。“文库”收录的研究成果充分利用河南文化优势、区位优势,对源远流长、博大精深的中原优秀传统文化进行了追本溯源和创新创造。同时,扎根于中原更加出彩的伟大实践,坚持问题导向,解决实际问题。或以经济发展与转型为主题,从区域、产业和农村三大领域探究我国经济发展和转型的过程、性质、结构和绩效;或深挖中原文化潜力,以传承创新华夏历史文明和建设全国重要文化高地为己任,推进中原优秀传统文化创造性转化创新性发展。这些研究最大限度地遵循规律、探究缘由、寻找对策、服务现实,以河南社科理论界专家学者的实干担当,为中原出彩贡献了自己的力量。

三是聚焦思想舆论问题。当前,世界正处于百年未有之大变局,中国与世界的关系正在发生历史性变化。身处大变局中,我们既有木秀于林的骄傲,也有风必摧之的风险;既有乘风破浪的自信,也有积羽沉舟的忧患。“文库”收录的成果以学术的方式,参与到当代中国思想文化领域重要问题的讨论中:通过剖析20世纪中国人与全人类不断觉醒、共同进步的心灵探寻历程,以及中国人对“人学”新观念的话语建构与实践创造,不断塑造着热切追求进步与崛起的百年中国人的精神世界与生活方式;通过分析阐释互联网与国际政治的内在逻辑,对互联网在国际政治中的作用与应对策略、网络空间国家大数据主权安全保障和治理机制进行了探索性和前瞻性研究,提出了全球网络空间“观念治理”的中国方案等。这些研究聚焦思想文化领域重要问题开展深入思考,对一些错误思潮进行了批驳,为社会注入了更多的正能量,巩固壮大了主流思想舆论。

习近平总书记强调:“这是一个需要理论而且一定能够产生理论的时代,这是一个需要思想而且一定能够产生思想的时代。”“文库”的出版,对于进一步激发河南社科理论界专家学者干事创业热情,推出更多名家大家、精品力作，在围绕中心、服务大局中出新出彩，很有价值、很有意义。

一是有助于加快构建中国特色哲学社会科学。新时代哲学社会科学发展的重要使命是加快构建中国特色哲学社会科学，其重中之重是加快构建中国特色哲学社会科学学科体系、学术体系、话语体系。在一定意义上讲，“文库”的出版，是河南省加快构建中国特色哲学社会科学的积极探索。从学科体系上看，体现了深耕厚植中原历史文化这一传统优势学科与积极探究区域经济、国际关系等新兴学科的有机结合；从学术体系上看，反映了从古今中外丰富的学术思想中汲取营养、推陈出新与从改革开放的实践中挖掘新材料、发现新问题、提出新观点、构建新理论的辩证统一；从话语体系上看，是立足当代中国社会变革伟大实践的理论探索，在一定程度上为解读中国实践、构建中国理论贡献了新概念、新范畴、新表述。

二是有助于发挥“河南社科名家”的引领示范作用。构建中国特色哲学社会科学是一个系统工程，需要统筹各方面力量协同推进，更需要加强顶层设计，发挥高端人才的引领示范作用。“文库”的出版，既是对“河南社科名家”的重要宣传推介，也是对河南哲学社会科学事业不断发展和壮大的阶段性成就展示。实践没有止境，理论创新也没有止境。实现“两个一百年”奋斗目标、实现中华民族伟大复兴的中国梦需要中原更加出彩，需要“河南社科名家”再接再厉，主动担当、积极作为，提高为党和人民述学立论、建言献策的责任感、使命感和理论自觉，在为国为民、立德立言中成就自我、实现价值。

三是有助于激励社科工作者投身中原更加出彩的伟大实践。党的十八大以来，习近平总书记三次亲临河南视察指导工作，并参加全国人代会河南代表团审议，充分体现了对中原人民的关怀厚爱、对河南工作的肯定支持。实现总书记对中原更加出彩的殷殷嘱托，为理论创造、学术繁荣提供了强大动力和广阔空间，也为河南哲学社会科学工作者聚焦重大理论和现实问题指明了方向。“文库”的出版，将进一步增强河南社科界的政治责任感和时代使命感，激发更多的专家学者在把握时代脉动、面向实践需求、解决实际问题的具体实践中，不断去深思、去体悟、去实践，为河南经济社会发展提供更多既有理论高度又有实践深度的研究成果。

神州大地风雷激荡，中原出彩潮水澎湃。站在新时代的起点，广大哲学社会科学工作者要高举习近平新时代中国特色社会主义思想伟大旗帜，树牢“四个意识”、坚定“四个自信”、做到“两个维护”，以“为天地立心，为生民立命，为往圣继绝学，为万世开太平”的社会责任感，把实现中华民族伟大复兴中国梦与中原更加出彩紧密联系起来，勇于立时代之潮头、通古今之变化、发思想之先声，努力成为先进思想的倡导者、学术研究的开拓者、社会风尚的引领者、党执政的坚定支持者，共同推动哲学社会科学建功新时代、展现新作为、书写新篇章。

刘伟

2019 年 10 月

目录 CONTENTS

学术小传

代表性学术成果

学术年谱

◆学术小传

一

1962年农历十一月十五日，正是月圆之夜，万籁俱寂，我出生于甘肃省通渭县常家河镇刘家阳坡村。

刘氏家族现今是华夏第四大姓。我家这一支相传出于汉室中山靖王刘胜子刘贞，世居涿郡（今河北保定市）。明代由山西大槐树徙至甘肃临洮，辗转居于通渭寺子北山后的刘家窑坡、碧玉关下刘家岖、常家河刘家堡，最后定居刘家阳坡。

我成长为一名教师，与家族重教传统颇有关系。

我的先祖世代务农，曾祖刘炳藜在本乡庙跟前读过几年私塾。与现代教育关联，始于祖父刘发奎。

祖父是他这辈排房兄弟五人中的老大，在家族和乡间颇有威望，被称为“大汉人”（通渭方言，尊称有威望男性）。作为当家人，他支持四弟刘恒勖、五弟刘允勖就读常家河小学，四祖父刘恒勖还成为民国时代通渭县中学首届高中毕业生。20世纪40年代初，祖父创建阳坡小学（私立，后迁至王咀，改名王咀小学，今名贡唐小学），并担任董事长。他礼聘周开都先生，教育家族子弟、服务乡邻。在祖父的影响、支持下，我的四祖父、五祖父都投身于教师职业。四祖父刘恒勖于1947年高中毕业后，曾先后创建或参与创建固堆河小学、冉家石潭小学、令家川小学、孙家川小学等，担任这些学校的创校校长和多所学校的教师，贡献桑梓教育良多。其二子刘永彤也为教师，历任常河中学教师、固堆河初中副校长、王咀小学校长等。五祖父刘允勖曾创建常家河张堡小学。

祖母陈列艺的父亲是地方乡绅，家族经营糖业小作坊。祖母嫁入刘家后，成为董理刘氏大家庭的总管。据说在我的曾祖和祖父时代，家族人丁兴旺，两度因达到36口而分家。当时家庭经济并不宽裕，祖母一肩扛起如此大家庭的衣食住行，真是难为她老人家了。祖母为人敬慎慈爱，处事大气周至，很有统御调度能力，襄助祖父营造了尊老爱幼、长幼有序、和睦共济、重教乐善，有很强凝聚力的家庭氛围，阖家老少乐服,在乡间也颇有贤淑口碑。她对妯娌、小姑们关爱备至、亲胜姐妹,尤其为乡亲所津津乐道。

父亲辈有弟兄姊妹 4 人。大伯父刘聪曾上过李家店私立学校,20 世纪 40 年代成为中共地下党员,新中国成立初曾任通渭仁义乡乡长,后任常河公社副书记,1969 年领导创建固堆河初级中学。父亲刘敏是解放后通渭工业的创始人之一,曾受命创建当时全县唯一的企业张家川煤矿并任矿长,后历任县毛纺厂、农机厂厂长,脱粒机厂书记、县经委书记。父亲基本属于自学成才,但他与大伯都深受为国家做公事理念和祖父重"教"思想影响,曾多次给家族子侄讲述,我的祖父给他们这一辈亲堂弟兄分别以聪、敏、锐、智、仁、义、礼等取名,是期望后辈能以忠孝和文化教育立家传后。父辈的言传身教,深刻影响了家族子侄,多能以刻苦读书来改变命运、为国效力。恢复高考之初,家族子侄考上大中专学校的人数,在本地名列前茅。由父亲任董事长的刘氏家族"希望之星"基金会,对孙子辈的教育发展也起到很好的支撑作用,2010 年,父亲的 5 位亲孙子考上大学,乡间传为美谈。三叔刘锐 20 世纪 50 年代到了兰州大学,先后在生物系、哲学系从事行政工作。姑姑刘瑛才貌并优,20 世纪 60 年代初就读于兰大附小,后毕业于通渭县初中、高中,以当时颇少见的女生身份,而与二爸刘永彤成为常河籍 5 名高中毕业生中的两人。三祖父长子刘继华,20 世纪 50 年代曾工作于兰州大学化学系,60 年代初自愿回原籍支援家乡建设,70 年代历任固堆河大队长、固堆河初级中学校长、王咀小学校长。

舅父家族先祖,相传是北宋名将杨文广八房后人中的一支,真确与否已难考实。不过杨文广及其部属确在安远镇等地筑城镇守边关,今日还有"杨家磨""杨家坟""城址下""躲箭坡""箭杆山"等地名和遗迹;历史上杨家将的部属、士兵,多有在驻地落户而成为杨姓者。至今这一地区杨姓甚多,当是杨文广的后裔或与其有瓜葛亲者。

我的外祖父辈亲堂弟兄 3 人,外祖父杨国栋排房第二,民国时代就学于陇西师范,他兼通"五经",尤精《周易》之学,曾创建张家川小学,在当地广有声誉,乡人尊称"大先生"。我姨表兄弟中的三表哥温全海热爱天文,精通《易》卦,大约就是隔代受到影响。三舅杨文贵曾就读于兰州工业专科学校,1949 年随王震大军远赴新疆,在阿克苏沙井子农一师从事水文工作,直至离休。

亲族中还有两位,对我的人生产生重要影响。

姑父何中贤是通渭碧玉人,老三届高中生,高中时代是全县有名的才子,人文修养很高。他手把手教我写作,指导提升我的文学素养和思维能力。从高中至今,凡我认为比较重要的文章,都会请姑父予以斫正,他也总是不厌其烦,在文稿上写下密密麻麻的批改意见,对我所取得的进步予以表扬,对缺点尤其是知识类硬伤错误,则毫不留情。拙著《汉魏六朝文史论衡》初稿,30 余万字,承他全部审阅,并亲为打磨修润文字,故我在后记中专表谢忱。

刘念宗大爷是我二太爷刘俊德的独子,也是我们刘家阳坡当代出的最大的"官",历任通渭县委副书记、定西地区常务副专员、人大常委会主任等职。念宗大爷勇于改革创新,很有实干精神,任县委副书记时,所主抓先后上马的味精厂、耐氨酸厂等,在当时都具有先行、创办意义。20 世纪 90 年代末,他在省委党校脱产学习一年,因党校与母校一墙之隔,往来甚便,爷孙二人或宿舍快谈,或黄河故道漫步,上至天文地理,下至地方德政、学问、世事、人情,所谈甚多。他看问题的角度,鲜活独到,多会融入工作和人生体验、思考,注重事物相互间的联系,惠我良多。他读书热忱而投入,也经常请我帮他鉴定所购书籍。他那种对新生事物抱持高度敏锐,渴求新知并不懈探索、钻研,对学识的无比尊崇和对提升自己学识水准的渴望,尤其让我感动。他对我关注政治与社会脉动,读活书,注重吸收社会、民间活性与智慧,不做书呆子,有很大影响。念宗大爷任定西地区常务副专员期间,邀我参与过一些区内活动。我曾受他委托代邀我研究生时的同学,后任中国科学院地理科学与资源研究所首席研究员、博士生导师董锁成教授到定西作报告,其时正开全区"三干"会,他当即决断,将学术报告作为"三干"会议主要议程,效果良佳。他回家与父亲交流,谈到与我交流的认识,表扬我没有成为他想象中的"书呆子",很令父亲自豪。我想,学以致用,时刻将实践和提出解决问题方案作为第一思维起点,将知识活化为能力,萃取真知灼见,知行合一,实干苦干,应是我向他学到的最大收获吧。

二

童年记忆较深刻的,是我名字命名的话题。大约是1971年,我在王咀小学上一年级,受大伯刘聪(时任大队副书记)委托,在兰州大学工作的三叔刘锐,邀请了同校著名地理学家冯绳武教授(新中国成立时任兰大校务委员、图书馆主任,在西北首开“中国历史地理”课,著有《甘肃地理概论》《中国自然地理》《中国地理》《南洋地理》等专、译著作)来考察家乡地貌,拟打机井以解决村民靠天吃水难题。老先生吃住在我家里,端饭听从使唤,就成了我的光荣任务。有次问话,他突然对我的名字好奇,感慨乡间竟有这么有学问的起名人。原来我出生于农历十一月十五月圆之夜,乳名叫银泉,属虎,“银”谐“寅”,“寅”者,“虎”也;“泉”自有水。遂引发老先生关于我的名字阴阳相和、刚柔兼备、将来必成大器的一番感慨。后来取“志伟”官名,自然与老先生此番言论有点关联。其实当初家长起名,只为纪念我出生于月圆之夜,何曾想到这等深义,但年幼无知如我,还是听进去了,也对老先生有了莫名的亲切感,每天跟前跟后,净问些关于外部世界的事情。记得高中时代教我历史课的杜经国师(兰州大学历史系教授、系主任),曾以我为例,给全班同学讲述大禹等英豪也出于西北苦寒之乡时,当时脑海中浮现的,正是冯绳武教授认为我宜于文学,且以励志话语鼓励的启蒙情景。而1971年僻居乡野的小屁孩能知“中文系”,还放言要上中文系,多亏冯绳武教授早予传授!

我出生时严重发育不良,幼年体弱多病,母亲因担心我难以成活,经常躲在堂屋背后哭泣。小学三年,几乎每年很难坚持全程听课,也无法多与小伙伴一起玩耍。病困家中,便以读书忘病、解闷。遇到不认识的字,连猜带蒙,居然也可读个大概。家中所有的《三国演义》《水浒》《西游记》《说唐》类小说,尤能打动我心。这样,在不知不觉间,我无师自通地认识了不少文字,更培养起了狂热阅读文学作品的兴趣,遂得以全身心沉潜自造一片精神世界,尤以固堆河小学和初中四年为甚,以至于在今日家乡,仍有关于我的读书传闻。

讲几件我所经历的读书事儿吧。

陇中是常年干旱地区,素有“陇中苦,甲天下”之说,人畜吃水靠窖水集雨,但不尽济事。刘家阳坡与固堆河小学隔了条咸水河——固堆河。我与同班就读的三姐刘芳(大伯父三女)每天上学,必共抬一水桶,放学时顺便抬桶河水以供养家畜,可我总在路上边抬桶水边看书,有时水担滑落,木桶摔散成条,水自然抬不成了,两人则互相埋怨,一人拿木桶条,一人拿抬水扁担,打得眼肿鼻青,然后拿着空木桶的铁圈和桶条,哭着回家。我作为肇事者,免不了被训斥惩戒。

那时固堆河果园有位张姓看瓜人,很喜欢小说,不少同学从家里偷了粮食换瓜吃,有时也换小说看。很长一段时间,我都与他分享、交流各种小说和其他文学作品,当然大多是拿家里的粮食换的。虽然时有被大人发现后招打的恐惧,但换瓜吃、换小说读,是我童年和少年时期最幸福的事情。有次偷鸡蛋换书,被母亲追着打,已经成为回老家必与母亲分享的最亲切桥段了。

由于无日无夜读小说,干活不免精神恍惚,听大人交代事情也总走神,很招大人生气。这样,白天不能公然看书,只好等大人睡着再偷爬起来,夜半就成为我的固定读书时间。为了遮蔽煤油灯光,经常蒙着被子读,有次还因失睡而烧了被子,招来大人一顿肥打。更为严重的是,那时固堆河村同宗的刘氏家族中有位读书狂人,真能倒着背《三国演义》,后因家庭纠纷而发疯,阖家上下生怕体弱多病的我也会步他“书疯子”后尘,不仅多方约束我,甚至还联合校长和老师,禁止我读小说。家庭压制反而激发斗志,正所谓“道高一尺,魔高一丈”。回想当年为读书与大人斗智斗勇,施展浑身解数,不禁哑然失笑。

我很有几位今天可称之为“铁粉”的读书伙伴,大家百般设计、开拓各种借书渠道、途径,醉心于交换读书和分享心得,还竞争读最难懂的书。这种兴趣一直延续到研究生时代。记得那时听说《浮士德》最难读懂,于是想方设法,读了当时所能找到的郭沫若、钱春琦和董问樵的三种译本,颇为得意地在伙伴中炫耀。日后读研,周建江学弟每次假期后返校,总要背回一箱金庸等人的武侠小说,条件是必须找他没有的换看,让我陡觉儿时迷人情境重现。日后敢于参加国际"金学"会议,底气正来自这儿。今日思之,还庆幸又过了一段换书读的好日子。

童年和少年时代的读书生活,给我平添了三样标签:一是拜借煤油灯长期熬夜阅读之赐,我在小伙伴中荣获"烂眼皮"的"桂冠";二是获得说讲专职身份,必须承担给伙伴们讲"古经"的职责,又因那时多群众集会,还经常上主席台宣读自己写的所谓稿件;三是成为同学中的书写员。从小学四年级直到大学毕业,我长期担任学校、班级墙报、稿件、宣传品的铁笔刻写蜡版任务,终以手指老茧换来一手铁笔工楷刻写的硬功夫;也因用毛笔抄写大字报和各种稿件,培养、强化了书法这一终身爱好。

小时候还因话多,在大人说话时经常插嘴、问话讨嫌,屡受训斥,虽不免心冷意灰、莫名郁闷,却难改故态。成年后明白,那也许是幼童好奇心和求知欲旺盛的表现,不全然是缺点。成为教师后,也深以此为戒:对思维发散,多问甚至多"无礼"问的学子,要抱持最深切的同情、理解,多予呵护、鼓励、引导,不必动辄粗暴打压,以免误伤、扼杀其生命创造灵性。

三

打心眼儿里感恩童年、少年和青年时代家乡生活的厚赐。

首先是劳动生活的锻炼。在我们上小学、初中年代,学校会专门组织给生产队帮干农活,有时就吃住在老乡家里;周天放假,常要参加本村记工分的劳动,以贴补家用。劳动不仅健我体魄,让我真切感知农村生活的艰辛和不易,还带给我关于田园与大自然的愉悦感受。倾听来自家乡的历史传说、乡野趣事轶闻,尤使我在阅读各种作品时,情不自禁地将我的家乡置入其中。在我的灵魂深处,家园永远是我文学世界中最美、最核心部分,关于文学世界的故事,总会引发我对家乡的唯美想象……

那时,母亲在生产队担任饲养员,由于两位哥哥已工作,妹妹力弱,两弟尚幼,在初中和高中周末时间,我就以并不强壮的身体,承担了帮母亲割草,用架子车拉土垫圈,拴放、饲养牲口的任务。虽然拉满满一架子车土在高高低低的乡间小道多有危险,但当我以车夫身姿飞奔向前,田园美景在蓝天白云俯视下,带着愉悦风声掠过眼前,无边的幸福感便弥漫在整个空气中,就算用拿破仑的权杖,也真个不换。在晨露中割草,会不由自主地进入屠格涅夫《猎人日记》的情境:清晨,吃草的槽马,半闭着惺忪睡眼,打着满意的响鼻,将微微的震颤,一点一点地,由近及远,传播给整个青草地;半是湿润、半是明亮的草叶上,青虫和蜜蜂们,为了生活——战斗,采集,飞翔,歌唱!牵着的红烈马,用那样柔情的目光与你对视,轻轻地啃咬你衣领,那时候,你被柔化了的心啊,简直就是在与大自然的精灵交流……

家乡自然、生活条件虽较差,却馈赠给我童年、少年和青年时代一笔丰厚的生活磨练财富。打从记事起,只要天上下雨,就会戴上草帽,拿起铁锨,应和着祖母、母亲"地滑,小心摔着"的喊声,冲进雨阵,改引雨水流入水窖。无论在王咀还是固堆河上学,放学时间到水泉或是河中取水,是每日必做功课。冬天河冰咸味较淡,可用来食用,就要砸冰块装进水桶,抬回家投进水窖。固堆河水有时咸到连牲口都不愿意喝,但在严重缺水季节,还要将这种咸水掺着窖水来做饭、饮用,真是吃喝在嘴里,苦咸彻心底。

上了常河高中,为解决做饭、饮水问题,同学们也会轮班拉着架子车,到离校很远的孙家山山泉或水库取水。天旱季节,山泉或水库的水几乎见了底儿,浑浊的水里,弥漫着异味,成团队建制的小蝌蚪,往来游动……后来,学校组织师生从河里捡石头,用架子车拉,用筐抬回学校,再用榔头砸碎,通过勤工俭学,建成学校第一口水窖,才基本解决了师生用水问题。

由于常河中学离家较远,很多同学住校,周末返校时,要带上一周的干粮和预先做好的擀面条,将其分割为 6 份,一天一份,有时连酸菜也没有,就在面条里面撒点盐调味,偶尔加点清油或猪油在饭里,那就是上好的美味了。夏天天热,有时就得硬着头皮吃发霉变味的饭食,拉肚子的事儿,也时有发生。日后获知,"先天下之忧而忧、后天下之乐而乐"的北宋伟人范仲淹,早年读书更为清苦,每天靠食粥充饥,还将粥凝固成块后分为4份,每天早晚只食两块凉粥果腹,不禁为古今清贫学子励志流下热泪。我在当时被视为干部子弟,家庭条件算是较好的了,用一个煤油炉煮饭,不少农家子弟,是挑着柴火担子去住校的,在上午最后一节下课,或下午自习课后,还要去占有限的土灶台做饭……

有次周末回家是在黄昏时分,独自一人翻过马家阳山的深沟,对野狼、坏人与妖魔鬼怪的诸般恐惧,突然发散开来,敏感的少年心,心眼儿提到了嗓门上,勇敢与恐惧交战,就把自己交给家乡的天空和大地,当然,还伴有丝丝遐思:在屠格涅夫的《车轮子响》中,可是有俄罗斯"侠盗"恰巧相逢的……

儿时倍感幸运的事儿,是在父亲的工厂,旁听了"优选法"和"统筹法"。20世纪70年代,华罗庚在全国推广"优选"和"统筹"两"法",造福于社会和民众。年幼如我,暑假在父亲工厂玩儿,竟也被这样的普及讲座所深深吸引。至今依稀记得,讲座人把毛泽东的《实践论》《矛盾论》相结合,深入浅出地讲解:如何将"优选法"和"统筹法"具体运用到正确处理主要矛盾和次要矛盾,矛盾的主要方面和矛盾的次要方面。这一难忘的儿时经历,影响我日后生活、工作至深。在从教、治学生涯中,总是期盼:统筹优选,打破经院式的封闭性体系,引入社会智慧活水,将学到的知识价值理论和方法,自觉指导、运用到社会实践活动当中去。

初中时代,还有两件事情值得提到:

一件是,同学们戏称《农业基础》《工业基础》课为"公鸡""母鸡",《农业基础》课曾请我四祖父的长子刘继昆,给我们讲解用酸梨树嫁接果树技艺,嫁接树木遂成为我青少年时代的最爱。上大学至今,每当读到《诗经》和古今中外歌咏、描写植物的华章,我就会想到故乡的《农业基础》课,是它给我开启了一扇认知、热爱植物世界的心灵窗口。当我看到一些果树,会打心眼里萌生嫁接一番的冲动。我研究"英雄"文化,而关注"英"是植物精华的本质属性,最初的思考,也许就发芽于此吧。

另一件是,初中时期,我被时任副校长的班主任王勇夫老师任命为校养猪场的场长。其实所谓养猪场，不过是一个猪圈里圈了几头猪而已，饲养好了宰杀，在年节给老师们打打牙祭。我的场长职责，就是领着几位同学，早晚喂养那几头猪，隔三差五拉些土垫圈，清洁猪圈卫生。记得有次贪玩，忘了喂食，饿得群猪在圈里嚎叫着打转，王勇夫老师气得黑着脸，大发雷霆之怒，当场宣布撤销我场长职务。2019 年是猪年，愿我的那些“猪友”们在天国过得安逸，“猪”事顺遂，宽恕我曾结结实实饿了它们一整天的过错吧。而日后当我读到汉代伟大史学家司马迁和经学巨儒郑玄都曾在少年时代牧猪，真的是既惊且喜：与有荣焉！

四

在我构筑文学艺术梦想，走上文学艺术研究世界的人生初途，长辈亲人、乡贤和老师，起到了重要的培育、影响作用。

兰州大学三叔刘锐，是我幼年最为重要的文学启蒙老师。他每年回家省亲，总会给老家的孩子们带来关于文学故事的狂欢盛宴。三叔的“古经”讲得真是好啊！每当月明星稀，或是黑漆漆伸手不见五指的夜晚，一当吃过晚饭，我们这些小家伙们，就会迫不及待地围拢在三叔周围，带着崇拜的眼光，倾听炕上端坐的三叔开讲，生怕漏掉哪怕是半个字眼儿。三叔模拟海啸、野狼还有鸟鸣的声音，惟妙惟肖，绝啊！

说也奇怪，今天想来，三叔讲的所谓“古经”，其实都是些外国文学名著，好像都没有讲过一部中国古代小说。我关于外国文学名著的知识，最早都是从三叔那听来的，如雨果的《悲惨世界》，巴尔扎克的《高老头》和《欧也妮·葛朗台》，莎士比亚的《哈姆雷特》和《仲夏夜之梦》，大仲马的《三个火枪手》，小仲马的《茶花女》，福楼拜的《包法利夫人》，列夫·托尔斯泰的《安娜·卡列尼娜》《复活》《战争与和平》，果戈理的《钦差大臣》《死魂灵》，拉伯雷的《巨人传》，夏洛蒂·勃朗特的《简·爱》，艾米莉·勃朗特的《呼啸山庄》等。还有一些希腊神话故事，安徒生、格林兄弟的童话故事，以及侦探小说和电影等。

当然，我们小孩子最爱问的，和三叔最爱卖关子的话，不外是：“到底是好人还是坏人?”“怎么那么丑呀!”“个子到底有多高?”“胖不胖呀?”“到底发生了什么?”“明晚要接着讲什么呀?”真是吊足了我们的小胃口。

在我们眼里,三叔就是那世界上知识最渊博、最风趣、最会讲“古经”的人。日后当我真正阅读三叔所讲过的这些文学作品时,我惊讶地发现:三叔对于外国文学,还真的有很好的研读,很多作品他都忠实地保留了小说的那个味儿。当然,为了吸引我们这些小孩子,他也刻意做了童话化、幼稚化的处理。他在讲有些作品时,其实也融入了他自己的人生经验感受和他对于世界及人生的认识,是某种程度的再创作。保留原汁原味、活学活用、再创作,三叔展示了他认知文学的特定眼光。而神秘、神性、神奇,乃是三叔传递给我们的关于文学、小说的总概念。这些深刻影响我接触文学伊始就立足于文学本体意义:文学创作关乎才情、性灵且具有神圣特性,自有其崇高美妙趣味。因之,研读文学作品,不能出之以平庸和死板生硬,而是要以鲜活情趣、灵性智慧浸润并穿透其情感内核,并以思维高度把握其深邃内涵。

令我痛彻心扉的是:影响我终身的那个三叔,却已永远离开了我们这些当年听他“古经”的小家伙。2019 年 5 月 1 日,正是他老人家离开我们的三年忌日。我的三叔、我的文学启蒙老师,当我用这段文字深切悼念您时,您还能给我们原声回放您那永恒的经典模拟——关于罗彻司特与简·爱初次相逢后,在河岸乘马远去时嗒嗒的马蹄声吗?

在乡贤中,有邻村张家沟三位张姓畸人弟兄,只记得人称“大孪孪”“二孪孪”和“三孪孪”,是四里八乡闻名的乡村“荷马”。关于生我养我的那片黄土大地的历史,从盘古王开天辟地到现代的活历史,就整个儿装在他们的肚子里,永远也讲不完。他们的故事,就如张沟那眼日夜汩汩流淌的山泉,无日无夜地浸润着我的故乡厚土,也流进了我的心田。他们是真正伟大的文学大师,他们用原生态的、活色活香、具有神性意味的家乡方言、俚语,讲述的故乡历史,是真正伟大的历史叙事和文化传奇。当我已经在高校任教每年回乡,多次在本村或邻村,有幸听到最唯美的用家乡方音讲述的故乡传奇叙事,我依然为故乡方言的伟大所倾倒。我强烈地意识到:在家乡听到的唯美神异叙事，只为这片热土而生，只宜黯然伤魂于激越乡音铿锵的天涯游子归来时倾听，这是原乡的一片文学云，任何其他地域的伟大作家，都无法讲述这独一无二的伟大文学叙事，端的是难描难画！

在常河高中，教我们语文课的是赵剑洪师，他对我语文知识的学习和写作，起到关键的指导作用。由于我读文学作品较多，也热衷写作，赵师常当着全班同学予以表扬，并将我的作文作为班级范文。对我每篇习作的批改，总会写些鼓励话语，有时也叫我到他房间，了解我的读书情况。记得有次全年级作文大奖赛，一等奖就评了我一位。赵师的厚爱鼓励，坚定了我选择文学作为未来专业的决心。

让我感动的是，赵师对我的长处和短处，实际看得非常清楚。在整个高中阶段，赵师很少正面批评我，但我在他对我作文和语文作业的批语中，能够依稀感到他并非全部肯定我。他用平静委婉的语气，传递出对我语法训练、文字表达和修养方面的期待。当我在高校工作多年后托我教过的一位学生，当时已是赵师退休前所在学校校长的高守信送书，守信转述赵师谈到我，说在我上高中时，他发现我文学潜质很好，读了不少文学作品，但毕竟在农村，中文底子还是有点薄，而关于文学的修养，是需要终生不断予以加强的。赵师最深切的关爱，令我认识到：真正的恩师包容学生的缺点和不足，但更期待有长足进步！赵师深刻影响了我对学生的指导方法：比之于发挥优点，弥补缺点让人“长肉”更多！在佛教里，慈航普度和当头棒喝，是同一层次的教化方式，正如“声”无“哀”“乐”，采用何种方式，端看哪种更适合自己。施教者尤当卓立于超越层次，在不同的场合、地点，采取不同的适宜方式，正如苏东坡说的：“吾文如万斛泉源，不择地皆可出。在平地，滔滔汩汩，虽一日千里无难。及其与山石曲折，随物赋形，而不可知也。所可知者，常行于所当行，常止于不可不止，如是而已矣！其他，虽吾亦不能知也。”

故乡也是我童年时代艺术启蒙的芳草地。

我的故乡通渭，今日以“书画之乡”名闻全国。在甘肃人心目中，通渭读书人就应该是书法家，不会书法，如何做通渭读书人？关于通渭人对书法的痴爱之情，读者诸君不妨一读贾平凹的著名散文《通渭人家》。实际上,我的童年和少年时代,就是伴随着给大人写字画画抻纸、磨墨成长的。在我的家族中,大人多爱好写写画画,我的四祖父和他的儿子,也就是我的二叔刘永彤都擅长书画,至今四祖父补画名画家冷文蔚四条屏中的葡萄画,还挂在我大伯孩子的家中。我与时任常河高中老师的二叔合住,每次他写字画画,我就成为他的书童。而在小学、初中,《写字》与《美术》都是学年必修课程。初中时期教我们《写字》《美术》的张必循师,一手漂亮的楷书字,在家乡颇有名气,他指导我们练字,都从楷书入手。而固堆河与我同宗的大爷刘尚贤,在县文化馆工作,是公认的四大"通渭能人"之一,善写隶书,走的是清人金农的路子,也擅长画画,在通渭推广玻璃画,每次我们参加集会,举的各种尺幅的毛主席油画画像,都出自他手笔。其父刘子述老人,民国时代也曾在固堆河小学教书,家乡流传他不少墨宝。固堆河初中的其他老师,牛永珍、张汉江、王孝吉等,都热爱并擅长写字画画。

在小学和初中阶段,我写字的水平远高于画画,老师们总是表扬我笔性很好。当然,我的钢笔字还是要比毛笔字好些,但在同学中用毛笔字誊写大字报等,几乎是我的专职,刻写蜡版,正是我的拿手好戏。在我的记忆中,收藏古人和名人字画,是家乡人共同的生活嗜好,在我家和乡间其他家庭的客房正墙上,能看到像刘墉、纪晓岚、曾国藩、左宗棠、于右任等,还有在本地大有名声的牛树梅、安维峻、刘尔炘、冯国瑞、范振绪、冷文蔚、霍松林、张维垣、高乃温等的书画名品。据家里长辈讲,在民国时代,即便缺吃少喝,如果遇到古人和现代名家真迹,家人都会毫不犹豫地拿口粮换书画,这样的行为,在通渭人看来,简直天经地义,再正常不过。就是在这样的文化氛围中,我的童年和少年时代,培养起了对书画的兴趣爱好,尤其书法艺术伴随着我的生命,几乎如呼吸、吃饭、睡觉一样自然而然,要是哪天没有写字,倒有点不大习惯了。在我的学术生涯中,无论到哪里去访学,还是参加会议,我都会抽空去看博物馆的书画展,热衷于与热爱书画的朋友分享交流……

关于音乐,春节乡间社火的秦腔舞台戏,刘家阳坡上面堂大伯刘天福弟兄四人农闲时节和春节的三弦弹唱会,固堆河同宗前辈刘寿山老人(他的孙子刘紫汉与我初中同班)的牛皮灯影戏(日后以之为基础,组成的通渭牛皮灯影表演团,荣获国际非物质文化遗产传承人称号),带给我童年很多的快乐。20 世纪 70 年代风行文艺样板戏,固堆河的同宗刘尚斌三爷是导演,二叔刘永彤,牛永珍、陈海源师等有时也客串导演,家族长辈和我的哥哥、姐姐们,是表演积极分子,多能粉墨登场。我的两位三叔刘继轩和刘继彤,和我的一位大哥刘琰,他们放学后或节假日,总在一块拉二胡、吹笛子,表演手风琴和口琴,吹拉弹唱,各有各的绝活。日后刘琰大哥在司法部门工作,成长为一名厅(局)级干部,仍酷爱音乐,精通二胡、电钢、葫芦丝等 10 余种乐器,甚至自制过一把二胡,对迷笛吹管也研究精深,出任甘肃省电吹管联谊协会会长。我的亲密玩伴、兰大三叔的长子刘锋(现定居美国,电子软件高级工程师)小我半岁,也是校乐队积极分子,各种乐器都能摆弄一番。可怜我五音不全,也没有登台表演的天赋,至今追悔在那样浓厚的家庭音乐艺术氛围中,没有学会一样乐器,只有好生羡慕罢了。即便如此,倾听美妙的音乐之声,也带给我唯美的人生享受。

应该说,在童年时代所培养的关于书画和音乐的艺术兴趣,对我的文学研究产生了重要的联通、渗透作用,而在我的写作中,没有了音乐的旋律,没有了书画养心养眼,真的就很不安逸,写作快感也荡然无存了。一句话,文学艺术是安顿我精神生命的神性存在。真不敢想象:没有了文学艺术,我的生命将会怎样暗淡无光,毫无趣味可言!由热爱文学艺术,我终于走上了终生献身文学研究的道路,至今无怨无悔。

五

1979 年 7 月至 1980 年 5 月,我在兰大附中高考补习班学习。在他人,这样的补习生活,或许只是求学阶段的小插曲,对于我的世界观、人生观和人生走向,却具有里程碑意义。

正是在兰州大学,我遇到了两位对我人生影响至深的恩师。

一位是教历史课的杜经国师,时任兰州大学历史系主任。

说几件对杜师印象最深的事情吧。

大约是多半学期将过的一个上午的课间，杜师突然问我的家长是谁，我告诉他哲学系刘锐是我三叔。晚上回家，三叔激动地告诉我，杜经国教授本与他不熟，因为我的缘故特意找了三叔，向他详细了解我的情况，说发现了学历史的好苗子，如家长和孩子愿意，愿意予以特别培养。听了三叔的话，我惊呆了，好似做梦一样，感觉都有点不大真实了：怎么会？像我这样一名来自乡下的中学生，居然被名大学的名教授，而且是担任系主任的名教授赏识！

第二天课间，杜师嘱我晚上到他家，依稀记得我这位月光之子，又是在十一月的月圆之夜，与杜师有了第一次深谈，具体内容今已大半遗忘，但他告诉我读历史的读书种子，不是想找就能找到的，这句话让我至今都不敢懈怠读史。临别时，杜师指着他排列满屋的书架告诉我，只要他在家，我随时可以来书房看书、借书。杜师是近代史研究知名专家，由他主编的《近代史纲要》教材，日后风行国内高校。杜师对曾国藩及其子曾纪泽，还有左宗棠、薛福成等，也研究精深。有次历史课，他给我们讲述曾纪泽这位了不起的外交家，以其非凡胆识和外交长才，为我中华争得新疆伊犁等疆土的感人事迹。于是，我在杜师书房找到《曾惠敏公遗集》，记得是清末光绪癸巳年（光绪十九年，1893年）江南制造总局首刊本，以遂阅读之快。我想，在一位近代史权威学者亲自指导下，通读《曾惠敏公遗集》这样一部在当时流布并不广泛的书籍，我是1979年全国高中生中万分荣幸的那一位吧。日后我所在古代文学学科点的、专研桐城学派的高代英教授，她指导的两位研究生专选了曾纪泽和薛福成做硕士论文，让我梦回青春旧日，无限感慨。

有次课上，杜师讲蔡锷将军在云南首倡反袁称帝，提问蔡锷的“锷”字写法，全班同学就我答对，杜师就由蔡锷云南的举义敢为天下先，讲到天津小凤仙的风尘侠义，又感慨大禹等往古圣贤多出身于边僻寒贱，并因我而发了一通读书种子难得，艰难困苦、玉汝于成的感慨与激励话语，让我很是感动。

记得杜师还在黑板上以油田的形成，讲授学问如何积淀成海：经过多次的沧海桑田变化，单个个体的鱼油，逐渐向多个方向渗透；海量的单个个体的鱼油，经由集汇渗透而成小块油区，如此这般形成的多块油区相交集、渗透、融汇、扩展,慢慢就变成了广阔沉深的油田。学问海田亦复如此:只有经历漫长的日积月累,使得多个局部不断交集、渗透、突破、扩展,连成整块,才可成就学问海田。因此,当下就不要指望一蹴而就,只要平衡心态,戒急去躁,着眼于目前,反复学习,勾连拓展,不断积累,必会水到渠成。至于期间有反复、有曲折,那实在是再正常不过的事情啊。可怜杜师的这片菩萨心!即便今日,愚拙如我,何曾修得这等学问海田啊。不过,杜师确实给我开示了足以终身记取的不二法门:学问是终身志业,需要“比慢”!只有真正尊重、关注、研究关于学习的内在规律,才能事半功倍。反之,势必南辕北辙。

最让我惊叹的是,杜师于 1979 年就准确预言了苏联解体。当苏联总统戈尔巴乔夫于 1989 年 5 月访问北京时,我就预感老师的预言恐将成真。杜师在教室外土地上,拿着小石子圈划出苏联地图,明晰分析其地理、民族、宗教、政治,以及与美国等的复杂国际关系,当时情景至今历历如在目前。整整 11 年前,他预言苏联会从中央核心发生巨大裂变,从而导致各加盟共和国快速解体,真的是掷地能做金石响。这是一位有历史洞察力与穿透力的学界真人啊!

值得特别表出的,是杜师还做过一件了不起的大事。在那场关涉国家改革开放前途走向的真理标准大讨论中,杜师是重要的先锋人物。他挺身而出,在大西北的甘肃,为全省处级以上干部宣讲实践是检验真理的唯一标准。在当时,这需要怎样的勇气和胆略!

永难忘怀杜师奖掖后学的情谊。因我户籍在老家通渭,必须回乡参考,杜师特意喊我去他书房叙话,还让我用钢笔抄了他几页文字留作纪念,并客气地告诉我:不嫌弃的话,可以报考兰州大学历史系。遗憾的是,我回乡参考遭遇霉运:1980 年通渭高考作弊事件,殃及无辜考生。我终于没能做成杜师门下的兰州大学学生,但在我的精神世界深处,杜师就是引领我走上学术道路的真导师!

一位是高尔泰师。

这位在大西北书写人生传奇、日后被誉为全国“四大美学家”之一的恩师,时在哲学系任教。高师为人特立独行,慷慨任气,不拘生活小节,自理能力却较弱,做系行政工作的三叔,平时对他的生活有些关照,有时会指派我和三弟刘兵帮高师送袋面,或帮点其他生活小忙,这成为我与高师有所接触的缘由。

通读高师油印本的《美学概论》讲义,使我有幸在高中时代就对东、西方美学有所了解。让我顿生崇拜之情的,是他那洋洋洒洒、满篇飞动着不似从人间来的惊人佳句,这种带给我灵魂战栗的强刺激感觉,曾在台北观看字字翩然欲飞、辄来亲人的张旭草书时重现。因为家庭的原因,高师日后出版的名著《论美》《美是自由的象征》中的一些篇章,我是发表前较早拜读的读者,很庆幸能够以更亲切的直观方式,感知他那些灵异新特、惊世骇俗、震古烁今的真知灼见。

在我的认识里,高师属于不世出的天才型人物,他是以全部生命融入美学书写的,激情四射、光华闪耀、富于预见,超前于时代是他的生命特质。今日人们熟知,20 世纪 80 年代的"文化热",李泽厚先生、高尔泰师等都是引领风骚者,但他构思论美与现代自然科学的关系的宏文等,要早于"文化热"和跨学科研究的兴起很多年。不过,高师当时的一腔热忱分明遇"冷":他在文中一一提到的当时健在的诸位望重权高的科学大师,并不曾有只言片语的回应!再想到高师一些超前的思想,竟然是形成于被发配到敦煌莫高窟岁月,在与世隔绝的特定时空条件下,这真的让我既惊且骇!

我强烈地意识到:原来信息、知识与真知灼见并不必然成正比例关系;注重知识系统构建固佳,超越信息积累、知识构建之弊,尤为重要。惊人的历史洞见,也可以由超强的生命心灵感知!高墙和空间险阻,并不能真正束缚住一颗鲜活、热烈、充满忧患情怀的高贵之心,宅心宇宙以通联现实人类世界的哲人,更能以彻底超越的情怀俯仰天地,沉思和预见未来!绝不能拘拘如辕下驹,目迷五色、死于句下!

在我的认知里面,以感性御理性,以激情明本心,高师大约属于庄子型而非惠施型的。当他打开其知识大厦时,灵性总是以神性的方式降临。真是不可思议:烂熟唐诗宋词的学人比比皆是,高师怎么可以如庄子《逍遥游》般御风而行,驱使神灵附体的唐诗宋词佳句,飘然而至,盘旋飞动于他的美学论著和散文中?不由想象:那些早已诞生的句子,真的好像与高师有超越千年之约,以宇宙间唯一、唯美的姿容,永驻于高师美文。我想，高师的天纵之文，可以热爱、可以崇拜，但不是可“学”的吧！记得有位经常为《读书》撰写文章的知名学者直言：读《读书》的唯一动机，只为了看高尔泰的宏文。诚哉斯言，吾与同慨！

高师还是思想型的专业画家，精擅油画创作。20世纪80年代，悬挂在兰州火车站高墙上的巨幅油画《敦煌莫高窟》，就出自他手笔。河西也留下不少他的油画作品，据说时任中央美术学院院长、中国美术家协会主席的吴作人先生，在宾馆看到高师画作的简约特异、思深意远，叹服不已。日后当我与天水李子伟先生联袂主编《陇上画师张维垣》一书，与兰州大学出版社谈到高师绘画，曾发愿搜集高师流落于河西的作品结集出版，不知道以后能否实现？莫高窟岁月对高师的思想和艺术创作，具有凤凰涅槃般的意义，他在那里还练就了一手铁线描绝活，至今记得他画三弟刘兵一笔成像的情景，不知道我弟有没有珍存？

当然，高师也有一些诗歌和小说问世，不过不及其美学著作和散文的风行天下。他的文艺批评犀利、精准，直达当代创作痛点、盲点，虽也引起重要反响，但似乎多少有些为其美学和散文高名所掩，影响不尽广泛。高师钢笔字、板书均极漂亮，但可能在高师眼里，只以余事视之，只以达情表心，没有真正发心以其为专门的艺术表现形式吧。

融通古今、纵横中西，将现代美学与自然科学联通，精擅文学艺术创作，高师无愧于立体型通才式现代美学家典范，确实是需要我们这些后学晚辈终身学习的。而作为古代文学和传统文化的研究者，厚植完备、系统的知识结构，明根本，识体要，晓源流，努力深掘中华文化的根源与核心，在更精更深更高层次，以原汁原味的中华文化与西方和人类其他文化、文明融汇，当是为之终身努力奋斗的方向。

在兰州大学补习班，教我们语文的，先后有陈志明师和李兰纪师。

陈志明师北大中文系出身，精于诗词鉴赏、评论，为著名的《唐诗鉴赏辞典》撰稿很多篇，日后曾任甘肃省文艺评论学会副会长、浙江大学中文系主任等职。李兰纪师为省特级教师，在甘肃省中小学语文教育方面享有权威声望。因我在班上语文较为突出，两位恩师都对我关爱有加。记得陈志明师的儿子陈穗杭也在我们班，大约孩子是老师教的，即便父亲是教师，也因亲情缘故，教不好自家孩儿。陈志明师对自己的宝贝儿子，就有点束手无策。有次来查岗，看到穗杭和我在一起，颇为高兴，说是跟我这样踏实上进的学生在一起，他就放心了。

李兰纪师的课，记忆最深的，是因我的作文《盘旋路的早晨》引发的一个小插曲。我的作文，描述了一个乡下孩子第一次到大城市兰州的新奇感受。其中写到盘旋路为兰大驻地，是名副其实的"文化路"，是城市文化之光最高亮的地方，新一轮太阳自万道霞光中冉冉升起、传来火车站催人奋进钟声的盘旋路之晨最美等，李师将拙文全篇逐字逐句画了红圈，并作为范文，而特意在全班朗读、点评了足足一堂课。这本应是一件让人高兴的事儿，但下课后同学们围着我，提了很多关于我个人乡村生活的细节问题，有些质疑话语，明显带有无礼挑衅意味，当时颇觉难以接受。后来才知道，原来李兰纪师击节叹赏的同时，认为像这样的文章与深刻思想，不大可能出自我的年龄，因我来自农村，故引发同学们质疑我有虚报年龄嫌疑，这很伤我的自尊心。由于我在班上多门课程表现较优，加上农村背景，常被老师提问表扬，用做励志典型以激励其他城市同学。今天来看，当时我们都正是青葱岁月确立自我时期，我的特殊性和老师的偏爱，招致反弹是自然而然的事情，但我确实对一些特定的城乡话题"感冒"。因为时值改革开放伊始，一些领导和著名学者出国，会给家人和孩子带些国外的诸如食品、服饰、名表等在当时来说的稀罕物，个别子弟也会因虚荣而多有炫耀行为，而我对一些城市子弟有意无意间所流露出来的优越感，以及对农村的轻蔑、歧视心理与行为，概难认同，对一些同学的纨绔做派更看不上眼，甚至想到：如果没有其父、祖辈的光环，大家赤身裸体在太阳下，谁的影子会更长呢？当我在高校工作很多年后，有次与同学张兆平一道去看望李兰纪师，笑谈当年此段趣事，李兰纪师郑重为我当年因农村生活历练而少年老成、有深刻思想正名，师徒三人遂为之引一满杯，至今记得当时助酒佐料有点麻辣……当然，对我来说，这一特殊经历，的确深刻影响了我厌弃外在浮华虚荣、特重铸造生命自身的真正价值，这是永驻我心的生命价值原则。

教我们政治课的戴群师，是时任兰大书记刘仲语的妻子，她女儿刘兰也在我们班。戴师逻辑力很强，雄辩滔滔，颇有演说家风范，她的政治课从不照本宣科，是全省闻名的品牌课。戴师身体不好，因我婶婶常彩莲是校医，我曾奉婶婶之命去戴师家，给她送过几回药。至今感念戴师对我逻辑力提升的训练指导。创建中国第一个民族学博士点的杨建新老师，也曾短期代杜师给我们讲过历史课。

因我与兰州大学的特殊渊源，在从高中直到博士毕业的求学生涯，其他一些兰州大学老师也给我以特别的人生影响：时任兰州大学副校长、延安时期与范文澜齐名、曾编写《新三字经》的辛安亭老师，是我编写生命中的第一本小书《幼学琼林助读》（《读者》杂志创始人胡亚泉任美编）的效法榜样；著名史学家赵俪生老师关于古代农民战争的认识，深刻影响了我对中国古典小说尤其是《水浒传》的研究；感佩三叔的挚友、创建哲学系的韩学本师不拘一格聘用老师的胆识；系主任刘文英老师中国梦学的研究，尤其是他油印本论文集中关于梦的解析与文学关系的论述，真的引我白日入"梦"，是我发心研究中国古代文学、做有思想的古代文学研究者的较早缘由；三爸家与化学系日后的院士刘有成教授为对门邻居，我与他的俩儿子成为同学和好友，也使我对自然科学与人文学科的亲缘关系，略有所感；因为都是通渭老乡，那时正在兰州大学上研究生、日后成为获得"维加奖"（瑞典人类学和地理学会颁发，号称地理学"诺贝尔奖"）的姚檀栋院士周末常来家做客，在他影响下，也常去听李吉均院士等关于宇宙起源、地理气候与人类命运的关系等各种学术讲座，深刻影响了我的时空观念认识，当我念诵王羲之《兰亭序》中的"后之视今，亦犹今之视昔"，就会想起李吉均老师等的冰川冻土理论，顿悟中国古典文学源头的许多伟大原创篇章，就是中华大地上最美的"冰川冻土"文学，在这种"冰川冻土"里，人类生命的短暂性、崇高性、超越性和永恒性，得到了完美阐释……

遗憾的是，为了能够阅读西方哲学原典，我特别修学德语一年，读博阶段，又在兰州大学外语系桂林师门下，继续深造德语一年，终因天资愚笨，没有学好，有愧桂林师的厚望，深以为憾，也经常自责，期待今后还能再予补课。

六

在青年时代，如果说兰州大学永远地形塑了我的文化视野、精神气质和关于世界与人生的总认识，也为我选择古代文学研究作为终身事业，起到了导航定向作用，那么，我的母校——西北师范大学，全面滋育我，给了我坚实建构完备的知识价值系统的永续动力。

1980年9月至1987年7月，由本科到硕士研究生，然后留校从事古代文学教研工作；又于1999年9月至2002年5月攻读博士学位；再到2006年8月调入现在的工作单位郑州大学，我在母校西北师大学习、工作整整27个寒暑！

大学时代，“为中华之崛起而读书”，是我们这一代大学生的共同心声，以此为奋斗目标，我也进入了较为均衡用力、全面构建知识结构时期。

入学的开气课特别震撼。母系的深心，是要在开学伊始，就以隆重庄严的仪式，将大学殿堂的神圣崇高感，植根于我们的大学生活。记得由时任系副主任、后教我们魏晋南北朝文学的王福成师陪同，由甘肃省语言学会首届会长、中国历史文献学会副会长、时任系主任的语言学家彭铎师亲到班上，为我们讲这大学第一堂课。犹忆彭师引述曹丕《典论·太子》“汝勿自誉，观汝作家书”提问，旁征博引地开示大学阶段读书、问学与写作良法，蔼然师者风范，永驻我心。然而，由于健康原因，彭师未能再为我们具体开课，为聊补遗憾，我们曾特邀他作过学术报告。请益中大略知道，彭师出身中央大学，又是“湘学”大家，其名著《〈潜夫论〉笺校正》，则是校正清人汪继培对今甘肃庆阳镇原籍思想家王符《潜夫论》的笺注，日后被收入《新编诸子集成》，是伴我案头的必读书。

大一、大二学年，花在现、当代文学及文论的时间更多些。记得教《现代文学》的是李树凯师，《文学概论》有王尚寿师、李文瑞师。现代文学知名的老师，还有号称国内“鲁迅研究七大家”之一、后任甘肃省社科院院长的支克坚师，现代诗歌研究名家孙克恒师，“九叶诗人”唐祈师等,在他们影响下,我的现代文学兴趣倍增,曾立志要通读《鲁迅全集》《郭沫若全集》和巴金、茅盾、郁达夫、沈从文和钱锺书等的文学著述,通读云云,当然并不曾真正实现,但我确实在童年和少年时代,练就了一种快读技术。因对小说迷狂,总是急不可耐地借书、读书、还书,就逼迫我必须在最短时间内,以最快速度阅读,这样,包括鲁迅、郭沫若、巴金、茅盾、郁达夫、沈从文、钱锺书等在内的现代作家的主要作品,我还是通读了的。

而在当代文学方面,在20世纪80年代初那个全民文学狂欢的激情岁月,《当代文艺思潮》应运创刊,高尔泰师和谢昌余师等为该刊精神领袖,当时我们正好学《当代文学》课,受编辑部委托,教授课程的党鸿枢师亲任组长,并任命时为班级学习委员的我为副组长,组织全班同学开展"当代文艺思潮"问卷调查。后期张明廉师也参与指导,拟写成调研报告发表于该刊。除了在老师指导下,主持设计面向全国的问卷,与同学们以高涨的热情,下工厂、到田间、去医院、进机关、访高校,回收问卷,举办各种形式的调研活动,还拟做多卷本的《当代文学作品选编》。尽管做了问卷的初步整理,和作品的初步选目、收集,这两项计划最终未能实现,却使我将改革开放之始到1982年的当代文学作品,真的一本不剩地通读了。有生以来,这是首次以竭泽而渔、一网打尽的方式,做了件与文献整理有关的文学阅读之事。虽然最终没有以当代文学为研究专业,但日后在北大访学,谢冕教授主持的当代诗歌创、研活动,我也很有兴趣去旁听、参与。今天回想起来,我对当代文学始终抱持一份特殊的关切、牵挂,是与将青春岁月的文学激情与梦想投射于当代文学学习,有很大关系的。我与文学文献整理的缘分,也始于此。当然,我对古代文学的研究视野和方法,也因而注入了一些新的内涵。

语言文字、写作和教学法课程方面,有编著《汉语成语词典》的甄继祥师、吴福熙师,还有出于语言学家祝敏彻教授门下的侯兰生师,先后教我们两整学年的《古代汉语》课;杨凤清师教《现代汉语》,田明师教《语言学概论》,时任中国逻辑与语言学会会长、日后风行全国高校的《现代汉语》副主编张文熊师,亲授《逻辑学》。受高中时期政治老师戴群师的影响,自己对逻辑问题情有所钟,张文熊师布置的数理逻辑练习题,自然很有兴趣去做。这种强化逻辑力训练的专门方式,也让我终身受益。教《写作》和《教育教学法》的是吴春晫师与赵维新师。

《古代汉语》课甚合我心。在甄继祥师(时任总支书记)的古汉语课间,我经常会预先准备些难题,刨根问底地问问题,有时提问甚或有冒犯处,但甄师从不以为忤,反而屡次在新生会上表彰我的读书量和爱提问。甄师并亲向郑文先师热心推荐,鼓舞我加倍努力,终得成为当年班级唯一应届考上研究生者。而今甄师已然仙逝,竟无法聊表寸心,岂不痛哉!

古代文学方面的恩师最多。

钮国平师教《先秦文学》。钮师的课,是我们大学时代的最爱。钮师疾书如风而几欲入黑板三分的工楷,可谓惊艳;他特有的"楚辞"口音,与声情动作共茂,尤让我们神魂追慕于屈原的哀痛、泣歌与长太息,真的以为钮师天生就是为讲授屈原而生的。钮师后醉心于《孙子兵法》,所注《孙子详解》正音正义,以特色鲜明而受到学界与军界重视肯定,这让我为恩师自豪的同时,也看到了古代文学与中国文化的广阔联系,日后与美籍华裔、"斌心雕龙"的林中明教授倾谈,顿悟我的注重"文""武"之道的"英雄"文化研究,钮师其实也是重要的启蒙者。

胡大浚师是唐代边塞诗研究权威、唐代文学学会常务理事、时任中文系主任。正是风华翩然的好年岁,胡师为我们亲讲品牌课程《唐代文学》。我的关于卢照邻《长安古意》的小论文,获得他课上表扬,是大学热衷于古代文学的重要缘由。本科最早写的关于庾信的拙文,初稿即由胡师予以精心指导,而一分为二,逐字逐句改正成《庾信〈枯树赋〉写作年代考辩》和《论庾信等由南入北文士的节操问题》两文。后经郑文先师亲自审定,给予"能思考、有逻辑,可从事学术职业"考语。两文也颇得早年即以《梁代文论三派述要》声震学界的南京大学周勋初先生肯定,并特嘱他的访问学者南通大学吉定老师,就专研庾信与我交流。日本清水凯夫先生,也对包括两文在内的5篇庾信研究论文予以肯定,称是其常置于案头阅读的文章。今日追记于此,聊表感恩寸心。

《元明清文学》先后由宋子俊师和乔先之师讲授。宋师日后任兰州城市学院中国古代小说戏剧研究所所长，中国红楼梦学会理事、中国古典戏曲学会理事，著有《中国古代小说理论发展史》《探求红学之谜》等著作，曾创办《中国古代小说戏剧研究》丛刊。乔先之师是北大出身，追随江隆基校长来到兰州大学，后任教西北师大，时任《红楼梦学刊》编委。乔师注重理论创新，后发表了中国古代文学系统论和广义文学系统论的系列论文，力求从比较文学视角探究中国文学的特质和规律，引起重要反响。

古代文学选修课方面，由古代文学研究家郭晋稀师亲授《诗经选读》。郭师师从曾运乾、杨树达、钱基博等湘学巨擘，著有《诗经蠡测》《剪韭轩述学》等著作，《文心雕龙释注十八篇》是国内较早的《文心雕龙》选注本。章门弟子金毓黻的高足、唐宋文学研究家匡扶师，著有《两宋诗词选》《唐宋诗论文集》《匡庐文聚》等，由他亲授《苏轼研究》。李鼎文师亲授《敦煌学概论》。李师是“姑臧”李益后人，家族自唐代以来为陇上文化世家，家学传统深厚，20 世纪 50 年代，曾与郭沫若等就蔡文姬《胡笳十八拍》真伪问题展开论辩，产生重要影响。讲《先秦文学》选修课的，还有蓝开祥师，他与胡大浚师选编的《先秦寓言选》，由人民文学出版社出版。《宋代文学》由秦效忠师讲授。

《外国文学》课由王培青师和张占民师讲授，《马列文论》课由吴又雄师讲授，《西方文论选》则是自学了部分论文。

七

1984 年 9 月至 1987 年 7 月，从郑文先师读魏晋南北朝文学三年，这是决定人生事业走向的一段专业学习时间。

先师字天叔，四川资中人，民国中央大学出身，曾师从伍叔傥、孙鹰若、黄耀先、顾颉刚、罗根泽、乔大壮诸民国大家，与蒋礼鸿、王达津为中央大学“三助教”。先生是典型的四川小个子，气象格局则大，颇能思古崇新、融会文史哲与文学创作，其坚毅致远，“老”而更“成”，尤非寻常学者可及：先师享寿 96 岁，80 高龄后犹且凌云健笔，有多部学术专著问世。愚拙如我，自不足以道先师之学，仅以如下八端，聊述对先师授徒的点滴感受吧。

一是重师承。先师屡言己之学问，盖出于“章黄学派”，又对前辈诸大师之学多所师承。如“文选学”，先生曾娓述师从黄侃高徒孙鹰若（名世扬，以字行）和蔡元培、刘师培信徒伍叔傥习《文选》经历，至今记得有次我们这届魏晋南北朝专业五位师兄弟在先师家中聆教，先师开竖五指，历数学问师承，及学贵专精、博而能约之理，其深度镜片后的光芒，动人心弦：我虽未得亲承太炎和季刚两老授学，但季刚老的侄儿黄耀先师总算是给我讲过课的；你们的太老师，太炎文学院负责人孙鹰若师与曾慎言先生常侍季刚老左右，号称“黄门侍郎”；你们的伍叔傥太老师，曾为中大师范学院中文系主任，十四五岁即从乡贤周筱龄先生读《文选》以助文思，在中大也只专讲八代之学，季刚老有《文选平点》和《文心雕龙札记》，你们的太老师也以《文选》与《文心雕龙》为看家本领。今我已七十有五，垂老之年，犹能招徒授习八代之学，可谓得了好时势，故愿多招。从太炎、季刚两老到你们的太老师，到我，再到你们，整整五代了，还没有出“章黄学派”的“五服”，你们五兄弟要用心体会呢。

先师既以出于“章黄学派”而自豪，于章、黄民国旧事，自能如数家珍，兴之所至，妙语连珠，朗笑有如雷音。除了讲述章太炎、黄侃的政治、学术经历和生活趣事，与《文选》相关的，如评述黄侃名言：“熟读注疏，推导汉诂，正为臆说穿凿者太众，思欲遏止其流”，实有“障百川而东之，挽狂澜于既倒”的万丈豪气；笑言季刚老的学问也是抄出来的，因为他性喜抄写整本《文选》加上自己的评点，高兴劲头上来了，就会送给其高徒；如评述“选”学家高步瀛以骈文使桐成巨擘吴汝纶自叹弗如，可谓集“选学妖孽”和“桐城谬种”于一身；评述黄侃如何喜得“选”学女婿潘重规，重规“选”学，遂使得“选”学家成为“选”学“家”学；评述骆鸿凯著《文选学》，光大师门，诚然是“选学骆驼”，既“鸿”且“凯”，如此等等，至今思之，仍不免莞尔。

二是明史要。先师亲炙“古史辨派”领袖顾颉刚、罗根泽诸大师之学，治学深受其影响，善于众家纷纭说解的缝隙发现问题，以小见大，穷究根源，思入微茫，多疑难商榷而持论正大；又因精通史学，而特重史识，善于以大见小，注重宏观概括、把握，重考据而不做琐屑庸儒，经常于简短文字中纲举而目张，举凡时代大势、天文、地理、历法、气候、民俗、经济、外交、兵法、医道等，多能登高致远、概观括论。记得入读研究生之前，我因钢笔字写得较好，先生即嘱我誊录其手稿《汉诗选笺》《汉诗研究》等，得知我曾从杜经国师习史，史学底子较好，先生特意赠我一套《资治通鉴》作为入学纪念，要求我读古代文学必以明史为基，通读并注意比较《资治通鉴》与《春秋》和《史》《汉》的异同，既要建立对历史整体的概念，明体要，重识见，更课以"历史的层累"史学理论为学术化读书之金针。

三是精哲思。先师于古代哲学史亦情有所钟，对东汉思想家王充下过很大功夫，堪称其隔代知音，20 世纪 50 年代即出版有《王充哲学初探》，后又修订为《王充哲学思想研究》，《论衡析诂》则为全面性研究著作。又有《扬雄思想研究》《扬雄文集笺注》，注重将哲学的理解，建立在文本和文献基础上，论从史出，保持汉学朴厚而实事求是格调，具体注释则重思想、多卓见。先师于中西哲学融通与思想创新强调尤切。20 世纪 80 年代方法论大热，新说新论迭出，先师虽非全盘接受，但持一种完全开放态度。除为我们请乔先之师教《文心雕龙与黑格尔美学》，先师还每周一次，亲论合称为"老三论"的"系统论""控制论"和"信息论"；通过听广播、读报章等方式学习"耗散结构论""协同论""突变论"，即所谓"新三论"，然后给我们复述。乔师研究"系统论"拟发表系列论文，先师也予以鼓励并亲为修改。先师既不轻诋也不轻赞新说，而是经过吸纳熔铸后得出自己的见解，对自己不能完全理解而又觉难舍者，鼓励学生关注并弄懂，其学术视野与襟怀的开放、宽阔，与时俱进，对学术的高度敏锐性和感知力，真让人叹为观止。

四是崇写作。先师每言乾嘉学派重义理、考据、辞章之学，所谓"辞章"，亦包含创作。先师本人即是现代古体诗、赋写作名家，尤贵大赋写作，曾于抗战年代创作《陪都赋》，抗战胜利后再创作《还都赋》，又于新中国刚成立后经吴玉章先生介绍，入中国人民大学学习，约一年时间与著名作家沈从文先生共一大炕，情同兄弟，深悉沈先生之创作心法。故先师授徒重研究与创作实践结合，强调亲炙感受，要求以门内人手眼研究古代文学。除请民国时代著名诗人匡扶师为我们专授《诗词写作》,还亲自教习大赋创作。先师每强调“赋家之心,苞揽宇宙,总括人物”,看重为时代立言的大手笔、大视野、大气象、大格局、大境界。也许是与司马相如、扬雄、王褒同为四川老乡的缘故,先师讲大赋每有川味别解,于川籍赋家为文用心尤有会解。其《扬雄文集笺注》,即为笺注川籍大赋家扬雄文集。先师的文风从汉大赋、魏晋文章化出,又得老杜笔法。先师的名言“天下文章大要,为大题小做,小题大做”,为学界广为传播。陈咏明师兄每感慨:先师论文入题之快、文笔之利落、老到、奇崛,于缝隙中微观大有的硬功夫,我辈忘尘难及。先师让我们抄写他的论文和书稿,让学生与老师的写作,处于某种共生状态,抄写过程,即是现身指导过程,那种手把手地亲自教授,真的是能让我们这些初学者知道何为文章千古事,得失寸心知,知道原来论文写作除了将观点说清楚,还有所谓语感、语言修养、写作境界等。

五是贵“小学”。先生治学,重考证、训诂、文字与音韵之学,强调根底、语言文字功夫与文献基础。音韵学请了郭晋稀师讲授,文字训诂则请了张文熊师、叶萌师,还常以民国学者的论文和自己的文章亲授考据、训诂之学。除了亲授,先生奉章、黄遗法,亲自指点、督导我们去药店买了朱砂,标点《说文解字》段注,每两周必要集中亲自检查。先生对楚辞“兮”字句式的研究,明楚风汉韵,亦能接传20世纪语言研究新风,对语气变换、节奏诸端,多所留意,日后读到先师好友、“楚辞学”大家汤炳正先生(与先师同年出生)关于语言与文字起源的论著,知先师也胸怀学术天下而重中国语言文字特色。读博时期赵逵夫师主持“唐前诗赋关系研究”项目,我参与做“句型文化与魏晋诗赋关系”部分,也受到先师影响。遗憾的是,我做的远不及先师那样本色,不免框套痕迹。

六是重系统。这可从三个方面来谈:一是从系统观看中国文化整体与中国古代文学的关系。既要求以小见大,微观里折射大观,又注重以大见小,注重大局概括中的切实简易。二是先师的古代文学研究,即体现出重系统的特色。以诗歌研究来说,纵的方面,楚辞、汉诗、建安文学、李杜诗歌,串联而可成线;横的方面,则楚辞,汉诗、建安文学，又各成专体系统；断代则如汉代诗歌、汉代辞赋、汉代哲学、汉代史学，自成一代系统研究之学。今日治汉代学术，先师之系统贡献，世人不知或当有憾。三是具体论文写作追求系统性，力避只见树木不见森林之作，更不屑于无病呻吟之作。

七是重融通。先师为学，承中西、古今融通之民国学术风华，颇有开放气象、格局。其所关注点文史哲经融通为多。对融通中西文论、美学与文学，先师亦念兹在兹，多方强调。既期以《文选》与《文心雕龙》相融，也重以文学创作与文学作品的解读相融；暨强调以文论指导作家与作品研究，也重以文本发显理论；对中西的比较，则见于他对西方理论引入的关切，如对黑格尔等的美学、厨川白村的理论、新旧“三论”等。记得他特别邀请其中大同学、提出著名的“文学是人学”理论的钱谷融师叔来讲学，就给我们以很大的激励作用。

八是以学术和学生为生命支撑。先师挚爱学术，废寝忘食，老而弥坚。为了自费出书，节衣缩食，甚至亲自过问、限制师母买菜，安居陋室，不以清苦为念。他爱学生甚至超过儿女，严格要求有时也达到苛刻地步。与人谈论，引以为豪的多是学生，经常向人如数家珍般夸耀。在每位弟子心中，先师是生命中永生的心灵灯塔。先师挚爱学术和学生的情怀，对我等弟子立志学术和授徒影响甚大，所惶恐的，是难以达到先师境界。

先师非常关注现实，绝非象牙塔中的学者，而是继承了传统儒者的淑世情怀。晚年视力不好，不能看电视，但广播每日必听，举凡世界风云、国内大事，必了然于胸方得心安。这种现实情怀之于其学术文章的影响，也昭然可见。

八

张文熊师早岁出于范文澜、于安澜诸先生门下，有古高士恬静散逸之气，风神爽然。硕研阶段授我们《说文解字》课。记得受张师讲《说文解字》部首的影响，我曾尝试写了《从说文解字“女”部看汉代的女性观》，张师看后大为赞赏，说果然是郑老之徒，郑老早年就发表过

《从汉字中考见古代妇女之地位》呢。张师引导我较早触及索绪尔的语言学理论和俄国形式主义学派的理论，萨丕尔的《语言论》遂成为我之终身所爱；张师的激励点拨，对培养我形成以文字训诂为基、考论结合，从更广阔的文化视角研究具体文学、文化对象的学术趣味，大有益处。他以《石门颂》笔法写《说文解字》部首为每日日课，对我坚持如呼吸空气、吃饭、睡觉一样习练书法，并以《说文解字》部首为要津，习练书法点画、结构，明书体源流演变有很大影响。他送我的清版线装书《庾子山集校笺》《全上古三代秦汉三国六朝文》和《四库全书总目提要》等，影响了我选定《庾信研究》为硕士论文题目，并坚定终身从事古代文学研究的志向。

授《语言学名著导读》的，是日后编著《貌词词典》、时任科研处副处长的叶萌师。叶师对汉语貌词的研究，影响了我对文化概念词语的敏感，习惯于从文化语义学视角研究文史。他创作80余万言的以王莽为主要人物的长篇历史小说《帝王梦》，我也是他构思创作阶段较早的听众和读者。他坎坷的人生经历和顽强的生命意志，对我发奋学习，尤有激励作用。

著名古代文学研究家、音韵学家、时任古籍整理研究所所长的郭晋稀师，为我们亲授音韵学课程。郭师是湘学巨擘曾运乾的高徒，于音韵学下功夫尤深，著有《声类疏证》等论著。遗憾的是，我从硕士、博士到工作后，数次听讲，却都是虎头蛇尾，终于没能学好，虽然还学了郭师《文心雕龙》和《诗经》导读诸课，实在愧对郭师，至今思之黯然。

授诗词写作课的匡扶师，除了精研民间文学、古代文学，诗词写作，还擅长书法，记得他曾两次请中国红学研究会会长冯其庸先生，主持其研究生张建华、鲍锐两位学兄的答辩，冯其庸先生书法极好，于董其昌下功夫甚多，两人总以抄录自做诗词的书法作品互赠，对我的书法和艺术爱好，也有一定影响。

马騄程师系中大出身，为中大中文系主任汪辟疆的得意门生，享有诗家盛名，曾与郭沫若等诗词往还，为20世纪40年代主政甘肃的邓宝珊座上客。记得他在1984年兰州唐代文学会上，以“志士每多登陇首，诗家端爱唱边声”独步诗会，被公认为善能妙写时代精神之真。

闭幕式上，曾为兰大校长、时任甘肃省委宣传部部长的聂大江老师也予以盛赞。遗憾的是，他有很重的武威方言，至今后悔没有向他多所请益。

乔先之师主讲“文心雕龙与黑格尔美学”，拓展了我的东西方理论视野和相关思考。亚里士多德《诗学》与黑格尔《美学》，就是他指定的终身必读书目。他注重哲学和文学理论的“红学”与《三国演义》研究，对我小说研究影响较多。

研究生阶段，受影响较多的，还有时任《西北师大学报》主编的蹇长春师。蹇师是高尔泰师的伯乐，在高师人生的艰难岁月，他给予很多生活与精神的关怀、支持，高师的回忆文章《白发有约》，就是写二人关系的。其中写“老蹇于我，有深恩厚泽”，确是发自肺腑的。高师最有影响的几篇美学论文，是经由蹇师主持在西北师大学报发表的。我的几篇拙文，也曾得到蹇师指导斧正而在《西北师大学报》发表。蹇师为白居易研究大家，因蹇师热忱引荐，我与日本白居易研究大家、日后为日本杜甫研究会会长的下定雅弘学兄成为好友。

六朝隋唐研究名家、著有《傅玄评传》等论著的兰大魏明安先生，著名少数民族文学研究权威、西北民族学院教授、翻译出版过有藏族“荷马史诗”之称的《格桑儿王传》的王沂暖先生，是我们硕士论文的答辩委员，对我也有不少学术指导。还有我的四位通渭籍学术前辈：陈守忠师与我同为常河老乡，新中国成立时是师大校务委员，后曾任历史系主任；寺子乡路志霄师曾任西北师大古籍研究所所长；马营康国彦师是著名书法家；甘肃省政府参事、甘肃教育学院袁鸿仁师治古汉语之学，他们在我的学术人生道路上，以各种方式给我以关爱、指导、支持、鼓励，至今铭感于心。

九

自 1999 年 9 月至 2002 年 5 月，蒙赵逵夫师不弃，在他门下读先唐文学博士学位。赵师是享誉海内外的《楚辞》研究大家，当代先秦文学研究的领军人物，《屈原和他的时代》《屈骚探幽》已成为研究屈原和

《楚辞》的必读之名著。师从赵师三年,对矫正我人生学术发展路径,具有重要意义。

入读博士学位前,我已升职副教授5年,一切都貌似在平稳发展中,其实不然。当时的我,正面临着严重的精神危机。令我苦闷焦虑的是三大难题:先秦核心原典精研不够,文献根柢不足,归纳与演绎表述不兼容。蓦然回首,发现已然进入学术转型发展的瓶颈期:

如不对先秦中华核心原典有深切、系统的研读,又如何以明我中华文化本原、核心与发展之整体关系?如不以坚实的文献根柢支撑,无"实"如何求"是"?徒事演绎固多空泛虚诞,一味归纳怎能登高望远?前路多歧,研究传统文化的我,究当何以自处?

关于第一个难题,我主动向赵师提出,读博三年将不发文章,以沉潜"恶"补读先秦原典集注,得到赵师首肯。第二个难题,赵师和辅助赵师带我们的霍旭东师等,做了很多纠正、引导;第三个问题,曾令我经历冰火两重天的灵魂煎熬。记得日后刘跃进学兄在来信中,曾谈及赵师在教育部博士生培养的经验报告中,重点以我这位在赵门中多少有点另类的学生为例,谈他指导学术优势与软板一样突出的学生的经验。今日思之,我真的是让赵师难为了。说是学术优势突出,那是赵师包容的客气话,当年的我,就像已然有点夹生的米饭,眼看难以做成一顿好饭,赵师还不得不在叹息声中,额外下辛苦功夫。赵师当年痛下杀手,严厉督导和培养我读古典根柢书,重目录、版本、校勘诸文献功夫的情景,没齿难忘。整整20年过去,当赵师看到我总编的9卷本《文选资料汇编》之《赋类卷》《总类卷》等先后在中华书局出版,亲自打电话祝贺,说是看到我走重文献的学术路子了,乐意将《赋类卷》列为博士生必读书目,并告诫我继续处理好文献与思想的关系问题,很受鼓舞的同时,也强烈感受到,在学生的发展路上,导师永远是关注你、为你持续护航领路的灯塔。赵师还曾为我的《魏晋文化与文学》赐序,并以《"英雄"与"英雄"时代的文学》为题,发表于《光明日报》。

读博期间在导师指导下规划的读书,大体来说,可以分为三类:

一类是重点研读了《诗经》《周易》《尚书》。《诗经》用的本子是郑玄笺、孔颖达疏的《毛诗正义》,朱熹《诗集传》、方玉润《诗经原始》、陈奂《诗毛氏传疏》、胡承珙《毛诗後笺》、马瑞辰《毛诗传笺通释》、王先谦《诗三家义集疏》，还有郭晋稀《诗经蠡测》等现当代学者的著作。《周易》用的本子是王弼、韩康伯注，孔颖达疏的《周易正义》、李鼎祚《周易集解》、程颐《程氏易传》、李道平《周易集解纂疏》，以及现代闻一多、高亨、李镜池、郭沫若、熊十力等人的易学著作；《尚书》用的是伪孔传孔颖达疏《尚书正义》，皮锡瑞《今文尚书考证》、孙星衍《尚书今古文注疏》，王鸣盛《尚书后案》等。

一类是跟从恩师，以他的《楚辞》著作为主，记得读了《屈原和他的时代》《屈骚探幽》，汤炳正《楚辞新注》《屈赋新探》，郑文先师的《楚辞我见》，姜亮夫的《屈原赋校注》《楚辞今绎讲录》《楚辞学论文集》《楚辞通故》《敦煌学论文集》《楚辞书目五种》《屈原赋今译》，游国恩的《离骚纂义》《天问纂义》《游国恩学术论文集》等。

一类是做项目，如参与赵师《先秦文论全编要诠》《先唐诗赋关系研究》《历代赋评注》的部分工作，校对赵师修订手稿等。

博士论文选题的三变，也值得一谈。由于受兰大哲学系刘文英教授阐释“梦学”等的影响，我一直对“庄学”有强烈兴趣，希望由先秦泛文学时代、现代哲学观照与回归当代大文学观研究，而有所发现，因之先是拟选了“庄子与先秦时代文学”，期盼仿赵师《屈原与他的时代》之法，以探究核心人物与时代的关系，走出一条文学研究新路。也曾花了很大精力和时间，定版本依据，全面搜集文献，但是当研读向秀、郭象注，郭庆藩集解，刘文典与陈鼓应、楼宇烈诸大家的研究，方知“庄学”文献海量，出新极难，只好放弃。不过，值得欣慰的是，还有两样收获：一是对文献有了敬畏，再不敢做观天井蛙；二是因树立明本原理念，而对老庄易“三玄”与魏晋文学的关系，有了更好的认知。

赵师以我长期关注的重心在魏晋南北朝，且对文学思想、理论，尤其是对赋学及南北文化融合关注较多，也发表过一些文章，于是嘱我以陆机为选题对象。盖陆机兼具文学创作、文学理论成就，是由“诗言志”到“诗缘情”文论演变之里程碑式人物。当时颇花了不少工夫，拟以一部校笺整理著作和一部系统研究著作为终极成果的开题报告，也得到赵师和各位开题委员的高评，并以之为基础，成功申报了高校古委会项目。但后来发现，由于读先秦原典花的时间过多，又承担些团队课题任务，已难完成一部具有系统性研究的著作。最后，博士论文的选题，就回归到自己长期关注、研究的“英雄”文化课题。此前的文献和原典阅读，正好成为博士论文的重要基础支撑。而要更深入探究中国古典“英雄”文化的独特价值，就必须了解西方式“英雄”文化，明了其源流演变历程。这样，在原有思考基础上，对古希腊神话、荷马史诗，普鲁塔克、维柯、卡奈尔、摩尔根、马克思、黑格尔、弗洛伊德、罗曼·罗兰等的相关著作，多有研读。虽然受制于时间，我最后没有拿出理想的博士论文，但答辩主席复旦大学骆玉明教授（曾为《辞海》编委，中国古典文学分科主编，著有《徐文长评传》《简明中国文学史》《世说新语精读》等，与章培恒教授共同主编《中国文学史》）评价：论文颇能登高望远，抓住中国文化的命脉，并从中西文化的比较，发显原汁原味的中国核心文化精神与特质，显示了与众不同的宏大学术追求格局和气象，的确令我倍受鼓舞，对我日后的文学、文化研究发展趋向，影响颇深。

霍旭东师曾任山东大学古籍整理研究所副所长、兼任山东省古籍整理规划小组办公室副主任，曾主持国家古委会重点项目《柳宗元集校注》等，主编有《历代辞赋鉴赏辞典》等，后调入西北师大。读博期间，他对我保持思想与逻辑的优点而补足文献的软板方面，多有具体的帮助、指导。曾任西北师大校长、书记的魏晋南北朝研究专家王福成教授，中国诗经学会理事、中国屈原学会常务理事、著有《楚辞文化探微》等著作的兰州大学张崇琛教授，是我的博士答辩委员，对我多有指导、帮助。曾任甘肃省唐代文学学会会长、唐宋文学研究家兰州大学林家英教授，中国现代文学研究会常务理事、中国老舍研究会会长兰州大学吴小美教授等，也对我有过不少的指导、帮助。

十

屈指算来，自 2006 年 9 月，我以学科带头人被引进郑州大学至今，也已经有 14 个年头了。自来到中原，我向中原学什么，就成为我常问常新的终身性核心人生课题。14年的风雨兼程,也积淀了一些人生感悟。

先谈由大西北到中原,“文选学”成为我具有道义责任担当的学术主业。

今天来看,我与“文选学”的确有缘。本科阶段写南北朝后期由南入北作家庾信的论文,和硕士论文《庾信研究》,所用中华书局版《庾子山集注》(1980年),即是由日后历任国务院古籍整理办公室主任、中国文选学研究会会长的许逸民先生点校整理的。1984年毕业季,同窗李国华学兄赠我的礼物,正是一部胡刻本《文选》。郑文先师早年在中大求学,曾从“文选学”巨擘黄侃传人伍叔傥、孙鹰若两先生受《文选》之“学”,我在研究生阶段习魏晋南北朝文学,《文选》自然也是先师指定的必读书目。奇妙的是,读研时先师还曾两次邀请魏晋南北朝文学研究权威学者、日后成为“中国文选学研究会”创会会长的曹道衡先生,为我们分别作过关于郭璞和江淹的学术报告,我们师兄弟五人硕士毕业,曹道衡先生正是答辩主席。读博期间,赵逵夫师也曾邀请曹道衡先生、刘跃进学兄莅临主持过博士答辩。

1995年8月,赵师带领我和一位研究生马正学,参加由在郑州大学举办的第三届中国“文选学”年会暨国际学术研讨会,这次会上我初识曾为中文系主任、时任郑州大学古籍整理研究所所长的俞绍初先生。郑州大学为“中国文选学研究会”的驻会单位,2006年8月,因主持学会工作的俞绍初先生退休,由同门博士师弟、后任郑州大学文学院院长的徐正英引荐,文学院曹干彬书记等以学科带头人热忱引进,我离开从上学到工作整整27年的母校西北师大,到郑州大学工作。每两年一次的十三届中国文选学年会,我从第三届至今,也已参加十届,并由学会副秘书长至副会长兼秘书长,先后协助会长中华书局许逸民编审和北京大学中文系傅刚教授,主持日常会务工作。其间参与协调了由广西师大、南京大学、河南大学、厦门大学、北京大学等举办的多次年会,和新乡师范学院、江苏大学等举办的“文选学”会议,担纲于郑州大学召开的第十一届年会暨国际学术研讨会大会主席。2018年8月在北京大学举办的“百年选学的回顾与展望”大会,对未来“文选学”的发展，尤具里程碑式意义。会后曾以学会秘书长身份，与清华大学人文学院党委书记、魏晋南北朝文学研究名家孙明君教授一道，接受了《中国社会科学报》长达1万字的专访，就当代“文选学”、汉魏六朝文学研究所取得的成就和本次年会的意义发表浅见。还曾代表驻会单位，向教育部陈宝生部长汇报学会及郑州大学“文选学”研究工作的进展；在《郑州大学学报》开辟专栏，约请当代代表性学者，展望21世纪“文选学”发展；在《中国社会科学报》发表《“文选学”与郑州大学的“文选学”研究》；协助俞绍初先生组织协调国家出版项目《六家文选注校订》编纂工作；主编出版了郑州大学“文选学”团队成果《选学论萃》，和《“文选与汉唐文化”国际学术研讨会论文集》；所主持“文选与活体文献研究”，曾被评为郑州大学“基础与新兴学科”十加一方向之首，后升级为郑州大学优势特色学科方向之一，自己也被聘为校“文选与活体文献”学科带头人特聘教授。2019年1月，促成郑州大学与中华书局“文选学暨中华典籍整理研究平台建设”战略合作协议签约。所主持《文选集注》研究系列项目，已经完成博士论文1篇，硕士论文5篇，在《文学遗产》等刊物发表论文多篇。担纲总编与中华书局合作的九卷本《文选资料汇编》（国家古籍整理出版项目、国家古籍整理出版资助项目），已出版《赋类卷》《总论卷》和《序跋卷》，其他各卷将次第出版。所主持国家社科基金重点项目《文选李善注校理》，也在有序进行中。

让我深感荣幸的是，中原是中华文化的重要发祥地，也是南宋以前中华文化的中心地区，《文选》虽为收录先秦至梁代文学精华作品的文学总集，但先唐时期“文学”概念意涵较广，《文选》所收作品，实际涵盖包括今日文史哲艺术宗教等在内的整个人文学科，甚至也涉及一些自然科学内容。因此，《文选》不仅是唐前文学与文化研究的宝库，更是研究中华核心价值观念和思想文化体系的宝库。史载“文选学”巨擘李善在初唐“讲学郑汴间”，今日考古出土文献已证明，李善在古荥阳讲学的旧址，就在包括郑州大学新校区在内的郑州西部地区。我出身西北，来到中原，得以亲接、联通西北与中原的中华核心、中心文化地气，探究中国文化的本原之学，真是人生幸事。当今，全面复兴中华优秀传统文化,已成为国家文化战略,也对21世纪人类文化的交融创新发展,具有重大意义。作为中华文化的发祥地和长期的中心地区,中原具有无可替代的“地利”优势,郑州大学作为河南省高校文科唯一的国家一级学会驻会单位,肩负着引领“文选学”在21世纪继往开新的特殊历史使命。我很荣幸能为推动“文选学”、助力中原当代文化发展,助力中华文化和人类文化的未来发展,聊尽绵薄之力。

十一

“活体文献”概念的提出及“活体文献”研究未来新景展望。

自清代“乾嘉学派”以来,中国古代学术研究基本延续“乾嘉学派”的路子,新的突破性发展,除了顾颉刚“古史辨”派“历史的层累”学说等,自成学术体系者仍然较少。未来大的突破,有待于中华学人的共同努力奋斗。来到中原,最为荣幸的人生机缘,就是亲身感受了以中原等为代表的中华文物出土“大爆炸”时代的壮阔景观。亲观洛阳汉魏故城,在“建中立极”的太极殿前盘桓,给我留下了永生难忘的震撼印象,这促使我持续思考中华学术文化如何在整体超越意义上继往开新,追求学术思维与方法论创新问题。

实际上,在以纸质传世文献为统摄的研究视野中,出土文献等只是纸质文献研究的“小补”。自王国维提出二重证据法、陈寅恪倡言不研究出土文献为“不入流”、饶宗颐提出多重证据法,研究出土文献确已成为今日显学。但系统的方法论总结与思维观建构,仍付之阙如。而一个显在事实是:出土文献已附庸蔚为大国,不仅可与纸质文献分庭抗礼,甚且可与纸质文献研究互换主导角色。新的以出土文献为主的系统理论构建,已是亟须正面面对的时代学术重心课题。

如何在中原立足于基础研究以创新?郑州大学刘炯天校长倡议主导的“基础与新兴学科”,正给我提供了以“文选学”基础研究与“活体文献”研究结合提出课题的重要机遇。

我的基本思考是:“活体文献”的灵魂是“活”。有些出土文献甚至连古人都没有看到,虽是古物,而在今人看来有如新生;过去的历史文化及其记忆的复活再现，或虽为当下时态“活”着，却即将失去、亟须保护抢救的，自可以“活体文献”目之。“活”而有“体”，类属“文献”，是为“活体文献”。“活体文献”可以是物质形态的，如与纸质传世文献相对应的纸质活体文献，包括敦煌遗书和准纸质性的楚帛书、汉简、清华简等；出土文物自当为最大宗之“活体文献”。还有与非物质文化遗产密切相关者，可以是由人所代表的，如当世已具有重要学术研究价值之人；人的口述历史等也可包括。当然，与出土文献相关的空间场域，也可视为“活体文献”……

以此思路为基础，在校、院领导的鼓励、支持下，由我主导规划设计了“‘文选学’与‘活体文献’研究”课题，申报郑州大学“基础与新兴学科”项目。让我意想不到的是，在学校送多所著名高校的评审中，此一设计竟然获评第一。尤让我感动的是，文学院二月河院长（真名凌解放，已于 2018 年 12 月 15 日凌晨 2 时去世）、曹干斌书记、许志远常务副院长，亲自为我在由 36 名郑州大学专家组成的第二轮评审会汇报站台助阵，他们的厚爱鼎助，让我有了超常发挥，使此一设计终于获评郑州大学十加一“基础与新兴学科”项目第一名。我自然深知：这不是因为我的论证多么成熟，而是此一思考涉及人文学术的融合创新探索，专家学者和领导因此予以厚爱鼓励。在项目验收中，此一项目也以优异成绩获得通过，后被升级为校级优势特色学科方向之一。

据我所知，此一概念提出后，在考古学界获得的评价褒贬不一。但在我看来，它确实对 20 世纪以来形成的固化、单一的学术研究思维、模式和方法有所挑战，也坚信：过于狭隘的观念，自种自留地的封闭自足型学术研究，真的是严重妨碍了学术的发展。必须以超越性的胆识、魄力，冲决各种陈规戒律，引进学术活水，让中华学术以更具活性、系统化、立体化的方式，活泼泼地为人类文化与文明作出更大贡献。

我认为“活体文献”概念的提出，具有整体性方法论意义：将可以构成以纸质传世文献、活体文献与数字人文融合的当代“大文献”概念及其研究系统，从而以文献实学支撑、融会升华创发思想，以思想会通、厚植天人之学与人文自觉，助力 21 世纪人类“新轴心时代”的知识价值体系构建，诞育、催生 21 世纪中原思想学术文化流派。

十二

立足中原,接中原与中华文化原气,真切感知、探研“英雄”与“圣贤”文化,深入到中华核心思想文化价值观念系统层面,发显中华思想文化高度,认知、把握中国文化的心灵结构。

放眼人类思想文化价值观念建构史,“圣贤”和“英雄”是中华民族的两大核心传统文化概念。以“圣贤”与“英雄”概念有机互补,中华民族构建了其核心传统文化价值体系。而在西方,则以西方式“英雄”为其核心文化概念。中华民族在先秦时代即形成以“圣贤”为统摄的核心文化价值体系,代表了人类早期道德文明自觉的高度。中华民族以人的智能全面发展为旨归的“英雄”概念,则经历了先秦两汉时期的孕育,生成于汉末三国时代。从中华文化语义学的角度来看:汉末三国才是中华民族第一个名副其实的“英雄”时代,中华民族从此才拥有了以“圣贤”和“英雄”有机互补的核心文化价值体系。

然而,一是自20世纪初借鉴中国“英雄”一词,以翻译西方式“英雄”概念以来,整个人文学科领域往往无视中华“英雄”与西方式“英雄”概念意涵所具有的本质性差异,多以西方式“英雄”概念取代、框套,不仅使得比较中西文化的相关研究失真,借以研究中华“英雄”文化,尤其偏离本真意义甚远,多有讹误;二是世人乃至不少学者对中华“圣贤”和“英雄”概念的关系不甚明了,或混淆“圣贤”和“英雄”概念,或无视二者有机互补关系。

从有机互补与扬弃升华思维出发,对“圣贤”和“英雄”这两大中华核心文化概念进行正本清源研究,明其古今源流演变,发显以道德为核心价值导向的“圣贤”概念和“英雄”概念精义:以自然界之“英”与动物界之“雄”,对应“文”“武”兼善、刚柔兼济,突出强调文武立国时代人的全面性才能,对精准认知本真的中国古典“英雄”概念,矫正混淆古今“英雄”概念的差异、混淆“圣贤”和“英雄”概念的差异,尤其是混淆中西“英雄”概念的本质性差异,忽略二者关系研究的思维模式,具有重要的学术与思想启示意义。

而在当代，人类或将进入“新轴心时代”，如何创造性地吸收融汇中华本真“圣贤”和“英雄”概念的精华意义，吸取并融合当代和西方文化有机营养，以重构我中华民族核心文化价值体系，为21世纪中华民族乃至人类文化价值体系和审美心灵结构的构建作出应有贡献，不仅具有重要的文化战略意义，更当是我中华儿女的历史责任和使命担当。

就个人而言，在长期的学术研究生涯中，对人文学者使命的认知，和对具体研究领域与中国文化整体关系的持续思考，自然是自己研究“圣贤”和“英雄”文化，以发显中国文化的核心精神与思想高度的重要因素。

还有一些机缘，也值得提及。

生我养我的西北黄土高原，苍茫浩瀚、厚重沉深，从来不乏孕育豪情万丈的“英雄”与“英雄”情结的文化氛围；我研究“英雄”文化的根苗，甚至前所提到的童年关于自己名字的命名话语，也与“英雄”概念之“文”“武”兼备、刚柔兼济有所关联。童年和少青时代的小说阅读，也助益我崇仰“英雄”。直到今天，我真的认为，要是生在古代，我应该也是古侠义“英雄”中人吧。

而研究人人喜说“英雄”、人人自以为是“英雄”的三国“英雄”时代，魏晋之际著名的名理学家刘邵的《人物志》，其对“英雄”的阐释，引领我理性认知“英雄”与中国核心文化价值观念和民族精神的关系，由此而延伸到系统比较“圣贤”与“英雄”这两大中华核心传统文化概念，追求精准认知、把握中华民族核心文化价值体系的构建历程。

在长期探索历程中，赵逵夫师鼓励指导我以《“英雄”与魏晋文化研究》作为博士论文，他在为我的《魏晋文化与文学》所作序中，称书稿“每一部分都闪耀着思想的火花”，并以《“英雄”时代的社会风气与文学》为题，发表于《光明日报》；郑文先师序认为拙稿着眼于大的文化现象，比较中西方“英雄”观，考源流、辨异同，是以论为本、考信结合的扎实之作；北大《儒藏》总编、哲学系汤一介教授的父亲汤用彤先生，和汤一介教授本人都对刘邵《人物志·英雄》有精深研究，汤一介教授赐信鼓励我“阁下的‘英雄’研究或当为中国文化研究开一新路”；国家图书馆原馆长任继愈先生欣然为我的包含“英雄”文化研究的《魏晋文化与魏晋文学》题写书名；原北大学报主编龙协涛编审称书稿属于凤毛麟角之作；世界汉学领袖、法兰西学士院“儒莲奖”（号称汉学“诺贝尔奖”）得主汪德迈院士、复旦大学《中国文学史》主编骆玉明教授、西华盛顿大学俞宁教授等为《“英雄”文化与魏晋文学》（修订版）赐序，称“英雄”时代诞育“英雄”文学，拙著使“人的文学本质与必然的历史逻辑被予以真实的揭示”，“对魏晋文化与文学的研究，当有整体上的推进之力”。这些厚爱鼓励，愧不敢当，但确实鞭策我不敢有所懈怠。

所发表的“英雄”文化研究论文，自以为较有价值的，有《刘邵与中国古典“英雄”概念》《〈语林〉与〈世说新语〉“捉刀”条考论》《中国历史上第一部“英雄”传记——试论王粲〈英雄记〉》《中国古典“英雄”概念的起源》《虬髯客形象考论》等。《魏晋文化与文学》后以《“英雄”文化与魏晋文学》为名，收入兰州大学重点出版项目“两岸文化星系”丛书首辑。还主持完成教育部规划项目《“英雄”文化与先唐文言小说关系研究》《谶纬与先唐文言小说研究》等项目。《汉魏六朝文史论衡》《齐梁萧氏文化概论》等，则对王统与教统关系、“圣贤”与“英雄”文化的关系诸问题，有较多探讨。

也曾携“英雄”文化研究成果，在河南博物院、河南省新华书店、河南省图书馆、安阳文字博物馆，和国内一些高校、科研机构，以及域外港澳台地区，国外马来西亚、韩国、日本、美国、法国等多个国家的著名高校和科研机构讲学、交流，这些，对自己的深化、系统研究大有助益。

正是立足中原，我形成了自己关于中国文化根性与核心特色的总认识：中华民族传统的理想政治社会文化建构，以“圣贤”与“英雄”这两大核心文化概念的互补为根本前提；古代王权与以儒家为代表的教统是中华传统文化建构的两大主体。以此为统摄，可从发生学意义层面发显中国文化与文学思想及诗性精神、审美高度。而放眼世界，追求思想认知高度与鲜明的系统性、原创性研究特色，为中华和世界文化聊尽绵薄之力，应是我终身为之奋斗的事业。

十三

参会、办会以营造、拓展学术创造空间、氛围。

1984年8月,受中国唐代文学学会的委托,母校西北师大中文系承办了第二届唐代文学年会。其时我刚考上硕士研究生尚未及入学,时任系主任胡大浚师让我参与会务祖,组成由赵逵夫师负责,赵晶晶师姐、张建华师兄和我等人参与的秘书组,我的任务是编写每日会议简讯,发表各位诗家的诗词。真个是"志士每多登陇首,诗家端爱唱边声",唐诗与西北边塞,吸引了几乎囊括当代古代文学界的知名学者,会上名家如流,星光灿烂,会后又去敦煌参观考察。这次会议让我亲见很多只有在书中才读到的大名家,亲身感知学术文化氛围。会议还安排我负责照料著名学者王运熙、华钟彦、胡国瑞和美籍华人李珍华等,让我对什么是真正的学术、学术与学者的关系、学术与学术生命、学术文化与学术天下等,确实有了更为亲切的感性观察与认识。

1995年8月,我随同赵逵夫师等参加了由郑州大学举办的第三届中国"文选学"年会暨国际学术研讨会。其时我刚破格提升副教授,这次会议对我的未来人生发展方向具有关键导向意义。会上海内外"文选学"英杰云集:大陆"文选学"大家如曹道衡、屈守元、王运熙、周勋初、穆克宏、俞绍初、许逸民等,日本如冈村繁、兴膳弘、清水凯夫等"文选学"代表人物,台湾如古代文学泰斗洪顺隆,台湾"文选学"博士游志诚等;青年学者有刘跃进、傅刚、汪涌豪、徐正英等。正是这次会议,为我开启了"文选学"研究的新天地,也预兆了我与郑州大学"文选学"的深缘,中原日后成为我名副其实的第二故乡。

2014年8月,在第三届"文选学"盛大年会时隔整整10年后,郑州大学隆重举办了"文选与汉唐文化"国际学术研讨会暨十一届中国文选学研究会年会,对这次"文选学"回"家"的年会,校、院领导高度重视、大力支持,由刘炯天校长亲自致欢迎辞,由我担纲大会主席,包括中国大陆、中国台湾及香港地区,日本、美国、新加坡、韩国等国家和地区的160多位专家学者共襄盛会,本次会议的成功举办,对21世纪的

“文选学”研究发展新局，产生了重要影响。时任会长许逸民先生评价：“无论从数量上还是质量上，在‘文选学’历届年会中应是空前的，研讨会站位高、观点新，使参会人员受益良多。”

中华民族一向被称为诗性民族，中原则为诞育中华诗性文化的伟大摇篮。为有力拓展推动中华诗性核心文化研究，开辟新的学术增长点，受中国杜甫研究会的委托，2018 年 4 月 20—24 日，在中华“诗圣”、世界文化名人杜甫的故里巩义，成功学院和郑州大学联合举办了“诗圣杜甫与中华诗学”国际学术研讨会，由我担纲大会主席，包括中国杜甫研究会会长刘明华教授，中国李白研究会会长薛天纬教授，法兰西学士院院士、“儒莲奖”（号称世界汉学“诺贝尔奖”）获得者、巴黎第七高等大学汪德迈教授，“儒莲奖”获得者、法国阿尔瓦大学李晓红教授、美国西华盛顿大学俞宁教授、日本杜甫研究会会长下定雅弘教授、欧盟中国文化委员会主席范毓周教授等在内的海内外学者 140 多人共襄盛会，杜甫研究权威学者、南京大学莫砺锋教授，中国屈原学会会长方明教授，中国古代文艺理论学会会长、华东师大胡晓明教授，国际考古学既历史语言学学会会长刘正教授，联合国世界丝路论坛鲁长军主席等发来贺电。大会就“诗圣”杜甫对当代中华文化和世界的意义进行了全面、深入的研讨，期间举行的“经济、科技、一带一路与‘诗圣’文化”圆桌论坛，中日法和欧盟中国文化委员会“‘诗圣’精神、佛学文化与世界汉学”高峰论坛，对杜甫研究有新的拓展。会议期间，还举行了盛大的“月是故乡明：谷雨‘诗圣’故里茶道雅聚”，在海内外产生了重要影响。

除了历届“文选学”会议，曾应邀担任荆州“首届中华诗人节”之“首届中国荆州·中华诗学论坛”主持人，常州大学“齐梁萧氏文化·萧绎与《金楼子》”学术研讨会主持人。参加的会议，国内如“科学与创新：第二届复旦大学中国文论国际学术研讨会”、“传承与开拓：复旦大学第四届中国文论国际学术研讨会”、复旦大学“中国文学与古今演变研究”第四届学术研讨会、清华大学“朱自清 120 周年诞辰学术纪念”研讨会、浙江大学人文高等研究院“会通视野下的唐宋文学研究”高层论坛、厦门大学“历代《文苑传》笺证”专题研讨会、第三届“中国许昌三国文化”学术研讨会、“《鹿鼎记》电视剧开拍暨金庸小说研讨会”、“中华文学史料学”学术研讨会、第六届世界儒学大会、第十届“中国魏晋南北朝史学会年会暨国际学术”研讨会、“西域文化研究暨中国语言文学学科建设高层论坛”等。域外的如(中国)台湾中国文化大学“魏晋南北朝学术”国际学术研讨会、台湾佛光大学“海峡两岸历史文学与历史文学创作”研讨会、台湾艺术大学“融汇与启发:音乐学的多元视角”国际学术研讨会等,香港大学“饶宗颐与华学”国际学术研讨会、香港大学饶宗颐教授百岁华诞国际学术研讨会等;国外的如马来西亚马华公会“国际道教与华裔族群文化”国际学术研讨会,日本二松学舍大学“郑州大学·二松学舍大学国际学术交流会”,韩国成均馆大学“孔庙与儒学”国际学术研讨会、庆尚大学“人文学的传统与现代国际”学术研讨会,法国阿尔瓦大学与索邦大学“中西方诗画会通研究:文字与图像的交叉启示”国际学术研讨会,巴黎中国文化中心中法“国际视野中的中国古代文学与文化研究”圆桌论坛、中法美术交流百年学术研讨会等。

回顾自己所参加的学术会议,以古代文学为主导,涉及文史哲艺术宗教等多个领域,促进了我对学术前沿、学科融合发展与国际化的直观观察、思考,形成以参会请益交流、激发思想火花、探求学术新知、催生新的学术生长点的自我更新发展模式。而与核心、主流学术文化圈共生,也有利于登高望远,把握时代核心话语与学术思想发展大势,聚焦于中华文化的核心性、崇高性、系统性、前沿性与鲜活性,构建整体性创新思维观。

当然,学术乃天下有心人之事,需要书斋中的潜心钻研,走进广阔的学界环境交流学习也很重要。由大西北到中原,立足中原,放眼世界,访学、游学、学术交流活动,也是滋润文化心灵,促进学术生命成长与学术发展的重要方式。访学、游学、学术交流活动,自然包括向国内前辈、同仁学习交流,和与港澳台地区学术界、国外汉学界的学习交流往来。如在北京大学做高级访问学者一年,参与历届“文选学”会议和国内各种学术会议,协同或带领郑州大学文学院团队到北京大学、中国人民大学、首都师大、复旦大学、南京大学、浙江大学、南开大学、中山大学等兄弟高校访问交流等，与域外港澳台地区和涉及东亚、东南亚、欧美等多个国家的学者进行较广泛的交流等，最大的收获是，结交了很多学术文化方面的良师益友，大有益于立足中原，胸怀学术天下，不断拓展、提升自己的学术视野和格局。至于追求打破经院式封闭体系，引进社会活水，借鉴吸取社会智慧与创造能量，也是必行之事。

十四

教师是自己人生的第一角色，坚持教学科研并重。

受家族重教传统的影响，自己始终将教师作为人生第一角色，坚信教书育人，教学为本，教学、科研并重，理所当然。在母校，自己有幸成为第一、二两届教学科研双骨干，1995 年破格提升副教授。在郑州大学，曾被评为学生最喜欢的老师、郑州大学教学名师、河南省优秀硕士论文指导教师、河南省教学名师、入围国家教学名师候选人，兼任河南教育人才学会副会长，河南省教指委副主任委员。任教学副院长后，统筹教学管理工作，在教育部审核评估中，文学院汉语言文学专业曾获评审核评估十大专业之首。科研方面，获评河南省优秀学者、省社科名家等称号。当然，还有许多不足，是需要保持忧患情怀、继续努力改进的。

在学校校园的教师标牌上，我曾特意写了几句心里话：中原是诞育思想家和学术文化流派的摇篮，让我们立足中原，放眼世界，为打造中原文化高地、重构中华民族的审美文化心灵结构而努力奋斗。倘能在未来的日子里，为中华文化的伟大复兴聊尽绵薄之力，则人生幸甚！

2019 年 5 月 9 日，初稿于郑州大学“德容斋”

5 月 12 日，修订于北京紫玉宾馆

6 月 22 日，改订于云台山石头居

校改于郑州大学“选学居”

◆代表性学术成果

第一编
“英雄”文化与中华文化符号学

中国古典“英雄”概念的生成
——以文化语义学与观念建构史视角契入

关于“英雄”文化的研究，有两大方面必须予以高度重视：其一，“英雄”概念中西不同、古今有别；其二，作为中华民族传统文化价值系统中的两大核心概念，“英雄”与“圣贤”概念也有质的不同。但遗憾的是，现当代以来，将中西、古今的“英雄”概念混为一谈，将“英雄”概念与“圣贤”概念混为一谈，仍是较为普遍的情形，由此而造成多方面、多层次的负面影响，不言而喻。因此，研究中国古典“英雄”概念，其所具有的正本清源意义，无论怎样评估，都不过分。有鉴于此，今尝试从语义发生学与观念建构史视角契入，探讨中国古典“英雄”概念的起源问题。

一、中国“英雄”概念的语义溯源

中华民族的古典“英雄”概念，其生成实际经历了较长历史时期。首先可以肯定地说，在先秦时期，还没有将“英”“雄”搭配铸为新词,“英”与“雄”是分别被作为两个单音节词使用的。“英”“雄”二词最早出现于何时,今已难以确考。但在今天可以认知的甲骨文、金文中,都不见“英”“雄”。在一些较早的重要经典著作如《尚书》《周易》《逸周书》《老子》《论语》《国语》等中,也都不见“英”字出现。《诗经》《左传》中的“英”字,是指花、物饰、地名或氏族。如《郑风·有女同车》的“有女同行,颜如舜英”、《魏风·汾沮洳》的二重复句“美如英”和《齐风·著》的“尚之以琼英乎而”等句中的“英”,都是指花;《郑风·羔裘》“三英粲兮”、《郑风·清人》“二矛重英”和《鲁颂·閟宫》“朱英绿縢”等句的“英”,指物饰;《左传》中出现的“英丘”“英氏”则指地名、氏族。故“英”的本义指花。毛传:“英犹华也。”《说文》:“英,艹之荣而不实者。”《尔雅·释草》:“荣而不实者谓之英。”早期往往借“英”喻指物或人之美,以“英”借喻杰出人物的用法当晚于“雄”,至战国后期才较普遍。《礼记·礼运》引孔子语:“大道之行也,与三代之英,丘未之逮也。”《孟子·尽心上》:“得天下英才而育之。”都是较早用“英”来借喻出众人才之例。到《荀子》中就有五例之多了:《非十二子》有“而群天下之英杰”,《儒效》有“其通也英杰化之”,《王制》有“贤不肖不杂,则英杰至”,《正论》有“尧舜者天下之英也”,《赋》有“天下幽险,恐失世英”等。在战国中后期,“英”既可指称尧、舜这样的圣贤,也可指称其他优秀人物。

“雄”本指公鸟。《说文》:“雄,鸟父也。从隹,厷声。”如《诗·邶风·雄雉》:“雄雉于飞,上下其音。”《小雅·正月》:“谁知乌之雌雄。”“雄”后来泛指雄性动物,与“雌”相对。如《齐风·南山》有“雄狐绥绥”,《小雅·无羊》指羊“以雌以雄”;《左传·僖公十五年》有“获其雄狐”;《逸周书·王会》有“头若雄鸡”;《国语》有“见雄鸡自断其尾”;《庄子》有“虫,雄鸣于上风,雌应于下风而化”等。“雄”又可借喻强有力的或杰出的人物,如《逸周书·周祝》有“维彼大心是生雄”;《左传·襄公二十一年》记载齐庄公称殖绰、郭最为“寡人之雄”;《墨子·修身》有“雄而不修者,其后必惰”;《庄子·德充符》有“勇士一人,雄入于九军”;《荀子》之《非相》有“夫是之谓奸人之雄”,《宥坐》有“此小人之桀雄也”;《韩非子》之《扬权》有“毋弛而弓,一栖两雄”,《大体》有“雄骏不创寿于旗幢”等。故《正字通·佳部》云:“雄,武力过人曰雄。”

可见,在先秦时期,“英”“雄”都经历了由本义、引申义发展到多义并存的阶段,在被借指杰出人物这一引申意义上,二词用法相近,“雄”早于“英”,尤强调勇武之意。

将“英”“雄”搭配铸为新词,最早也不会在西汉晚期前。举例来说,刘邦《大风歌》呼唤“安得猛士兮守四方”,而没有呼唤“英雄”。在“英雄”概念流行后的相近情势下,如唐昭宗落难而制《菩萨蛮》词,就向“英雄”求救了:“何处是英雄,迎奴归故宫?”对于被刘邵举为“英雄”典型的张良、韩信,刘邦也是以“三杰”中人相称;贾谊《过秦论》数用“豪俊”一词而不用“英雄”;司马相如《难蜀父老》创造“非常之人”“非常之事”“非常之功”的提法而不用“英雄”;司马迁《史记》记载了那么多被后世目为“英雄”的人物,也不使用“英雄”一词;董仲舒《举贤良对策》“则英俊宜可得也”、张敞《为胶东相与朱邑书》“故事各达其时之英俊”、王褒《圣主得贤臣颂》的“以言天下英俊也”都用“英俊”而不用“英雄”一词。在“英雄”生成后,不少汉代历史人物都被称为“英雄”。如曹植《画赞·汉高帝》:“屯云斩龙,灵母告祥,朱旗既抗,九野披攘。禽婴克羽,扫灭英雄,承机帝世,功著武汤。”薛莹《后汉记·光武赞》:“王莽之际,天下云乱,英雄并发,其跨州据郡,僭制者多矣,人皆冀于非望,然考其聪明仁智勇,自无光武俦也。……故能扫除群凶,清复海内,岂非天之所辅赞哉? ……”孙楚《韩信赞》:“秦失其鹿,英雄交战”等。

“英雄”一词的较早出处,见于班彪批判隗嚣图谋称王而作的《王命论》,方望的《辞谢隗嚣书》中也使用了“英雄”一词①。方望生活于西汉末年,班彪生活于西汉末年至东汉初年。故可推断,“英雄”一词最早当出现于西汉末期。即便“英雄”一词已出现,但东汉末期以前该词仍较少使用。班固所著《汉书》之《刑法志》等虽用到“英雄”一词,但显然仍较谨慎;王充《论衡·案书》等偶尔将文士称为“文雅之英

---

① 西汉早期文献中也有数例出现“英雄”字眼的文字,但其可靠性值得怀疑,故不予引述。

雄”;他人著作中就更为少见了。

从东汉晚期,出现桥玄等品评曹操为拨乱反正“英雄”的重要文化现象,至汉末三国时代,“英雄”一词被广泛使用。以关注拨乱反正“英雄”和创业君臣“英雄”为两大焦点,“英雄”一词被用来代表一种时代理想人格形象,成为整个社会层面普遍持续关注、反思的热点话题,并出现了最早专门记载“英雄”事迹的篇章——王粲《英雄记》,刘邵《人物志·英雄》也首次明确界定“英雄”概念。故我们认为“英雄”概念真正生成于汉末三国时代。

二、政治文化、人物品格褒词与“英”“雄”

为什么中华民族古典“英雄”概念的生成,会经历较长的历史时期?为什么不选用其他语词,而是以“英”与“雄”搭配,来界定中华民族褒扬人物崇高美的一种特定类型?“英雄”概念的生成是偶然的,还是有其历史必然性?要解答这些问题,首先需要深入探讨“英雄”概念的起源与以政治文化为主导的先秦人物品格褒词生成系统的关系。

先秦时期人物品格褒词的生成,实际具有如下三大特点:

其一,以政治文化为主导,先秦时期对“人”的认识不断拓展、深入,为后人所经常使用的人物品格褒词,大多已经在这一时期出现。如“圣人”“贤人”“大人”“君子”“先生”“夫子”“大丈夫”“上丈夫”“巨子”“俊”“俊杰”“俊士”“俊才”“才子”“豪”“豪杰”“豪士”“髦士”“秀士”“贞士”“造士”“志士”“勇士”“烈士”“魁士”“仁者”“智者”“至人”“神人”“天人”“真人”“英”“英才”“英杰”“雄”“雄桀”“雄骏”等,可谓名目繁多、不胜枚举。以注重道德、强调天命、区分等级为重要趋向,先秦时期也形成了以“圣人”“圣贤”概念为核心的人物品格褒词生成传统,其他先秦人物品格褒词则多与“圣人”“圣贤”语义相近或交叉互补,有些则具有对比意义。“圣”“贤”“俊”“杰”“豪”“彦”等词被作为最高或较高层级的人物品格褒词,可以互用或连用,是这一时期的突出特点。如《尚书·太甲上》的“旁求俊彦,启迪后人”;《逸周书·君奭》的“人之彦圣”;《孟子》之《公孙丑上》的

“尊贤使能,俊杰在位”与《滕文公上》的“彼所谓豪杰之士也”;《荀子·大略》的“天下,国有俊士,世有贤人”等。

其二,先秦时期已经相当关注、重视一些杰出人物与天命、道德存在的紧张关系问题。春秋时代,那些“不以茂德”而妄逞“俊才”者,因与所谓天命、道德观念冲突而遭到强大社会舆论的贬斥。如《左传·宣公十五年》记载:“潞子婴儿之夫人,晋景公之姊也。酆舒为政而杀之,又伤潞子之目。晋侯将伐之,诸大夫皆曰:‘不可。酆舒有三俊才,不如待后之人。’伯宗曰:‘必伐之。狄有五罪,俊才虽多,何补焉?不祀,一也;嗜酒,二也;弃仲章而夺黎氏地,三也;虐我伯姬,四也;伤其君目,五也。怙其俊才而不以茂德,兹益罪也。……’”战国时期,诸侯力战,注重道德、强调天命的伦理价值观念受到冲击,“豪杰”“豪士”“雄骏”等特别强调勇武雄强品格的人物褒词,就被以正面方式高频使用了。

其三,存在对人物品格褒词进行比较、区分、归类现象。《易经》《论语》主要以“大人”“君子”等构成其人物品格褒词系统,《孟子》《荀子》的区分则更为细致化。《孟子·万章下》区分:“伯夷,圣之清者也;伊尹,圣之任者也;柳下惠,圣之和者也;孔子,圣之时者也。”《荀子》之《不苟》区分“通士”“直士”“公士”“悫士”等,《哀公》区分“有庸人,有士,有君子,有贤人,有大圣”等。

明了先秦时期人物品格褒词生成的基本特点,可知新的人物品格褒词的生成和对一些人物品格褒词使用频率的升高与降低,既与特定时代政治形势、社会风气、文化心理等的变化密切相关,更受到人物品格褒词生成传统的深刻影响。在先秦时期的文化发展和人物品格褒词生成、演进历程中,正蕴含着“英雄”概念生成的历史必然性。

其一,与“圣”“俊”等词在甲骨文时代已经出现不同,“英”“雄”远为后出,并分别经历了由本义向引申义演化而多义并存的历程,“英”被作为人物品格褒词始于战国时期。同时,与不少单音词较早向双音词演化相比,作为人物品格褒词的“英”“雄”,特别是“英”与其他单音词的组合也较晚。但是,这正好说明,“英”“雄”分别被作为人物品格褒词,处于先秦对以政治文化为主导的“人”的认识渐趋深入、细致,对

“人”与“自然”的关系有了更为深入的认识，对褒扬人物品格的概念有了较明确的比较、归类意识的一定历史阶段。故“英”“雄”主要是被视为与“圣”“贤”“俊”“杰”“豪”“彦”等用来指称最高或较高层级的人物品格褒词词性相近，甚至可以与其互用。这意味着：“英”“雄”在被分别作为人物品格褒词的初始阶段，就已赋予其指称最高和较高层级人物的意义内涵。

其二，虽然先秦也有视“英”“雄”与“圣”“贤”意义相近的，但“英”“雄”分别与其他人物品格褒词的组合，不但较“圣”“贤”“俊”“杰”“豪”“彦”等词与其他词的组合为晚，“英”“雄”也被视为与“俊”“杰”“豪”这些本身不特别强调天命、道德而是突出强调人的才能的品格褒词意义相近。故《荀子》之《非相》称桀纣为“天下之杰”、指斥“奸人之雄”，《宥坐》批判“小人之桀雄”，甚至对有些所谓“雄”“杰”予以批判否定。这使后世经常以这些词语互训，如，《广雅·释训》释“雄”：“雄，杰也。”《玉篇·豕部》释“豪”：“豪，俊也。”《字汇·豕部》释“豪”：“豪，英也。”可见，先秦时代将“英”“雄”分别作为人物品格褒词，主要是以已有的“圣”“贤”“俊”“杰”“豪”“彦”等词的组合模式为参照。在辨析、探讨这些人物品格褒词的相互关系并予以搭配时，“英”“雄”的使用范围与“圣”“贤”有所不同，其中潜含着铸为新词、表达新内涵的可能性，这可视为“英雄”概念生成的重要一步。

其三，如前所论，先秦时期存在对人物品格语词、概念进行比较、归类的重要文化现象。应该说，对人物品格语词、概念进行比较、归类，是一个不断演进发展的历史进程。由先秦发其端，汉代承其绪，主要聚焦于“英”“俊”“杰”“豪”四词，对其予以数量化等级区分，也是这一历史进程中的重要文化现象。最值得关注的是：“英”被视为杰出人物等级中的最高一级，已逐渐成为一种较为统一的思想认识。较早的有《文子·上礼》：“智过万人者谓之英，千人者谓之俊，百人者谓之杰，十人者谓之豪。”这种看法由《荀子·非相》可以得到部分印证：“古者桀纣长巨姣美，天下之杰也。筋力越劲，百人之敌也。”在汉代，固定于“英”“俊”“杰”“豪”的讨论就相当普遍了，不再赘举。由上可见，“英”“雄”分别被作为人物品格褒词，经历了由与“圣”“贤”等语义相近、互用,到与强调天命、注重道德完善的“圣人”“圣贤”概念有所不同、更多地强调人的才能的品格褒词,再到形成专门比较“英”“俊”“杰”“豪”等强调人的才能等级的品格褒词,并以“英”作为最高层级人物品格褒词的固定用法的演变历程。由此可见,在强调神圣天命、注重道德完善的“圣贤”观念遭受严重冲击而趋于衰微的历史背景中,“英”“雄”被搭配铸为新词,“英雄”概念的应运而生实际有其历史的必然性!

三、“英雄”新词的出现及初始使用

秦汉三国时代主要继承先秦人物品格褒词生成的传统,新的人物品格褒词生成概率大为减小。这样,“英雄”新词的出现就更值得予以高度关注。

西汉末年天下大乱,社会持续动荡。在“君权神授”的天命观和儒家以“圣贤”为核心的伦理道德观念受到严重冲击失去约束力、一些强力人物纷纷起而挑战帝权的历史背景下,针对隗嚣图谋称王,班彪为维护封建王权而写《王命论》,方望也有《辞谢隗嚣书》。这一“论”一“书”都搭配“英”“雄”而为新词,二者是现今所能看到的古典文献中“英雄”一词的较早出处。这当然是关涉“英雄”概念生成的重大文化事件。

班彪的《王命论》专论帝王天命有归,而警告“英雄”不可觊觎。文章声称:

> 帝王之祚,必有明圣显懿之德,丰功厚利积累之业,然后精诚通于神明,流泽加于生民,故能为鬼神所福飨,天下所归往。未见运世无本,功德不纪,而得崛起在此位者也。①

为了回答世俗以为汉高祖刘邦兴于布衣,适遭暴乱,天下逐鹿,

---

① [汉]班固:《汉书》,中华书局1962年版,第4208页。

“幸捷而得之”的说法，班彪举出刘邦具备“兴王”的五大条件，并使用了“英雄”一词：

> 一曰帝尧之苗裔，二曰体貌多奇异，三曰神武有征应，四曰宽明而仁恕，五曰知人善任使。加之以信诚好谋，达于听受，见善如不及，用人如由己，从谏如顺流，趋时如响赴；当食吐哺，纳子房之策；拔足挥洗，揖郦生之说；寤戍卒之言，断怀土之情；高四皓之名，割肌肤之爱；举韩信于行陈，收陈平于亡命。英雄陈力，群策毕举，此高祖之大略，所以成帝业也。①

从称“英雄陈力，群策毕举”来看，班彪将“英雄”价值定位为“陈力”举“策”，即为具备“明圣显懿之德”等“圣人”品格和“兴王”条件的帝王奉献其杰出才能。但文中第二次使用“英雄”，是明确劝诫、指斥“英雄”觊觎帝王之位，这正是作者为文的中心意图：

> 英雄诚知觉寤，畏若祸戒，超然远览，渊然深识，收陈婴之明分，绝信、布之觊觎，距逐鹿之瞽说，审神器之有授，毋贪不可几，为二母之所笑……②

在班彪心目中，显然认为“英雄”与“圣贤”概念是有差异的。因为“圣人”“圣贤”的道德品质根本毋庸置疑，而班彪一方面希望“英雄”为真命帝王所用，约束自我做忠诚而不觊觎王命的股肱之臣；另一方面，他亲眼看到如隗嚣等“英雄”在觊觎王命，故严词劝诫。同时，他又感慨世多觊觎王命者，怒斥其为威胁封建王朝统治的“乱臣贼子”。班彪所说的“英雄”既然会觊觎王命，则其实力当与所谓真命帝王相差不远。特别是封建王朝末世帝王多平庸幼暗，此时出现能力超群的“英雄”，他们是否能够真正做到不觊觎王命，就要看其道德水准及其

---

① ［汉］班固：《汉书》，中华书局 1962 年版，第 4211 页。

② ［汉］班固：《汉书》，中华书局 1962 年版，第 4212 页。

自我约束能力如何了。由此可见,班彪所谓的“英雄”概念,重在强调个人才能,明显不同于强调天命、注重道德的“圣贤”概念。

方望的《辞谢隗嚣书》,也是由于看到隗嚣的称王野心,写信婉辞隗嚣聘用的。他提到隗嚣“将建伊吕之业,弘不世之功,大事草创,英雄未集”,一方面微含希望隗嚣做辅汉之臣而不要觊觎王命的用意,另一方面可知他所谓“英雄”的含义也与班彪一样,是指接受领导、贡献才能方面。只不过这“英雄”也可以是能力、地位较“伊、吕”为低的。

可见班彪、方望使用“英雄”一词,确实是“英雄”概念应运而生的历史必然逻辑链条中的重要一环。

不过,特别需要强调指出的是:刘汉王朝虽然经历西汉衰亡的厄运,但以儒家经生身份起家的刘汉宗室刘秀所建立的东汉王朝,实际乃是对刘汉王权的重构,这就使以注重天命、道德为主要内容的“圣贤”概念,也得以复归政治文化系统与意识形态领域的核心主导地位,这使使用“英雄”一词的必要性大为降低。因此,在东、西汉之交使用“英雄”一词的人很少,只有班彪、方望等人,且含有否定“英雄”的意味。稍后,身处东汉时代的班固,其《汉书・刑法志》中的“汉兴,高祖躬神武之材,行宽仁之厚,总揽英雄,以诛秦项。任萧曹之文,用良平之谋,骋陆郦之辩,明叔孙通之仪,文武相配,大略举焉”,连句式都袭用《王命论》的用法。但很明显,他只是继承其父关于“英雄”当为真命帝王所用的思想认识,对使用“英雄”一词则非常审慎。在班固所著《汉书》全书中,除了这一例以及照录其父的《王命论》之外,其他地方就绝少使用“英雄”一词。王充的《论衡・案书》等则偶尔把文士称为“文雅之英雄”。直到东汉后期,“英雄”一词也仅是被偶尔使用。

由于西汉末期到汉末以前,“英雄”一词尚未得到广泛使用,也没有被用来代表一种时代新兴理想人格形象,对其内涵也未见有明确、系统的界定,因此只能将这一时期视为“英雄”新词出现和使用的初始阶段。

四、"英雄"时代与"英雄"概念生成

我们认为:历经先秦两汉的较长历史时期,至汉末三国时代,才真正生成了中国古典"英雄"概念,这一时代也是中国名副其实的"英雄"时代。

关于汉末三国时代的"英雄"问题,汤用彤在《读人物志》中作过较全面的概括。正如汤用彤所指出的,拨乱反正"英雄"成为当时社会所渴望、崇尚的理想人格形象①。而作为这样一种社会文化思潮起点的,是在东汉晚期天下将乱时代,已出现了桥玄等有识之士聚焦于治"乱",以曹操为品评对象,呼唤拨乱反正"英雄"的重要文化现象。

由于东汉桓、灵两次"党锢之禁"等造成皇纲不振、宦官与外戚专权的黑暗政治局面,帝王大权旁落,成为宦官、外戚手中的傀儡;而代表社会良心与政治监督力量的儒林清流,其以清议方式参政救世也宣告彻底失败。"党锢之禁"等不但引发严重的政治、社会危机,也使以儒家纲常伦理为核心的道德价值观念系统趋于崩溃,"君权神授"的天命观受到强有力挑战,整个社会层面的道德意识空前淡薄,"圣贤"信仰衰微、破产,"圣贤"不再是整个社会普遍崇尚的理想人格形象。凭借严重腐败、衰弱的东汉王朝自身和儒林清议已绝难救世,以天命、道德等属于"圣贤"概念内核的思想作号召拯世也只是一厢情愿的幻想。时代的当务之急不是怎样维护旧的价值观念体系,而是怎样才能救世。重新认识道德与才能的关系遂成为最迫切的时代核心课题。正是在这样的历史时代,桥玄等有识之士清醒地预见天下大乱势成必然,汉乱"非命世之才,不能济也"。聚焦于汉乱之"治",桥玄等以曹操为特定品评对象,预言没有高贵血统甚至还有宦官家庭出身色彩、"善""恶"兼备而主流倾向趋于"善"、年少时已表现出非同寻常的"文""武"才能的曹操为救世的"命世之才",这种评价无疑具有特别

---

① 参见《图书季刊》1940 年 1 月,收入《汤用彤全集》第四卷,河北人民出版社 2000 年版,第 7—8 页。

的意义。桥玄等的品评,显然不是偶然的一时兴味,而是出于对国家前途的严肃关注与忧虑,故其能超迈旧的天命、道德观念束缚,而以通达眼光看待天命、道德与人才的关系,将才能放于第一位,重才智而轻天命、道德,以"善""恶"兼备的曹操,作为拨乱反正的理想"英雄"人格形象。这的确是在新的历史条件下出现的一种重要文化思潮,不但代表了一种与"圣贤"观念完全不同的新的思想价值观念的出现,而且成为"英雄"人格形象取代"圣贤"形象的重要思想基础。

迭经"党锢之禁"、黄巾起义和群雄混战的致命打击,汉末迄于三国时代,救世呼声愈高,注重才能而轻忽天命、道德的思想更为盛行,拨乱反正"英雄"遂成为被普遍崇尚的理想人格形象。一方面,诚如汤用彤所说:"汉末豪俊并起,群欲平定天下,均以英雄自许。"[①]汉末群雄在其登上政治舞台的初始阶段,多以维护东汉王朝、做拨乱反正的"英雄"为其人生崇高使命。另一方面,他们也被拥戴者视为拨乱反正的"英雄"。最典型的要数曹操,拙文《曹操是汉末三国"英雄"人格形象的典型》对此已有详细分析[②],兹不赘述。此外,如凭借汉四世三公之后的家庭背景和游侠风姿起家的袁绍,以及刘备、孙坚、孙策、孙权等,无不如此。

而随着各路诸侯势力的日渐强大,帝王之势日衰,以维护东汉王朝、拨乱反正为已任的"英雄",多转型于追求创帝王之业。因此,追求创帝王之业与做创业帝王的开国元勋的"英雄",都成为汉末三国时代所崇尚的人格形象。当时的各路诸侯多自许为创业"英雄",也被其拥戴、追随者推崇、期许为创业"英雄";其属下也多自视为追随创业帝王的人臣"英雄"[③]。如:

郭图、淳于琼(按:此为劝说袁绍)曰:"汉室陵迟,为日久矣。今欲兴之,不亦难乎!且今英雄据有州郡,众动万计,所谓秦失其

---

① 参见《图书季刊》1940年1期,收入《汤用彤全集》第四卷,河北人民出版社2000年版,第7—8页。

② 参见拙著《"英雄"文化与魏晋文学》,上海古籍出版社2018年版。

③ 详参拙著《魏晋文化与文学论考》的相关论述,甘肃人民出版社2002年版,第38—42页。

鹿,先得者王。若迎天子以自近,动辄表闻,从之则权轻,违之则拒命,非计之善者也。” ——《三国志》裴注引《献帝传》①

《魏书》曰:刘备来奔,以为豫州牧。或谓太祖曰:“备有英雄志,今不早图,后必为患。”太祖以问嘉,嘉曰:“有是。然公提剑起义兵,为百姓除暴,推诚杖信以招俊桀,犹惧其未也。今备有英雄名,以穷归己而害之,是以害贤为名,则智士将自疑,回心择主,公谁与定天下?夫除一人之患,以沮四海之望,安危之几,不可不察!”太祖笑曰:“君得之矣。”②

英雄响附。 ——《文选·陆倕石阙铭》注引吴质《魏都赋》③

张昭劝谏孙权:“夫为人君者,谓能驾御英雄,驱使群贤。”

——《三国志·吴书·张昭传》④

在崇拜“英雄”、喜说“英雄”的汉末三国时代,“英雄”一词被空前广泛使用:既可称帝王,也可称人臣;既可称他人,也可自称;既可称武将,也可称文臣;既可特指,也可泛指。关于特指帝王“英雄”等用法,前面所举已多。“英雄”在泛指意义上使用的也颇多,如:

高柔,字文惠,陈留圉人也。柔留乡里,谓邑中曰:“今者英雄并起,陈留四战之地也。” ——《魏书·高柔传》⑤

冲、质不永,桓灵坠败,英雄云布,豪杰盖世,家挟殊议,人怀异计。 ——郤正《释讥》⑥

方今天下云扰,群雄虎争,英雄踊跃。

——陆逊《乞息亲征公孙渊疏》⑦

田丰说绍曰:“曹公善用兵,变化无方,众虽少,未可轻也。不

---

① [晋]陈寿撰,[宋]裴松之注:《三国志》,中华书局1959年版,第195页。

② [晋]陈寿撰,[宋]裴松之注:《三国志》,中华书局1959年版,第433页。

③ [唐]李善等注:《六臣注文选》,中华书局1987年版,第1034页。

④ [晋]陈寿撰,[宋]裴松之注:《三国志》,中华书局1959年版,第1220页。

⑤ [晋]陈寿撰,[宋]裴松之注:《三国志》,中华书局1959年版,第682页。

⑥ [晋]陈寿撰,[宋]裴松之注:《三国志》,中华书局1959年版,第1036页。

⑦ [晋]陈寿撰,[宋]裴松之注:《三国志》,中华书局1959年版,第1350页。

如以久持之。将军据山河之固，拥四州之众，外结英雄，内修农战，然后简其精锐，分为奇兵，乘虚迭出，以扰河南。”

——《魏书·袁绍传》①

初平中，(焦)和为青州刺史。是时，英雄并起，黄巾寇暴，和务及同盟，俱入京畿，不暇为民保障，引军逾河而西。

——《魏书·吕布传》裴松之注引《九州春秋》。②

“英”、“雄”还可以分别指称文臣、武将，如：

时蜀人以诸葛亮、蒋琬、费祎、及允为四相，一号四英也。

——《蜀书·董允传》裴注引《华阳国志》③

孟启兼资文武，雄烈过人，一世之杰，黥、彭之徒，当与益(翼)德并驱争先，犹未及髯之绝伦逸群也。 ——诸葛亮《答关羽书》④

当时对“英雄”的宽严标准，也颇存在仁智不同的看法。从较严格标准出发，就有刘巴看不起武将张飞，宣称“大丈夫处世，当交四海英雄，如何与兵子共语乎”⑤；有傅巽认为庞统不合“英雄”之“武”的标准，而“目庞统为半英雄”⑥。从最宽的标准出发，王粲将汉末各种人才都视为“英雄”，特意为之撰写《英雄记》，成为中国历史上首部专记“英雄”事迹的传记⑦。正是在这样的时代氛围中，刘邵《人物志》专门深入研究“英雄”问题，并首次对“英雄”概念做了较为明确、全面的界定⑧。

---

① [晋]陈寿撰，[宋]裴松之注：《三国志》，中华书局1959年版，第200页。

② [晋]陈寿撰，[宋]裴松之注：《三国志》，中华书局1959年版，第232页。

③ [晋]陈寿撰，[宋]裴松之注：《三国志》，中华书局1959年版，第987页。

④ [晋]陈寿撰，[宋]裴松之注：《三国志》，中华书局1959年版，第940页。

⑤ 参见《三国志·蜀书·刘巴传》。

⑥ [晋]陈寿撰，卢弼集解：《三国志集解》，中华书局1982年版，第228—229页。

⑦ 详见拙文《中国历史上第一部“英雄”传记——试论王粲〈英雄记〉》，《兰州大学学报》2002年3期。

⑧ 详见拙文《刘邵与古典“英雄”概念的基本内涵》，《光明日报》2006年6月。

由“英雄”取代“圣贤”而成为汉末三国时代所普遍崇尚的人格形象，“英雄”问题成为汉末三国时代的重要政治文化思潮，刘邵等也从理论层面对“英雄”概念的内涵作出了较为系统、全面的界定，因此，我们认为：中国古典“英雄”概念真正生成于汉末三国时代。

（本文原载《“英雄文化”与魏晋文学》，上海古籍出版社2018年版）

【附】西方式"英雄"概念研究及思维模式反思

19世纪末叶以来，在西风东渐、中西文化强烈碰撞交融的历史潮流中，以林纾、严复等为代表的中国学人，对西方文化的翻译介绍，对于中华民族"开眼看世界"，建立我们自己的现代学术规范和学术研究方法，加速现代化的历史进程，居功至伟。但是，回顾、反思这100多年来对西方文化的认知、接受，我们仍然不无遗憾。其中之一便是：当不得不借用我们自己固有的某些具有特定语义蕴含的语词来翻译西方语词时，同时也就付出了斫伤中华民族固有文化语义与元气的代价。对"英雄"一词的翻译，以及20世纪迄今以西方式"英雄"概念替代对中华民族固有"英雄"概念的认知、使用与研究，就是显例。①

本文概述西方式"英雄"概念研究，并反思西方式"英雄"概念研究的思维模式，期望有益于正本清源，以进行真正的中西"英雄"文化的会通研究，为建构人类的"新英雄"史观与核心文化价值体系聊尽绵薄之力。

一、西方式"英雄"概念的具体涵义

关于西方式"英雄"概念的具体涵义，《简明不列颠百科全书》有

① 实际上，对19世纪末叶以来迄今东西方通译中怎样精准表达中华文化语义，以保真、弘扬中华文化精义，仍是具有挑战性的重要学术课题。

十分明确的界定。“英雄和英雄文学”条解释说：

> 在荷马史诗里，英雄一词指在《伊利亚特》和《奥德赛》中所描述的早期自由人，尤指杰出人物：在战争与惊险中出类拔萃的和珍视勇敢、忠诚等美德的超人。有些英雄的双亲之一是神，这种半神族出身用于说明许多英雄具有超自然威力的原因。此外，英雄业绩不一定仅限于人世，其惊险历程可以引导他进入地府或神界。①

“英雄的性质与神圣地位”条又进一步解释：

> 许多英雄以超人本领使人不仅提出英雄同神的关系问题。神话和英雄传奇不像有些学者提出的那样，存在着细致和严格的区分。希腊神话作家欧赫美罗斯认为大众崇拜的神，本是一些伟大的征服者、英雄或贤人，为后世所崇敬。后世学者为此争论并有两种不同的意见：一种认为英雄是神化了的人，对他们的崇拜就是对上升为神的死人崇拜；另一种则相反地认为英雄是“失去光彩的”神，对他们的崇拜就是他们从正式神的地位降级后剩下来的残余。②

至于被翻译为“文化英雄”的西方文化概念，美国《韦氏大词典》如是解释：

> 文化英雄，系传说人物，常以兽、鸟、人、半神等各种形态出现。一民族把一些对于他们的生活方式、文化来说最基本的因素（诸如各类重大发明、各种主要障碍的克服、神圣活动，以及民族

① 《简明不列颠百科全书》，中国大百科全书出版社1986年版，第163页。
② 《简明不列颠百科全书》，中国大百科全书出版社1986年版，第163页。

自身、人类、自然现象和人类的起源),加诸文化英雄身上。①

这种蕴含半神半人特性的西方式"英雄"概念,对西方文化研究具有极为关键、深远的影响,被作为构建西方文化价值体系的重要基石。

二、西方对"英雄"概念认知的主流倾向

早在1世纪罗马统治时期,希腊传记作家普鲁塔克就著有希腊、罗马人物的传记,被译作《希腊罗马英雄传》②。西方历史哲学之父维柯,则将"英雄时代"作为构建其宏大"新科学"体系(力图用严格的规律性来说明全部人类历史文化)的三大基石之一。在《新科学》之《置在卷首的图形的说明,作为本书的序论》中,维柯划分了包括"英雄时代"在内的人类历史文化发展的三大重要时代:

> ……因此这门新科学就成了玄学,从天神意旨的角度去研究各异教民族的共同本性,发现到异教民族中神和人的两类制度的起源,从而建立了一套部落自然法体系。这种体系经过三个时代都以最大限度的一致性和经常性在继续发生效力。这三个时代的划分是由埃及人传给我们的,埃及人把世界从开始到他们的那个时代所经历的时间划分为三个时代:(1)神的时代,其中诸异教民族相信他们在神的政权统治下过生活,神通过预兆和神谕来向他们指挥一切,预兆和神谕是一切世俗史中最古老的制度。(2)英雄时代,其时英雄们到处都在贵族政体下统治着,因为他们自以为比平民具有某种自然的优越性。(3)人的时代,其时一切人都承认自己在人性上是平等的,因此首次建立了一种民众(或民

① [美]戴韦·B·格拉尔尼克《韦氏大词典》,世界出版公司1953年版。译文参马昌仪《文化英雄论析——印第安神话中的兽人时代》,载《民间文学论坛》1987年第1期。另参陈建宪《神祇与英雄——中国古代神话的母题》,生活·读书·新知三联书店1994年版,第143—160页。

② [德]爱克曼:《歌德谈话录》,朱光潜译,商务印书馆1990年版,第45页译为《希腊罗马英雄传》。黄宏煦等的中译本,则译为《希腊罗马名人传》)。

主）的政体，后来又建立了君主专政政体。①

维柯视“英雄时代”为由“神的时代”向“人的时代”过渡的时代，即原始氏族社会向文明社会演进时期，指出在这一时期，“英雄”具有无可争议的统治地位，并概括论述了与“英雄”本性和政权相对应的语言、文字与法律体系等。在《新科学》第二卷《诗性的智慧》第五部分“诗性的政治”之第六章“续论英雄时代的政治”、第八章“关于最初各民族英雄体制的系定理”，第七部分“诗性的物理”之第二章“关于人或英雄本性的诗性物理”、第三章“关于英雄式语句的系定理”、第四章“关于英雄式描绘语的系定理”、第五章“关于英雄习俗的系定理”，第十一部分“诗性地理”之第三章“诸英雄城市的称呼和描述”，第三卷“发现真正的荷马”第一部分“寻找真正的荷马”之第四章“荷马在英雄诗方面的无比才能”，第四卷《诸民族所经历的历史过程》之第一部分“三种自然本性”、第二部分“三种习俗”、第三部分“三种自然法”、第四部分“三种政府（或政体）”、第五部分“三种语言”、第六部分“三种字母（文字）”、第七部分“三种法学”、第八部分“三种权威”、第九部分“三种理性”、第十部分“三种裁判”、第十一部分“三段时期”、第十二部分“从英雄贵族整体诸特征中索引来的其他证据”等中，维柯对所谓“英雄时代”与“英雄”问题几乎作了毫发无遗的分析、探讨②。维柯“英雄时代”的提法，为西方学术界所普遍接受。

格罗特《希腊史》是专门研究希腊“英雄”问题的经典之作。正文分“传说的希腊”与“历史的希腊”两大部分。第一卷、二卷共十二章，专论“传说的希腊”，对希腊传说时代与“英雄”的关系有着全面详尽的研究。第一章至三章论述希腊的神、英雄与传说，以及“英雄”与神和人的关系。指出：

希腊的神话世界，以神为开端，神在时间上早于人类而且比

---

① 《朱光潜全集》，人民出版社1990年版，第75—82页。

② ［意大利］维柯：《新科学》，朱光潜译，人民文学出版社2008年版。

人类优越,它逐渐产生了后代,先是英雄,然后是人类。

第四章至十五章论述希腊各民族英雄的谱系,详细叙述了爱奥尼亚、伊奥利亚和多利安人的英雄祖先,以及传说中阿耳戈英雄远征、七英雄攻打底比斯和特洛伊战争等三次远征。第十六章至十七章论析了古希腊人的神话观念[①]。

摩尔根在《古代社会》第一编之第八章“希腊人的氏族”、第九章“希腊人的胞族、部落和民族”、第十章“希腊政治社会的建立”等章节中,揭示希腊人的家庭“它们共同崇奉某一位神祇或英雄,这位神祇或英雄有其独用的名号,并被他们视为共同的祖先”;讨论了“英雄时代的雅典民族在其政府方面有三个不同的部门或权力机构”,即酋长会议、阿哥腊、巴赛勒斯,指出“将阿哥腊同酋长会议联系起来看,就可以确证他们经历整个英雄时代和传说时代的氏族制度是民主的制度”,而巴赛勒斯(军事首领)“这个职位在英雄时代的希腊社会中开始成为一个显要角色”,并对亚里士多德所谓包括“英雄时代”的巴勒赛亚在内的四种巴勒赛亚制予以辨析[②]。

格罗特、摩尔根等人的研究对马克思、恩格斯有深刻影响。马克思不但对罗特有关英雄谱系的看法提出质疑,还专门写《摩尔根〈古代社会〉一书摘要》,细致研究摩尔根与“英雄”研究密切相关的学说[③]。恩格斯《家庭、私有制和国家的起源》副标题就是“就路号斯·亨·摩尔根的研究成果而作”。他在第一部分将“史前各文化阶段分属于“蒙昧时代”和“野蛮时代”,称“英雄时代的希腊人”处于“野蛮时代”的第三阶段也就是高级阶段。在第四部分专论“希腊人的氏族”时,恩格斯认为:

希腊人,在他们出现在历史舞台上的时候,已经站在文明时

① [英]格罗特:《希腊史》,商务印书馆2001年版。

② [美]路易斯·亨利·摩尔根:《古代社会》,杨东莼、马雍、马巨中译,商务印书馆1977年版,第228—229、240—254页。

③ [德]马克思:《摩尔根(古代社会)一书摘要》,人民出版社1965年版。

代的门槛上了；他们与上述美洲部落（按指易洛魁人）之间，横着差不多整整两个很大的发展时期，亦即英雄时代的希腊人超过易洛魁人两个时期。

并且他指出“希腊人关于他们的历史所保存下来的记忆仅仅追溯到英雄时代为止”①。

与上述主要着眼于时代与“英雄”关系的研究不同，黑格尔在其《美学》第三章“艺术美，或理想”中、专门讨论了最足以体现“个体的独立自足性”的“英雄时代”与艺术理想的关系，认为与其所谓“散文气味时代”相比，“英雄时代”最合于艺术理想实现的社会阶段。他将《荷马史诗》所描写的从公元前 11 世纪至前 9 世纪的古希腊称为“英雄时代”，认为在“英雄时代”，希腊人所了解的“道德”成为行为的基础。这与“已经有了城邦和法律制度，在作为公共目的的国家面前，私人的人格是应被否定的”罗马人不同：

古代英雄却不然，他们都是些个人，根据自己性格的独立自足性，服从自己的专断意志，承担和完成自己的一切事务，如果他们实现了正义和道德，那也显得只是由于他们个人的意向。这种有实体性的东西与个人的欲望、冲动和意志的直接统一就是希腊道德的特点。所以在这种情况之下，个人自己就是法律，无需受制于另外一种独立的法律、裁判和法庭。希腊英雄们都出现在法律尚未制定的时代，或则他们自己就是国家的创造者，所以正义和秩序，法律和道德，都是由他们制定出来的，作为和他们分不开的个人工作而完成的。②

这种集普遍性（道德、正义）与个性于一身，真正独立自足的人，就

① 《马克思恩格斯选集》第 4 卷，中共中央马克思、恩格斯、列宁、斯大林著作编译局译，人民出版社 2012 年版，第 22、100 页。

② 《朱光潜全集》，安徽教育出版社 1990 年版，第 227—228 页。

是“英雄”,“英雄”只能出现于没有政权、没有法律,个人意志与社会道德要求完全统一的时代,即“英雄时代”。而艺术理想正要求独立自足性只能表现于从内心到外表都是完整、和谐、自由坚强的人:

所以细看起来,远古英雄时代比起较晚的较文明的情况有这样一个优点:就是在英雄时代里,个别的性格还不感觉到有实体性的、道德的、正义的东西是一种必然规律,跟他自己对立,因而直接现在诗人面前的就正是艺术理想所要求的。①

故“英雄时代”是艺术生长最理想的“一般世界情况”,产生了最符合理想的古典希腊艺术。②

弗洛伊德则在“很惊异地发现早期希腊的艺术与图腾式的情景有着显著相似的关联”时,论述了希腊悲剧与“英雄”的关系:

我个人对希腊的早期悲剧有极深的印象,它们常是:一群群众围绕着一位英雄的化身并听从他的命令和指示。这位英雄的化身在开始时是惟一的演员。接着才出现了第二第三位演员,他们就像是由他所分离出来的一样,可是,却又常违抗他;不过,这位英雄与群众的关系并未因其他演员之出现而受到改变。这位悲剧中的英雄注定必须受苦,这也是构成悲剧的中心。他必须背负那些被认定的“悲剧性罪恶”;那些罪恶并不容易为人所发现,因为就现在眼光看来,它已并不构成罪恶。通常,它们都是起源于反抗某些神或权威(此指人类之权威);在辞世后,群众和英雄都极感关切,于是他们将他抓起来警告他,并且在他受到应得惩罚后,人们才又开始哀悼他。③

① 《朱光潜全集》,安徽教育出版社1990年版,第232页。

② 《朱光潜全集》,安徽教育出版社1990年版,第220—253页。

③ [奥地利]弗洛伊德:《图腾与禁忌》,杨庸一译,中国民间文艺出版社1986年版,第191—192页。

从维柯、格罗特、摩尔根、马克思、恩格斯、黑格尔与弗洛伊德所论来看，尽管他们所强调的侧重点不尽相同，但认为“英雄时代”是指称早期人类社会特别是早期希腊社会的，以具有半神半人特征的“英雄”为如此社会时代的主宰或悲剧代表，则是完全相同的。他们的思想，代表了西方文化研究中对“英雄”概念认知的主流倾向。

三、对西方式“英雄”概念特定涵义的改造使用

当然，也存在对西方式“英雄”概念的特定涵义予以改造使用的情形。如卡莱尔(1795—1881 年)《英雄与英雄崇拜》[①]，分别以北欧斯堪底那维亚神话人物欧丁，伊斯兰教创始者穆罕默德，诗人但丁与莎士比亚，宗教改革领袖路德与清教领袖诺克斯，约翰生、卢梭与彭斯三人，政治领袖克伦威尔与拿破仑等，作为其所讨论的六大“英雄”类型——“神明英雄”“先知英雄”“诗人英雄”“教士英雄”“文人英雄”“帝王英雄”的代表。在卡莱尔看来，所谓“英雄”就是伟人：

> “宇宙历史”，这部记载人类在这个世界中完成的事业的历史，基本上是那些曾在这个世界上工作的“伟人的历史”。他们是人类的领袖，是些伟大的人物；他们是一般人们期欲做或欲获得的世界上一切的雕塑者、模范，从更广大的意义而言，是创造者。我们所见到的世界上一切完成的东西，主要的是这些被派遣到这儿来的伟人们的思想的外在的有形的结果，实际的实现和具体的表现；整个世界历史的精神，很公正地说，就是这些伟人的历史。[②]

他写作该书的目的，就是为了能够向他所处时代的人们解释明白“英雄主义”的意义，解释清楚在所有时代中，一个“伟人”联系于其他

---

① 参见《新世纪万有文库》(第二辑)，何欣中译，辽宁教育出版社 1998 年版。
② 傅雷：《傅译传记五种》，生活·读书·新知三联书店 2010 年版，第 1 页。

人的神圣关系,好好观察“他们”,以“瞥见世界历史的精华”;宣示“在各时代各地方英雄受到崇拜。永远会如此……我们大家都崇敬和永远必须崇敬伟人”①。尽管卡莱尔对西方式“英雄”概念的特指意义予以扩大,以包容他所谓的后世其他“英雄”类型,但他新的“英雄”概念,显然是继承传统“英雄”概念而予以发展的。他所谓“神话英雄”“先知英雄”,都具有神性特征。

在卡莱尔“英雄即伟人”说基础上,罗曼·罗兰有了更大跨越。在世称“三大英雄传”(傅雷称作“三巨人传”,即《贝多芬传》《弥盖朗琪罗传》《托尔斯泰传》)之《托尔斯泰传》译本代序中,罗曼·罗兰阐述了其“英雄”概念:

> 当今之世,英雄主义之光威复炽,英雄崇拜亦复与之俱盛。惟此光威有时能酿巨灾;故最要莫如将“英雄”两字下一确切之界说。
>
> 夫吾人所处之时代乃一切民众遭受磨炼与战斗之时代也;为骄傲为荣誉而成为伟大,未足也;必当为公众服务而成为伟大。最伟大之领袖必为一民族乃至全人类之忠仆。昔之孙逸仙、列宁,今之甘地,皆是也。至凡天才不表于行动而发为思想与艺术者,则贝多芬、托尔斯泰是已。吾人在艺术与行动上所应唤醒者,盖亦此崇高之社会意义与深刻之人道观念耳。②

显然,罗曼·罗兰是在新的历史背景下,痛感卡莱尔式的“英雄”概念过于宽泛了,“英雄即伟人”命题潜含着“惟此光威有时能酿巨灾”的巨大危险。故杨绛在为傅雷译本所写序中补充说,罗曼·罗兰所谓英雄:

> 不是通常所称道的英雄人物。那种人凭借强力,在虚荣或个

---

① 傅雷:《傅译传记五种》,生活·读书·新知三联书店2010年版,第2页。
② 傅雷:《傅译传记五种》,生活·读书·新知三联书店2010年版,第351页。

人野心的驱策下，能为人类酿成巨大的灾害。罗曼·罗兰所指的英雄，只不过是"人类的忠仆"，只因为具有伟大的品格；他们之所以伟大，是因为他们能倾心为公众服务。①

我们还可再补充一点，选择贝多芬、米开朗琪罗、托尔斯泰这些文化巨人作"英雄"代表，是罗曼·罗兰认为与政治领袖等相比，文化巨人更足以代表现代"英雄"的人文主义理想。正如罗曼·罗兰自己所说：

> 我绝不会造成不可几及的英雄范型。我恨那懦怯的理想主义。它只教人不去注视人生底苦难和心灵底弱点。我们当和太容易被梦想与甘言所欺骗的民众说：英雄的谎言只是懦怯的表现。世界上只有一种英雄主义：便是注视世界底真面目——并且爱世界。②

故"吾人在艺术上与行动上所应唤醒者，盖亦此崇高之社会意义与深刻之人道观念耳"。

卡莱尔与罗曼·罗兰等对传统"英雄"概念的改造使用，正体现了文化概念在与时代文化发展的交互影响中，会出现核心意义潜移、演变的一般特征。

尽管学界对西方当代神话学、文化人类学知识系统有了更深入的研究，但遗憾的是，由于从事与"英雄"相关研究的一些学者，对中国古代典籍不够熟悉，或对西方文化缺乏深入的了解，忽略了中、西文化传统的差异，而以西方式的"英雄""文化英雄"来代替中华民族古典"英雄"概念。我们看到，在中国神话学和文化人类学研究领域，几乎对中国古典"英雄"概念视而不见。不少学者直接套用西方式"英雄"概念，作为建构其中国文化研究学术体系的基石。直接以"英雄"命名书名的，仅我们所见，就有萧兵《中国文化的精英——太阳英雄神话的比

① 傅雷：《傅译传记五种》，生活·读书·新知三联书店2010年版，第2页。
② 傅雷：《傅译传记五种》，生活·读书·新知三联书店2010年版，第230页。

较》,叶舒宪《英雄与太阳——中国上古史诗的原型重构》,陈建宪《神祇与英雄——中国古代神话的母题》,孙绍先《英雄之死与美人迟暮》,何新《爱情与英雄——〈离骚·九歌〉新解》等,以专章、专文论述的,就更多了①。

我们并不否认,借鉴西方式"英雄"概念对研究中国古代早期社会文化具有重要启示意义。我们感到惊讶的是:当人们直接套用西方式"英雄"概念时,缺乏反思精神,竟然毫不理会其所用"英雄"一词本是我们中华民族固有的,我们有自己的"英雄"概念,而这"英雄"概念无论就其生成的时代,还是就其实际内涵,都与西方式"英雄"概念有一定差异! 俗话说,入乡问俗。日常生活尚须如此,在中国有其固有"英雄"概念的情况下,讨论中国古代文化中与"英雄"相关的问题,总该对中国固有"英雄"概念有所认识,对中、西"英雄"概念的异同有所比较,对二者分别代表的中、西方两种不同的文化语义表述方式有所体认。直接将西方式"英雄"概念等同于中国古典"英雄"概念,这符合中国古典"英雄"概念生成的实际吗? 从语义表述方式的科学性、严密性来看,以西方式"英雄"概念框套中华民族的古典"英雄"概念,说中华民族的历史以"英雄"时代为先,"圣贤"时代为后,不是正好颠倒了中华民族有关"圣贤""英雄"概念生成先后次序的固有表述方式了吗? 将两种语义表述方式混为一谈,不是造成语义表述方式的淆乱了吗?

我们认为,如果不深入了解并明确区分中、西方"英雄"概念,而是直接套用西方式"英雄"概念,对于我国古代神话学、人类文化学的研究会造成较多的讹误、淆乱;对于不是神话学、人类文化学专家的人们,特别是对于我们的子孙后代,如果我们连用来准确阐释我们的历史文化的语义表述都是含混不清的,无论怎样都是说不过去的。无视

① 有关这方面的论文数量很大,限于篇幅,试举数篇:潜明兹《英雄史诗浅释》,载《民间文学》1983 年第 1 期;杨丽珍《南北方英雄史诗比较》,载《中南民族学院学报》1989 年第 6 期;王四代《"英雄神话"辨析》,载《云南民族学院学报》1993 年第 3 期;张振军《宏伟的造像:古代神话中的悲剧英雄》,载《中国人民大学学报》1994 年第 6 期;陈怀荃《黄帝、炎帝和我国的英雄时代》,载《安徽师大学报》1997 年第 1 期等。

我国古典“英雄”概念生成的历史事实，机械照搬西方文化的研究方法是否可靠，还需要予以仔细斟酌。因此，我们应从强烈的历史使命感、责任感出发，全面、深入地研究中华民族有关“英雄”文化的特定语义表述方式，并与西方式“英雄”文化进行深入比较，为能够真正借鉴、融合世界其他民族文化提供有益参考。

（本文原载《“英雄”文化与魏晋文学》，上海古籍出版社 2018 年）

“胡须”:作为权力意志异化的象征符号

——以魏晋“英雄”文化为研究中心

一、导　　言

魏晋时期,“英雄”以能够拨乱反正、济世救民,而成为被普遍崇尚的人格形象。但是,当时被视为“英雄”的人物,多具有“善”“恶”兼备的复杂、变异人格特征,而权力欲空前膨胀、追逐帝王之位,也往往是魏晋“英雄”的特点。对于“英雄”的追求帝王之位,有两点需要仔细辨析:

其一,历史地看,尽管不排除其个人野心因素,但在旧王朝已无可救药的特定历史条件下,“英雄”以拨乱反正之身登上帝王之位,客观上符合时代进步的需要。正如《后汉书·荀彧传》评价曹操:“方时运之屯邅,非雄才无以济其溺,功高势强,则皇器自移矣。”①

其二,一些“英雄”人物实际由济世救民、建功立业,而异化为处心积虑、变本加厉地追逐帝王之位的个人野心家。

魏晋时期,尽管注重天命、血统、道德的政治伦理文化价值观念体系遭受严重打击,但对群体文化心理仍然具有重要影响作用,故对不具有血统、道德代表意义的“英雄”追逐帝王之位行为,社会舆论往往予以否定。这种否定性社会舆论与汉末直到魏晋不重,乃至贬斥“胡

① ［南朝·宋］范晔:《后汉书》,中华书局1965年版,第2292页。

须”的文化心理、审美风气的变化,以及骨相学意味浓厚的人物品鉴等相结合,就形成了一种奇特的魏晋文化叙事模式:以“胡须”作为“善”“恶”兼备型“英雄”外在形貌的共同符号标志,来象征魏晋“英雄”权力意志的异化。今拟以《世说新语》与“英雄”相关的记载为线索,全面比较关于魏晋“英雄”的其他相关文献材料,尝试解读这种独特的文化叙事模式,深入探讨魏晋“英雄”权力意志的异化问题。

二、“胡须”象征“英雄”权力意志异化

作为专门记载魏晋风流人物事迹的志人小说,《世说新语》有关魏晋“英雄”的记载,有些虽也认同、凸显这种象征“英雄”权力意志异化的“胡须”文化叙事模式,更多则是进行了改写。尽管如此,以《世说新语》的相关记载为线索,全面比较关于魏晋“英雄”的其他相关材料,我们仍然能够看到:确实存在这样一种相当明晰的魏晋文化叙事模式。

《世说新语·识鉴》采用先记载帝王“英雄”,再记载其他风流人物的“识鉴”顺序,显出特意凸显“善”“恶”兼备型“英雄”的创作意图:

> 曹公少时见乔玄,玄谓曰:“天下方乱,群雄虎争,拨而理之,非君乎?然君实乱世之英雄,治世之奸贼。恨吾老矣,不见君富贵,当以子孙相累。”①
>
> 曹公问裴潜曰:“卿昔与刘备共在荆州,卿以备才如何?”潜曰:“使居中国,能乱人,不能为治。若乘边守险,足为一方之主。”②

以《识鉴》第1、2条的显要位置,专门记载“善”“恶”兼备型“英雄”,显然不是偶然而为。虽然《世说新语》36门的类目设置,差不多

---

① 余嘉锡:《世说新语笺疏》,中华书局2007年版,第453页。
② 余嘉锡:《世说新语笺疏》,中华书局2007年版,第454页。

都以人物品题和鉴赏为旨归,但《识鉴》《赏誉》《品藻》《容止》《企羡》等门类,是直接记录人物品题、鉴赏的。作者对这些门类的品题和鉴赏,当然有予以专门凸显的意图。作为直接专门记录人物品题的《识鉴》一门,共辑收28条相关材料。值得关注的是,本门26条与"英雄"无关,涉及的只有2条,记载对帝王"英雄"的识鉴,且恰记曹操与刘备二人,这容易让人想到:作者只选两条"英雄"品评的依据,当是来自曹操"天下英雄,惟使君与操耳"的著名品评①。而首"门"《德行》并不收入曹、刘事迹,却在本门选择有违魏晋时代有关刘备"德行"之普遍看法的材料,将刘备也视为"善""恶"兼备型"英雄"。这说明作者认同魏晋时代关于"英雄"兼具"善""恶"两种价值趋向的思想观念。故书中不但记载"英雄"曹操的各种"善""恶"兼备的事迹,甚至在《任诞》《假谲》《尤悔》等门中,对其明显近于"恶"的种种行迹津津乐道。

《容止》"门"还触及这样一个饶有兴味的话题:根据儒家正统思想,真命帝王必然具有天命、血统、德行等"圣人"特征,自然也具有特异形貌,那么,没有天命、血统、德行等可以依凭,而是"善""恶"兼备,纯粹以其才智追逐帝王之位的"英雄",其形貌是否也有其特殊表征?其结论则令人拍案称绝!

《容止》"门"也采用先记载帝王"英雄",再记载品评、鉴赏其他风流人物形貌的顺序。而在全部39条材料中,首条也是唯一一条专门记载帝王"英雄"的仍属曹操。这就留下了广阔的思考空间:魏晋时代被目为"英雄"帝王的远非曹操、刘备两位,难道他们就不可以以专条方式入选记载"容止"之门?如《容止》记载对桓温形貌的识鉴时,曾提到孙权、司马懿。二人也因形貌极有特色,而获时人识鉴,却无专条事迹见收。如是以曹操、刘备为"善""恶"兼备型"英雄"的典型,刘备的特异形貌曾被时人大加渲染,为何也不见收?

实际上,在表现"英雄"帝王的外在形貌时,作者以独到眼光,选择能够凸显帝王"英雄"内在精神气质与其外在形貌矛盾冲突的题材,作《容止》"门"的首条。《容止》"门"的叙事视角,聚焦于人们对真假

---

① [晋]陈寿:《三国志》,中华书局1982年版,第875页。

"英雄"形貌的认知上,从而与其他 38 条所记风流人物形象的或土木形骸、龙章凤姿,或眸子精芒逼人,或耳、口、鼻、眉、手等的特异超群,形成鲜明对照,甚至造成某种反讽性效果:

> 魏武将见匈奴使,自以形陋,不足雄远国,使崔季珪代,帝自捉刀立床头。既毕,令间谍问曰:"魏王何如?"匈奴使答曰:"魏王雅望非常,然床头捉刀人,此乃英雄也。"魏武闻之,追杀此使。①

关于这条记载是否真实可靠,古今都有较多质疑②。我们颇怀疑是由承宫事迹巧妙嫁接改写的。司马彪《续后汉书·承宫传》:

> 承宫……名称闻于匈奴。单于遣使来贡,求见宫。诏敕宫自整顿,宫曰:"夷狄眩名,非识实也。闻臣虚称,故欲见臣。臣丑陋形寝,见必轻贱,不如选长大有威容者(示之也)。"时以大鸿胪魏应示之。③

二者的相似十分明显。转嫁名臣事迹于帝王"英雄",就明白写出:像曹操这样一位既可"治世"又可"乱世"、一人而已的"英雄",甚至并不具有与其"英雄"本质足以相配的外在形象!曹操的"形陋",连他本人都过意不去,而其内在的"英雄"相,要靠真正的"识"者方可辨认;崔琰虽"雅望非常","识"者仍可看穿他实非"英雄"。可见,"英雄"并不一定仅凭外在形貌可予识鉴,那些"非常之人""超世之杰"所具有的"真"精神,完全可能超越形貌皮相。不"貌"之"貌"才是"容止"的最高境界。

除了有对曹操作为"英雄",其外在形象与其"英雄"内在特质不

---

① 余嘉锡:《世说新语笺疏》,中华书局 2007 年版,第 713 页。

② [唐]刘知几:《史通》,上海古籍出版社 2015 年版,第 539 页;陈寿撰,卢弼集解:《三国志集解》,中华书局 1982 年版,第 350 页;余嘉锡:《世说新语笺疏》,中华书局 2007 年版,第 713 页。

③ 周天游辑注:《八家后汉书辑注》,上海古籍出版社 1986 年版,第 372、373 页。

相符合的戏剧化表现，这条记载不但以反讽手段颠覆、解构了魏晋时代重视并热衷于识鉴风流人物外在形象的固有标准，凸显了当以才智与内在精神作为评价“英雄”真正标准的思想观念。这样的思想，明显受到“英雄”取代“圣贤”人格形象成为全社会崇尚对象的魏晋文化思潮的影响。由此也可知刘备落选的真正原因，就在于其形貌具有“潜圣”特征！①

至于曹操怎样的“形陋”，崔琰怎样的“雅望非常”，《容止》首条没有具体点出。但为什么作者会将曹操的外在形象与崔琰相比，却显然关涉二人包括“胡须”在内的形貌关系。

由于曹操“形陋”，与正史对帝王形象标志大做文章的惯常手法不同，《三国志 · 魏书 · 武帝纪》不提曹操的形貌。提到的，如《魏氏春秋》，只好说：

> 武王姿貌短小，而神明英发。②

三国时代吴人所撰的《曹瞒传》则予以贬述：

> 太祖为人佻易无威重，好音乐，倡优在侧，常以日达夕，被服轻绡，身自佩小鞶囊，以盛手巾细物，时或冠帢帽以见宾客。每与人谈论，戏弄言诵，尽无所隐，及欢悦大笑，至以头没杯案中，肴膳皆沾污巾帻，其轻易如此。③

崔琰则据《魏书》本传记载：

> 声姿高畅，眉目疏朗，须长四尺，甚有威重，朝士瞻望，而太祖

---

① 参看拙文《曹操是汉末三国“英雄”典型》，《“英雄”文化与魏晋文学》，上海古籍出版社 2018 年版。

② ［清］杭世骏撰：《三国志补注》，商务印书馆 1938 年版，第 1 页。

③ ［晋］陈寿：《三国志》，中华书局 1982 年版，第 54 页。

亦敬惮焉。①

曹操《赐死崔琰令》,竟然还对崔琰的"虬须"威胁耿耿于怀:

琰虽见刑,而通宾客,门若市人,对宾客虬须直视,若有所嗔。②

可见,曹操的"敬惮"崔琰,当有因自身"形陋"而心存自卑,嫉妒崔琰"甚有威重"的成分。而"虬须直视"作为崔琰"甚有威重"标志,令不及崔琰"须长四尺"的曹操,即便"琰虽见刑",仍感受到其"若有所嗔"的强烈威胁。

可见,受特定创作意图的影响,《容止》隐去关于曹操与崔琰之间包括"胡须"在内的形貌关系史实,但其关于二人形貌的话题,还是容易引领我们关注关涉二人"胡须"等复杂恩怨的史实关系,并联想其他魏晋"英雄"与胡须相关的记载。

《世说新语》所记载的其他"英雄",也是"善""恶"兼备型的,并且或直接以胡须作为其外在形貌的象征,或引领我们想到胡须与"英雄"形貌的相关史实。据《晋书》本传记载③,桓温儿时曾被温峤叹为"英物",他也是《世说新语》着力描述、表现的"善""恶"兼备型"英雄"。如《轻诋》记载他的"善":

桓公入洛,过淮、泗,践北境,与诸僚属登平乘楼,眺瞩中原,慨然曰:"遂使神州陆沉,百年丘墟,王夷甫诸人,不得不任其责!"袁虎率而对曰:"运自有废兴,岂必诸人之过?"桓公凛然作色,顾谓四坐曰:"诸君颇闻刘景升不?有大牛重千斤,噉刍豆十倍于常牛,负重致远,曾不若一羸牸,魏武入荆州,烹以飨士卒,于时莫不

① [西晋]陈寿撰,卢弼集解:《三国志集解》,中华书局1982年版,第350页。
② [清]严可均辑:《全上古三代秦汉三国六朝文》,商务印书馆1999年版,第22页。
③ 《晋书》,第2568页。

称快。”意以况袁。四坐既骇，袁亦失色。①

《尤悔》则记载他的“恶”：

桓公卧语曰：“作此寂寂，将为文、景所笑！”既而屈起坐曰：“既不能流芳后世，亦不足复遗臭万载耶？”②

此条檀道鸾《续晋阳秋》也有记载：

桓温既以雄武专朝，任兼将相，其不臣之心，形于音迹。曾卧对亲僚，抚枕而起曰：“为尔寂寂，为文、景所笑！”众莫敢对。③

对像桓温这样的“善”“恶”兼备型“英雄”，《容止》第 27 条也借刘惔之口，描述了其外在形貌与孙权、司马懿的相像：

刘尹道桓公：“鬓如反猬皮，眉如紫石棱，自是孙仲谋、司马宣王一流人。”④

此条存在异文问题。余嘉锡《笺疏》引程炎震云：

《晋书·温传》作“眼如紫石棱，须作猬毛磔，孙仲谋、晋宣王之流亚也。”《御览》三百六十六引“眉”亦作“眼”。⑤

又清汤球辑东晋邓粲《晋纪》：

---

① 余嘉锡：《世说新语笺疏》，中华书局 2007 年版，第 979 页。
② 余嘉锡：《世说新语笺疏》，中华书局 2007 年版，第 1058 页。
③ 余嘉锡：《世说新语笺疏》，中华书局 2007 年版，第 1058 页。
④ 余嘉锡：《世说新语笺疏》，中华书局 2007 年版，第 730 页。
⑤ 余嘉锡：《世说新语笺疏》，中华书局 2007 年版，第 731 页。

（桓温）少与沛国刘惔善。惔常称之曰："温眼如紫石棱，须似猬毛磔，孙仲谋、晋宣王之流。"①

《容止》之"鬓"究竟是否如《晋纪》《晋书》一样作"须"，今无确证。但即便是"鬓"，《说文》："鬓，颊发也。"段玉裁注："谓发之在面旁者也。"②这种脸旁靠近耳朵的头发，与络腮胡须即连鬓胡须并无截然的区别，"鬓如反猬皮"，岂非尤近于络腮胡须？而既与孙权的形貌相像，则更为当作"须"添了证据。

魏晋迄于刘宋时代的主流舆论，也视孙权为"善""恶"兼备型"英雄"。《三国志·吴书·吴主传》评价说：

孙权屈身忍辱，任才尚计，有勾践之奇英，人之杰矣。③

《三国志·吴书·吴主传》记载了刘琬对他的识鉴，其中涉及孙权的形貌：

（刘）琬语人曰："吾观孙氏兄弟，虽各才秀明达，然皆禄祚不终。唯中弟孝廉，形貌奇伟，骨体不恒，有大贵之表。年又最寿，尔试识之。"④

《宋书·符瑞志》重复了刘琬的话，并更明确其"形貌奇伟，骨体不恒，有大贵之表"的突出标志是"孙权方颐大口，紫髯长上短下"。《吴主传》裴松之注引《献帝春秋》：

张辽问吴降人："向有紫髯将军，长上短下，便马善射，是谁？"降人答曰："是孙会稽。"辽及乐进相遇，言不早知之，急追自得。

① ［清］汤球撰，黄爽辑，乔治忠校注：《众家编年体晋史》，天津古籍出版社1989年版，第398页。
② ［东汉］许慎撰，［清］段玉裁注：《说文解字注》，上海古籍出版社1981年版，第425页。
③ ［晋］陈寿：《三国志》，中华书局1982年版，第1149页。
④ ［晋］陈寿：《三国志》，中华书局1982年版，第1115页。

举军叹恨。①

按“髯”指两颊的胡须。《释名·释形体》:“在颊耳两旁曰髯,随口动摇冉冉然也。”②《玉篇》:“髯,颊须。”张辽直称孙权为“紫髯将军”,可见“紫髯”正是孙权外在形象的最显著标志。桓温眼紫而胡须络腮有如“反猬皮”,岂非与孙权“紫髯”极其相似?

至于司马懿,《魏书·崔琰传》记载:

> 始琰与司马朗善,晋宣王方壮,琰谓朗曰:“子之弟,聪哲明允,刚断英跱,殆非子之所及也。”③

刘孝标注引《晋阳秋》曰:

> 宣王天姿杰迈,有英雄之略。④

司马懿也是“善”“恶”兼备型“英雄”,其形貌的特异也与胡须有关。《晋书·帝纪·宣帝》记载:

> 魏武察帝有雄豪志,闻有狼顾相,欲验之。乃召使前行,令反顾,面正向后而身不动。⑤

所谓“狼顾相”,典出《诗·豳风·狼跋》:“狼跋其胡,载疐其尾。”“狼疐其尾,载跋其胡。”⑥按“胡”指兽颔下下垂的肉。《诗集传》:“胡,颔下悬肉也。”⑦由于兽的胡上总是生着较长的毛,老狼的胡肉

① [晋]陈寿:《三国志》,中华书局1982年版,第1120页。
② 任继昉:《释名汇校》,齐鲁书社2006年版,第105页。
③ [西晋]陈寿撰,卢弼集解:《三国志集解》,中华书局1982年版,第351页。
④ 余嘉锡:《世说新语笺疏》,中华书局2007年版,第730页。
⑤ 《晋书》,第20页。
⑥ [宋]朱熹:《诗集传》,中华书局2011年版,第127页。
⑦ [宋]朱熹:《诗集传》,中华书局2011年版,第127页。

长，胡毛也长，故前进踩着胡，后退又踩着尾。高亨先生说：“胡”字有变为“鬍”，“胡本含有鬍意”①。故应劭《风俗通义·正失》就将《史记·封禅书》《汉书·郊祀志》所记“有龙垂胡髯下迎黄帝”之“胡”写为“鬍”②。可知，“狼顾相”正以司马懿包括胡须在内的特异形貌，象征其对曹魏持有二心。由于桓温对东晋王朝也怀有二心，人们自然而然就将他与司马懿相联系，而关注二人以胡须为主的形貌特征。

《太平御览》卷三百九十六引《语林》，又将桓温描述为与刘琨、王敦相像。与王敦的关系是虚写，与刘琨的相像，则直接提到了二人包括胡须在内的外在形貌的相似：

> 桓温自以雄姿风气是司马宣王、刘越石一辈器。有以叱王大将军者，意大不平。征苻健还，于北方得一巧作老婢，乃是刘越石妓女。一见温入，潸然泪下。温问其故，答曰：“官家甚似刘司空。”温大悦，即出外修整衣冠，又入呼问：“我何处似司空？”婢答曰：“眼甚似，恨小；面甚似，恨薄；须甚似，恨赤；形甚似，恨短；声甚似，恨雌。”宣武于是拖冠解带，不觉昏然而睡，不怡者数日。③

此条以戏剧化笔调指出，包括“须甚似，恨赤”，桓温形貌的各个细部，都极相似而又稍逊于刘琨。而刘琨也被时人视为“善”“恶”兼备型“英雄”。《世说新语·赏誉》：

> 刘琨称祖车骑为朗诣，曰：“少为王敦所叹。”④

刘孝标注引《晋阳秋》：

> （祖）逖与司空刘琨俱以雄豪著名。年二十四，与琨同辟州主

---

① 高亨撰：《诗经今注》，上海古籍出版社1980年版，第215页。
② ［东汉］应劭撰，王利器校注：《风俗通义校注》，中华书局1981年版，第65页。
③ ［宋］李昉等撰：《太平御览》，中华书局1960年版，第1831页。
④ 余嘉锡：《世说新语笺疏》，中华书局2007年版，第527页。

簿,情好绸缪。共被而寝,中夜闻鸡鸣,俱起曰:“此非恶声也。”每语世事,则中宵起坐,相谓曰:“若四海鼎沸,豪杰共起,吾与足下相避中原耳!”……①

余嘉锡《世说新语笺疏》引《文选集注》六十三引《续文章志》云:

早与祖逖友善,尝二大角枕同寐,闻鸡夜鸣,憙而相蹋,逖遂坠地。②

余嘉锡对此有精当评说:

《开元占经》百十五引京房曰:“鸡夜半鸣,有军。”又曰:“鸡夜半鸣,流血滂沱。”盖时人恶中夜鸡为不祥。逖、琨素有大志,以兵起世乱,正英雄立功名之秋,故憙而相蹋。且曰“非恶声也”。此与尹玮见袄星喜而再拜(见《晋书·姚兴载记》),用心虽异,立意则同。……明胡侍《真珠船》七云:“《晋书》:……史臣曰:‘祖逖闻鸡暗舞,思中原之燎火,幸天步之多艰。原其素怀,抑为贪乱者矣。’”③

此评说可以为刘琨作为“善”“恶”兼备“英雄”盖棺论定!关于王敦,虽然不见有关桓温与他形貌何处相像的具体记载,《世说新语·赏誉》第79条,确实记载了桓温对王敦的高度赏鉴:

桓温行经王敦墓边过,望之云:“可儿!可儿!”④

按“可儿”即“可人”,魏晋时习用语,谓其为可爱之人。余嘉锡引

① 余嘉锡:《世说新语笺疏》,中华书局2007年版,第527页。
② 余嘉锡:《世说新语笺疏》,中华书局2007年版,第528页。
③ 余嘉锡:《世说新语笺疏》,中华书局2007年版,第528—529页。
④ 余嘉锡:《世说新语笺疏》,中华书局2007年版,第553页。

李慈铭说：

案此是桓温包藏逆谋，引为同类，正与“作此寂寂，将令文景笑人”语同一致。深识之士，当屏弗谈；即欲收之，亦当在《假谲》《尤悔》之列。而归之《赏誉》，自为不伦。①

余嘉锡也以为桓温是“赞敦能为非常之举，犹自命为司马宣王一流人物云耳”②。而《世说新语·豪爽》也记载：

桓宣武平蜀，集参僚置酒于李势殿，巴、蜀缙绅，莫不来萃。桓既素有雄情爽气，加尔日音调英发，叙古今成败由人，存亡系才，其状磊落，一坐叹赏。既散，诸人追味余言。于时寻阳周馥曰：“恨卿辈不见王大将军。”③

可见时人确有桓温与王敦气类相像而不及的看法，这正略同于他与刘琨相像而不及。至于桓温不喜被比为王敦，似无确证。实际上，虽然不必是胡须，《世说新语·识鉴》记载了对王敦形貌的识鉴：

潘阳仲见王敦小时，谓曰：“君蜂目已露，但豺声未振耳。必能食人，亦当为人所食。”④

可知与司马懿的“狼顾相”一样，王敦的形貌也被视为有谋逆野心的象征符号。《豪爽》还记载王敦刻意效法“善”“恶”兼备型“英雄”曹操：

王处仲每酒后辄咏“老骥伏枥，志在千里。烈士暮年，壮心不

① 余嘉锡：《世说新语笺疏》，中华书局2007年版，第553页。
② 余嘉锡：《世说新语笺疏》，中华书局2007年版，第554页。
③ 余嘉锡：《世说新语笺疏》，中华书局2007年版，第708页。
④ 余嘉锡：《世说新语笺疏》，中华书局2007年版，第463页。

已”，以如意打唾壶，壶口尽缺。[1]

而有趣的是，《世说新语·假谲》所记王敦与晋明帝的事迹，又关涉胡须：

王大将军既为逆，顿军姑孰。晋明帝以英武之才，犹相猜惮，乃箸戎服，骑巴賨马，赍一金马鞭，阴查军形势。未至十余里，有一客姥，居店卖食，帝过愒之，谓姥曰："王敦举兵图逆，猜害忠良，朝廷骇惧，社稷是忧。故劬劳晨夕，用相觇察。恐行迹危露，或致狼狈。追迫之日，姥其匿之。"便与客姥马鞭而去。行敦营帀而出，军士觉，曰："此非常人也！"敦卧心动，曰："此必黄须鲜卑奴来！"命骑追之，已觉多许里，追士因问向姥："不见一黄须人骑马度此耶？"姥曰："去已久矣，不可复及。"于是骑人息意而反。[2]

刘孝标注还引《异苑》予以补充：

帝躬往姑孰，敦时昼寝，卓然惊悟曰："营中有黄头鲜卑奴来，何不缚取？"帝所生母荀氏，燕国人，故貌类焉。[3]

我们颇怀疑此类传说殆即唐传奇《虬髯客传》的原型故事。因为《虬髯客传》的另一原型故事就叫《黄须翁》，而《虬髯客传》是以李世民的"虬须"为原型，虚构了与其竞争帝位的"虬髯客"形象[4]。关于本条明帝之黄须，虽然与"善""恶"兼备型"英雄"的胡须象征意蕴不同，但仍使我们想象王敦这位"善""恶"兼备型"英雄"与胡须复杂纠缠的形象特点。

由前面的讨论，我们能够看到：以"胡须"作为"善""恶"兼备型

---

① 余嘉锡：《世说新语笺疏》，中华书局2007年版，第703页。

② 余嘉锡：《世说新语笺疏》，中华书局2007年版，第1002—1003页。

③ 余嘉锡：《世说新语笺疏》，中华书局2007年版，第1003页。

④ 参看拙文《古今〈虬髯客传〉研究反思》，《西北师范大学学报》2000年第1期。

"英雄"外在形象的共同象征符号,确实是相当明晰地存在于魏晋时代的一种文化叙事模式。如果说,曹操外在形象与"胡须"关系的记载,还只是引发人们关于"胡须"与权力意志关系的联想,关于桓温与孙权、司马懿、刘琨、王敦等"胡须"相像的记载,则给人以这样的深刻印象:魏晋时代在谈论"善""恶"兼备型"英雄"时,显然有其共同遵守的人物标准参照系统。如果前述记载中的某条说这些人当中的某两位形象相像,就很难说这是无意之巧合了。而以"胡须"作为"善""恶"兼备型"英雄"外在形貌的共同符号标志,其目的显然是要借以象征魏晋"英雄"权力意志的异化。

三、"胡须"文化叙事模式成因探讨

接下来需要讨论的问题是:为什么在有关魏晋"英雄"的文化叙事中,不以其他特征,而要以"胡须"作为"善""恶"兼备型"英雄"共同的象征符号?这就必须探讨"胡须"与权力意志的深层关系。

(一)"胡须"作为帝王权力意志的象征符号

从人类学的视角看,由象征男性力量到象征男性的才能与权力意志,以"胡须"象征帝王权力意志也成为重要的文化叙事模式。

"胡须"首先是以男性的第二性征,而被视为男性雄强力量的象征符号。事实上,人类早期就已盛行"胡须"崇拜。如林惠祥先生《文化人类学·原始艺术》提到爱斯基摩女子有关"胡须"崇拜的一种人体"黥涅"妆饰:

> 他们自8岁便施黥涅,其地位大都是面、臂、手、股及胸。其纹样大都是在眉上加以二条斜形曲线,自鼻翼起作二条曲线亘于两平颊,又自嘴的下端引出扇形的纹样下颔,其形似乎摹仿男人的须髯。①

① 林惠祥:《文化人类学》,商务印书馆1991年版,第306页。

这种“黥涅”对男性“须髯”的模仿,显然是将“胡须”作为男性雄强力量的象征而予以崇拜。蔼理士《性心理学》也论述了早期“胡须”崇拜观念的演变:

> 须髯的培养是因时代与文明程度而有不同的。但在未开化的民族里,培养的功夫最为精到;这种民族甚至于把个人的须髯认为与人格的神圣有关,不许侵犯。……初期的罗马人是很讲究须髯与长发的美观的,但到了后来,风气一变,须髯成为从事于学问的人的一种专利的点缀品。只有读书人才配有这种庄严的标志,其他行业的人就没有了。①

可知在人类早期,有的民族“甚至于把个人的须髯认为与人格的神圣有关,不许侵犯”。孟德斯鸠在《波斯人信礼》中则借黎伽之口,描述了西班牙和葡萄牙人,以戴眼镜与蓄髭须,作为态度庄重的两大表现方式。黎伽就蓄髭须发表的高见是:

> 至于髭须,它本身就令人肃然起敬,且不管有何后果,尽管如此,有时人们却从髭须上取得极大的功用,为了服务于君王,或为了国家的体面。例如在印度的某一个著名的葡萄牙将军,就是很好的证明。因为,那将军在需要钱的时候,就剪下两撇髭须中的一撇,送给果阿的居民,凭此抵押,要索两万比斯多尔。钱先借给了他,后来,他又神气十足地把那撇髭须收了回去。②

于此,也可见此两国家“胡须”崇拜风俗之一斑。

在我国古代,崇尚“胡须”的文化心理也显得源远流长。中医阴阳五行学说以胡须属“肾”,胡须的浓密茂盛意味着男性生命力的旺盛。

---

① [英]霭理士:《性心理学》,潘光旦译注,生活·读书·新知三联书店 1987 年版,第 71 页。

② [法]孟德斯鸠:《波斯人信礼》,罗大冈译,人民文学出版社 1958 年版,第 136 页。

故古人直接以“须眉”代称男子。清徐时栋《烟屿楼笔记》卷二:“古时称男子为须眉。”[①]也由此生出美感,将美“胡须”视为男子壮美形象的突出标志。如《左传·昭公二十六年》:“有君子白皙,鬒须眉,甚口。”[②]孔颖达疏:“鬒须眉者,言须眉皆稠多也[③]。”再如《诗·齐风·卢令》:

> 卢令令,其人美且仁。
> 卢重环,其人美且鬈。
> 卢重鋂,其人美且偲。[④]

《诗毛氏传疏》:“鬈,好貌。”[⑤]朱熹《诗集传》:“鬈,须鬓好貌。”[⑥]偲,《经典释文》:“多须貌。”[⑦]头发与胡须的浓密漂亮,显示了“其人”的超群相貌之美与雄强孔武气概。

复如:

> 于是摇鬟奋髭,则论说虞唐;鼓鬐动鬣,则研覆否臧;内育环形,外阖宫商,相如以之都雅,颛孙以之堂堂……(王褒《责须髯奴辞》)[⑧]
>
> 为人洁白皙,鬑鬑颇有须。(《艳歌罗敷行》)[⑨]
>
> 先生于是方捧罂承槽,衔杯漱醪,奋髯箕踞,枕麹藉糟,无思无虑,其乐陶陶。(刘伶《酒德颂》)[⑩]

---

① 《续修四库全书·子部·杂家类》,第1162册,上海古籍出版社2002年版,第613页。
② [春秋]左丘明撰,杨伯峻注:《春秋左传注》,中华书局1990年版,第1473页。
③ 李学勤主编:《春秋左传正义(下)》,北京大学出版社1999年版,第1470页。
④ 高亨注:《诗经今注》,上海古籍出版1980年版,第136页。
⑤ [清]陈奂撰:《诗毛氏传疏》,商务印书馆1935年版,第100页。
⑥ [南宋]朱熹集注:《诗集传》,中华书局2011年版,第79页。
⑦ [唐]陆德明撰:《经典释文》,中华书局1983年版,第244页。
⑧ [唐]徐坚撰:《初学记》,中华书局1962年版,第466页。
⑨ [梁]沈约撰:《宋书》,中华书局1974年版,第617页。
⑩ 余嘉锡:《世说新语笺疏》,中华书局2007年版,第296页。

受这种崇尚胡须之文化心理的影响，徒有美胡须而形不符实，就为人所鄙了。如《南史·褚彦回传》记载山阴公主质问褚渊："君须髯如戟，何无丈夫意？"①钱钟书先生《管锥编》第一一八卷对胡须作为男性标志也有论述：

长须僧（出王氏见闻）曰："落发除烦恼，留须表丈夫。"按（明）陆粲《庚巳编》卷七载僧时蔚自赞，郎瑛《七修类稿》卷四十七吴肃公《明语林》卷二记来复见心答明太祖语大同；《西洋记通俗演义》第四、第五回金碧峰亦云然，并引"汉末美髯公""唐初虬髯客"为比。《水浒》第四回鲁达受戒时，不愿剃须，曰："留下这些儿还洒家也好！"即"留须表丈夫"也。②

其次，由于象征男性力量，胡须也被作为男性才能突出与权力的象征。如高亨就释前举《卢令》之"偲"字义为"多才"。汉和帝时代的李郃，以"长七尺八寸，多须髯，八眉，左耳有奇表"等，被视为"三公之相"③。诸葛亮《答关羽书》："孟启资兼文武，雄烈过人，一世之杰，黥彭之徒，当与益（翼）德并驱争先，犹未及髯之绝伦逸群也。"④明蒋一葵《尧山堂外纪》："为官不用好文章，只要胡须及胖长。"⑤

当然，徒有好须而才能低下，也会受人嘲弄。如《左传·宣公二年》就记载了华元与宋"城者"上演的一出"胡须"轻喜剧：

宋城，华元为植，巡功。城者讴曰："睅其目，皤其腹，弃甲而复。于思于思，弃甲复来。"使其骖乘谓之曰："牛则有皮，犀兕尚多，弃甲则那？"役人曰："从其有皮，丹漆若何？"华元曰："去之！

① ［唐］李延寿：《南史》，中华书局1975年版，第749页。

② 钱钟书：《管锥编》，中华书局1979年版，第751页；另，《左传·昭公七年》所记相近："楚公子享公（鲁侯）于新台，使长鬣者相。"

③ 《二十五史补编·补后汉书艺文志》，第459页。

④ ［晋］陈寿：《三国志》，中华书局1982年版，第940页。

⑤ 《续修四库全书·子部·杂家类》第1195册，《尧山堂外纪》第79卷，第17页。

夫其口众我寡。”①

杜预注：“于思，多须之貌。”②郑宋战争中的宋国主将华元，有雄伟的多须之貌，却大败逃归。此后，当他若无其事地去巡视筑城工程，筑城的老百姓就嘲笑他徒有“于思”，专为他作讥讽之歌。喜剧尾声：华元往返论辩受窘，只好含羞离去。

再次，以“胡须”象征帝王权力意志也成为重要的文化叙事模式。如周灵王就被称为“髭王”，“髭”被作为其神圣的象征。《左传·昭公二十六年》记载：

王子朝使告于诸侯曰：“……在定王六年，秦人降妖，曰‘周其有髭王，亦克能修其职，诸侯服享，二世共职……’至于灵王，生而有髭，王甚神圣，无恶于诸侯。灵王、景王克终其世……”③

再如《论衡》之“骨相篇”“语增篇”，都以包括“胡须”在内的相貌特征作为刘邦神圣帝王的标志：

高祖隆准龙颜美须，左股有七十二黑子。④

高祖之相，龙颜、隆准、项紫、美须髯，身有七十二黑子。⑤

复如《晋书·载记》第一、三分以胡须作为刘元海、刘曜帝王形貌的标志：

（刘元海）姿仪魁伟，身长八尺四寸，须长三尺余，当心有赤毫毛三根，长三尺四寸。有屯留崔懿之、襄陵公师彧等，皆善相人，

① 杨伯峻：《春秋左传注》，中华书局1990年版，第653、654页。
② 杨伯峻：《春秋左传注》，中华书局1990年版，第653页。
③ 杨伯峻：《春秋左传注》，中华书局1990年版，第1475—1477页。
④ ［东汉］王充撰，黄晖校释：《论衡校释》，中华书局1990年版，第105页。
⑤ ［东汉］王充撰，黄晖校释：《论衡校释》，中华书局1990年版，第343页。

及见元海，惊而相谓曰："此人形貌非常，吾所未见也。"①

刘曜字永明，元海之族子也……身长九尺三寸，垂手过膝，生而眉白，目有赤光，须髯不过百余根，而皆长五尺。②

尽管将二人列入"载记"，但在胡汉一家的唐人观念中，确实将"胡须"作为少数民族帝王神圣相貌的标志之一。此外，如唐太宗李世民的"虬须"被作为其真命天子的象征也是十分著名的。③

（二）以"胡须"象征魏晋"英雄"权力意志的异化

第一，之所以出现以"胡须"象征"英雄"权力意志异化的文化叙事模式，首先是由于魏晋"英雄"权力意志的异化问题空前凸显。

总的来看，魏晋时期政权更迭频繁、战乱频仍。而即便在少有的相对和平时代，帝王与门阀士族分权的政治体制，也使帝权遭到严重削弱，帝王地位不再被视为神圣，思欲篡权的野心家大为增多。《世说新语》中就记有不少思欲篡权的言行。如：

小庾在荆州，公朝大会，问诸僚佐曰："我欲为汉高、魏武何如？"一座莫答，长史江虨曰："愿明公为桓、文之事，不愿作汉高、魏武也。"（《规箴》）④

殷仲文既素有名望，自谓必当阿衡朝政。忽作东阳太守，意甚不平。及之郡，至富阳，慨然叹曰："看此山川形势，当复出一孙伯符！"（《黜免》）⑤

桓公初报破殷荆州，曾讲《论语》，至"富与贵，是人之所欲，不以其道得之不处"，玄意色甚恶。（《尤悔》）⑥

---

① ［晋］陈寿：《晋书》，第 2646 页。

② ［晋］陈寿：《晋书》，第 2683 页。

③ 关于中国古代帝王形貌与胡须的论述，还可参看季羡林《三国两晋南北朝正史与印度传说》，收入《中印文化关系史论丛》，人民出版社 1957 年版；［俄］李福清撰：《三国演义与民间文学传统》，尹锡康、田大畏译，上海古籍出版社 1997 年版；［俄］李福清撰：《中国古典文学研究在苏联》，田大畏译，书目文献出版社 1987 年版。

④ 余嘉锡：《世说新语笺疏》，中华书局 2007 年版，第 671 页。

⑤ 余嘉锡：《世说新语笺疏》，中华书局 2007 年版，第 1023 页。

⑥ 余嘉锡：《世说新语笺疏》，中华书局 2007 年版，第 1019 页。

这些人能否称为“英雄”,自可讨论。但庾翼在公朝大会上,公然宣示其觊觎帝王之位的野心,殷仲文被黜免后仍以孙吴创业者孙策自比,桓玄毫不掩饰对不利于其篡逆的思想观念的愤怒之情,他们的确是在仿效“英雄”,袒露其称王野心。以至于第一部分所引桓温,则公然宣称:“既不能流芳百世,亦不足复遗臭万载邪?”

从魏晋社会舆论的主流倾向来看,对魏晋“英雄”权力意志的异化显然持否定态度。如本书所论,曹操以能够拨乱反正而被当时誉称“英雄”,可当他暴露篡汉野心,不但遭受敌对各方的普遍谴责,也受到来自自己阵营的荀彧、孔融、崔琰等的巨大压力。曹丕篡汉,诸葛亮予以严词抨击,《又与杜微书》:“曹丕篡弑,自立为帝,是尤土龙刍狗之有名也。”①至于司马懿以阴谋手段篡权的事迹,连其后代都羞愧难当:

王导、温峤俱见明帝,帝问前世所以得天下之由。温未答。顷,王曰:“温峤年少未谙,臣为陛下陈之。”王乃具叙宣王创业之始,诛夷名族,宠树同己。及文王之末,高贵乡公事。明帝闻之,覆面箸床曰:“若如公言,祚安得长!”(《尤悔》)②

再如《世说新语·排调》记载:

孝武属王珣求女婿,曰:“王敦、桓温,磊砢之流,既不可复得,且小如意,亦好豫人家事,酷非所须。正如真长、子敬比,最佳。”珣举谢混。后袁山松欲拟谢婚,王曰:“卿莫近禁脔。”③

磊砢“英雄”虽然难得,但即使真有,“好豫人家事”,也为帝王所

① [晋]陈寿:《三国志·蜀书·杜微传》,第1019页。
② 余嘉锡:《世说新语笺疏》,中华书局2007年版,第1054页。
③ 余嘉锡:《世说新语笺疏》,中华书局2007年版,第963页。

惧,“酷非所须”,故宁愿求得二流可以放心的人物。孝武帝的话,可谓道出了魏晋弱势帝王的普遍心声。

第二,汉末直到魏晋不重乃至贬斥胡须的审美风气与文化心理的变化,也是魏晋文化叙事以“胡须”象征“英雄”权力意志异化的重要原因。尽管如前所论,我国古代的确存在崇尚“胡须”的文化心理,但这种情形在魏晋时期发生很大变化。对此,沈从文先生依据文物考古作了较为深入的论述:

> 至于汉魏之际时代风气,则有更丰富的石刻、壁画、漆画、泥塑及小铜铸相可供参考。很具体地反映出许多劳动人民形象。如打猎、捕鱼、耕地、熬盐、舂碓锥、取水、奏乐,以及好些在厨房执行切鱼烧肉的大司务,很少有留胡子的……那时的确也有些留胡子的,例如:守门的卫士和拥篲迎客的侍仆,以及荷戈前驱的伍伯,即历史书上所谓身执贱役的某一类封建爪牙,却多的是一大把胡子,而统治者上中层本人,倒少有这种现象……
>
> 其实还有个社会风气形成的相反趋势在继续发展,值得注意,即魏晋以来有一段长长时期,胡子殊不受重视……到这时期美须髯不仅不能成为上层社会美的对象,而且相反已经成为歌舞喜剧中的笑料了……①

造成魏晋时期不重乃至鄙视“胡须”社会风尚的因素,主要有三点:

一是如沈从文所说,“它和年青皇族贵戚即宦官得宠专权必有一定联系。文献中如《后汉书》之“佞幸传”“贵戚传”“宦者传”,和干宝《晋记·总论》《晋书·五行志》《抱朴子》《世说新语》《颜氏家训勉学篇》,以及乐府诗歌,都为我们记载下好些重要可靠说明的材料”。

二是“魏晋之际社会日趋病态,所以‘何郎敷粉荀令熏香’,以男子而具妇女柔媚姿态竟为一时美的标准。史传叙述到这一点时,尽管

① 本书所引沈从文的观点,均见于其与王力论辩的文章《从文物来谈谈古人的胡子问题》,载《光明日报》1961年10月8日。

具有深刻讽刺,可是这种对男性的病态审美观,在社会中却继续发生显明影响,直到南北朝末期。这从《世说》记载潘安上街,妇女掷果满车,左思入市,群妪大掷石头故事及其他叙述可知。总之,这个时代实在不大利于胡子多的人!"①

三是众所周知,脸颊狭而多毛须,是少数民族外在形貌的突出特征。魏晋时期胡汉矛盾十分突出,对少数民族的鄙视也造成鄙视胡须的特定文化心理。甚至曾出现见高鼻梁、多胡须的人,不分青红皂白格杀勿论的极端情形。② 在有关这一时期的文学艺术创作中,充斥着这类记载。如繁钦专门创作《三胡赋》以予贬斥:

> 莎车之胡,黄目深精,员耳狭颐;康居之胡,焦头折頞,高辅陷□,眼无黑眸,颊无余肉;罽宾之胡,面象炙蝟,顶如持囊,隅目赤眦,洞頞仰鼻……③

再如沈从文所举《文康舞》的主要角色,固然是一个醉眼蒙眬的大胡子,而弄狮子的醉拂鬣,还是个大胡子的罗马人;即使脸颊本来多毛的匈奴使者,也不承认须长四尺的崔琰品貌如何出众等,也是有力的证明。

第三,魏晋时期盛行骨相学意味浓厚的人物品鉴。

如集"当世识鉴之术"的刘邵《人物志》,品鉴人物最重由形所显观心所蕴。对此,汤用彤先生《读〈人物志〉》有精当的概括揭示:

---

① [英]霭理士著:《性心理学》,潘光旦译注,也谈到魏晋时期以男性的女性化为美的审美现象:"日常经验里,不但男子称誉与注视女子的美,女子见了美的女子,也不断地注视与称赞。假如一般人获女子特别注视或称赞一个美男,那美男之美大概是似乎女性的美。中国在两晋六国的时代,是盛称男子之美的,官史里也往往把美男的例子特别记载下来,例如潘岳的掷果盈车,卫玠的被人看杀,王濛的破帽有女子抢,王溥的受衣冠金玉的馈遗(最后一例见《拾遗录》,余见正史及《太平御览》),这种美男很有希望是一些女性的美。"这种近于女性的美,自然谈不上以标志男性第二性征的胡须为美了。参见生活·读书·新知三联书店1987年版。

② 沈从文:《从文物来谈谈古人的胡子问题》,《光明日报》1961年10月8日。

③ [清]严可均辑:《全上古三代秦汉三国六朝文》,商务印书馆1999年版,第843页。

> 人物之本出于情性。情性之理玄而难察。然人禀阴阳以立性，体五行而著形。苟有形质，犹可即而察之。故识鉴人伦，相其外而识其中，查其章以推其微。就人之形容声色而知其才性。才性有中庸，有偏至，有依似，各有名目。故形质异而才性不同，因才性之不同，而名目亦殊。此根本为形名之辩也。汉代选士首为察举（魏因之而以九品官人），察举则重识鉴。刘邵之书，集当世识鉴之术。论形容则尚骨法。昔王充既论性命之原，遭遇之理（《论衡》第一至第十，《继说骨相》第十一），谓察表候以知命，犹察斗斛以知容。其原理与刘邵所据者同矣。①

在相其外形而推知内在精神的识鉴方法中，“胡须”也被作为观知精神的形貌标志。

综合第二部分所论，就可以看到，“胡须”被作为帝王权力意志的符号象征。魏晋时期，还出现了轻视、鄙弃、否定“胡须”的特定文化心理，社会舆论又对“英雄”觊觎帝王权力意志的行为予以否定。既然如前所说，觊觎、篡夺帝王之位被诸葛亮贬斥为“是犹土龙刍狗之有名也”，被张敏《奇士刘披赋》比拟为“盖土龙不可以升天，石人不任为亭长，容貌虽似，蹄足难奖”②。那么，由骨相学意味浓厚的人物识鉴出发，出现以“胡须”象征“英雄”权力意志异化的魏晋文化叙事模式，就有其必然性了。而当我们回头再联想第一部分对桓温、孙权等形貌特征的“鬓如反猬皮，眉如紫石棱”“须作蝟毛磔”“紫髯”的描写，眼紫而胡须络腮有如“反猬皮”，岂非与繁钦《三胡赋》中描写的“黄目深精”“眼无黑眸”“面象炙蝟”“隅目赤眦”颇为相似？而具有觊觎、篡夺帝王之位野心的“英雄”，他们被当时社会舆论的贬斥，不正有如当时社会舆论对少数民族侵犯华夏正统之行为的强烈贬斥？

（本文原载《语文知识》2007 年第 1、2 期）

① 汤用彤：《汤用彤全集》第 4 卷，河北人民出版社 2000 年版，第 3—4 页。
② ［唐］徐坚等：《初学记》，中华书局 1962 年版，第 107 页。

史学观照、艺术审美与“英雄”文学叙事

——《语林》与《世说新语》“捉刀”条考论

《世说新语》(以下简称《世说》)“容止”首条记曹操“捉刀”故事,笔调高简。但就学术层面看,需要深入研究的问题其实不少。古今多研究“捉刀”条的真伪与演变,也有相当的进展,但不足是明显的。主要表现在相互关联的两大方面:其一,多就《世说》立说,对裴启才是“捉刀”条的作者视而不见,对《世说》何以选“捉刀”条为“容止”首条的意义,也缺乏必要的关注与发掘;其二,习惯于从史学思维出发,局限于局部、零星史实的考辨,忽视历史真实与艺术真实的辩证关系,对裴启《语林》改造相关史实与“原型”出处的“完形”过程缺乏深入考察,对“捉刀”条的深层文化意蕴鲜有探讨。故对“捉刀”条的重要价值,实际有所忽视、贬低。在前贤今修研究的基础上,本文拟以《语林》与《世说》为“捉刀”故事意义生成、衍生的两大阶段,试就曹操、崔琰史实补证裴启《语林》“捉刀”叙事于史为假,并就作者怎样改造曹操、崔琰与匈奴史实关系,借鉴司马彪《续后汉书·承宫传》《三国志·魏书·典韦传》等“原型”出处的“完形”过程及其深层创作动机,《世说》将其置于“容止”首条位置的意义等方面,较为全面、系统地考论此一魏晋“英雄”文学叙事所蕴含的特殊审美价值。

一、裴启《语林》与“捉刀”叙事于史为假补证

首先必须明确指出:裴启才是“捉刀”条作者。这是探讨“捉刀”

条一切问题的基本出发点。今勾勒“捉刀”条材料的演变线索以予确证。

关于《语林》“捉刀”条，唐刘知几所见裴松之《魏志》注所引，与《世说》内容极为相近；鲁迅《古小说钩沉》据《太平广记》所辑引《语林》，只有个别字与《世说》不同：

> 魏武将见匈奴使，自以形陋，不足雄远国，使崔季珪代当坐，乃自捉刀立床头。坐既毕，令人问曰：“魏王何如？”使答曰：“魏王信自雅望非常，然床头捉刀人，此乃英雄也。”魏王闻之，驰遣杀此使。①

可知“捉刀”条最早见于东晋裴启《语林》。《世说》作者与裴松之同时，并且在“轻诋”门记载谢安轻率贬废裴启《语林》的过失，特意指出“(《语林》)今时有者，皆是先写，无复谢语之事”。《世说》既为《语林》作者抱不平，“捉刀”条又与《语林》只有数字不同，采自《语林》应确凿无疑。其后，梁殷芸《小说》亦予以收录。裴注所引《语林》“捉刀”条材料为刘知几转述，说明唐本《魏志》裴注仍存此条材料。《太平广记》与《太平御览》分别收录了《语林》与《小说》“捉刀”条材料，只是个别地方文字稍有出入。至于明清以来诸家版本《魏志》裴注不见引用，很可能是后人认为不合史实而予以削去②。

但学界多就《世说》谈论“捉刀”真伪。故确认“捉刀”条的创作权属于裴启，《世说》的价值，是置“捉刀”条于“容止”首条显要的位置，

---

① ［唐］刘知几《史通·暗惑》：“又《魏志》注：《语林》曰：匈奴遣使人来朝，太祖令崔琰在座，而己握刀侍立。既而使人问匈奴使者曰：‘曹公何如？’对曰：‘曹公美则美矣，而侍立者非人臣之相。’太祖乃追杀使者云云。”但刘孝标引用材料，往往撮举概括，故刘知几所见当为刘孝标引述《语林》原文大意，《太平御览》所引才是《语林》全文。详参卢弼：《三国志集解》，中华书局1982年版，第35页；余嘉锡：《世说新语笺疏》，上海古籍出版社1993年版，第605—606页；杨勇：《世说新语校笺》，正文书局2000年版，第551页。

② ［晋］陈寿撰，卢弼集解：《三国志集解》所引诸家说解，中华书局1982年版，第35页；侯忠义：《中国文言小说史稿》，北京大学出版社1990年版，第104—105页；王枝忠：《汉魏六朝小说史》，浙江古籍出版社1997年版，第138页。

至为重要。

对曹操"捉刀"事出虚构,古今学界看法比较一致,但论述角度有所不同。论述较多也较有力的,是刘知几的《史通·暗惑》:

难曰:昔孟阳卧床,诈称齐后;纪信乘纛,矫号汉王。或主遘屯蒙,或朝罹兵革。故权以取济,事非获已。如崔琰本非此急,何得以臣代君者哉?且凡称人君,皆慎其举措,况魏武经纶霸业,南面受朝,而使臣居君座,君处臣位,将何以使万国具瞻,百寮佥瞩也!又汉代之于匈奴,其为绥抚勤矣。虽复赂以金帛,结以亲姻,犹恐虺毒不悛,狼心易扰。如辄杀其使者,不显罪名,复何以怀四夷于外蕃,建五利于中国?且曹公必以所为过失,惧招物议,故诛彼行人,将以杜兹谤口,而言同纶綍,声遍寰区,欲盖而彰,止益其辱。虽愚暗之主,犹所不为,况英略之君,其岂若是……①

所论四条否定理由中,第一条是说,臣代君的情形每发生在君王或国家危难时刻,崔琰代曹显然缺乏这样的条件。第二条是说,曹操正处于"经纶霸业"的高峰时期,不大可能玩这种君臣易位的低级政治游戏。第四条是说,也许人们会认为,由于君臣相代把戏被匈奴使者识破,曹操担心酿成"国际"丑闻,为灭口而杀使者,但这种可能也不存在。这些理由,都是颇具说服力的。第三条认为汉代以绥抚为策,不可能辄杀匈奴使者,由于不合"终东汉之世,未尝与匈奴结姻,北单于亦屡求和亲。虽复时有侵轶,辄为汉所击破"情势,被余嘉锡指为"张大其词,漫持西京之已事,例之建安之朝"②。

程炎震则具体考察:曹操以魏王身份让崔琰代替接见匈奴使者,可能的时间,只有建安二十一年五月或七月。根据《三国志·魏书·武帝纪》记载,此年夏五月曹操晋爵为魏王,"代郡乌丸行单于普富庐与其侯王来朝""秋七月南匈奴单于呼厨泉将其名王来朝,待以客礼,

① [唐]刘知幾:《史通》,上海古籍出版社2008年版,第430页。
② 余嘉锡:《世说新语笺疏》,中华书局2007年版,第714页。

遂留。魏使右贤王去卑监其国”①。而恰当此年,崔琰被曹操处死。故认为从时间上讲,曹操没有可能让崔琰代替②。

这些研究是重要的,但还不能说从根本上解决了“捉刀”条的真伪问题。说到底,曹操与崔琰才是相代事件的当事人。弄清二人史实关系是否足以使曹操让崔琰相代,才是最为关键的。故必须予以补证。

先来仔细研读《三国志·魏书·崔琰传》的相关记载:

> 琰尝荐巨鹿杨训,虽才好不足,而清贞守道,太祖即礼辟之。后太祖为魏王,训发表称赞功伐,褒述盛德。时人或笑训希世浮伪,谓琰为失所举。琰从训取表草视之。与训书曰:“省表,事佳耳。时乎时乎,会当有变时。”琰本意讥论者好谴呵而不寻情理也。有白琰此书傲世怨谤者,太祖怒曰:“谚言‘生女耳’,‘耳’非佳语。‘会当有变时’,意指不逊。”于是罚琰为徒隶。使人视之,辞色不挠。太祖令曰:“琰虽见刑,而通宾客,门若市人,对宾客虬须直视,若有所瞋。”遂赐琰死。③

显然,导致曹操赐死崔琰的导火索,是崔琰取看杨训表草事件。事件发生的时间,正是曹操五月为魏王后。而匈奴使者也分别在五月和七月来朝。因此,必须准确把握崔琰对曹操的实际态度与曹操对崔琰的真实看法,以真正理解这段史料,并断定曹操究竟有无可能让崔琰相代。

通常,受封建正统史家眼光的影响,人们多认为崔琰与曹操的关系,与他实际对曹操图谋代汉不满有关。这一看法较为笼统、浮泛。从相关史料中,我们并看不到崔琰对曹操图谋代汉的不满。崔琰既与激烈反对曹操代汉的孔融等名士不同,也与荀彧等公开反对的政治实力人物不同。实际上,建安十八年(213 年),当曹操准备受封魏公,正式启动篡汉事业,荀彧因公开反对而被逼自杀,崔琰则在曹操受封后

① [晋]陈寿撰,[南朝·宋]裴松之注:《三国志》,中华书局 1959 年版,第 47 页。
② 参见余嘉锡《世说新语笺疏》引程炎震说,第 605 页。
③ [晋]陈寿撰,[南朝·宋]裴松之注:《三国志》,中华书局 1959 年版,第 369 页。

被拜为魏国尚书,并在立嫡事件中宣称以死拥立太子曹丕。可见无论内心真实想法如何,崔琰对曹操图谋代汉并无实际反对行为。最可能的情形当是:对汉末现实政治形势的认识,使崔琰在行为上只能认可曹魏;但作为深受儒家思想熏陶、以“圣贤”思想为指归的正统知识分子,在情感上不可能没有矛盾。在这种思想感情与行为举措有矛盾冲突的情形下,要崔琰本人来公开歌颂魏王之德,应是难以想象的一件事。退一步讲,即使没有矛盾冲突,生性耿直也使他难以做到这一点。关于崔琰的性格,后面详谈。

可见,考察崔琰对曹操及曹魏政权的态度,不能偏离两个基点:一是崔琰虽有感情矛盾,对曹魏仍持忠心;二是他秉性耿直,不可能对曹操阿谀奉承。明乎此,就可具体分析崔琰从杨训取看表草事件的真相了。

崔琰既不会热衷于干进及阿谀谄媚之事,当然也绝对不会肯定、认同热衷为此者。他荐举杨训,连“才好不足”都不在乎,注重的正是杨训能“清贞守道”的德行;他找杨训取看表草,也是针对人们议论杨训“称赞功伐,褒述盛德”的行为是“希世浮伪”和嘲笑自己“失所举”,故亟思弄明真相。可是,他阅看表草是直接找杨训索取,看后却不见面,反而郑重其事写信表达看法。这是值得深思的。

首先,在曹操受封魏王的敏感时刻,像“称赞功伐,褒述盛德”此类文章,不一定非写不可,尤其方正之士。杨训主动为此,其目的究竟何在?在曹操以各种欲加之罪迫害了孔融、荀彧等人之后,无论政治态度如何,只要是正直的人,对曹操的为人,都不会没有感触。何况,杨训写表本身,就与崔琰赞许他“清贞守道”相去甚远了。

其次,此种文章,除了歌功颂德,有多少直道可言?崔琰一当听说自己所看重并予荐举的“清贞守道”之人,竟也热衷谄媚干进,自会十分震惊,且不敢遽然相信,故亲自向杨训索要表草以作出判断。这正显示了崔琰耿直认真的性格。他采取写信郑重其事表达的方式,而不愿再与杨训见面,则其失望、愤慨与鄙弃之情,可想而知。故“省表,事佳耳。时乎时乎,会当有变时”的潜台词,实际是说:连从前我所认识的“清贞守道”的杨训,居然也做起谄媚干进的“佳事”来,时间真会改造人！如按陈寿的解释，“琰本意讥论者好谴呵而不寻情理也”——崔琰出于好意，不赞成舆论，而肯定杨训，则所用句式当不会如此峭拔、简洁，行文亦不会如此寥寥数语①。故曹操从“谚言‘生女耳’，‘耳’非佳语”读出崔琰语气不平，当非误读。只不过，对“会当有变时”的理解，是过于敏感而予以附会、歪曲了。推原崔琰本心，信中仅针对杨训行为，并无谈论曹操为魏王图谋篡权意味。

而曹操对“会当有变时”的误读，正见出他对崔琰的真实态度。一方面，无论崔琰本心如何，在曹操看来，崔琰都足为心腹隐患。另一方面，虽崔琰无意，实际正触着曹操本心忌讳。两方面结合起来，就导致了曹操迫害并赐死崔琰。

何以崔琰是曹操的心腹隐患？

这是由于，在曹魏官员中，崔琰以其高洁的道德人格与耿直性格、出色的行政能力以及出众的外表形象，而为朝士“瞻望”之楷模，也为曹操所敬惮。荀彧被杀后，崔琰几乎就被曹操视为阻碍其篡权的第一心腹隐患了。

首先，崔琰道德高尚、性格耿直。他深受正统儒家“圣贤”思想影响，又继承东汉党人传统，在行为举止方面处处遵循“圣贤”之道，并与耿直性格相结合，以诤谏树立了高洁耿介的人格形象。裴注引《先贤行状》称他“清忠高亮”“总齐清议”“推方直道，正色于朝”。这即使曹操在相当程度上不得不倚重他，甚至称赞“君有伯夷之风，史鱼之直，贪夫慕名而清，壮士尚称而厉，斯可以率时者已”，也使曹操深感疑忌。如曹操平定袁绍后，崔琰竟当面指斥曹操不以王道为先：“未闻王师仁声先路，存问风俗，救其涂炭，而校计甲兵。”使曹操“改容谢之”，而“宾客皆伏失色”。胡三省指出：“此操之所以重崔琰而亦不能不害崔琰也。”②再如曹操欲立太子，崔琰以死维护曹丕。何焯以为曹操本“以密函下访，（琰）乃露版以答，非所以处骨肉之间，季珪之祸实萌于

① 按陈寿说当有为崔琰开脱意味。至于裴松之注引《魏略》记崔琰信被人裹作灯笼纸，故为他人诬陷，几近儿戏，似不可信。

② ［晋］陈寿撰，卢弼集解：《三国志集解》，中华书局1982年版，第349页。

此”①。故崔琰对曹操为魏王虽然没有明确表态,但曹操内心,对崔琰会随时劝阻他篡权这一点,猜忌殊深。误读崔琰,正是其真实心态的外现。

其次,崔琰具有极为出色的行政能力。裴注引《先贤行状》记载:

> 魏氏初载,委受铨衡……十有余年,文武群才,多所明拔。朝廷归高,天下称平。②

崔琰追随曹操,长期主持选举。考察他行政方面的出众事迹,《先贤行状》的说法应是可信的③。崔琰的权威风范和在朝野较广泛的政治影响力,对曹操处心积虑的篡权事业而言,也是潜在威胁。

再次,曹操因“形陋”而心存自卑,崔琰却以人臣而形貌特异出众(第二部分详论),也增加了曹操的嫉妒。

曹操既对崔琰深存疑忌,在他受封为王的敏感时候,崔琰对杨训所言,虽非有意针对,但含义的确可作两读,不免触着其本心忌讳。对此,卢弼《三国志集解》的分析最为精到:“弼按魏武有篡夺之心,而又欲避篡夺之名,琰与训书不暨窥见其隐衷,发泄其诡谋,故深恶之而置之死地也。”④而陈寿的感慨“初,太祖性忌有所不堪者鲁国孔融、南阳许攸、娄圭,皆以恃旧不虔见诛,而琰最为世所叹惜”⑤,也最能代表我们对崔琰“怀璧其罪”的认识。

综上所述,就曹操与崔琰的个人恩怨关系看,那种认为崔琰在看杨训表草之前,似与曹操并无芥蒂,如看表时间在曹操于五月接见匈奴使者之后,则有可能代曹的情形,绝不存在。更何况,从时间上说,崔琰取看杨训表草,最迟也当早于匈奴使者来朝。因为欲“发表称赞功伐,褒述盛德”,争先恐后。其事当在曹操受封魏王的最早时段。时

---

① 卢弼:《三国志集解》,中华书局 1982 年版,第 350 页。
② [晋]陈寿撰,[南朝·宋]裴松之注::《三国志》,中华书局 1959 年版,第 369 页
③ 关于崔琰政治上的作为,学界研究较多,也相当深入,故不赘述。
④ 卢弼:《三国志集解》,中华书局 1982 年版,第 351 页
⑤ [晋]陈寿撰,[南朝·宋]裴松之注:《三国志》,中华书局 1959 年版,第 370 页

人的议论与崔琰听说而从杨训取表及写信,也都应在较短的时间内连续发生。匈奴来朝,则有得到曹操受封魏王消息、派出使者与路途遥远诸时间延续问题。故可推断:取看表草事件早于匈奴使者来朝的可能性最大。退一步讲,即使此事恰巧与匈奴使者来朝同时或稍后,以曹操、崔琰恩怨关系,曹操让崔琰相代的可能性都极小。

至于此一事件发生于七月匈奴来访时,绝无可能:此前崔琰已被处死。

二、“英雄”忌人、“原型”故事与“完形”创造

根据古今研究和我们的补证,裴启《语林》“捉刀”叙事于史为假确凿无疑。但可否据此否定“捉刀”条的创造价值?唯史实论者正这样认为。刘知几《史通·暗惑》就指斥此条材料是“刍荛鄙说,闾巷谰言”“盖曹公多诈,好立诡谋,流俗相欺,故为此说”。余嘉锡认为“此事颇近于儿戏,颇类委巷之言,不可尽信”。可是,又怎样解释这些难以回避的问题:如仅为“刍荛鄙说,闾巷谰言”,张扬“曹公多诈,好立诡谋”,可以有多种选择,这条材料为何偏偏选择曹操与匈奴、崔琰构成故事结构?敏锐感知匈奴与曹操的对等地位关系,熟知崔琰与曹操矛盾达到高潮以至被赐死恰发生于匈奴来朝前后的史实,岂是凡庸的“闾巷”“刍荛”所可做到的?将此条材料仅看作“委巷之言”“刍荛鄙说,闾巷谰言”类的无根游戏之辞,显然有其偏颇性:不但拔高了“刍荛鄙说,闾巷谰言”的文化智能,贬低了创作者的文化水准,也无以发显“捉刀”条的文化意蕴。

实际上,与史实合或不合,并非判定“捉刀”条有无价值的唯一标准。第一,《语林》固与今之“小说”不尽相同,但其有艺术虚构成分,毫无疑问。艺术虚构属于文学性创造,有其独特的艺术真实。从某种意义上说,与历史叙述已发生之事不同,艺术真实描述可能发生、带有普遍性之事,故往往能够突破历史真实的局限,更为深刻地揭示、反映事物的本质特征。第二,这些艺术虚构又非纯粹的向壁虚构,其与史实及其时代文化背景密切相关。只有充分把握历史真实与艺术真实

虚实相生的辩证关系，弄清何者为虚，何者为实，才有可能真正发显“捉刀”条的文化价值。

从文学创作视角看，崔琰本心虽无帝王权力欲望，也没有对曹操图谋篡权公开表态，但曹操却认他为反对、阻碍自己篡权的心腹之患，对他“性忌不堪”，故予赐死，赐死时间又恰在曹操受封魏王、匈奴使者来朝前后，的确能够给人们提供丰富的想象空间。如果由曹操与匈奴地位对等，崔琰与曹操“形陋”相比，在形貌方面更符合帝王形象标准，曹操又认他为反对、阻碍自己篡权的心腹之患，而虚构崔琰的政治潜能可与曹操匹敌，也是较有创造力的构思。但裴启的虚构想象远过于此。他改造曹、崔矛盾冲突的史实关系为二人关系正常，安排魏王曹操让崔琰暂代接见匈奴使者，曹操本人则捉刀侍立；曹操与匈奴关系正常的史实反被改为不正常；曹操疑忌崔琰道德高尚、性格刚正、才能与形貌出众等史实内容则被改为疑忌匈奴使者有超人形貌识鉴；赐死崔琰则被改为追杀匈奴使者。如此思虑周详的“颠而倒之”，岂是“刍荛鄙说，闾巷谰言”望尘能及？那么，作者刻意为此，其创作动机究竟何在？“捉刀”故事又是怎样被“完形”创造的？下面，试作具体探讨。

第一，关注、思考“英雄”忌人文化现象，是作者创作“捉刀”故事的重要前提。

在中国传统政治文化体制中，“英雄”何以待人，不但直接关涉“英雄”政治人生的成败兴亡，也为广大民众所高度关注。“英雄”襟怀宽广、善以待人与“英雄”知己间的惺惺相惜，都为千古美谈①。但是，封建家天下政治体制，决定了“英雄”往往从现实政治私利出发看待人际关系。因此，“英雄”忌人更能反映封建家天下政治体制的本质。故由刘邦开其端，大杀功臣几乎成为封建开国帝王的通例。“英雄”之间，也往往是敌对心理高过知己情怀②。“英雄”忌人文化现象，

---

① 如秦穆、楚庄、重耳之相感相扶，刘备与诸葛孔明君臣相欢有如鱼水，唐太宗李世民之深结君臣情谊，鲍叔之深识管仲，萧何之月下追韩信等，多与“英雄”相惜义近。

② 在先秦时代，君主忌害贤能的例子也俯拾即是。如刘向《新序》记赵简子欲专天下，而图谋杀害妨害自己成功的犊犨、铎鸣、孔子。至于同道之间，庞涓迫害孙膑，李斯谗杀韩非，也堪称千古之忌。

正记载了中国政治文化悠久传统中的阴暗一页。

晋人喜欢谈论汉末三国“英雄”,“英雄”忌人故事自然也每被津津乐道。即就《语林》说,除了“捉刀”条,还曾记述孙策忌遇“英雄”刘备:

> 孙策年十四,在寿阳诣袁术。始至,俄而外通:“刘豫州备来。”孙便求去。袁曰:“刘豫州何关君?”答曰:“不尔,英雄忌人。”即出,下东阶。而刘备从西阶上,但得转顾视孙足行,殆不复前矣。①

而对忌人“英雄”典型曹操,人们不但熟知他疑忌刘备、司马懿(说详后),忌放祢衡,忌杀孔融、荀彧、崔琰与杨修等的史实,也演绎传说不少相关故事。如《三国志·魏书·刘表传》裴注引《零陵先贤传》所言:

> (刘)先甥同郡周不疑,……幼有异才,聪明敏达,太祖欲以女妻之。不疑不敢当。太祖爱子苍舒,夙有才智,谓可与不疑为俦。及仓舒卒,太祖心忌不疑,欲除之。文帝谏以为不可,太祖曰:“此人非汝能驾御也。”乃遣刺客杀之。②

可见,“英雄”忌人确实是当时人们喜谈的一大文化话题。《语林》材料今多散佚,而在现存材料中,就有两条与“英雄”忌人相关,说明裴启对“英雄”忌人文化现象也是颇为敏感、关注的。而且,改造曹操赐死崔琰为遣人追杀匈奴使者这一结局构思,似即受到曹操忌周不疑而遣刺客杀之故事的影响。

第二,表现“英雄”忌人的本质特征,是作者的重要创作动机。

在具体创作中,作者一是由史实之关注曹操忌人形貌,转为聚焦

---

① 《世说新语》记载了大量“英雄”忌人事迹。王敦之忌晋明,桓温之忌简文,即是显例。

② [晋]陈寿撰,[南朝·宋]裴松之注:《三国志》,中华书局1959年版,第216页。

于忌人形貌识鉴;二是让曹操以“捉刀”身份“侍坐”,显然对“英雄”忌人本质特征有过深刻思考。

先来看作者为何由关注曹操忌人形貌,转为聚焦于忌人形貌识鉴。

众所周知,形貌特异被视为封建帝王神圣气质的重要标志。汉末三国时代,尤重形貌。帝王与各路诸侯,如刘备、孙坚、孙策、孙权、袁绍、刘表、陶谦、公孙瓒、马腾等,其容貌多有可表①,独曹操有异于此。由于“形陋”,连《三国志·魏书·武帝纪》也与正史的惯常表述不同,不提曹操的形貌。提到的,如《魏氏春秋》,就只好说:“武王姿貌短小,而神明英发。”三国时代吴人所撰的《曹瞒传》则予以贬述:

> 太祖为人佻易无威重,好音乐,倡优在侧,常以日达夕。被服轻绡,深自佩小鞶囊,以盛手巾细物,时或冠帢帽以见宾客。每与人谈论,戏弄言诵,尽无所隐,及欢悦大笑,至以头没杯案中,肴膳皆沾汙巾帻,其轻易如此……②

曹操与帝王的神圣形貌、气质不称,由此而有形貌自卑情结并疑忌形貌出众者,自然而然。《三国志·魏书·崔琰传》正记载曹操疑忌崔琰形貌:

> 琰声姿高畅,眉目疏朗,须长四尺,甚有威重。朝士瞻望,而太祖亦敬惮焉。③

崔琰以人臣而形貌特异出众,“甚有威重”“朝士瞻望”,颇令“姿貌短小”的曹操自惭形秽。在《赐死崔琰令》中,曹操甚至还对崔琰的

---

① 参见《三国志·蜀书·先主传》裴注引《山阳公载记》《三国志·吴书·孙坚传》裴注引《吴书》《三国志·吴书·孙策传》、《典论》《三国志·魏书·袁绍传》《三国志·魏书·刘表传》《吴书》记陶谦条、《三国志·魏书·公孙瓒传》《三国志·魏书·马超传》裴注引《典略》等。

② [晋]陈寿撰,[南朝·宋]裴松之注:《三国志》,中华书局1959年版,第54—55页。

③ [晋]陈寿撰,[南朝·宋]裴松之注:《三国志》,中华书局1959年版,第369页。

“虬须直指”耿耿于怀，即便“琰虽见刑”，仍感受到其“若有所瞋”的威胁。

可见，像崔琰这样形貌出众而又道德高尚、性格耿直、能力超人者，曹操必然视为反对、阻碍他取得帝王之位的威胁。

但有一点同样可以肯定：借崔琰并不足以深刻表现曹操“英雄”忌人的本质特征。诚然，帝王“英雄”曹操无所不忌、无所不用其极忌人。但就其“英雄”忌人本质讲，则最疑忌其篡位的潜在竞争对手或潜在敌手。如《三国志·蜀书·先主传》记曹操煮酒论英雄，评价“天下英雄，惟使君与操耳”“先主方食，惊失箸”。胡三省指出：“备以操知其英雄，惧将图己，故惊失匕箸也。”再如《晋书·宣帝纪》记曹操查看司马懿的“狼顾相”，以及前引曹操忌杀周不疑，都是显例。而崔琰与这些人的情况有质的不同。他固有较大声望和政治影响力，但并无篡位实力（尤其是军权），其名声资本也多在以儒学与德行自守。故曹操对他可忌者多，却决不会视他为篡位的竞争对手。在曹操的思虑中，很难想象崔琰会与追求篡位沾上边。一句话，曹操与崔琰只是处于君王与诤臣关系模式中。

所以，《语林》虽关注崔琰、曹操形貌反差对比，并由此生发曹操让崔琰相代的妙思，但偏离二人恩怨史实，虚构二人关系的正常化，体现的正是君王与诤臣非敌对关系的本质。故移花接木，将曹操疑忌崔琰形貌，改为不能容忍匈奴使者的形貌识鉴之能，正是作者借以凸显“英雄”忌人本质特征的匠心所在。作者借鉴风行于魏晋的人物识鉴、品藻理论，以传神笔触表现匈奴使者识不貌之貌的超人眼光（关于这一点，第三部分将有详论）。写曹操对如此异人，派人“追杀”犹恐为迟，故暗杀于半路。这就将“英雄”忌人话题提升到一个更高层次，拓展、深化了人们对曹操“英雄”忌人本质特征的认识与思考。

关于曹操以“捉刀”身份“侍坐”，若孤立来看，的确容易让人误读为游戏之笔。但一旦发现曹操追杀匈奴使者所表现的“英雄”忌人本质特征，就能够明白，此乃画龙点睛之笔。因为，“英雄”忌人的本质，说穿了，就是为了争夺和捍卫帝王之位，此乃曹操志业所在。在封建王权政治体制中，帝王之“坐”因其象征帝王之位，而至高无上、不可侵犯。所谓“天下大宝曰位”，所谓“卧榻之侧岂容他人酣睡”，所谓“此坐可惜”，说法各异，关注焦点其实都在这里。“侍坐”即意味着捍卫帝王之位及其尊严。安排曹操亲为“捉刀”人，正有强调其虎视眈眈、亲自捍卫魏王之位的意味。其在暗处不动声色的观察，也可令人想象他随时、随处可以发现、监控所疑忌者。

第三，“捉刀”故事的基本结构关系，明显借鉴了承宫与“侍坐”原型故事。

作者怎样借鉴承宫“原型”故事？

如前所论，曹操、崔琰矛盾高潮，恰发生在曹操受封魏王、匈奴来朝前，的确可借以虚构“捉刀”故事结构。但仅凭此一巧合，是否足以引起作者的高度关注？能否构成今所见的“捉刀”故事关系？我们发现，曹操“自以形陋，不足雄远国”，不愿以魏王身份亲自接见匈奴使者，而以崔琰相代的这一结构构想，明显是由承宫事迹巧妙嫁接改写的。司马彪《续后汉书·承宫传》：

> 承宫……名称闻于匈奴。单于遣使来贡，求见宫。诏敕宫自整顿，宫曰：“夷狄眩名，非识实也。闻臣虚称，故欲见臣。臣丑陋形寝，见必轻贱，不如选长大有威容者[示之也]。”时以大鸿胪魏应示之。①

二者的相似非常明显。司马彪生活在西晋时代，故可以肯定，《语林》作者受到承宫事迹的启发。他转嫁“丑陋形寝”的东汉名臣承宫事迹，给予同样容貌有碍观瞻的帝王“英雄”曹操；再由匈奴与曹操对敌，将曹操疑忌崔琰之貌转为疑忌匈奴使者形貌识鉴之能，以凸现曹操“英雄”忌人本质特征；改换“长大有威容者”魏应为同样相貌堂堂的崔琰，就使曹操、崔琰关系在艺术虚构中实现正常化，曹操甚至可以让崔琰相代接见匈奴使者。

对曹操“捉刀”“侍坐”这一形象的建构，则是对“捉刀”“侍坐”

---

① 周天游：《八家后汉书辑注》，上海古籍出版社1986年版，第372—373页。

“原型”故事的颠倒。

如前所论，帝王之“坐”高度象征帝王权力，故在通常情况下，“捉刀”“侍坐”之人，多由武力超人、对帝王忠心耿耿的心腹担任。如《三国志·蜀书·关羽传》记载：

先主与二人寝则同床，恩若兄弟。而稠人广坐，侍立终日。随先主周旋，不避艰险。①

再如《山羊公载记》记载：

超因见备待之厚，与备言，常呼备字。关羽怒，请杀之。备曰：“人穷来归我，卿等怒以呼我字故而杀之，何以示于天下也！”张飞曰：“如是，则示之以礼。”明日大会，请超入，羽、飞并杖刀立直。超顾坐席，不见羽、飞，见其直也，乃大惊，遂一不复呼备字。明日叹曰：“我今乃知其所以败。为呼人主字，几为关羽、张飞所杀。”自后乃尊事备。②

而《三国志·魏书·典韦传》，也记载了典韦与曹操的这种关系：

太祖征荆州，至宛，张绣迎降。太祖甚悦，延绣及其将帅，置酒高会。太祖行酒，韦持大斧立后，刃径尺，太祖所至之前，韦辄举斧目之。竟酒，绣及其将帅莫敢仰视。③

将此一故事看作作者塑造“捉刀”形象的“原型”出处，未始不可。但区别却是本质性的：君臣关系恰被颠倒。这种写法固然可与刘知几所谓表现“曹公多诈，好立诡谋”沾点边，但主要还是要对曹操忌杀匈

---

① ［晋］陈寿撰，［南朝·宋］裴松之注：《三国志》，中华书局1959年版，第939页。
② ［晋］陈寿撰，［南朝·宋］裴松之注：《三国志》，中华书局1959年版，第947页。
③ ［晋］陈寿撰，［南朝·宋］裴松之注：《三国志》，中华书局1959年版，第544页。

奴使者画龙点睛:“英雄”忌人所为何来? 故曹操虎视眈眈、不惜亲自捍卫魏王之位!

综上,可以肯定地说,《语林》作者的确眼光敏锐、深邃,富于想象力与整合创造能力。他抓住曹操、崔琰与匈奴这一颇有创造空间的史实关系,并借鉴《续后汉书·承宫传》《三国志·魏书·典韦传》等“原型”故事,进行了大胆而合理的艺术虚构。如此高超的艺术虚构,就突破了历史真实的局限,赋予绝简短篇幅以令人惊异的丰富文化蕴涵,更为深刻、合理地揭示、反映了曹操“英雄”忌人的本质特征,也更为深刻、合理地反映了帝王与诤臣对帝王权力的不同态度。

三、不“貌”之“貌”与“容止”首条的重要价值

明袁褧《刻世说新语序》认为《世说》“采缉旧文”的特点是“采掇综叙”。《世说》采用《语林》“捉刀”条时,仅改动数字,基本保存原貌,说明此条是“采掇”而非“综叙”。但《世说》仅是偶然“采掇”作为“容止”首条,还是有其特殊的用意,对于以“采掇综叙”“旧文”而能具有自己鲜明叙事特色的《世说》而言,这尤其值得予以高度关注。

魏晋时代,品评、识鉴人物形貌风气大盛。相关著述颇多,还有刘劭《人物志》这样的集大成之作。《世说》专立“容止”一门,正体现了对这一时代文化风气的深刻认知。但与刘劭最为推崇“圣人”形貌相比,《世说》更认同“圣贤”淡出、重视“英雄”的魏晋文化观念①。“容止”不记“圣人”容貌,而是采用先记载帝王“英雄”,再记载品评、赏鉴其他风流人物形貌的顺序。而在全部三十九条材料中,首条、也是唯一一条专门记载帝王“英雄”的,仍属曹操。这就需要思考:魏晋时代被目为“英雄”的帝王远非曹操、刘备两位,难道他们就不可以专条方式入选记载“容止”之“门”? 如“容止”记载对桓温形貌的识鉴时,曾提到孙权、司马懿。二人也因形貌极有特色而获时人识鉴,却无专条事迹见收。如是以曹、刘为“善”“恶”兼备型“英雄”典型,刘备的特异

① 参见拙著《魏晋文化与文学论考》前三篇的相关论述,甘肃人民出版社2002年版。

形貌曾被时人大加渲染，为何也不见收？

“容止”对首篇的选择，实际触及这样一个饶有兴味的话题：根据儒家正统思想，真命帝王必然具有天命、血统、德行等“圣人”特征，自然也禀有特异形貌，那么，无天命、血统、德行等可以依凭，而是“善”“恶”兼备，纯粹以其才智追逐帝王之位的“英雄”，其形貌是否也有其特殊表征？

对此，用来阐释“圣人”形貌的天命说显然无能为力。因为“英雄”可能相貌特异出众，也可能相反。如要合理解释形貌错位的“英雄”，强调内在精神就不失为一个重要角度。众所周知，在玄风大畅、精神解放的魏晋时代，相当流行借鉴注重内在精神、气质的玄理，品评、识鉴人物形貌。既然可以认同天命而强调平淡为美的圣人形貌①；也就可发掘“英雄”的内在精神、气质以合理解释那些形貌错位的“英雄”。如刘劭《人物志・七缪》：“犹妙之人，含精于内，外无饰姿”“是以张良体弱而精强，为众智之隽也；荆叔色平而神勇，为众勇之杰也。”②《世说》正与刘劭同调。在表现“英雄”帝王的外在形貌时，他以独到眼光选择内在精神气质与其外在形貌矛盾冲突的材料，作“容止”的首条。这种选择眼光，就与前所详论之裴启的主要创作意图有很大区别了。因为，《语林》“捉刀”故事主要是聚焦于“英雄”疑忌形貌识鉴以至杀人；“容止”首条的内容蕴涵，不排除表现“英雄”疑忌形貌识鉴以至杀人，却显然主要是聚焦于人们对真假“英雄”形貌的认知上③，从而与其他三十八条所记风流人物形象的或土木形骸、龙章凤姿，或眸子精芒逼人，或耳、口、鼻、眉、手等的特异超群，形成鲜明对照，甚至造成某种反讽性效果。站在《世说》“容止”全“门”立场来看，像曹操这样一位既可“治世”又可“乱世”、一人而已的“英雄”，甚至并

---

① [三国]刘劭《人物志》强调“圣人”形貌具备中和之质，平淡无味，“是故观人察质，必先察其平淡，而后察其聪明”。

② [晋]葛洪《抱朴子・外篇・清鉴》亦有精详论述，可参看。

③ 虽然《假谲》首四条所记曹操事迹，多非正面内容，但根据《世说》以“德行”“言语”“政事”“文学”为纲的体例原则，此正为下卷当记内容。“容止”作为中卷之第一门，其首条绝不可能以贬斥内容为主。此亦可佐证“容止”首条与《语林》“捉刀”条意义侧重点不同。

不具有与其“英雄”本质足以相配的外在形象！曹操的“形陋”，连他本人都过意不去，而其内在的“英雄”相，要靠真正的“识”者方可辨认；崔琰虽“雅望非常”，“识”者仍可看穿他实非“英雄”。因为，曹操的内在精神全在“神明英发”——如此领袖气质必然反映在抬首举足中，而假代者则有地位转换的不适感与气质精神的差距。这是瞒不过高明如匈奴使者的识鉴巨眼的。可见，“英雄”并不一定仅凭外在形貌可予识鉴，那些“非常之人”“超世之杰”所具有的“真”精神，完全可能超越形貌皮相。不“貌”之“貌”才是“容止”的最高境界！

因此，除了重视曹操作为“英雄”，其外在形象与其“英雄”内在特质不相符合的戏剧化特征，“容止”首条不但以反讽手段颠覆、解构了魏晋时代重视并热衷于识鉴风流人物外在形象的固有识鉴标准，更凸显了当以才智与内在精神作为评价“英雄”的真正标准的思想观念。这样的思想，是深合“圣贤”淡出、“英雄”崇拜大盛的魏晋文化思潮的①。

可见，《世说》“采掇”《语林》“捉刀”旧文，置于“容止”首条的显要位置，的确体现了“采掇综叙”“旧文”却具有自己独特风貌的鲜明叙事特色。《世说》虽然只是将《语林》“捉刀”条改了寥寥数字，但一当被选为“容止”首条，其意义蕴涵的侧重点就发生了质的变化。前者重在表现“英雄”忌人本质特征这一政治文化意蕴，后者重在表现怎样认识真“英雄”，不“貌”之“貌”才是容貌的最高境界这种审美观念。比较《世说》与《语林》“捉刀”故事的意义生成，能够发现：《世说》对《语林》“捉刀”条的选择眼光，其实正体现了作者对由“英雄”崇拜转为文化审美这种魏晋文化思潮变化的深刻把握、认知②。

（本文原载《文学遗产》2004 年第 5 期）

---

① 参见拙著《魏晋文化与文学论考》前三篇的相关论述，甘肃人民出版社 2002 年版。
② 参见拙著《魏晋文化与文学论考》前三篇的相关论述，甘肃人民出版社 2002 年版。

政治命名学与“英雄”文学的符号象征表现

——唐传奇《虬髯客传》之虬髯客形象探微

一、关于虬髯客形象的诸多疑难问题

《虬髯客传》(以下简称《虬传》)堪称唐人传奇创作的冠冕之作[①]。在《虬传》所塑造的人物形象中,以虬髯客最见神采,关于虬髯客形象的塑造问题,也居于《虬传》研究的核心地位。但关涉虬髯客形象遗留的诸多疑问,仍未得到彻底解决:

一如虬髯客的“名”“姓”问题就让人困惑。今传《虬传》以“虬髯客”为这一形象的名字,也以这一名字为篇名。[②] 但古今学已确证“虬

① 学界通常认为,《虬传》为唐人“豪侠”类传奇的冠冕之作,我们认为,称其为唐人传奇的冠冕之作,也非过誉。

② 李剑国:《唐五代志怪传奇叙录》,南开大学出版社1993年版,第581—583页。

髯”当为“虬须”，一些学者认为系由李世民的胡须特征而来①。对于虬须客究竟是谁，存在两种不同看法：一种认为虬须客就是李世民，由于有李世民救过李靖的史实，故《虬传》“以颠倒眩惑之辞，效述异传奇之体”，虚构了“虬须授靖以资，使佐太宗”这种“小说家一时兴到之戏语”②；一种认为虬须客自然是另外一人，但对《虬传》何以要移李世民之“虬须”给虬须客，则“实不解”③。那么，虬须客与李世民、李靖究属何种关系？“虬须”是否真为作者“一时兴到”“颠倒眩惑”的“戏语”？既然虬髯客的命名如此奇异难解，《虬传》让虬髯客姓“张”，如此“名”“姓”相配，是出于偶然，还是别有玄机？

二如侠义问题。学界公认虬髯客是唐传奇中塑造得最为出色的大侠形象。的确，如单纯就《虬传》对其浓烈侠风的表现来看，如此评价并非过誉。但问题在于：虬髯客的主要使命和兴趣，却非行侠仗义，而在竞逐帝王之位。唐传奇中侠士虽多，有志图王并终于称王的，毕竟少见。那么，《虬传》到底是以“大侠”风范掩盖虬髯客政治家的实质身份，还是仅为传其“侠义”之“奇”？

三如对虬髯客居家帝王气象的描写问题。《虬传》本文明确写出虬髯客因无天命而主动退出竞争出走，却在写其出走海外称王尚未成功之前，主动邀请李靖夫妇到家中相会时，以浓墨重彩描写、渲染其帝王气象与帝王追求。这与《虬传》本文所宣称的“天命”观有无矛盾？

---

① ［宋］程大昌《考古编》卷之九：“又杜诗言‘虬须似太宗’，小说亦辨人言太宗虬须，须可以挂角弓。是虬须乃太宗也。”参见程大昌撰《考古编 续考古编》，刘尚荣校证，中华书局2008年版，第153页。［清］王应奎《柳南随笔·续笔》卷一：“张说有《虬须客传》。‘须’字今本误刻为‘髯’。按杨彦渊《笔录》云：‘口上曰髭，颐下曰须，上连须曰鬓，在耳颊旁曰髯。’髯之不得混须也明矣。《三国志·崔琰传》注云：‘琰为徒，虬须直视，心似不平。’此‘虬须’二字之始。又老杜《八哀诗》‘虬须似太宗’，《酉阳杂俎》‘太宗虬须，常戏张挂弓矢’，《南部新书》：‘太宗文皇帝虬须上可挂一弓。’盖‘虬须’二字之有本如此。若‘虬髯’则吾于书史中未之见也，安得妄为改易乎？考其谬始于《红拂》传奇。流俗之承讹，盖其来久矣。”中华书局1983年版，第21页。现代汪辟疆《唐人小说》又补充杜甫《送重表侄王砅评事使海南诗》之“虬须十八九”等句，上海古籍出版社1978年版，第183—184页；李剑国《唐五代志怪传奇叙录·虬髯客传一卷》，还补充了《清异录·肢体》“唐文皇虬须壮冠，人号髭皇”等，以证李世民虬须与虬髯客的关系。

② 汪辟疆：《唐人小说》，上海古籍出版社1978年版，第184页。

③ 参见拙作《古今〈虬髯客传〉研究反思》，《西北师范大学学报（社会科学版）》2000年第1期。

四如虬髯客的“蹇驴”坐骑问题。虬髯客有志图王且财力雄厚，为何直到出走之前，与他形影相伴的坐骑竟是一匹蹇驴？贫士李靖与红拂“避地太原”都要“雄服乘马”，虬髯客自己出走海外也要易此“蹇驴”为马，而《虬传》对“蹇驴”的描写却又出之以特异绝伦之笔。将此一“蹇驴”放置于“马上得天下”的特定话语情境，就让人困惑：“蹇驴”描写，是否特意而为？其与虬髯客竞争帝王究竟有何关联？

五如“扶余”问题。为何《虬传》会以“扶余”作为虬髯客出走称王的海外之国，并且要将其由历史实在之东北地域位移于东南海外？

六如“天命”问题。《虬传》本文对“天命”的宣称可谓冠冕堂皇。可是，其对虬髯客形象的塑造，却几乎到处呈现解构疑云。最大的问题是：《虬传》既让虬髯客以“真主”天命有归而主动退出，为何仍要安排其出走海外称王？海外称王与中华“真主”天命究竟是何关系？有无矛盾冲突之处？如有，是客观上造成了这样的矛盾冲突，还是作者的有意而为？

此外如《虬传》中关涉李世民与虬髯客两大阵营棋局对决的象征意义、李靖夫妇对虬髯客称王的态度等问题，其实也都有值得讨论的空间。

问题如此之多，若硬说其间并无隐情，相互也无关联，即便根据常理，也都难以讲通。那么，作者究竟是故设疑阵以掩盖其整体创作构思，还是如一些学者所认为的，单纯为了“游戏”式的传“奇”写“异”？

今尝试从政治命名学契入考论上述“英雄”文学的符号象征表现，发显《虬传》“虬髯客”形象与中国政治文化的深层关系意蕴。

二、“虬须”：人类学视野中的权力意志

先来考论“虬须”。

《虬传》塑造虬髯客外貌形象的主要特征为“赤髯如虬”，虬髯客的命名与篇名也取义于此。实际上，除了为研究家所指出的借鉴李世民之“虬须”，还可从更为广阔的“胡须”与权力文化叙事传统视角，进行具体考察。

从一定意义上说，权力意志就是男性本质力量与精神意志的外显。故在中国历史文化的发展中，以男性重要性别标志“胡须”来象征帝王与人臣权力意志，形成了源远流长的文化叙事传统。一方面，“胡须”被视为帝王与人臣形象及其品格、命运的象征符号，如周灵王被称为“髭王”，刘邦、刘秀等的“美须”，孙权的“紫髯”，关羽的“美髯”等；另一方面，“胡须”也被视为表现帝王与人臣微妙关系的象征符号。“虬须”一词的原始出处，就来自魏王曹操疑忌具有非凡“虬须”形貌特征的大臣崔琰①。而在魏晋以来，以“胡须”表现帝王与人臣微妙关系，还融入对异族特异形貌的思考。如《世说新语》表现桓温等的潜在帝王野心，就以其特异“胡须”形貌模拟“非我族类，其心必异”的异族；《世说新语》还记载谋反的王敦将晋明帝称为“黄须鲜卑奴”②。《黄须翁》中的黄须翁，被视为虬髯客的“原型”，他也在“东夷”称王。具有“虬须”的李世民，也有异族血统成分③。此外，《虬传》刻意表现了虬髯客的鲜明侠风，而唐传奇作品中的一些大侠，也具有“赤髯如虬”这种有类“胡”风的胡须形貌。故可知《虬传》使虬髯客的“虬须”与“真主”李世民，与异族帝王，与为帝王曹操所疑忌的崔琰，与唐传奇中具有特异“胡”风形貌的大侠，都颇多相像之处。这固然营造了使人目迷五色的艺术效果，但其主要动机，还当是为了表现作者的真实创作意图。

进一步考察，以“虬须”为主塑造虬髯客形象的原初艺术灵感，仍当源于大唐第一开国元勋李靖与其君王李世民的复杂、微妙关系。无论李靖本人有无潜隐帝王心理，作为被王珪推崇为开国名臣中唯一的

---

① 参见拙作《〈语林〉与〈世说新语〉“捉刀”条考论》，《文学遗产》2004年第5期。

② 参见拙作《英雄文化与魏晋文学论考》，兰州大学出版社2004年版，第87—105页。

③ 根据《旧唐书》记载，唐太宗李世民的祖母，即唐高祖李渊的母亲独孤氏，是隋文帝皇后的姐妹，非汉族，所以李世民和隋炀帝之间还有着姨表关系。唐太宗李世民的母亲窦氏也是鲜卑族人。

“才兼文武，出将入相”人物①，李靖确实具有帝王潜质与实力，这使唐代传奇叙事关注并热衷于渲染、夸张、想象他与帝王的隐秘关系及其帝王欲求的可能性问题②。《隋唐嘉话》且叙述：在高句丽战争中，李世民对他的疑忌达到顶点，视他为威胁其帝王之位的最大隐敌。

> 太宗将征辽，卫公病不能从，帝使执政以起之，不起。帝曰："吾知之矣。"明日驾临其第，执手与别，靖谢曰："老臣宜从，但犬马之疾，日月增甚，恐死于道路，仰累陛下。"帝抚其背曰："勉之，昔司马仲达非不老病，竟能自强，立勋魏室。"靖叩头曰："老臣请舆病行矣。"至相州，病笃不能进。③

称李世民将李靖与篡夺曹魏政权的司马懿相提并论，这自然是指李靖具有夺取李世民帝位的实力。《隋唐嘉话》的创作依据，正来自史实中李世民与高句丽的关系及李靖与少数民族的关系。李世民虽为一代英主，却在高句丽战争中失败，并且至死都无法征服高句丽，直到高宗乾封三年（668 年），才由李勣、薛仁贵攻拔扶余城。不论新、旧《唐书》如何粉饰，与高句丽之战，实为李世民一生所少见也是最大的军事败笔，故高句丽堪称李世民唯一的劲敌之国。李靖则不但被李世民视为威胁其帝位的潜在敌手，也是大唐开国功臣中征服异族并生擒突厥颉利可汗的第一名将。故《虬传》当主要是借鉴《隋唐嘉话》等关于李靖与李世民关系的表现手法，并巧妙参综、借鉴包括李世民“虬须”在内的多种“虬须”文化叙事，“耦”合塑造了虬髯客形象：

一方面，“耦”合史实中的曹操疑忌具有“虬须”形貌的崔琰，与李

---

① ［唐］吴兢《贞观政要·任贤》记载：“时房玄龄、魏徵、李靖、温彦博、戴胄与珪同知国政，尝因侍宴，太宗谓珪曰：‘卿识鉴精通，尤善谈论，自玄龄等，咸宜品藻。又可自量孰与诸子贤？’对曰：‘孜孜奉国，知无不为，臣不如玄龄。每以谏诤为心，耻君不及尧、舜、臣不如魏徵。才兼文武，出将入相，臣不如李靖。敷奏详明，出纳惟允，臣不如温彦博。处繁理剧，众务必举，臣不如戴胄。至如激浊扬清，嫉恶好善，臣於数子，亦有一日之长。’太宗深然其言，群公亦各以为尽己所怀，谓之确论。”上海古籍出版社 1978 年版，第 35—36 页。《新唐书·王珪传》亦有相近记载。

② 如唐代李复言作于太和年间的《续幽怪录·李卫公靖》，以及无名氏所作《黄须翁》，就都有此类内容。

③ ［唐］刘餗：《隋唐嘉话》，中华书局 1979 年版，第 10—11 页。

世民疑忌李靖为具有篡权野心的司马懿，将虬髯客作为具有潜隐帝王心理的李靖化身，再借鉴具有帝王潜质的李靖可与李世民构成潜在敌手关系，使虬髯客也具有“虬须”为王身份而与李世民匹敌①；另一方面，因堪为李世民对敌之国的高句丽包括“扶余”，“耦”合塑造海外“扶余”为虬髯客出走之国，以使其成为堪与李世民之大唐帝国相匹敌的可能空间。

这样，让虬髯客竞争帝王之位并于海外“扶余”称王，实际就将传奇叙事所表现的李靖所谓的潜隐帝王心理，提升到了行为实践层面。可是，一当确认《虬传》以帝王身份塑造了虬髯客“赤髯如虬”的形貌特征，并让其也可海外称王，就难免让人质疑：其与《虬传》本文所标榜的“真主”天命话语，是否存在矛盾冲突？因为唐人既有以帝王与“潜”帝王看待高句丽战争中的李世民与李靖关系的看法，而这次战争又是李世民平生之唯一军事败笔。

就《虬传》本文的表述来看，李世民作为唯一“真主”，为李靖、虬髯客、道士等所公认，虬髯客并因此而主动退出帝王竞争出走，《虬传》结尾还冠冕堂皇地宣称帝命不可竞争，警戒“人臣之谬思乱”是“螳臂之拒走轮耳”。可是《虬传》中的李世民只是徒具帝王身份、气象的符号性人物，《虬传》仅是以李靖、虬髯客、道士等对其“天子气”的谈论和对其两次出场的外表、行为的简述，写其所谓“真主”气象，甚至不见李世民本人有只言片语的言说。如果说这是由于李世民不是《虬传》的主要形象，《虬传》写李世民形貌，居然毫不提及被唐人目为其帝王“真命”象征的著名“虬须”，不免有悖常理。如杜甫《送重表侄王砅评事使南海诗》，就刻意渲染作为李世民“真主”象征的“虬须”与王珪、房玄龄、杜如晦等人归顺的关系，而《虬传》中的李靖、虬髯客、道士等观形阅貌，都认李世民为“真主”，竟无只言片语提及其著名“虬须”。显然，《虬传》的不以“虬须”象征李世民“真主”形貌，并非无意遗忘，

---

① 汪辟疆认为《虬传》由李世民曾救李靖，故“以颠倒眩惑之辞，效述异传奇之体”，虚构了“虬须授靖以资，使佐太宗”这种“小说家一时兴到之戏语”，实际已关注到《虬传》中李靖、虬髯客与李世民的关系问题，对我们的研究颇有启发。

而是有意而为。虽然如前所说，有关虬髯客“赤髯如虬”的塑造，未必仅借鉴李世民的“虬须”，但可以肯定的是，《虬传》绝不可能在以“胡须”为主要标志塑造与李世民处于对手地位的虬髯客时，竟会忘掉“虬须”是李世民“真命”天子的象征。既然明明知道，而李世民就是《虬传》中人，如果作者意在肯定帝王天命，怎会异想天开、不严肃到这种程度：不以“虬须”作李世民“真主”形貌的主要标志，反让“虬须”长在了虬髯客脸上？让同样也有上天所赋予的“虬须”的虬髯客①，来挑战“真命”天子李世民，岂非有暗示两位“真主”存在的嫌疑？无论选择任何可能的敌手，都比这更近乎情理。

此外，“虬髯客”之“客”是否也有特殊用意？因为，这个“客”字，颇让人联想《后汉书·逸民列传》关于严光与光武帝的故事：

> ……复引光入，论道旧故，相对累日。帝从容问光曰：“朕何如昔时？”对曰：“陛下差增于往。”因共偃卧，光以足加帝腹上。明日，太史奏客星犯御坐甚急。帝笑曰：“朕故人严子陵共卧耳。”②

虬髯客与李世民虽互为竞争对手，但李世民既为命定之中华“真主”，则挑战其地位之虬髯客，自然是“客”。虽不能起作者于九泉之下，以知如此理解然否，也当有助于对“虬须客”命名的理解吧！

三、以“张”命姓：射“日”文化与李唐创业史实

与被作为冠名依据的“虬须”相近，虬髯客与红拂同为“张”姓也让人生疑。《虬传》的一个突出特点是：极为讲究对人物形象的选择与命名。就命名而言，除了虬髯客与红拂③，有学者认为甚至《虬传》选

---

① ［唐］杜甫《八哀诗·赠太子太师汝阳郡王琎》所咏“汝阳让王子，眉宇真天人。虬髯似太宗，色映塞外春”，写汝阳王琎虬髯似太宗是赞美他传承了李世民的帝王家族血统形貌。

② ［南朝·宋］范晔：《后汉书》，中华书局1965年版，第2764页。

③ 红拂之“拂”寓有辅弼意涵。《广雅》释义：“拂，辅也。”于省吾《双剑誃诸子新证》指出“拂、弼古字通……弼谓辅助也。”关于红拂命名的丰富内涵，著者另有专文论述。

择李靖，也当与“靖”字有平定、绥靖天下寓意有关。故《虬传》既煞费苦心以“虬须”为虬髯客的名字，也当追求“名”“姓”相配，以达到“名”符其“姓”、相得益彰的艺术效果。由此思路出发考察发现，以虬髯客之姓为“张”，极有可能受到大唐开国元勋张亮史实的启发①。《旧唐书·张亮传》记载：

有方术人程公颖者，亮亲信之。初在相州，阴召公颖，谓曰：“相州形胜之地，人言不出数年有王者起，公以为何如?”公颖知其有异志，因言亮卧似龙形，必当大贵。又有公孙常者，颇擅文辞，自言有黄白之术，尤与亮善。亮谓曰：“吾尝闻图谶‘有弓长之君当别都’，虽有此言，实不愿闻之。”常又言亮名应图箓，亮大悦。二十年，有陕人常德玄告其事，并言亮有义儿五百人。太宗遣法官按之，公颖及常证其罪，亮曰：“此二人畏死见诬耳。”又自陈佐命之旧，冀有宽贷。太宗谓侍臣曰：“亮有义儿五百，畜养此辈，将何为也？正欲反耳。”命百僚议其狱，多言亮当诛，唯将作少匠李道裕言亮反形未具，明其无罪。太宗既盛怒，竟斩于市，籍没其家。岁余，刑部侍郎有阙，令执政者妙择其人，累奏皆不可。太宗曰：“朕得其人也。往者李道裕议张亮云‘反形未具’，此言当矣。虽不即从，至今追悔。”遂授道裕刑部侍郎。②

关涉张亮的所谓图谶，正来自“张”与“弓”的深密关联。《虬传》作者也巧妙利用了这一点。因为“张”的本义就是安上或拉紧弓弦，“张”姓的得姓也始于造弓者。《说文》释“弓”时指出：“古者挥作弓。”王筠《句读》：“《唐书·宰相世系表》：‘少昊第五子挥始制弓矢，赐姓张氏’；宋忠以挥为黄帝臣’；《广韵》以挥为轩辕第五子。孙卿子云倕

① 《神告录》记不屑于李渊竞争帝王之位的丹丘生，也指他与李渊“近籍”，即同样姓李。

② ［后晋］刘昫等：《旧唐书》，中华书局 1975 年版，第 2516 页。

作弓。墨子云羿作弓。说各不同。”①古人对造弓始祖的说法虽不尽相同,但由“张”的本义推断,“张”姓始于造弓者应无疑义②。再联系被汪辟疆断为祖本的《道藏》所收杜光庭《神仙感遇传·虬须客》,其叙述李靖夫妇在虬髯客家中与之相见时,有“虬须纱巾裼裘,挟弹而至”句③,其中“挟弹而至”之“弹”,正是指以弹丸作为发射武器的弓。弹弓在发明时间上大约还早于箭弓。赵晔《吴越春秋·勾践阴谋外传》:“音曰:‘臣闻弩生于弓,弓生于弹……”上古《弹歌》:“断竹,续竹,飞土,逐宍。”就生动记述了早期人类如何制作、发射弹弓的过程。如果《道藏》本“挟弹而至”的句子,就是《虬传》祖本原句,则虬髯客姓“张”必与其“挟弹”关联紧密④。而作为虬髯客出走海外称王的“扶余”,恰也与善射关联紧密。“扶余”原型在古代属于东夷,东夷民族正以善射著称。《说文》:“夷,平也。从大,从弓。东方之人也。”甲骨文“夷”字作箭矢缯缴之状。著名射手后羿即为神话传说中的东夷民族首领。“扶余”的创国始祖东明,更以善射得国(关于这一点,第五部分将有深入讨论)。故由“张”“挟弹”及“扶余”所具有的与“射”的深密关系,可知《虬传》让虬髯客姓“张”,当经过精心选择。

由前引《道藏》本将“挟弹而至”联接在“虬须”与“纱巾裼裘”之后,使三者构成李靖夫妇眼中的虬髯客整体形象,可知这种构思还借鉴了唐人将李世民“虬须”与弓矢相联系的创作思路。《南部新书》“太宗文皇帝,虬须上可挂一弓”;《酉阳杂俎》“太宗虬须,常戏张弓矢”。唐人之所以会将李世民的“虬须”与弓矢联系在一起,就其表层意义来看,自有史实中李世民善射的投影。如《旧唐书·太宗本纪》记载:

---

① 关于弓的最早发明者,古人说法颇多,如《世本·作篇》:“挥作弓,夷牟作矢。”[汉]宋衷注、[清]秦嘉谟等辑:《世本八种》,商务印书馆1957年版,第281页;《山海经·海内经》以为:“少皞生般,般是始为弓矢。”

② 杨向奎:《跋〈玉皇姓张考〉》,《责善半月刊》1940年第8期。

③ 今所见收录《虬传》的主要有《太平广记》《道藏》所收杜光庭《神仙感遇传》《唐语林》与《顾氏文房小说》等数种。“挟弹而来”一句,为其他版本所无,独见于杜光庭《神仙感遇传》中,当为原本中内容。

④ 虬髯客不拿其他器物,独“挟弹而至”,确实值得关注。写挟“弹”而非挟“弓”,大约也是为了掩饰。因为“弹”虽也为弓,但不及“弓”表意直接、醒豁,故可有迷惑读者之效。

> 及高祖之守太原，太宗时年十八。有高阳贼帅魏刀儿，自号历山飞，来攻太原，高祖击之，深入贼阵。太宗以轻骑突围而进，射之，所向皆披靡；拔高祖于万众之中。①

太宗攻王世充，几为其骁将单雄信所败，太宗左右射之，无不应弦而倒。《资治通鉴·唐纪八·太宗》记贞观元年(627年)，李世民谓太子少师萧瑀：

> 朕少好弓矢，得良弓十数，自谓无以加，近以示弓工，乃曰"皆非良材"。朕问其故，工曰："木心不直，则脉理皆邪，弓虽劲而发矢不直。"朕始寤向者辨之未精也。朕以弓矢定四方，识之犹未能尽，况天下之务，其能遍知乎？②

故《隋唐嘉话》记李世民曾对其勇将鄂公尉迟敬德宣称："寡人持弓箭，公把长枪相副，虽百万众亦无奈我何。"③再如：武德九年九月丁未，太宗引诸卫骑兵统将等，习射于显德殿庭，谓将军已下曰："……我今不使汝等穿池筑苑，造诸淫费，农民恣令逸乐，兵士唯习弓马，庶使汝斗战，亦望汝前无横敌。"④于是每日引数百人于殿前教射，帝亲自临试，射中者随赏弓刀、布帛。朝臣多有谏者。曰："先王制法，有以兵刃至御所者刑之，所以防萌杜渐，备不虞也。今引裨卒之人，弯弓纵矢于轩陛之侧，陛下亲在其间，正恐祸出非意，非所以为社稷计也。"⑤上不纳。自是后，士卒皆为精锐。

---

① [后晋]刘昫等:《旧唐书》，中华书局1975年版，第22页。温大雅《大唐创业起居注》记唐高祖李渊也善射："帝尤善射，每见走兽飞禽，发无不中。"叙述唐军与历山飞战斗时，则写"帝引小阵左右二队，大呼而前，夹而射之"，未提及李世民以射救父之事，大约因其写作时间在李世民主导政局之前的缘故。《新唐书·本纪第一》还记唐高祖有"击龙门贼母端儿，射七十发皆中"的记录。《虬髯客传》将李世民作为李唐开国帝王，而未提及李渊，并不意味着否认李渊为创业帝王，因为将李渊和李世民都视为大唐创业帝王，是唐人共识。

② [宋]司马光编著，[元]胡三省音注:《资治通鉴》，中华书局1956年版，第6034页。

③ [唐]刘餗:《隋唐嘉话》，中华书局1979年版，第10页。

④ [后晋]刘昫等:《旧唐书》，中华书局1975年版，第31页。

⑤ [后晋]刘昫等:《旧唐书》，中华书局1975年版，第31页。

《资治通鉴·唐纪八·太宗贞观元年》尚记有孙伏伽劝谏“上好骑射”事。《资治通鉴·唐纪十一·太宗》记贞观十一年(637年),记李世民曾因引弓射兽,而为吏部尚书唐俭规劝,要求其改变“马上得天下”故态,李世民因此“罢猎”。“十一月,丁未,初置左、右屯营飞骑于玄武门,以诸将军领之。又简飞骑才力骁健、善骑射者,号百骑,衣五色袍,乘骏马,以虎皮为鞯,凡游幸则从焉。”①《唐语林》卷一也记此事。唐太宗善射又与其征高丽有关。《资治通鉴·唐纪十三·太宗贞观十七年》记载:“车驾发定州,亲佩弓矢,手结雨衣于鞍后。”②

就深层意义来看,“虬须”与弓矢正影射、象征李世民以雄强力量竞逐,并获得帝王权位。如前所论,作为男性性别标志的“胡须”,也被作为凸显男性本质力量与精神意志的高度象征。而在中国古代文化叙事中,“射”也具有“性”与权力意志的双重象征寓意。如在古代太阳神话传说中,就多有以射日或善射表现、象征强大雄性力量与竞逐帝王权力的意涵。前引李复言《续幽怪录·李卫公靖》,也写李靖“微时”以“射猎”方式“逐鹿”,暗寓其竞逐帝王之位意涵③。唐人以“虬须”与弓矢相联系,正是象征李世民凭借雄强力量成就帝王之业。故《虬传》以“虬须”“纱巾裼裘”与“挟弹而至”三者相连,不但将李世民“虬须”移于虬髯客脸上,还根据“张”与“射”的深密关系,让虬髯客姓“张”,当也是暗示、象征虬髯客也与帝王天命及竞争帝王密切相关。

《道藏》本的“虬须纱巾裼裘,挟弹而至”,与对“真主”李世民形貌、服饰的对比性描写:“不衫不履,裼裘而来,神气扬扬,貌与常异”④,更彰显了这种密切关联。《虬传》让虬髯客与李世民二人拥有完全相同的服饰,而对“虬须”与“射”却有意予以区隔。对“虬须”与“射”这两大最为唐人所强调的李世民获得帝王成功的象征符号⑤,

① [宋]司马光编著,[元]胡三省音注:《资治通鉴》,中华书局1956年版,第6141页。

② [宋]司马光编著,[元]胡三省音注:《资治通鉴》,中华书局1956年版,第6218页。

③ 李靖的善射,还衍生出明代《封神演义》(第十三回)写陈塘关总兵李靖的镇关之宝为“震天箭”,并夸张描写此箭自轩辕黄帝大破蚩尤传留至今,无人拿得起来。

④ 汪辟疆:《唐人小说》,上海古籍出版社1978年版,第179页。

⑤ 当然,需要补充说明的是,关涉李唐、李渊与李世民创业“天命”的谶言与传说,在当时颇多,不仅限于“虬须”与“射”。本文不再赘举。

《虬传》显然采取了虚泛化或不予提及的方式：仅称李世民“貌与常异”，连是否在含蓄暗示其“虬须”，也难以确知；对其善射或善射与“虬须”的关系，完全不予提及。而对虬髯客则不但首写其“虬须”，也不忘写其“挟弹”，并且是以“虬须”“纱巾裼裘”与“挟弹”三者联接，以构成李靖夫妇眼中的虬髯客整体性的“而至”形象①。就李世民的“而来”而言，作者虚化或不予提及“虬须”与“射”，自然无碍其具有“真主”天命，可是，将唐人对以李世民“虬须”、弓矢相联系象征其天命的表现手法，用于塑造虬髯客形象，还刻意加上了对其家庭居处陈设、女乐、盘筵器具之非同寻常的描写、暗示，使其帝王气象显得更为丰足，而这具有完整性意义的帝王形象描写，作者是将其放置于虬髯客在以无天命而主动退出竞争、准备出走海外，邀请李靖夫妇于家中相见之时。那么，作者究竟意欲何为？

在《虬传》中，象征符号的转换对比，具有重要的暗示表现功能。如《虬传》前半部分神采飞扬的“红拂”，在后半部分变而为一言不发的李靖之妻“张氏”，出走之前的坐骑为“蹇驴”，出走时则改换乘马，出走前作为竞争帝王的“此世界”与出走后称王的“它方”海外扶余等，无不被作者赋予特殊的对比转换象征意义。虬髯客的居家与在外，也当具有这样的特殊象征意涵。

就通常意义来说，居家更多展示人的本真，在外则多人格面具。由虬髯客出场时的豪侠举动，和帮助李靖夫妇爱情、政治活动诸行为来看，推他为唐传奇中最为出色的大侠，也非过誉。当其与李靖交往刘文静、李世民时，又是一位假扮的善相者②。可是一当卸去这些“外衣”回家，就如前所说，显现出真正的帝王气象。既然《虬传》对虬髯客这种居家帝王“本真”形象及其追求的描写，并不是在他于海外称王成功之后，而是在他准备退出竞争帝王的时候，如果作者

---

① 《唐语林》与《太平广记》本则写“纱帽裼（《太平广记》‘裼’作‘褐’）裘，有龙虎之状”；《顾氏文房小说》本写“纱帽裼裘而来，亦有龙虎之状”。虽然各本互有异同，但都以与描写李世民相近的句式暗示：虬髯客竟与“貌与常异”“不衫不履，裼裘而来，神气扬扬”的“真主”李世民有惊人相似。

② 《道藏》所收杜光庭《神仙感遇传·虬须客》还有描写虬髯客“客日望气”的句子。

意在肯定帝王命定，又如何理解让他有如此帝王形象与追求的矛盾？

其真实创作意图是否在暗示：虬髯客并没有如《虬传》本文所说的那样真正主动退出竞逐，而是仍在继续“挟弹”以“射”帝王之位？《楚辞·天问》曾以“何冯弓挟矢，殊能将之”，就天何以秉弓挟矢之殊能资后稷发问[①]，这里的确也可借《楚辞·天问》之句，发此一问：《虬传》既强调“天命”为李世民所有，何以要让虬髯客也有象征“天命”的“虬须”且秉有善“射”之能？

四、“蹇驴”坐骑：竞争帝王事业失败象征

以“蹇驴”作为虬髯客的坐骑，正象征了虬髯客有志图王的政治家真实身份及其失败命运。《虬传》描写虬髯客初次登场的形象特征为：“中形，赤髯如虬，乘蹇驴而来。”[②]“蹇驴”与赤色“虬须”是虬髯客初次登场时的鲜明外在形象的特形与特影标记。

值得深思的是：虬髯客既有志图王，其经济实力又非常雄厚，何以其坐骑竟然是匹蹇驴？并且这“蹇驴”只被限定作为虬髯客与李靖夫妇相遇，及同往太原访“天子气”时的坐乘。方其时也，连为虬髯客所请前往鉴定“真主”的道士，也乘瘦驴，一“跛”一“瘦”，构成一种异样的艺术之美。而一当虬髯客退出竞争出走海外，便“与其妻从一奴，乘马而去”[③]。为何《虬传》要让虬髯客追求帝王之业时乘“蹇驴”，一旦退出便改乘马了呢？

考“蹇”的本义见《说文》：“蹇，跛也。”故“蹇”由身体跛而行走不便，衍生行路艰难之义，由行路艰难又有艰险之义。如《易》六十四卦有“蹇”卦。《象》曰：“山上有水，蹇。”《序卦传》：“蹇者，难也。”[④]段玉

---

① 闻一多：《天问疏证》，生活·读书·新知三联书店1980年版，第103—104页。

② 汪辟疆：《唐人小说》，上海古籍出版社1978年版，第178页。

③ 汪辟疆：《唐人小说》，上海古籍出版社1978年版，第181页。

④ 黄寿祺、张善文译注：《周易译注》，上海古籍出版社2004年版，第225—226页。

裁《说文解字》注也指出："行难谓之蹇，言难亦谓之蹇。"[①]故"蹇分""命蹇""蹇厄"便成了比况人生厄运的特称。而在唐人观念中，"马"与"驴"也正代表了士人显达、贵贱与否的两种规格。如牛僧孺《玄怪录》记浪子杜子春挥霍仙人所助资财，"衣服车马，易贵从贱，去马而驴，去驴而徒，倏忽如初"[②]。五代王定保《唐摭言》卷十五《条流进士》记载："咸通中，上以车服僭差，不许乘马。时场中不减千人，虽势可热手，亦皆跨长耳。"[③]"长耳"即驴之别称。可知只有在特定情势下，才会出现以驴代马这种以贱代贵现象。故唐代诗人多对比二者，而以"蹇驴"喻人世不平或自况。此类诗例可谓俯拾即是。如李白《答王十二寒夜独酌有怀》"骅骝拳跼不能食，蹇驴得志鸣春风"；杜甫《偪仄行赠毕曜》"自从官马送还宫，行路难行涩如棘""东家蹇驴许借我，泥滑不敢骑朝天"；白居易《秦中吟·伤友》"蹇驴避路立，肥马当风嘶"；韩愈《杂诗四首三》"解辔弃骐麟，蹇驴鞭使前"等[④]。由《虬传》写虬髯客竞争帝王时被匹配坐骑"蹇驴"，退出出走则易"蹇驴"为马，可知其必是借鉴唐人这种对比骏马与"蹇驴"的创作传统，以"蹇驴"比况虬髯客竞争帝王之业的"蹇"况。

而"蹇"又有傲慢、不驯服义，古人每以"骄蹇"专门指称挑战帝王、诸侯"天命"的臣下。如《公羊传·襄公十九年》："或曰为其骄蹇，使其世子处乎诸侯之上也。"[⑤]《汉书·淮南厉王传》："（刘长）自以为最亲，骄蹇，数不奉法。"[⑥]至于"蹇人上天"，更是非分奢求帝王之位的著名典故。《后汉书·五行志一》记载：

> 王莽末，天水童谣曰："出吴门，望缇群，见一蹇人，言欲上天；令天可上，地上安得民！"时隗嚣初起兵于天水，后意稍广，欲为天

---

① ［东汉］许慎撰，［清］段玉裁注：《说文解字注》，中华书局 2013 年版，第 84 页。

② ［唐］牛僧孺、李复言：《玄怪录 续玄怪录》，中华书局 1982 年版，第 1 页。

③ ［五代］王定保：《唐摭言》，中华书局 1985 年版，第 137 页。

④ 对比良马与蹇驴的创作方法可谓源远流长，如东方朔《七谏·哀命》就写"却骐骥而不乘兮，策驽骀而取路""驾蹇驴而无策兮，又何路之能极"等。

⑤ 李学勤主编：《十三经注疏·春秋公羊传注疏》，北京大学出版社 1999 年版，第 445 页。

⑥ ［汉］班固：《汉书》，中华书局 1962 年版，第 2136 页。

子，遂破灭。嚣少病蹇。吴门，冀郭门名也。缇群，山名也。①

针对隗嚣等西汉末期人物的觊觎帝王野心与行为，班彪特写《王命论》而明白指出："是故驾蹇之乘，不骋千里之涂。"《虬传》末尾就借鉴了班彪的《王命论》的劝诫之辞②。故《虬传》当是借鉴有关"蹇驴"的文化叙事，来暗示虬髯客竞争帝王失败的真相③。《虬传》既然以"蹇驴"之"蹇"暗喻虬髯客与李世民竞争帝王失败之"蹇"，则其海外称王成功自然也就要易"蹇"为马了。

在《虬传》中，虬髯客所乘"蹇驴"具有两大特点：一是嗜肉。当虬髯客切肉"食竟"，"以余肉乱切送驴前食之，甚速"④。这表明虬髯客使"蹇驴"享受与自己相同食物的待遇，从而透露"蹇驴"与虬髯客如形似影的密切关系。而"蹇驴"的食肉甚速，说明它对食肉习以为常并且嗜肉，这又透露它有凶猛而不同于常驴的特性。二是"蹇驴"竟然有颇为神奇的绝尘奔风之疾。当虬髯客与李靖夫妇约定太原会面后相别时，李靖夫妇"且惊且奇"地看到：虬髯客"乘驴而去，其行若飞，回顾已失"⑤。试想虬髯客可以切食人之心肝佐酒而面不改色，连其坐乘都嗜肉，他怎会只见李世民两次便轻易退出？竞争失败而被迫退出，庶几近于事实真相。故可认定，《虬传》当由蹇驴而欲凶猛、而欲疾行出发，以具备凶猛、疾行特征而终为命"蹇"之驴，暗喻虬髯客竞争帝王之路艰难而险象环生、终于失败之事。如此看来，则《虬传》本文所谓自动退出云云，不过是有意遮掩之辞。

值得关注的是，《虬传》本文描述虬髯客竞争帝业之事，不但对其退出持同情态度，对其终于称王成功也津津乐道、几近欣羡。史实中

---

① ［南朝·宋］范晔：《后汉书》，中华书局 1965 年版，第 3281 页。

② 班彪《王命论》结尾所言"英雄诚知觉寤……距逐鹿之瞽说，审神器之有授……则福祚流于子孙，天禄其永终矣"，与《虬传》末尾所言如出一辙："乃知真人之兴也，非英雄所冀。况非英雄者乎？人臣之谬思乱者，乃螳臂之拒走轮耳。我皇家垂福万叶，岂虚然哉。"可知《虬传》是化用了《王命论》用辞。

③ 唐传奇中，也惯用黑、白卫即毛驴作为侠客的坐骑，但以蹇驴作为坐骑的，也只有虬髯客一位，这也可佐证《虬传》写"蹇驴"有其特殊用意。

④ 汪辟疆：《唐人小说》，上海古籍出版社 1978 年版，第 179 页。

⑤ 汪辟疆：《唐人小说》，上海古籍出版社 1978 年版，第 179 页。

的李靖曾上告李渊谋反,《虬传》则让李靖夫妇与谋虬髯客的竞争帝业及其出走,并在虬髯客海外称王成功后以大唐宰相、命妇身份祝福庆贺。李靖视有“逐鹿”雄心的虬髯客为神交,乐于倾听他“欲于此世界求事,当或龙战三二十载,建少功业”①的豪言,并两偕虬髯客面晤李世民。只是当虬髯客退出帝王竞争,他才与“真主”李世民确定君臣关系,以虬髯客所赠兵法、财产佐助,遂得大唐左仆射显位。即便已为唐室宰臣,一当听说虬髯客做了海外“扶余”国主,就与妻子以隆重礼仪,“具衣拜贺,沥酒东南祝拜之”②。史实中的李靖是大唐功臣中征服少数民族并曾擒获夷王的第一名将,以虬髯客绝不甘心于帝王以下的将相之位而出走“它方”,如果此一称王仅是做与大唐帝王并不对等的小小“夷”王,则作为虬髯竞争帝王见证人的李靖夫妇之拜祝庆贺,岂非小题大做?而如果作者真意是在维护帝王天命,如此笔法也难说是恰当的。其与结尾冠冕堂皇的警戒之言所形成的反讽,颇让人萌生类似汉大赋创作曲终奏雅、劝百讽一的感觉。而曲终奏雅、劝百讽一,正是唐传奇作家在突破封建正统价值观念与行为准则时,所普遍使用的创作方法。

五、出走海外:虬髯客“扶余”称王真相蠡测

《虬传》本文写虬髯客与李世民仅有的两次接触,都令其黯然失色、伤神心死,故承认自己非“真主”而主动退出竞争,为何还要刻意描写虬髯客的帝王形貌与气象,并且让他出走海外继续竞争,终于在他所预言的时间在“扶余”称王成功?难道说作者认为虬髯客所出走的海外属“夷”,就不具有与中华帝王相同的“天命”?由虬髯客的“赤髯如虬”与异族帝王相类,及其所出走称王之国“扶余”的原型属于东夷,的确容易让人得出如此认识。但深入考察,这样的观点实际并不成立。

---

① 汪辟疆:《唐人小说》,上海古籍出版社 1978 年版,第 180 页。

② 汪辟疆:《唐人小说》,上海古籍出版社 1978 年版,第 181 页。

在中国封建时代，每当改朝换代或夷夏相争（有时二者互为交织），就会因天无二日而有谁为天命正统之争，但终归是在华夏内部。而对处于华夏之外、与华夏互无统属的海外“夷”国君主，虽然往往视其为朝拜华夏天朝的“蕞尔小国”之君，毕竟这只是受中华自大文化心理支配的蔑视性偏见，实际则对此类“夷”之独立为国、不受制于“夏”并不否认；也不可能奉行双重标准，只承认华夏帝王是天命攸归，“夷”国君主就非命定，①关于虬髯客到底是“夷”或“夏”的角色问题，《虬传》本文没有明确讲出。虽然虬髯客的“赤髯而虬”“乘蹇驴”与切肉与驴共食等，让人联想其有“胡”风，但他到底是“汉”抑或是“胡”，其实难以确认。即使确认他为“胡”（“夷”），也难遽定是华夏之“胡”（“夷”）或异域之“胡”（“夷”），如径直视他以“胡”（“夷”）与李世民竞争，并无充足根据。同时，无论虬髯客此时以“夷”或“夏”的身份与李世民竞争，都是在“溥天之下，莫非王土；率土之滨，莫非王臣”的华夏内部。既然天无二日，李世民为命定真主，虬髯客就必无帝命。如此来说，认虬髯客称王的“海外”是“夷”似乎较为近理。因为华夏民族向有视异族、异域为“夷”以自重的文化心理。虬髯客称王“东南”“海外”之“扶余”的消息，就是由“南蛮”来“入奏”唐王朝的。但这也不见得就是可靠的。作者既点出“南蛮”，而唐代“南蛮”就地理空间说实亦可延伸于“海外”；既点明“南蛮”“入奏”，可知“南蛮”当臣服于唐。古人习惯以“南蛮”“东夷”“北狄”“西戎”等对称华夏“四夷”，可知作者很有可能借“南蛮”暗示，属于历史实有的东北“东夷”海外“扶余”，与可延伸于海外的东南“南蛮”处于同一空间层次，并且同样臣服于唐（如前所说，据史，唐太宗时包括扶余在内的高句丽并未臣服）②。而《虬传》移历史上实有的东北“东夷”之海外“扶余”于东南，并且将其与可延伸于海外的“南蛮”予以明确区分，可知此一有意虚构的“海外扶余”，很有可能与实有的属于华夏东北之“东夷”的海外“扶

---

① 汪辟疆：《唐人小说》，上海古籍出版社 1978 年版，第 181—184 页。

② 关于属于历史实有的东北“东夷”之“扶余”，可参看孙进己《东北民族源流》（黑龙江人民出版社 1987 年版）和杨军《高句丽民族与国家的形成和演变》等书的相关论述。

余”和可延伸于东南海外的“南蛮”,不在同一对等空间层次。也就是说:它是在可延伸于海外的“南蛮”之外的、与华夏互无统属的“海外”,即与华夏“此世界”对等的“它方”空间世界!由《虬传》中道士对虬髯客预言“此世界非公世界,它方可也”,就以“它方”与行将属于李世民的“此世界”相提并论,正可佐证二者是对等的空间世界。而无论此一“海外扶余”是“夷”非“夷”,其国既与华夏互无统属,自有其命定之主,其国主也就同样不可竞争。在这两种情形中,都不可能在一人身上出现:于华夏世界因无帝命而退出竞争,于“他方”世界竞争就可称王的奇怪现象。

可见,重要的是:《虬传》处理虬髯客称王与帝命的关系出现矛盾,至于是否“夷”“夏”反倒并非紧要。那么,《虬传》存在的这种内在矛盾,究竟属于创作的败笔,还是有意而为?如是有意而为,则“它方可也”,正暗示虬髯客可以竞争帝王;于“它方”称王成功,也就意谓着虬髯客与李世民有了对等的天命地位,而非是臣服或低于“天可汗”李世民之“夷王”。这无疑是说,通过竞争虬髯客也可以获得帝王之位。如果这就是作者真实的创作意图,则此一“真主”与彼一“真主”的共存,必然隐含了竞争意味,《虬传》本文所谓帝命天定不可竞争、虬髯客主动退出竞争云云,就是有意而为的遮掩之辞。

具体考察“扶余”所深隐的历史文化意蕴,可知《虬传》正借“扶余”,以暗示虬髯客竞争帝王失败出走而非主动退出的真相。关涉“扶余”的历史及其神话传说,与帝王竞逐以及中国文化的“出走”话语关系极深。这里先重点讨论“扶余”与帝王归宿的深密关系。《山海经》就有数处提到帝王颛顼被葬于扶余:

东北海之外,大荒之中,河水之间,附禺之山。帝颛顼与九嫔葬焉。(《大荒北经》)

务隅之山,帝颛顼葬于阳,九嫔葬于阴……(《海外北经》)

鲋鱼之山，帝颛顼葬于阳，九嫔葬于阴，四蛇卫之。(《海内东经》)①

可见，在神话传说中，“扶余”被指为帝王颛顼死后的归宿之地。虽然今已难确知，《虬传》以称王“扶余”作为虬髯客最后的归宿地，是否受到《山海经》的影响，但“扶余”国名的来历出处则可证：《虬传》的确是以“扶余”隐喻虬髯客竞争帝王失败而以“扶余”作为其海外称王之归宿。

汪辟疆在考释《虬传》之“扶余”时，就曾指出其与史实不合：

按新旧唐书，并无扶余国。惟高丽百济，并云扶余之别种。高丽国有扶余城。武德七年，高丽王建武，惧伐其国。乃筑长城，东北自扶余城，西南至海，千有余里。是高丽方据扶余城以自固，海贼安得而袭取之。且扶余位中国之东北，更不得云东南。此与史实不合者又一也……②

王梦鸥《唐人小说校释》注“扶余”时也说：

扶余国，王充《论衡·吉验篇》尝书其立国故事。《后汉书·东夷传》，言在玄菟北千里。此曰东南，聊以寓意而已。

王注更点出了“扶余”立国出处，但对其所说《虬传》“寓意”还需深究。因为有关“扶余”建国的历史，正由一位同样具有天命而被逐出走的王位继承人选开始。王充《论衡·吉验篇》记载：

---

① 方韬：《山海经校注》，上海古籍出版社 1980 年版，第 419、244、332 页。宫玉海指出，《山海经》中多处提到的“附禺”“鲋鱼”“务隅”“凫余”之山，就在吉林省扶余县境内，其南北皆有松花江(北江为松花江干流，南为第二松花江)，北有长春岭，从地形上看就像一条大鱼。他认为这个地名是从记音和记形两方面而来：因为它在松花江的拐弯处，因此叫“附禺”；它的地形像一条鱼，渔猎氏族把它叫“鲋鱼”；鸟氏家族又把它叫“凫余”。参见宫玉海《〈山海经〉与世界文化之谜》，吉林大学出版社 1995 年版。

② 汪辟疆：《唐人小说》，上海古籍出版社 1978 年版，第 183 页。

北夷橐离国王侍婢有娠，王欲杀之。婢对曰：“有气大如鸡子，从天而下，我故有娠。”后产子，捐于猪溷中，猪以口气嘘之，不死；复徙置马栏中，欲使马藉杀之，马复以口气嘘之，不死。王疑以为天子，令其母收取，奴畜之，名东明。令牧牛马。东明善射，王恐夺其国也，欲杀之。东明走，南至掩淲水，以弓击水，鱼鳖浮为桥，东明得渡。鱼鳖解散，追兵不得渡。因都王夫余，故北夷有夫余国焉。①

“夫余”即“扶余”。《后汉书·夫余国》所记与王充所说相近。东明由于不是橐离国法嗣而以善“射”和诸种帝王气象，而为“王恐”，被迫亡命出走，终于别立新国②。这正是虬髯客竞争帝王失败被迫出走海外立国于“扶余”的原型依据之一吧③。除了遮人耳目这样的特定意图，故事中的东明南走，也当是启迪《虬传》将“扶余”由酷寒东北位移至温暖东南的艺术灵光。

解读了虬髯客之“虬须”、姓“张”、坐骑为“蹇驴”与其王国“扶余”等，一个具有竞争帝王欲望且有实力，真正投入竞争、终于失败而被迫出走海外称王的虬髯客便现了真形。由此再反观《虬传》本文就可发现：虬髯客与李世民的两次相见，貌似闲暇裕如的笔墨所营造的平和气氛中，其实正透出紧张对峙与杀机。李世民的“神气扬扬”“长揖而坐”与虬髯客的“气丧”“心死”，正是对胜、败两方的象征描写。而《虬传》将《黄须翁》中黄须翁与李靖前往汴州看到“一大第”中数人奕棋，李世民“出看奕者”的情节，改为由刘文静与道士对奕，正以二人分别

① ［东汉］王充撰，黄晖校释：《论衡校释》，中华书局1990年版，第88—89页。

② 杨军《高句丽民族与国家的形成和演变》第117、118、119页分别所引《魏书·高句丽传》与朝鲜《三国史记·高句丽本纪》所记高句丽起源传说与此相近。

③ 《后汉书》卷八十五所记：“朝鲜王准为卫满所破，乃将其余众数千人走入海，攻马韩，破之，自立为韩王。”或当也是《虬传》写虬髯客出走海外于“扶余”称王的原型依据。

代表李世民与虬髯客两大竞争阵营①。道士的“一见惨然,下棋子曰:‘此局全输矣!于此失却局哉!救无路矣!奚复言’”②正是以棋局全盘皆输、无可挽救,象征虬髯客竞争帝王之位彻底失败的结局。

实际上,围棋的起源正与军事密关。刘向《围棋赋》:“略观围棋,法于用兵。”③桓谭《新论》:“世有围棋之戏,或言是兵法之类也。”④应玚《奕势》:“盖棋奕之制,所由来尚矣。有象军容战阵之纪……”⑤故以下棋象征在重大军事活动中的指挥若定,或以棋局输赢象征功业尤其是军事成败,就成为常见的思维模式或艺术表现手法⑥。《左传·襄公二十五年》“大叔文子闻之,曰:‘……今宁子视君不如弈棋,其何以免乎?’”⑦至于谢安在淝水之战时与人对弈,而让“小儿辈”谢玄以八万精兵大破苻坚八十余万军队的故事,尤为千古所传诵。故杜甫《秋兴八首·其四》“闻道长安似弈棋,百年世事不胜悲”,就以如弈棋迭为胜负,喻长安一破于安禄山,再陷于杜蕃。而在大唐创业君臣史实中,也不乏与围棋话语密关者。《旧唐书·裴寂传》记裴寂与高祖交厚,“每延之宴语,间以博弈,至于通宵达旦,情忘厌倦”⑧,太宗有举义师反隋之意而不敢言于高祖,于是以多次输钱博弈方式厚交裴寂,让其居间为高祖言起兵之事。可知唐太宗最早起兵之机,也与博弈有关。裴寂与高祖交厚,而刘文静与李世民关系最为密切。又,《朝野佥载》补辑有“吏部尚书唐俭与太宗棋,争道。上大怒,出为潭州”⑨的记

① 写由刘文静代表李世民阵营与道士对弈,实系依据刘文静在李唐起事过程中扮演关键角色,尤其为李世民第一智囊史实。陈寅恪读《新唐书·刘文静传》时指出:“然文静佐命功最多,实太宗之党,裴寂则高祖亲信,时藉以迫胁高祖,其才智、功勋,皆非文静之比也。”见《陈寅恪集·读书札记一集》,生活·读书·新知三联书店2001年版,第447页。

② 汪辟疆:《唐人小说》,上海古籍出版社1978年版,第180页。

③ 费振刚等:《全汉赋校注》,广东教育出版社2005年版,第207页。

④ [汉]桓谭:《新论》,上海人民出版社1977年版,第12页。

⑤ 余斯大选注:《建安七子》,岳麓书社1998年版,第326页。

⑥ 《旧唐书·裴寂传》记裴寂与高祖交厚,“每延之宴语,间以博弈,至于通宵达旦,情忘厌倦”。太宗有举义师反隋意而不敢言于高祖,于是以多次输钱博弈厚交裴寂,让其居间为高祖言起兵之事。故唐太宗最早起兵之机,实与博弈有关。裴寂与高祖交厚,而刘文静与李世民关系最为密切。又《朝野佥载》有“吏部尚书唐俭与太宗棋,争道。上大怒,出为潭州”的记载。

⑦ 杨伯峻:《春秋左传注》,中华书局1990年版,第1109页,

⑧ [晋]刘昫等:《旧唐书》,中华书局1975年版,第2285—2286页。

⑨ [唐]张鷟:《唐宋史料笔记丛刊·朝野佥载》,中华书局1979年版,第173页。

载。故《虬传》当是参综有关围棋博弈与军事文化的相关记载,尤其是唐代创业君臣的围棋史实,以李世民与虬髯客两大阵营的代表刘文静与道士的对弈,以象征表现虬髯客竞逐帝王之位的真正失败。否则,如果真是如《虬传》本文所说的主动退出,则由道士以识鉴确证李世民天命即可,又何必让亲为对弈者的道士生发“此局全输矣！于此失却局哉！救无路矣”的说解？而如前所说,既已知无有天命,如何还会宣称“此世界非公世界,它方可也”,从而促使虬髯客出走海外称王？

不管怎么说,在“溥天之下,莫非王土;率土之滨,莫非王臣”观念根深蒂固的封建时代,作者这种让虬髯客因无天命出走却能够称王的创作思维,确实非同寻常。虽然“出走”是封建王权社会“士”之群体感“士”不遇的普遍性心理欲求和思想情结,但《虬传》写“士”的主动出走追求称王,确实过于特殊。即使在思想观念较为开放的先秦时代,如孔子“道不行”而欲“乘浮槎于海”,他并且被推崇为“素王”,但孔子本人生发“出走”意识时,并不会想到要出走竞争帝王;据传殷商亡后箕子出走朝鲜为王,但箕子本为王族,他是因亡国而被迫出走,并非主动出走去竞争。秦汉以还,随着封建专制制度不断强化,“士”之能否称王问题早成禁区话语。尽管大唐帝国富有开放气象,并且其地理观念远不限于大唐帝国,但以出将入相作为最高政治人生追求目标,仍是“士”之普遍性文化心理。表现“士”之政治人生追求苦闷的唐代传奇作品,如《枕中记》《南柯太守传》等,即使在“梦中”,都不曾越此“雷池”半步。故《虬传》出走海外称王这种突破常态创作思维模式的独特表现,确实不可以游戏眼光轻易视作等闲,而应予以深入研究。

(本文原发表于郑炜明执行主编的《第二届饶宗颐与华学暨香港大学饶宗颐学术馆成立十周年庆典国际学术研讨会论文集》,上海辞书出版社2016年版,收入时标题冠以今名,内容有所修润)

第二编
王朝政治文明与中华文化

王统、教统关系视野中的道德重构与文化复兴

——论陆贾对汉初政治文化转型战略路线的设计①

从中国政治思想史的角度来看，跨越春秋战国纷争和大秦王朝的崩溃，刘汉新兴帝国的建立，在重构封建王统威权的同时，也使其成为中国历史文化发展的重要转捩点。最为关键的一点是：它为封建王统与儒家教统关系的重构，提供了重要历史契机②。

就刘汉王统而言，无论其主观意愿如何，如欲施行稳定、长久的统治，就不能重蹈秦王朝轻视、否定道德文化传统及排拒儒士的覆辙。就儒家教统而言，一方面，尽管儒家学派以大一统“王道”理想为其终

① 本篇写作刘锋博士亦有所贡献。

② “儒教”与“道统”问题为古今所关注。韩愈《原道》明确提出由尧、舜、禹、汤、文、武、周公、孔、孟等古代圣人历代相传的“道统”理论；宋明理学的建立，则标志着“儒教”的完成（参见任继愈：《任继愈学术论著自选集》，北京师范大学出版社 1991 年版，第 115—168 页）；李纪祥《道学与儒林》（台湾唐山出版社 2004 年版）的相关论述。著者所指“教统”与“儒教”概念有所区别。无论如何界定，封建“王统”与以儒家为代表的“教统”，乃是封建时代早就客观存在的历史事实，而在韩愈提出“道统”概念以前为儒家所称述的“王道”理想，与韩愈所谓“道统”理想，并无实质差别。为免误解，今用“教统”“王统”与“王道”理想概念而不用“道统”理想一词。

极追求目标，但自春秋末迄于汉初，儒学与儒士群体实际一直处于“在野”状态。刘汉王朝的建立，就为追求“王道”理想之“儒”的亲身参与政权提供了现实可能性，也为儒家学说的真正实行提供了实践可能性。另一方面，经过先秦乱世以及楚汉战争，漫长的、持续不断的动荡与战乱，不仅给人民带来巨大、持久的灾难和精神创伤，也严重摧残、毁坏了中华道德、文化根基，造成社会严重的道德缺失。这就使道德重构与文化复兴，成为历史发展的必然要求，故儒家寄予刘汉王朝实现王统与教统统一于封建“王道”理想的厚望，期许其能够以王统与教统亲合的方式进行道德重构与文化复兴，从而成为真正绍继、超越周代礼乐文明的伟大王朝。而能否重构及重构怎样的封建王统与教统关系，则成为政治文化转型路线可否实行及成功与否的关键。由于汉初统治者鲜少“王道”理想追求，更多注重功利性现实统治需要和利益酬庸原则，就使具有求“道”理想追求与行动意志之“儒”难以参与其中，即便参与其中，也难以真正发挥作用。汉初迄于武帝时代一些儒家代表人物，以强烈的历史使命感与责任感，围绕王统与教统关系，展开对理想政治权力结构的思考、设计，将其视为追求“王道”理想、实行以道德重构与文化复兴为主要内容的政治文化转型战略路线的重要前提。主要凸显的是两大方面的内容：

一是关注、思考如何改造现实政治权力结构，并矫正、提升汉代儒家教统与王统关系，主要借标榜、宣示乃至虚构先代象征王统与教统高度亲和，以修“道德”、行仁义、重视文化的所谓“圣王”与“贤臣”关系模式，来劝勉、引导、监督、制衡刘汉王朝对现实政治权力结构的构建；二是重视、强调儒家教统坚持求“道”理想、以“在野”方式行“道”的主体精神价值，并继承在先秦时代已经萌芽的“素王”——“素臣”关系思想，以儒家圣人孔子为“素王”、以孔门贤徒为“素臣”，不但以“素王”——“素臣”理想关系模式反衬现实政治权力结构的缺失，也将其作为构建理想政治权力结构的重要参照。

在这些儒家代表人物中，陆贾可谓“导夫先路”，他在《新语》中首先提出使汉代政治社会王统与儒家教统统一于封建“王道”理想，实施以道德重构与文化复兴为主要内容的政治文化转型战略路线，并对之进行了全面系统、透辟深入的阐述与设计，堪称汉朝建立后出现的第一位，也是当时独一无二的具有前瞻高度和恢弘气象的政治文化战略大师。

一、汉初政治文化情势及王统与教统关系

为便于深入讨论，先来析论陆贾针对汉初特定政治文化情势提出问题，并进行系统思考、设计的缘起。《史记·郦生陆贾列传》记载：

> 陆生时时前说称《诗》《书》。高帝骂之曰："乃公居马上而得之，安事《诗》《书》！"陆生曰："居马上得之，宁可以马上治之乎？且汤武逆取而以顺守之，文武并用，长久之术也。昔者吴王夫差、智伯极武而亡；秦任刑法不变，卒灭赵氏。向使秦已并天下，行仁义，法先圣，陛下安得而有之？"高帝不怿而有惭色，乃谓陆生曰："试为我著秦所以失天下，吾所以得之者何，及古成败之国。"陆生乃粗述存亡之征，凡著十二篇。每奏一篇，高帝未尝不称善，左右呼万岁，号其书曰"新语"。①

司马迁以高度的概括力，对陆贾与刘邦围绕刘汉王朝"得"天下与"治"天下主题的一番对话，做了全面、准确、生动、传神的概括叙述。这场实际由陆贾主导的对话，广泛涉及关于现实与历史、理想与未来、成败与得失，"马上"与《诗》《书》、"武"与"文"、"刑力"与"仁德"、"逆取"与"顺守"诸多方面及层次，不但内容丰富，也直接触及刘汉王统与儒家教统对攸关国家政治文化发展的一些关键课题的认知差异，实可视为注重功利性现实统治的刘汉王统与追求"王道"理想的儒家教统代表之间的第一场正面交锋与对话，这对刘汉王朝政治文化的转型发展，意义重大，影响深远。

"陆生时时前说称《诗》《书》"而"高帝骂之"，并宣称："乃公居马

① ［汉］司马迁：《史记》，中华书局1959年版，第2699页。

上而得之,安事《诗》《书》!”正折射了汉初王统与儒家教统生疏、隔膜甚至对立的关系现状。

具体来看,以“马上得天下”所形成的刘邦君臣集团,具有三大特点:

其一,多出身于布衣或下层官吏,且文化程度不高或没有接受过正规文化教育。刘邦起自布衣,文化素养不高,缺乏对文化功用价值的认知,又多流氓无赖习气,“不好儒,诸客冠儒冠来者,沛公辄解其冠,溲溺其中。与人言,常大骂”①。其将相则诚如赵翼《廿二史劄记》卷二“汉初布衣将相之局”所论:

> 汉初诸臣,惟张良出身最贵,韩相之子也。其次则张苍,秦御史;叔孙通,秦待诏博士。次则萧何,沛主吏掾;曹参,狱掾;任敖,狱吏;周苛,泗水卒史;傅宽,魏骑将;申屠嘉,材官。其余陈平、王陵、陆贾、郦商、郦食其、夏侯婴等,皆白徒。樊哙则屠狗者,周勃则织薄曲吹萧给丧事者,灌婴则贩缯者,娄敬则挽车者,一时人才皆出其中,致身将相,前此所未有也。②

其二,“马上得天下”不仅形成以军事人才为主体的君臣集团,也使其具有根深蒂固的战时思维特点。《史记·高祖本纪》记载,刘邦曾自道其得天下的真正奥秘所在:

> 夫运筹策帷帐之中,决胜于千里之外,吾不如子房。镇国家,抚百姓,给馈饷,不绝粮道,吾不如萧何。连百万之军,战必胜,攻必取,吾不如韩信。此三者,皆人杰也,吾能用之,此吾所以取天下也。项羽有一范增而不能用,此其所以为我擒也。③

---

① [汉]《史记》,中华书局1959年版,第2692页。
② [清]赵翼著,王树民校证:《廿二史劄记校证》,中华书局1984年版,第36页。
③ [汉]《史记》,中华书局1959年版,第381页。

的确,刘邦豁达大度、多谋善断,具有统御群才的"天纵"之能。其不仅拥有大量擅于攻城野战的军事人才,而且拥有诸多谋略人才。汉初"三杰"之中,萧何擅于管理,有镇抚后方、为前线输送粮草兵员的宰辅之能;张良有运筹帷幄之中、决胜千里之外的奇智;韩信则是有高度战略眼光的伟大军事天才,其《答汉王问》,堪与后世诸葛亮《隆中对》千古媲美。君臣上下齐心协力,终以"马上得天下"。但构建、适应战时体制,或居"得"功至巨的刘邦君臣,却未必能够自觉意识到,建立在道德文化废墟上的刘汉王朝,亟须进行政治文化转型,并提出与之相适应的战略设计①。

其三,注重功利性现实利益追求,可以说是一个绵延的攸关封建政治权力结构构建的传统②,除了凸显鲜明的地域、血缘政治利益组合,刘汉"马上得天下"君臣集团的构建,也凸显了注重功利性现实利益的特征。《史记·高祖本纪》记载:

> 高祖置酒洛阳南宫。高祖曰:"列侯诸将无敢隐朕,皆言其情。吾所以有天下者何?项氏之所以失天下者何?"高起、王陵对曰:"陛下慢而侮人,项羽仁而爱人。然陛下使人攻城略地,所降下者因以予之,与天下同利也。项羽妒贤嫉能,有功者害之,贤者疑之,战胜而不予人功,得地而不予人利,此所以失天下也。"③

高起、王陵比较刘邦与项羽的优劣差异,认为刘邦之所以得到天

---

① 如刘邦所谓"三杰",徐复观认为其中以张良、韩信的文化水准最高,但张良、韩信是中国历史上伟大的谋略家与军事家,却皆无预关涉汉初《诗》《书》搜集与文化构建(参见其《两汉思想史·汉初的启蒙思想家——陆贾》,华东师范大学出版社 2001 年版,第 55 页),此可谓得其大者。不过,徐氏仅是点到为止。

② [汉]贾谊《过秦论》也指出,秦末"诸侯起于匹夫,以利会,非有'素王'之行也。其交未亲,其名未附,名曰亡秦,其实利之也"。

③ [汉]司马迁:《史记》,中华书局 1959 年版,第 380—381 页。《史记·陈丞相世家》记陈平亦称刘邦"能饶人以爵邑",项羽"至于行功爵邑,重之,士亦以此不附"。徐复观指出,高起、王陵所说的因素,首由韩信在汉中向刘邦提出,自后张良、陈平、郦食其等,都顺着这条路线设谋划策,且为能用韩信、彭越、英布等张本,可知分享富贵,是当时共起亡秦的普遍心理。参见其《两汉思想史·汉初的启蒙思想家——陆贾》,华东师范大学出版社 2001 年版,第 54—55 页。

下是由于“与天下同利”，也就是刘邦能够以利益分配感召其臣下竭诚效力。高、王两人的话，实际也指出了刘邦君臣集团主要建立在共同的现实利益基础上这一客观事实。《史记·留侯世家》记载张良反对郦食其建策分封六国之后，对此尤有深刻揭示：

> 食其未行，张良从外来谒。汉王方食，曰：“子房前！客有为我计桡楚权者。”具以郦生语告，曰：“于子房何如？”良曰：“谁为陛下画此计者？陛下事去矣。”汉王曰：“何哉？”张良对曰：“臣请藉前箸为大王筹之。”曰：“昔者汤伐桀而封其后于杞者，度能制桀之死命也。今陛下能制项籍之死命乎？”曰：“未能也。”“其不可一也。武王伐纣封其后于宋者，度能得纣之头也。今陛下能得项籍之头乎？”曰：“未能也。”“其不可二也。武王入殷，表商容之闾，释箕子之拘，封比干之墓。今陛下能封圣人之墓，表贤者之闾，式智者之门乎？”曰：“未能也。”“其不可三也。发钜桥之粟，散鹿台之钱，以赐贫穷。今陛下能散府库以赐贫穷乎？”曰：“未能也。”“其不可四矣。殷事已毕，偃革为轩，倒置干戈，覆以虎皮，以示天下不复用兵。今陛下能偃武行文，不复用兵乎？”曰：“未能也。”“其不可五矣。休马华山之阳，示以无所为。今陛下能休马无所用乎？”曰：“未能也。”“其不可六矣。放牛桃林之阴，以示不复输积。今陛下能放牛不复输积乎？”曰：“未能也。”“其不可七矣。且天下游士离其亲戚，弃坟墓，去故旧，从陛下游者，徒欲日夜望咫尺之地。今复六国，立韩、魏、燕、赵、齐、楚之后，天下游士各归事其主，从其亲戚，反其故旧坟墓，陛下与谁取天下乎？其不可八矣。且夫楚唯无强，六国立者复桡而从之，陛下焉得而臣之？诚用客之谋，陛下事去矣。”汉王辍食吐哺，骂曰：“竖儒，几败而公事！”令趣销印。①

张良指出“天下游士离其亲戚，弃坟墓，去故旧”，以追随刘邦打天

① ［汉］司马迁：《史记》，中华书局1959年版，第2040—2041页。

下的根本原因，是“徒欲日夜望咫尺之地”。农业社会最大的普遍性利益所在就是土地，改变土地占有不平，满足土地占有及权力分享欲望，正是中国封建社会改朝换代的一大重要原因①。

如果战时可以凭借具有上述三大特点的君臣关系以“逆取”天下，那么，治理天下是否也可依凭这样的君臣关系呢？治理天下需要具有怎样的素养修为？尽管刘汉以武力建立了大一统封建王朝，但这并不意味着其君臣素养足以满足治理天下的需求。一言以蔽之，刘邦君臣集团虽夺取了天下，其实并不具备代表当时先进政治文明的水准②。

就儒家教统而言，《诗》《书》对筹划军事谋略和攻城野战确实少有助益③，战争年代的儒生群体也必然处于边缘地位，就连其祖师孔子也不讳言儒家不擅军事。《论语·卫灵公》记载：

> 卫灵公问陈于孔子。孔子对曰：“俎豆之事，则尝闻之矣；军旅之事，未之学也。”④

孔子虽然主要是暗讽卫灵公于春秋乱世热衷军事，而且孔子弟子中也有勇武雄强或长于军事者，但总体上，儒家不重也不擅长军事，乃是不争的事实。这点与讲求“兼爱”“非攻”但重视军事的墨家显然不

---

① 当然，强调刘邦君臣集团所凸显的功利性现实利益追求特征，并非否认其于秦末起事并夺取天下时，也怀有朴素公平正义与追求功业荣誉诸思想意识。

② 这颇让人联想比较后人习惯上并称为两大封建兴盛王朝的汉、唐。刘汉开国治理天下的起点实无法与李唐相提并论。大唐创业帝王李渊父子具有较高文化修养与政治文明水准，尤其李世民还被毛泽东例举为封建时代“文采”“风骚”的典型，其开国将相也普遍具有较高文化素养与政治文明水准，不少重要人物如房玄龄、魏征、李靖等，还出于隋末大儒文中子王通门下，并抱持“王道”理想追求大志。李世民可以精选“十八学士”，刘邦“诏定元功十八人位次”竟无真正意义上的儒士。故“贞观之治”得以实现于创业帝王李世民在位期间，“文景之治”则出现于刘邦身后，正是两大王朝治理天下素养、起点不同所造成的必然结果。

③ 徐复观：《两汉思想史·汉初的启蒙思想家——陆贾》，华东师范大学出版社 2001 年版，第 54 页。

④ 《论语注疏》，[清]阮元：《十三经注疏》，中华书局 1980 年影印本，第 2516 页。《左传·哀公十一年》记载：“孔文子之将攻大叔也，访于仲尼，仲尼曰：‘胡簋之事，则尝学之矣；甲兵之事，未之闻也。’退，命驾而行。”《史记·孔子世家》：“他日，灵公问兵陈。孔子曰：‘俎豆之事则尝闻之，军旅之事未之学也。’明日，与孔子语，见蜚雁，仰视之，色不在孔子。孔子遂行，复如陈。”

同。故在秦汉之际,就连叔孙通这样的大儒,也宣称“汉王方蒙矢石争天下,诸生宁能斗乎?”[①]故他荐举人才,也先斩将搴旗之士而后儒生。正因如此,由刘邦所主导构建的创业君臣集团,鲜少儒家之士。根据《资治通鉴》卷十一的记载,刘邦开国后“诏定元功十八人位次”,其中没有真正意义上的儒士。而儒士欲进入政治权力结构,就不得不削足适履,采取矫己和投刘邦所好的方式。如郦食其因刘邦拒见儒生而自称高阳酒徒,叔孙通则因“儒服,汉王憎之”“乃变其服,服短衣,楚制”[②],并为刘邦制定迎合、张大帝王威权的礼仪制度,但他们仍不能进入权力核心。只有北平侯张苍后来位居丞相,并受命为汉正律历,却未见其就道德文化有何建言,所著书十八篇,也言阴阳律历事[③],可知其与专门讲求仁义道德之“儒”有所不同。

而在统一天下之后,刘邦赖以治理天下的核心力量,仍为于“马上得天下”过程中形成的创业团队,刘邦也无意于解决君臣集团普遍文化素质与追求境界不高这一问题[④],其对政治权力结构的补充、调整与重构,也只是依据现实统治需要和利益酬庸原则,进行一定程度的局部微调,鲜少重视广纳行“道”贤才,甚且拒斥儒士参与其中。故在陆贾提出问题之前,刘邦绝少关心封建王统与儒家教统关系的构建问题,其令萧何明律令、韩信定兵法、叔孙通定礼仪、张苍正律历等,所着眼的也都限于现实统治功用与实际施行层面的具体制度、法令、典章等,非关政治文化转型的战略大局。萧何制定律令虽也有“太史试学童,能讽九千字以上,乃得为史……吏民上书,字或不正,辄举劾”[⑤]等关涉文化政策的内容,然毕竟只是细小局部。而萧何等开国元勋,也为其学识水准或“马上得天下”的思维定势所囿,难以真正感知时代历史文化发展的必然要求,并提出攸关刘汉王朝兴旺发达的道德重构与

① [汉]司马迁:《史记》,中华书局 1959 年版,第 2721 页。
② [汉]司马迁:《史记》,中华书局 1959 年版,第 2721 页。
③ 按张苍所学为《左氏春秋》,该书本就长于军事、兵法,故陆德明《经典释文序录》记《春秋左传》自左丘明以来的师承授受谱系,其中就有著名军事家吴起。
④ 按[清]王鸣盛《十七史商榷》卷二十四指汉初人才实盛,所论人才非文化人才。
⑤ [清]王先谦:《汉书补注》,中华书局 1983 年版,第 877 页。

文化复兴的宏图远略。

既已明了刘邦创业君臣的构成特点及其与儒家教统的真实关系，再回顾陆贾与刘邦的对话，就不难看出，刘邦所谓“马上得天下”语，虽为一时率尔之言，但的确显示由其所代表的君臣集团虽已取得天下，却仍因循战时以“武”“逆取”的思维定势，缺乏正确看待现实与历史、理想与未来的思想高度，并未真正做好治理天下的思想准备。而在具有前瞻高度的儒家教统代表人物陆贾看来，夺取天下或可“逆取”，“治”则必须“顺守”。“顺守”也是历史文化发展的必然要求。“顺守”之道要在彻底变革崇“武”尚“力”的“逆取”思维，确立“文武并用”、重“文”崇“德”的战略指导思想。故他例举商、周两大享国长久王朝的开国帝王汤、武“逆取而以顺守之”“文武并用”的成功经验，与“吴王夫差、智伯极武而亡”，秦王朝不“行仁义，法先圣”而为刘汉王朝取代的失败教训，以阐论“文武并用”之“顺守”实为确保王朝统治的“长久之术”。刘邦诘问“安用《诗》《书》”，自然意味着蔑弃儒生与道德文化，但如欲避免重蹈夫差、智伯与秦王朝的覆亡故辙，就必须效法汤、武类开国“圣王”的“文武并用”之道，实施由崇“武”尚“力”，“逆取”到“行仁义，法先圣”“顺守”天下的根本性政治文化战略转型，即放眼“王道”理想的长远追求目标，全面继承、借鉴由儒家标榜的所谓前代“圣王”所代表的以内修“道德”、外行“仁义”为核心内容的优秀政治文化遗产，真正以道德重构与文化复兴来“德”化天下。而欲达此目的，首先就必须改革、优化缺失明显的现实政治权力结构，必须改变蔑弃儒士陋习，真正借重儒士群体来实现王统与教统的结合。故陆贾应刘邦请求著述《新语》，就立足于政治文化转型这一战略高度，从封建王统与儒家教统关系的宏观视野出发，以对刘汉王统与儒家教统关系的重构为思考前提，整体看待道德文化以及以之为根基的先进政治文明与封建王朝统治的关系。《新语》首篇即以“道基”为名，将修“道德”、行“仁义”，高标为封建王朝统治的根基与生命线，在全书中围绕如何使汉代王统与儒家教统统一于“王道”理想，进行以道德重构与文化复兴为主要内容的政治文化转型战略路线的设计。

二、陆贾对汉初政治文化转型战略路线的设计

具体来看,陆贾对汉初政治文化转型战略路线的设计,主要着眼于以下两大方面:

一方面,标榜、宣示所谓先代王统与教统高度亲和以修"道德"、行"仁义"、重视文化的"圣王"与"贤臣"关系模式,作为改造、提升汉代开国君臣素质与追求境界,优化、重构现实政治权力结构的参照。

首先,陆贾亲历秦汉之际战争洗礼,通晓世事,练达人情,也有任事智能[①],故他能够力戒儒士多迂阔而不切事情、"博而寡要"之弊,颇为讲究有效劝说、引导的表达策略。如《术事》篇反复强调"善言古者合之于今,能述远者考之于近""善言古者,非今所谓以古为重者""道近不必出于久远,取其致要而有成",反对"世俗以为自古而传之者为重,以今之作者为轻",指出"《春秋》上不及五帝,下不至三王,述齐桓、晋文之小善,鲁之十二公,至今之为政,足以知成败之效,何必于三王?故古人之所行者,亦与今世同……周公与尧、舜合符瑞,二世与桀、纣同祸殃",即标示自己实事求是,注重向"今世"取法而非徒事崇古,尤其不为崇古而崇古[②]。陆贾讲求通俗易晓、切近历史文化与"今世"关系的明达之论,自然易于缩短与刘邦君臣之间的心理距离,并破除其对儒士群体的偏见。尤其值得关注的是,在称引作为"古之所谓得道者"的"圣王""贤臣"时,陆贾不厌其烦,特意标举"文王生于东夷,大禹生于西羌"[③]"汤以七十里之封而升帝王之位""伊尹负鼎,居

---

① [汉]陆贾除《新语》外,还著有《楚汉春秋》,尽管该书已经亡佚,今已无从知晓其具体内容,但从陆贾的生平行事,可知其著述《楚汉春秋》,当受到孔子"我欲载之空言,不如见之于行事之深切著明也"(见《史记·太史公自序》)思想的深刻影响。

② 著者所引陆贾《新语》均出自王利器《新语校注》,《新编诸子集成》本,中华书局1986年版,后不重注。关于陆贾接受荀子"法后王"等思想的影响问题,学界论述颇为深入,兹不再赘。

③ 陆贾所论,典出《孟子·离娄下》:"孟子曰:'舜生于诸冯,迁于负夏,卒于鸣条,东夷之人也。文王生于岐周,卒于毕郢,西夷之人也。地之相去也千有余里;世之相后也千有余岁。得志行乎中国,若合符节。先圣后圣,其揆一也。'"《孟子注疏》,阮元《十三经注疏》,中华书局1980年影印本,第2725页。《韩诗外传》卷三所引与此相近。

于有莘之野”“躬执农夫之作”“太公自布衣升三公之位”等，以暗指这些创业“圣王”及“贤臣”就其人生事业起点而言，与出身庶民阶层的刘汉开国君臣正多有相似之处。

其从“天人合一”视野论证天、地、人“功德参合”的同一性、普遍性、可能性关系时，一方面指出“故性藏于人，则气达于天，纤微浩大，下学上达，事以类相从，声以音相应，道唱而德和，仁立而义兴，王者行之于朝廷，疋夫行之于田”，强调人的本质属性本就具有“气达于天”“分明纤微”与自致“浩大”潜能，通过后天的学习与实践，就可以“下学上达”，如“事以类相从，声以音相应”一样，臻于“道唱而德和，仁立而义兴”之境，故无论王者、匹夫，都有修“德”行“道”的能力与成功的可能性，劝勉、激励刘汉开国君臣之意，昭然可见。

陆贾对“人”的本质属性的界说、描述，几乎就是专为刘邦这样的开国帝王所量身定制的：

> 夫人者，宽博浩大，恢廓密微，附远宁近，怀来万邦。①

陆贾写书主要为献给刘邦观览，其所谓“附远宁近，怀来万邦”，绝非普通人或人臣所能做到，其所指涉的对象，显是专门针对刘邦这样的创业帝王；所谓“宽博浩大，恢廓密微”云云，也让人想到刘邦“豁达大度”的品格特质与帝王气象。

而其所谓“圣人”，实包举“圣贤”而言：

> 故圣人怀仁仗义，分明纤微，忖度天地，危而不倾，佚而不乱者，仁义之所治也。行之于亲近而疏远悦，修之于闺门之内而名

① 陆贾的这种思想自然其来有自。《诗经·大雅·民劳》：“民亦劳止，汔可小康。惠此中国，以绥四方。无纵诡随，以谨无良。式遏寇虐，憯不畏明。柔远能迩，以定我王。”《毛诗正义》，[清]阮元《十三经注疏》，中华书局 1980 年影印本，第 548 页。《论语·子路》：“叶公问政。子曰：‘近者说，远者来。’”《论语注疏》，阮元《十三经注疏》，中华书局 1980 年影印本，第 2507 页。但“附远宁近，怀来万邦”，绝非普通人及人臣所可做到，故本条材料中“人”前疑当脱“圣”字，学界指陆贾对“人”的本质的界说、描述，是针对普遍意义层面的“人”，似不尽准确。

誉驰于外。故仁无隐而不著,无幽而不彰者,虞舜蒸蒸于父母,光耀于天地;伯夷叔齐饿于首阳,功美垂于万代;太公自布衣升三公之位,累世享千乘之爵;知伯仗威任力,兼三晋而亡。①

这里所谓"圣人",既有虞舜,也有伯夷、叔齐、吕望,可知系包举"圣贤"而言②。故陆贾对"人"的本质属性与"圣人"形象的诗意界说、描述,实际意在指出:刘汉开国君臣不仅具有改造、提升自我素质、境界,效法前代"圣贤"修"道德"、行"仁义"的必要性,也具有这样做的能力与实现可能性。陆贾这些煞费苦心的表述,无疑都含有让刘邦君臣乐于认同、接受的意味。

其次,陆贾的论述重心,则在于"圣人王世,贤者建功"。在这方面,陆贾主要强调了三层要义:一是指出无论那些前代"圣贤"的出身如何低下,所居如何僻远,"圣贤与道合"则是"万世不易法,古今同纲纪";二是不仅指出"圣王""贤臣"在夺取、治理天下时的行"道"特点,尤其强调"夫建大功者,必先修于闺门之内;垂大名于万世者,必先行之于纤微之事",注重发掘虞舜、伊尹等"圣王""贤臣"在成就大业之前,以在"野"方式行"道"的重要价值。如前所引"虞舜蒸蒸于父母,光耀于天地",及《慎微》对伊尹遭逢"圣王"之前在"野"行"道"的描写:

是以伊尹负鼎,居于有莘之野,修道德于草庐之下,躬执农夫之作,意怀帝王之道,身在衡门之里,志图八极之表,故释负鼎之志,为天子之佐,尅夏立商,诛逆征暴,除天下之患,辟残贼之类,然后海内治,百姓宁。③

就强调了在"野"行"道"正是"圣王""贤臣"成就其大业的重要方式与途径。三是标榜"汤、武之君,伊、吕之臣"作为理想的"圣王""贤

① [汉]陆贾撰,王利器校注:《新语校注》,中华书局1986年版,第25页。

② 按[汉]陆贾《新语·道基》所谓"圣人",实包举"圣贤"而言,学界讨论时,多忽略了前后文的关系,仅就"圣人"本身讨论,似不够全面。

③ [汉]陆贾撰,王利器校注:《新语校注》,中华书局1986年版,第89页。

臣”组合模式，尤其反复强调“汤举伊尹，周任吕望，行合天地，德配阴阳”；“昔者，尧以仁义为巢，舜以稷契为杖”“任杖得其人也”“故杖圣者帝，杖贤者王，杖仁者霸，杖义者强”等，高度注重“圣王”发现、任用“贤臣”以行“道”的价值。

陆贾刻意发掘、描述“圣王”“贤臣”始终坚持行“道”理想，并由在“野”行“道”而走向成就“圣王”“贤臣”大业，明显含有针对刘汉王朝君臣缺乏行“道”理想，更多是起于草莽，并以功利性方式构建现实政治权力结构的批判意味。故他既劝勉刘汉君臣效法先代“圣王”与“贤臣”关系模式，进行真正意义上的思维革新与脱胎换骨式的改进与提升，也提醒其参照先代“圣王”与“贤臣”关系模式，改变功利狭隘近视的用人观念，真正建立符合修“文”行“道”所需要的用人机制，以重构、优化现实政治权力结构。

另一方面，标榜儒家圣人孔子及其贤徒的在“野”行“道”，以对比现实政治权力结构，甚至还期望将其作为构建理想政治权力结构的重要参照模式。主要也从两个层面展开：

其一，值得关注的是，陆贾将孔门在“野”行“道”与“圣王”“贤臣”的在“野”行“道”相提并论，如在《慎微》中，举了在“野”行“道”而成就“贤臣”之业的伊尹后，紧接着就举了曾子行孝的典范作用：

> 曾子孝于父母，昏定晨省，调寒温，适轻重，勉之于糜粥之间，行之于衽席之上，而德美重于后世。①

将曾子在“野”与伊尹并论，称誉“此二者，修之于内，著之于外，行之于小，显之于大”②。

---

① ［汉］陆贾撰，王利器校注：《新语校注》，中华书局1986年版，第89页。

② 陆贾主张一视同仁看待在“野”行“道”者与“圣王”“贤臣”的价值，吸取了先秦时代孔子、孟子、荀子等关于以“道”自任之“士”保持人格自尊以抗礼王侯等思想成分（参看余英时：《士与中国文化》，上海人民出版社1987年版，第97—106页），也成为司马迁特重在“野”行“道”价值的重要思想资源。《史记》“世家”首以吴太伯开头，特重吴季札；“列传”首以伯夷、叔齐开头而并论颜回，也由与此相近的思维出发。而多所关注、发掘、彰显各类并非获得现实成功或拥有权位而具有重要精神价值的人物，亦当受到陆贾思想的深刻影响。

其二，更期望汉王朝将追求“王道”理想的儒家教统作为构建优质政治权力结构的主要资源。陆贾强调指出，儒家有“道”之士之所以怀“道”在“野”，实际并非出于本心所愿。他们多是身怀才德而不遇、备受压抑。《资质》曾恺切剖析、批评严重压抑人才的用人机制：

> 夫穷泽之民，据犂接耜之士，或怀不羁之能，有禹、皋陶之美，纲纪存乎身，万世之术藏于心，然身不容于世，无绍介通之者也。公卿之子弟，贵戚之党友，虽无过人之能，然身在尊重之处，辅之者强而适之者众也，靡不达也。①

同篇还特意举了其业师浮邱伯不被重用的例子：

> 鲍丘之德行，非不高于李斯、赵高也，然伏隐于蒿庐之下，而不录于世，利口之臣害之也。②

有些杰出人才，则是身处乱世而没有机会，故只能藏“道”于身，优游待时：

> 是以君子居乱世，则合道德，采微善，绝纤恶，修父子之礼，以及君臣之序，乃天地之通道，圣人之所不失也。故隐之则为道，布之则为文。……而情得以利，而性得以治……俯仰进退，与道为依，藏之于身，优游待时。故道无废而不兴，器无毁而不治。孔子曰：“有至德要道以顺天下。”言德行而其下顺之矣。③

陆贾还借孔子事迹明白指出，儒家“待时”以从政，并非为了贪恋权势本身，而是为了施行“道德”。因为施行“道德”必须借助于权位：

---

① ［汉］陆贾撰，王利器校注：《新语校注》，中华书局1986年版，第108页。

② 鲍邱即鲍邱子、浮邱伯，关于浮邱伯与陆贾的师生关系问题，参看曹道衡、刘跃进：《先秦两汉文学史料学·陆贾与〈新语〉》，中华书局2005年版，第303页。

③ ［汉］陆贾撰，王利器校注：《新语校注》，中华书局1986年版，第97—98页。

> 故孔子遭君暗臣乱，众邪在位，政道隔于三家，仁义闭于公门，故作《公陵》之歌，伤无权力于世，大化绝而不通，道德施而不用，故曰：无如之何者，吾未如之何也已矣。夫言道因权而立，德因势而行，不在其位者，则无以齐其政，不操其柄者，则无以制其刚。①

陆贾也明白指出，儒家其实并不真正主张消极避世，还对消极避世行为抱持否定、批判态度：

> 夫播布革，乱毛发，登高山，食木实，视之无优游之容，听之无仁义之辞，忽忽若狂痴，推之不往，引之不来，当世不蒙其功，后代不见其才，君倾而不扶，国危而不持，寂寞而无邻，廖廓而独寐，可谓避世，而非怀道者也。故杀身以避难则非计也，怀道而避世则不忠也。②

用多种比拟反复强调"故怀道者须世""贤为圣者用""有士而不遭文王，道术蓄积而不舒"，实是针对前所论及的刘汉王统构建政治权力结构的三大缺失。而强调儒家与"圣王""贤臣"在"野"行"道"价值的一致性，实际是说，成就"圣王""贤臣"之功，正是儒家之士在"野"行"道"所追求的终极目的。故刘汉王朝如欲构建优质政治权力结构，就应该，也必须主动吸纳儒家人才进入政治权力结构。不惟此也，陆贾甚至还期望刘汉将追求"王道"理想的儒家教统作为构建优质政治权力结构的主要力量。由于治理天下是涉及人的心理、精神、思想及行为的复杂、系统工程，所以必须兼容在位与在"野"的合力，故也应对在"野"行"道"者高度尊重：

---

① [汉]陆贾撰，王利器校注：《新语校注》，中华书局 1986 年版，第 84 页。
② [汉]陆贾撰，王利器校注：《新语校注》，中华书局 1986 年版，第 96 页。

颜回一箪食，一瓢饮，在陋巷之中，人不堪其忧，回也不改其乐。礼以行之，逊以出之。盖力学而诵《诗》、《书》，凡人之所能为也；若欲移江、河，动太山，故人力所不能也。如调心在己，背恶向善，不贪于财，不苟于利，分财取寡，服事取劳，此天下易知之道，易行之事也，岂有难哉？若造父之御马，羿之用弩，则所谓难也。君子不以其难为之也，故不知以为善也，绝气力，尚德也。

夫目不能别黑白，耳不能别清浊，口不能言善恶，则所谓不能也。故设道者易见晓，所以通凡人之心，而达不能之行。道者，人之所行也。夫大道履之而行，则无不能，故谓之道。故孔子曰："道之不行也。"言人不能行之。故谓颜渊曰："用之则行，舍之则藏，惟我与尔有是夫。"言颜渊道施于世而莫之用。由人不能怀仁行义，分别纤微，忖度天地，乃苦身劳形，入深山，求神仙，弃二亲，捐骨肉，绝五谷，废《诗》、《书》，背天地之宝，求不死之道，非所以通世防非者也。①

《论语·述而》有"子谓颜渊曰：'用之则行，舍之则藏，惟我与尔有是夫。'"的记载②，陆贾针对世人能行"道"而不为的普遍性政治社会现实，借孔子谓颜回此语深惜"颜渊道施於世而莫之用"，指出人们不能行"道"的根本原因在于，现实政治权力结构中缺乏颜渊类典范人物的引领、垂范。

这里有两层用意需要予以厘清：一是陆贾于"人"不能行"道"的现实政治权力结构之外，标举孔子与颜回的行"道"价值，已是针对现实政治权力结构整体，实潜含以孔子为"素王"、颜回为"素臣"典型的思想内涵；二是强调"颜渊道施於世而莫之用"时避谈"素王"孔子，自有免使帝王刘邦自动对号入座的用意。但陆贾的侧重点，的确也在比照现实"臣"道的缺失，而刻意将颜回作为"素臣"理想人格典型。

---

① ［汉］陆贾撰，王利器校注：《新语校注》，中华书局 1986 年版，第 91—93 页。

② 《论语注疏》，［清］阮元《十三经注疏》，中华书局 1980 年影印本，第 2482 页。

三、首提战略转型路线的现实意义与思想史价值

下面就三大方面，括论陆贾在汉初首先提出政治文化战略转型路线的现实意义与思想史价值：

第一方面，历经先秦乱世，中华道德文化根基遭受严重毁坏，刘汉王朝实际建立在道德文化的废墟之上，而普遍较为欠缺文化素质与追求境界的刘汉创业帝王将相，以及当时官高位显的儒家之士，其或重现实政治功利需要及利益原则，或为战时思维所囿，并不具备代表当时先进政治文明的水准，难以真切感知政治文化战略转型的历史必然性与现实必要性，还未做好真正治理天下的思想准备。正是在普遍欠缺道德文化认知关切、轻忽王统与儒家教统关系重构的汉初特殊政治环境、氛围中，陆贾接续、弘扬孔子、孟子、荀子以来儒家学派的“王道”理想追求传统，以罕见的历史洞察力与穿透力高瞻远瞩，敏锐感知历史文化发展的必然要求，并无畏帝王威权，顽强坚持其独立人格意志，以高度的历史使命感与责任感，时时称说《诗》《书》以启蒙劝说鲜少行“道”理想的刘邦君臣，终于感化刘邦郑重要求系统阐述其思想，从而能够在汉初代表儒家教统深思熟虑，并以通俗易懂的方式，首先提出使汉代王统与儒家教统统一于“王道”理想、进行以道德重构与文化复兴为主要内容的政治文化战略转型路线。其次，陆贾还从封建王统与儒家教统关系的宏观视野出发，以对刘汉王统与儒家教统关系的重构为其战略思考前提，针对王统与儒家教统关系重构战略课题，做出了精要透辟、全面系统的阐述、设计，确实显得弥足珍贵。

第二方面，陆贾所阐论的政治文化战略转型思想获得重要实效。最值得关注的有以下三点：

其一，在献上《新语》之前，陆贾就以时时称说《诗》《书》，不断刺激、熏陶、影响刘邦君臣逐渐认同、接受其关于道德重构与文化复兴的一些片段论述，并促使刘邦于自认善用“三杰”得天下，以及创业功臣关于刘邦“与天下同利”得天下的认识之外，乐意让儒士陆贾以正式书面方式系统论述“秦所以失天下，吾所以得之者何，及古成败之国”，以

全面了解其从儒家道德文化视角剖析封建王朝兴亡成败之理的高见。刘邦还让陆贾以公开持续廷奏这样隆重的方式献上《新语》,“每奏一篇,高帝未尝不称善,左右呼万岁”①,显见刘邦君臣已能对陆贾的政治文化战略论述有会心领悟,并庆幸刘汉王朝拥有如此文化大师。

其二,陆贾《新语》作于汉朝建立的第十一年(前196年)②,刘邦作于同年的《求贤令》,即对以王统与儒家教统关系重构为前提的道德重构与文化复兴转型战略路线有所呼应③;《手敕太子》则表现了对拒斥儒生、轻视文化行为的真诚反省④。尤需强调指出的是,当刘邦在汉十二年(前195年)十月,于故乡沛地唱过“安得猛士”的《大风歌》之后,十一月即过鲁,以太牢亲祀孔子⑤,成为西汉帝王中唯一一位亲自祭祀孔子者,在本次过鲁活动中,刘邦还于南宫特意召见年高德劭的儒家代表人物浮邱伯等人⑥。刘邦创作《大风歌》与“过鲁”这两大文化事件先后相接,显然有其内在逻辑脉络可寻。尽管汉初百废待举,晚年刘邦尤其忧虑王权交接、继承问题。故终刘邦时代,以封建王统与儒家教统亲和为前提的道德重构与文化复兴,还不能作为重要的政

---

① [汉]司马迁:《史记》,中华书局1959年版,第2699页。

② 陆贾本年在事功方面也取得重大成功。《汉书·高祖纪》记载,陆贾于本年奉刘邦之命出使南越说服赵佗臣服大汉王朝,受封南越王,陆贾也以出使成功,“报归,高帝大悦,拜贾为太中大夫”。促使陆贾于本年上书,也当与受其政治人生成功的激励有关。参见刘跃进:《秦汉文学编年史》,商务印书馆2006年版,第67页。

③ 《求贤令》:“盖闻王者莫高于周文,伯者莫高于齐桓,皆待贤人而成名。今天下贤者智能岂特古之人乎?患在人主不交故也,士奚由进……贤士大夫有肯从我游者,吾能尊显之……”(见[汉]班固:《汉书·高帝纪(下)》,中华书局1962年版,第70页)周文王正是《新语》标举“圣人王世,贤者建功”时,屡次与商汤并举的“圣王”;《术事》深以“有士而不遭文王,道术蓄积而不舒”为恨;《思务》称“文王之朝多贤良”。刘邦所称的“霸者齐桓公也”为陆贾所推崇。《道基》称“齐桓公尚德以霸”,《辅政》宣称“杖仁者霸”,可知刘邦显然直接受到陆贾战略转型思想的影响。

④ 刘邦坦承:“吾遭乱世,当秦禁学,自喜,谓读书无益。洎践阼以来,时方省书,乃使人知作者之意,追思昔所行多不是。”见《古文苑》,《丛书集成初编》本,商务印书馆1937年版,第237—238页。

⑤ [汉]班固:《汉书》,中华书局1962年版,第76页。

⑥ 浮邱伯作为秦汉之际的一代儒学宗师,培养了陆贾与申公这样的著名儒士,陆贾举他为在“野”行道而怀才不遇的典型。刘邦特意召见他,或与其认同陆贾《新语》,浮邱伯正为陆贾之师不无关系,但刘邦所为的确有提倡儒学、树立道德文化典型的意义。而以传《鲁诗》被文帝立为博士的申公,在这次活动中也以弟子身份随其师浮邱伯入见刘邦,自然会对其日后传“诗”思维也产生重要影响。参见刘跃进:《秦汉文学编年史》,商务印书馆2006年版,第68—69页。

治文化转型战略路线予以实施，而刘邦身后迄于武帝即位初的为政者注重与民休养生息，更多奉行黄老之学，也未实施这一路线。但由上述史实足以断定，晚年刘邦在规划刘汉王朝未来发展方略时，的确已开始郑重思考关涉王统与教统关系重构的道德重构与文化复兴课题，并主动采取了一些有利于其身后实施如此政治文化战略转型路线的实际行动，深刻影响了文、景到武帝时代以来，渐进发展的以王统与教统关系重构为前提的道德重构与文化复兴。故班固《汉书·高祖纪》刻意将刘邦命"陆贾造《新语》"，与命萧何次律令，韩信申军法，张苍定章程，叔孙通制礼仪相提并论，誉称刘邦在天下既定时，"虽日不暇给，规摹弘远矣"①。这无疑是对陆贾高瞻远瞩，在汉初首先提出政治文化战略转型路线的高度肯定，也是对刘邦认同如此路线并采取了一定实际举措的高度肯定。由此我们认同徐复观等关于陆贾是汉初最早的启蒙思想家的说法②，并进而得出如此结论：由陆贾代表儒家教统主奏，帝王刘邦作为伴奏的道德重构与文化复兴战略序幕之曲，实际在刘汉初年就已然奏响③。

其三，在诸吕阴谋篡权的危难时期，陆贾与陈平等将相联系密切、互动良好，并再次挺身而出，为陈平等献上安邦定国之策④。由陈平等高度重视、认同陆贾所谋，可侧面透视陆贾高瞻远瞩的文化战略思想，也为刘邦身后的陈平等宰臣所钦服。另外，陆贾的主动参与平定诸吕之乱，不但是为了维护刘汉王朝的一统格局，也是躬身实践其优化封建政治权力结构的思想主张。可以说，陆贾的政治主张为确保刘汉王

---

① 比较班固、司马迁，《史记·高祖本纪》未记刘邦十二年十一月过鲁祀孔诸文化活动，其"太史公曰"仅评价"汉兴，承敝易变，使人不倦，得天统矣"，而未论及刘邦晚年转趋重视道德文化之功，在《孔子世家》中提到"高皇帝过鲁，以太牢祀焉。诸侯卿相至，常先谒，然后从政"。似不及班固明确、客观、公允，故后世史家如荀悦《前汉纪》所论，采纳《汉书》而与之相近。

② 参见徐复观：《两汉思想史·汉初的启蒙思想家——陆贾》，华东师范大学出版社 2001 年版，第 53—67 页。

③ ［汉］班固《汉书·元帝纪》记载，宣帝有"汉家自有制度，本以霸王道杂之"的议论，就其来源而言，自与刘邦关联紧密，陆贾的相关论述则以"仁"统"霸"，改造历史上的所谓"霸道"以合于"王道"。

④ 陈平正是在年少时代就怀有公平宰割天下宏伟抱负者，详见《史记·陈丞相世家》的记载。

朝在刘邦身后，能够实行以道德重构与文化复兴为主要内容的政治文化转型战略路线，提供了强大的助力。

第三方面，陆贾身后的影响主要表现在：

其一，孕育了从贾谊、韩婴到董仲舒等关于道德重构与文化复兴的思想，是从汉初到武帝时代儒家思想发展的重要发祥点，对从汉初到武帝时代儒家思想的构建及其成为汉代主流政治思想，具有重要的发始意义①。

其二，陆贾对道德文化的重视与思考，深远影响了后世以儒家思想为主导的道德重构与文化复兴思想及其实践活动。

其三，尤其需要强调的是，陆贾超越春秋战国以来所谓世卿血统世袭的权力结构构建原则，提出使汉代王统与儒家教统统一于“王道”理想的构想，高标封建时代对理想政治权力结构的设计标准，不仅直接规范、影响了刘汉王朝以儒家之士作为其政治权力结构基本力量的构建模式，也深远影响了后世封建王朝以儒家之士作为其政治权力结构基本力量的构建模式。

要之，从汉初政治文化情势以及王统与教统关系现状的考察出发，深入探讨陆贾对以封建王统与儒家教统关系重构为前提的道德重构与文化复兴战略路线的设计，将有助于我们更为完整、准确地发掘、认知陆贾战略思想的价值，进而更好地把握汉初政治文化转型、发展的历史脉络与实质意义。

（本文原载《汉魏六朝文史论衡》，上海古籍出版社 2012 年版）

---

① 比较而言，贾谊作为在和平年代成长起来的青年俊才（贾谊生于公元前 200 年，刘汉王朝于前 202 年建立），其对思想文化战略设计与社会现实关系本质的认知、把握，不及陆贾成熟老到，尽管其不少论述后出转精，但其在许多方面的论述，或针对所处时代政治文化的具体问题见微知著，或祖述陆贾而对其思想予以具体化、精微化与系统化，对以刘汉王统与儒家教统关系重构为前提的道德重构与文化复兴的宏观战略高度的把握与总体论述，则或有逊于陆贾；董仲舒处于刘汉大一统国家空前强盛、儒学思想得到发展、大一统王朝思想文化渐趋于一尊的历史关头，更重集汉兴以来儒家思想之大成。故陆贾在汉初首先提出使封建王统与儒家教统统一于“王道”理想、进行以道德重构与文化复兴为主要内容的政治文化转型战略路线，不仅具有重要发始意义，其所具有的战略思想高度与智慧创造价值，尤其值得予以珍视。

“思弘古雅”与大一统礼乐文明系统重构

——以萧衍的音乐思想为研究中心

更为准确地说，在中国音乐史上，梁武帝萧衍是一位以“思弘古乐”为主导，亲力而为礼乐文明系统重构的、具有里程碑式意义的音乐思想家。学界尤其是治音乐史者，对其音乐成就的研究，已经较为全面深入了。不过，从大一统礼乐文明系统重构与萧衍音乐思想的关系视角来看，对萧衍相关音乐的言说和音乐实际制作诸行为中所体现的音乐思想，或当有可供“再发现”的意义；学界的相关论述，还有不够明晰的地方，有些方面，则有需予以补充的余地。本文以魏征等所撰《隋书・音乐志》的相关记载为主，参综沈约《宋书・乐志》、刘勰《文心雕龙・乐府》《梁书》与《南北史》等，尝试对这一论题谈点个人看法，以就教于海内外方家。

一

作为梁代的创业帝王，梁武帝萧衍以音乐亲力而为礼乐文明重构的做法，与历代创业帝王颇有不同。魏征等所撰《隋书・音乐志》，在概述从神话传说时代的伊耆、伏牺等，直到隋代以礼乐文明构建为主导的音乐发展史时，特别提到梁武帝，并且在梁代帝王中就只提到他一位：

梁武帝本自诸生，博通前载，未及下车，意先风雅，爰诏凡百，各陈所闻。帝又自纠擿前违，裁成一代。①

这条记载，传达了四大重要信息：其一，“本自诸生，博通前载”，是说与汉高祖刘邦、南朝宋武帝刘裕等创业帝王的文化程度较低不同，梁武帝萧衍以儒家经生起家，不仅具有很高的文化素养，而且精通音乐，对前代礼乐文明有“博通”性认知；其二，“未及下车，意先风雅”，是说早在梁王朝草创阶段，梁武帝已经开始留意、思考礼乐文明重构与音乐的关系问题；其三，“爰诏凡百，各陈所闻”，是指“博通前载”的梁武帝，还尝试以集思广益的方式，广泛听取众家闻见，最大限度地集萃相关知识与认知，以进行集大成式的以礼乐文明为主导的音乐重构；其四，“帝又自纠擿前违，裁成一代”，是说梁武帝不仅亲自主持了梁代的以礼乐文明为主导的音乐重构工作，并且以精通音乐、“博通前载”的行家里手身份，在亲自纠正前代建构偏误的基础上，亲身精审制定了梁代以礼乐文明为主导的音乐系统。从魏征等对神话传说时代的伊耆、伏牺等到隋代以礼乐文明构建为主导的音乐发展史的概述，可知梁武帝确实是音乐史上不世出的杰出人物。正因这样，《隋书·音乐志》在概述了以礼乐文明构建为主导的音乐发展史后，直接以详尽述论梁代音乐发展史，作为述论隋代音乐发展史的基础，对南朝宋、齐的述论仅是以极为简短的述语，作为系统述论梁代的前奏，对陈代也仅寥寥数笔带过，对北周、北齐等更是没有涉及，而直接转入对隋代的述论。尤其值得关注的是，在专门撰写隋代史时，甚至以比写隋代更多的篇幅，来写梁代音乐志，而写梁代音乐志，则仅是述论梁武帝的所有音乐作为，毫不齿及于其他梁代帝王，联想梁代从梁武帝萧衍于天监元年（502 年）开国，到敬帝萧方智太平二年（557 年）灭亡，享国 56 年，而太清二年（548 年）八月，“侯景之乱”爆发，梁王朝实际已经走上灭亡之路。梁武帝从天监元年即位，到太清三年（549 年）去世，

① ［唐］魏征等：《隋书》，中华书局 1973 年版，第 287 页。

在位长达48年,可知供梁王朝从容制礼作乐的时间,也只能是在梁武帝在位的和平安定时期,即庾信《哀江南赋》所称的“五十年间,江表无事”时期。这让我们意识到:所谓梁代音乐史,其实就是由梁武帝一人所主导的音乐史!因此,《隋书·音乐志》貌似反常的写作现象,其实有其必然性。它无疑也说明:在唐代大一统王朝的创业大臣魏征等人的史学视野中,梁武帝在礼乐文明构建和音乐史方面的杰出贡献,不仅在梁代独一无二,即便放置于迄于隋代的音乐史中,也是少有帝王和音乐家所可匹敌的。

二

在详尽述论梁代音乐史时,《隋书·音乐志》特别全文记载梁武帝于天监元年(502年)所下的音乐专诏以为开始:

> 梁氏之初,乐缘齐旧。武帝思弘古乐,天监元年,遂下诏访百僚曰:“夫声音之道,与政通矣,所以移风易俗,明贵辨贱。而《韶》《护》之称空传,《咸》《英》之实靡托,魏晋以来,陵替滋甚。遂使雅郑混淆,钟石斯谬,天人缺九变之节,朝醼失四悬之仪。朕昧旦坐朝,思求厥旨,而旧事匪存,未获厘正,寤寐有怀,所为叹息。卿等学术通明,可陈其所见。”①

这篇在天监元年即梁武帝创建梁朝当年就予以颁布的音乐诏,为姚思廉所撰的《梁书·武帝本纪》和李延寿所撰的《南史·武帝本纪》等所不载,因此,对于研究梁武帝的音乐思想显得弥足珍贵。本文即以此诏文为线索,展开相关讨论。

首先,从梁武帝“思弘古乐”与“天监元年”的关系,启发我们从更为广阔的时代政治文化背景考察,回看梁武帝天监元年颁布音乐诏的特定时代意义。

---

① [唐]魏征等:《隋书》,中华书局1973年版,第287—288页。

就梁武帝创建梁朝时所处的南北朝后期政治文化发展现实情势来看:历经汉末魏晋、南朝迄于梁前持续的政治动荡与南、北对峙,南北朝后期华夏民族文化大融合已达到新的高度,建构大一统文化王朝,也成为南北朝后期愈加凸显的时代必然趋势。摆在南北王朝面前的核心政治课题,不是需要不需要追求建构大一统文化王朝,而是在南、北的激烈竞争中,由谁来完成建立大一统文化王朝的历史伟业。作为梁王朝的创业帝王,梁武帝具有杰出的文武才略,且政治眼光高迈,在其统治时期,甚至一度还取得南、北对峙时的战略优势。根据《梁书》《南史》《北史》的相关记载,梁武帝于天监元年(502 年)四月即位,天监四年(505 年)冬十月,即以中军将军、扬州刺史临川王宏都督北讨诸军事,尚书右仆射柳惔为副,兴兵北伐,直到太清元年(547 年)"八月乙丑,王师北伐,以南豫州刺史萧渊明为大都督"①。太清二年(548 年)八月,"侯景之乱"爆发,太清三年(549 年)五月,梁武帝死。可见建立大一统王朝实为梁武帝一生志业。在建构大一统文化王朝成为南北朝后期的时代必然要求的特定情势下,其建立以华夏文化正统自居的梁王朝,自然也有统一天下、建构大一统文化王朝的宏志。关于梁代意欲构建大一统文化王朝的具体参照目标追求,本文后面还将再谈。而礼乐文明建构正是构建大一统文化王朝的重要内容。至于进行包括音乐在内的集大成式的礼乐文明重构,正彰显了建构理想的大一统文化王朝的政治雄心。由此回看梁武帝天监元年音乐诏,则其所谓"夫声音之道,与政通矣,所以移风易俗,明贵辨贱",就不仅仅是一般意义上的政治文明与社会结构建构,而显然是对音乐提出了更高的标准。这个高标准,就是《隋书·音乐志》所谓"思弘古乐",借助音乐以拨乱反正,建构更为高级的大一统礼乐文明系统,教化天下。那么,梁武帝"思弘古乐"的基本思想、具体内容与具体做法究竟是怎样的呢? 我们接下来继续探讨。

① [唐]姚思廉:《梁书》,中华书局 1973 年版,第 92 页。

三

梁武帝音乐诏开篇即谈“夫声音之道，与政通矣，所以移风易俗，明贵辨贱”，是将音乐作为创构新的政治文明与社会秩序，进行礼乐教化的重要手段、工具和途径。这样的音乐思想，自然是袭用儒家乐论的传统老话，但也正好体现了他更多关注音乐本身与政治文明建构关系问题的经生本色。而宣称：魏晋以来迄于梁初，“……而《韶》《护》之称空传，《咸》《英》之实靡托，魏晋以来，陵替滋甚。遂使雅郑混淆，钟石斯谬，天人缺九变之节，朝醮失四悬之仪”，则体现了他“思弘古乐”的理想参照标准，以及对“魏晋以来”与“古乐”相悖的乐学乱象的批判、否定。梁武帝所谓的《韶》《护》《咸》《英》，相传分别是舜、商汤、黄帝、帝喾时代的雅乐，可见梁武帝所谓“思弘古乐”，具有从音乐发生学出发，追溯礼乐文明构建的源头以寻觅其本原及其纯粹性，从而将其作为政治文明建构的核心基础的思想意识。而这样的思想，与周代乐教及汉儒将三皇五帝为代表的神话传说时代作为古代政治文明建构的理想模板，是相一致的。

正是为了将探求音乐的本原性和纯粹性，作为建构追求本原性和纯粹性理想的政治文明的基础，梁武帝痛心疾首于“《韶》《护》之称空传，《咸》《英》之实靡托”，自述“昧旦坐朝，思求厥旨”，而对“旧事匪存，未获厘正”，“寤寐有怀，所为叹息”。更因之而对魏晋南朝迄于天监元年音乐诏颁布以前的音乐建构予以全面否定，贬斥为“雅郑混淆，钟石斯谬”。这种思想认识与沈约的《宋书·乐志》、刘勰的《文心雕龙·乐府》和魏征等《隋书·音乐志》关于音乐发展史的述论多有相同之处。

沈约《宋书·乐志》是中国音乐史上详细述论“自黄帝至于三代”到刘宋王朝音乐发展史的第一人。从沈约的述论来看，其对历代乐学的盛衰流变，有全面系统的认知，尤留意于关于雅乐的重构改造所体现的王朝政治文化与音乐的关系。其开篇即强调指出：

《易》曰:“先王作乐崇德,殷荐之上帝,以配祖考。”自黄帝至于三代,名称不同。①

接着述论历代乐学发展,不尽如人意的雅乐重构历程昭然可见:

自从“周衰凋缺,又为郑卫所乱。魏文侯虽好古,然犹昏睡于古乐。于是淫声炽而雅音废矣”;“及秦焚典籍,《乐经》用亡”;汉高、惠帝、文帝、景帝等,走的是改制或承袭、修改本朝之路,基本情形是乖离雅乐本原;武帝虽重乐府,但“河间献王与毛生等共采《周官》及诸子言乐事者,以着《乐记》,献八佾之舞”,未见实际采用几何;成帝时又有常山王刘禹献《乐记》二十四卷,刘向校书,也得二十三篇,“然竟不用也”;魏武帝虽有志于“复先代古乐”,曾使曾为汉雅乐郎,“尤悉乐事”的杜夔创定雅乐,然而,尽管“远考经籍,近采故事,魏复先代古乐,自夔始也”,杜夔的“好古存正”还是显得曲高和寡,敌不过“左延年等,妙善郑声”的实际影响;文帝、明帝则都还是走秦始皇、刘邦改制以满足自我现实政治利益需要之路;从魏明帝太和年间、晋武帝泰始五年、东晋初年、宋武帝、文帝时代,都有过关于雅乐重构的举动或论争,但真正施行或较多保持故雅乐本真者少;晋代也有荀勖“以新律造二舞,又更修正钟磬”等事,但“勖作新律笛十二枚,散骑常侍阮咸讥新律声高,高近哀思,不合中和”②。

从沈约的述论不难看出,尽管乐学发展代有不同,但更多还是体现了王朝统治者现实政治需要和满足帝王自我利益及其音乐好尚趣味。大体说来,恢复雅乐古道,就历代帝王而言,或偶一为之,或杂采,或加塞私货,多是借以标榜、粉饰太平,装点门面,实际并不予以真正重视,一些有志于此道的帝王,也受制于乐学经典的亡佚、残缺,以及自身的认知水平与音乐趣味,所谓重构其实多是“变奏”“旁解”,因此衍生诸多讹误,也就在所难免了。

与沈约相比,刘勰是后学晚辈。《梁书·刘勰传》记载,刘勰完成

---

① [南朝·梁]沈约:《宋书》,中华书局1974年版,第533页。

② [南朝·梁]沈约:《宋书》,中华书局1974年版,第533—534页。

《文心雕龙》著作后，曾向当时文宗沈约求教：

(《文心雕龙》)既成，未为时流所称。勰自重其文，欲取定于沈约。约时贵盛，无由自达，乃负其书，候约出，干之于车前，状若货鬻者。约便命取读，大重之，谓为深得文理，常陈诸几案。①

由这条记载可知，刘勰完成《文心雕龙》在认识沈约之前，因此，究竟谁更多影响了谁，还不得而知。但沈约开始奉诏撰写《宋书》是在齐永明五年(487 年)，以任太子家令兼著作郎身份，先用一年时间完成本纪和列传七十卷，后又续修了包括《乐志》在内的“八志”三十卷，《宋书》最后完成很有可能是在梁初。沈约在齐代曾任太子家令兼著作郎，刘勰后兼任东宫通事舍人，二人在认识后的交往中，也应该会因此而平添几分亲切之感，他们在乐学思想诸方面有过深入交流探讨且互有深刻影响，是很有可能的。

本传还记载，刘勰亲身主动参与了梁王朝的礼乐文明重构工作：

天监初，起家奉朝请，中军临川王宏引兼记室，迁车骑仓曹参军。……除仁威南康王记室，兼东宫通事舍人。时七庙飨荐已用蔬果，而二郊农社犹有牺牲，勰乃表言二郊宜与七庙同改，诏付尚书议，依勰所陈。②

由此不仅可以推断：他必然关切梁武帝的音乐诏，并且他的主动上表也当是积极呼应、贯彻梁武帝的音乐诏命。也可知道，刘勰高度重视礼乐文明重构，在文学批评性质的著作《文心雕龙》中，还专门写了《乐府》一篇，其来有自。

就《文心雕龙・乐府》来看，既与沈约的《乐志》思致趋同、大旨贯通，也可作为梁武帝音乐诏的具体注解与阐发。刘勰同样开篇即关注

① ［唐］姚思廉：《梁书》，中华书局 1973 年版，第 712 页。
② ［唐］姚思廉：《梁书》，中华书局 1973 年版，第 710 页。

将音乐发生的起点与王朝政治发始相联结，不过比之于沈约，其对神话传说时代至于周代礼乐文明的建构的述论更为详细，补充了不少材料：

> 乐府者，声依永，律和声也。钧天九奏，既其上帝；葛天八阕，爰乃皇时。自咸英以降，亦无得而论矣。至于涂山歌于候人，始为南音；有娀谣乎飞燕，始为北声；夏甲叹于东阳，东音以发；殷整思于西河，西音以兴；音声推移，亦不一概矣。匹夫庶妇，讴吟土风，诗官采言，乐盲被律，志感丝篁，气变金石。是以师旷觇风于盛衰，季札鉴微于兴废，精之至也。①

对音乐的教化功能，也比沈约谈得更为深刻：

> 夫乐本心术，故响浃肌髓，先王慎焉，务塞淫滥。敷训胄子，必歌九德，故能情感七始，化动八风。②

其对历代乐学发展的述论，与沈约同调，对不尽如人意的雅乐重构历程尤其充满感慨之情，不满之情跃然纸上。他指出："自雅声浸微，溺音腾沸"；"秦燔《乐经》"；汉高祖刘邦"虽摹韶夏，而颇袭秦旧"，"暨武帝崇礼，始立乐府，总赵代之音，撮齐楚之气，延年以曼声协律，朱马以骚体制歌；《桂华》杂曲，丽而不经，《赤雁》羣篇，靡而非典，河间荐雅而罕御，故汲黯致讥于《天马》也"；虽然"至宣帝雅颂，诗效《鹿鸣》"，"迩及元成，稍广淫乐，正音乖俗，其难也如此"；"至于魏之三祖，气爽才丽，宰割辞调，音靡节平""志不出于淫荡，辞不离于哀思，虽三调之正声，实韶夏之郑曲也"；"逮于晋世"，虽有傅玄"创定雅歌，以咏祖宗""张华新篇，亦充庭万""然杜夔调律，音奏舒雅，荀勖改悬，声

① ［南朝·梁］刘勰著，范文澜注：《文心雕龙注》，人民文学出版社 1958 年版，第 101 页。
② ［南朝·梁］刘勰著，范文澜注：《文心雕龙注》，人民文学出版社 1958 年版，第 101 页。

节哀急，故阮咸讥其离声，后人验其铜尺”①。

唐初魏征等撰《隋书·音乐志》，显然是在全面系统总结前代音乐史的基础上集其大成。其对音乐与礼乐文明重构及其具体教化作用的论述，显然更为全面、周严了：

> 夫音本乎太始，而生于人心，随物感动，播于形气。形气既著，协于律吕，宫商克谐，名之为乐。乐者，乐也。圣人因百姓乐己之德，正之以六律，文之以五声，咏之以九歌，舞之以八佾。实升平之冠带，王化之源本。《记》曰：“感于物而动，故形于声。”夫人者，两仪之播气，而性情之所起也，恣其流湎，往而不归。是以五帝作乐，三王制礼，摽举人伦，削平淫放。其用之也，动天地，感鬼神，格祖考，谐邦国。树风成化，象德昭功，启万物之情，通天下之志。若夫升降有则，宫商垂范。礼逾其制，则尊卑乖，乐失其序，则亲疎乱。礼定其象，乐平其心，外敬内和，合情饰貌，犹阴阳以成化，若日月以为明也。②

又说：

> 《记》曰：“大夫无故不撤悬，士无故不撤琴瑟。”圣人造乐，导迎和气，恶情屏退，善心兴起。③

其对神话传说时代至于周代礼乐文明的建构的述论，一方面更注重追溯最早源头，其所谓“伊耆有苇籥之音，伏牺有网罟之咏，葛天八阕，神农五弦，事与功偕，其来已尚”④，将伏牺之前的“伊耆有苇籥之音”作为最早起点；另一方面更注重礼乐教化的典范性，为强化“王者

---

① ［南朝·梁］刘勰著，范文澜注：《文心雕龙注》，人民文学出版社1958年版，第101—102页。

② ［唐］魏征等：《隋书》，中华书局1973年版，第285页。

③ ［唐］魏征等：《隋书》，中华书局1973年版，第285—286页。

④ ［唐］魏征等：《隋书》，中华书局1973年版，第286页。

制乐”，而删除了刘勰所述论的南北东西音的起源这类非“王者制乐”的内容，特别建构了“黄帝乐曰《咸池》，帝喾曰《六英》，帝颛顼曰《五茎》，帝尧曰《大章》，帝舜曰《箫韶》，禹曰《大夏》，殷汤曰《护》，武王曰《武》，周公曰《勺》”①这种“王者制乐”谱系，以明周代礼乐文明与神话传说时期的“圣王”一脉相承，并进而指出礼乐文明构建的意义与作用：

> 教之以风赋，弘之以孝友，大礼与天地同节，大乐与天地同和，礼意风猷，乐情膏润。《传》曰：“如有王者，必世而后仁。”②

这样，“成、康化致升平，刑厝而不用也”③就是这种礼乐文明建构的必然结果了。

其对秦汉时代的述论多与沈约、刘勰相近，但对汉明帝取义于儒家经学的四品乐，则予以详细记载，显然有予以特别表彰的意味：

> 汉明帝时，乐有四品：一曰《大予乐》，郊庙上陵之所用焉。则《易》所谓“先王作乐崇德，殷荐之上帝，以配祖考”者也。二曰雅颂乐，辟雍飨射之所用焉。则《孝经》所谓“移风易俗，莫善于乐”者也。三曰黄门鼓吹乐，天子宴群臣之所用焉。则《诗》所谓“坎坎鼓我，蹲蹲僔我”者也。其四曰短箫铙歌乐，军中之所用焉。黄帝时，岐伯所造，以建武扬德，风敌励兵，则《周官》所谓“王师大捷，则令凯歌”者也。又采百官诗颂，以为登歌，十月吉辰，始用蒸祭。④

对汉末魏晋的乐学述论，与沈约、刘勰相近而更简略，对西晋末以来的发展，则南北兼顾：

---

① ［唐］魏征等：《隋书》，中华书局 1973 年版，第 286 页。
② ［唐］魏征等：《隋书》，中华书局 1973 年版，第 286 页。
③ ［唐］魏征等：《隋书》，中华书局 1973 年版，第 286 页。
④ ［唐］魏征等：《隋书》，中华书局 1973 年版，第 286 页。

……永嘉之寇，尽沦胡、羯。于是乐人南奔，穆皇罗钟磬，苻坚北败，孝武获登歌。晋氏不纲，魏图将霸，道武克中山，太武平统万，或得其宫悬，或收其古乐，于时经营是迫，雅器斯寝。孝文颇为诗歌，以勖在位，谣俗流传，布诸音律。大臣驰骋汉、魏，旁罗宋、齐，功成奋豫，代有制作。莫不各扬庙舞，自造郊歌，宣畅功德，辉光当世，而移风易俗，浸以陵夷。①

比之于沈约、刘勰等，这样的述论，显示了身处唐代大一统王朝时代，魏征等更为博大、开阔的史家视野与襟抱。

析论了沈约、刘勰、魏征等的相关述论，不难看出，尽管梁武帝因是颁布音乐诏书，其诏书文字远比三家简约。但与三家相比，不仅可更为全面、深入地了解梁武帝诏书的内容，也可借以认识其在音乐思想发展史上的重要价值。这里有两个问题需要予以辨析：

一是梁武帝特为“思弘古乐”所下的天监元年音乐诏，主要还当是体现了他本人以建构礼乐文明为主导的音乐发展史观与博通精审的音乐认知水平。沈约《梁武帝集·序》曾称誉梁武帝，“日角之主，出自诸生；锐顶之君，少明古学”。《梁书》和《南史》武帝本纪均说他“及长，博学多通”，并记载“竟陵王子良开西邸，招文学，高祖与沈约、谢朓、王融、萧琛、范云、任昉、陆倕等并游焉，号曰八友”。② 这些说解与《隋书·音乐志》“梁武帝本自诸生，博通前载”“素善钟律，详悉旧事”的说法，正可予以相互印证。就梁武帝与沈约、刘勰的关系而言，梁武帝与沈约在萧齐时代同殿为臣，又同为“竟陵八友”中的人物，当他建立萧梁王朝，并于天监元年下音乐诏时，沈约是积极呼应拥戴者（说详后）；刘勰则如前所说，在天监年间为其太子萧统通事舍人，亲身主动参与了梁王朝的礼乐文明重构工作，对梁武帝的音乐诏必有深切研究。因此，从常情推断，沈约、刘勰二人受到梁武帝以建构礼乐文明为

① ［唐］魏征等：《隋书》，中华书局 1973 年版，第 286—287 页。

② ［唐］姚思廉：《梁书》，中华书局 1973 年版，第 2 页。

主导的音乐发展史观的影响当更多,因为沈约《宋书》最后完稿是在梁初,刘勰《文心雕龙》的最后完成时间虽然今尚无法具体确定,但其在梁初天监三年(504 年)以起家奉朝请出仕,后又任昭明太子萧统的通事舍人,则二人各自书稿中关于《乐志》《乐府》的最后定稿,受到梁武帝天监元年音乐诏的影响,是有可能的。

二是沈约是在齐代早负盛名的文化领袖,又与萧衍互有瑜亮情结,其在齐代永明五年即奉诏开始著述《宋书》,在梁代之前已经接近最后完成;刘勰则其《文心雕龙》主体完成于齐代确定无疑。因此,梁武帝在音乐史观及其具体认知方面受到他们的一些影响,自然也是很有可能的事情。

由此可以得出这样的认知:梁武帝毕竟是出色的政治家,无论他受到沈约、刘勰的影响有多少,他对礼乐文明与王朝构建的认识高度及其主导作用,自然非沈约、刘勰二人所可比拟。故尽管音乐诏较为简约,但他阐述关于音乐与礼乐文明建构及其教化作用、追求从礼乐文明构建的源头以寻觅其本原及其纯粹性的音乐史观,以及对梁代之前音乐发展史的认知,与沈约、刘勰二人基本趋同。我们正好可通过沈约、刘勰二人的述论,更为深入、系统地了解其音乐思想的价值。

我们也可以说,在梁初同时存在三位分具君臣身份、音乐史观及其音乐思想成熟、系统化的杰出人物,是梁代礼乐文明构建及其音乐发展的幸事,也确实确保了礼乐文明系统工程构建的质量水平。尽管后来梁武帝对沈约不满并有重新更改沈约的音乐构建之举(说详后),但在初期二人在礼乐文明构建方面并无多少歧见。正因如此,《隋书·音乐志》记载,当梁武帝音乐诏颁布后,散骑常侍、尚书仆射沈约即上奏予以积极呼应,认为“陛下以至圣之德,应乐推之符,实宜作乐崇德,殷荐上帝”①,期盼在梁武帝主导下由梁儒所完成的“起千载绝文”“定大梁之乐”②的伟业,甚且可以超越帝喾时代的《五英》和颛顼时代的《六茎》,使其“怀惭”“兴愧”。二人都对前代“乐书”“旧事”亡

---

① [唐]魏征等:《隋书》,中华书局 1973 年版,第 288 页。
② [唐]魏征等:《隋书》,中华书局 1973 年版,第 288 页。

佚、失真备感焦虑忧心。如前所论，梁武帝音乐诏宣称自己因“雅郑混淆，钟石斯谬”“旧事匪存，未获厘正”而“昧旦坐朝，思求厥旨”“寤寐有怀，所为叹息”，沈约上书则感慨：

案汉初典章灭绝，诸儒捃拾沟渠墙壁之间，得片简遗文，与礼事相关者，即编次以为礼，皆非圣人之言。……故前儒不得不补缀以备事用。乐书事大而用缓，自非逢钦明之主，制作之君，不见详议。汉氏以来，主非钦明，乐既非人臣急事，故言者寡。[①]

如前所论，刘勰也对不尽如人意的雅乐重构历程尤其充满感慨之情，不满之情跃然纸上。而根据《隋书·音乐志》的记载：

是时对乐者七十八家，咸多引流略，浩荡其词，皆言乐之宜改，不言改乐之法。[②]

尽管魏征等是就当时朝野呼应武帝音乐诏者众多，而“不言改乐之法”所言，但也说明，当时以复古为主调的礼乐文明重构，是人心所向，得到朝野的积极响应。

由于梁武帝君臣具备了在梁武帝主导下完成“起千载绝文”“定大梁之乐”伟业的思想理论素养，透彻明了前代音乐思想的成果及其流弊，又由“少明古学”“素善钟律，详悉旧事”，对音乐的本原性纯粹性抱持理想追求的梁武帝，亲自制定礼乐，经过数次修订（说详后），终于使梁代礼乐文明构建成为中国音乐发展史上具有超越前代的里程碑意义的典范，不仅如《北齐书·杜弼传》记载，包括音乐在内的礼乐文化发展，使得北朝统治者高欢由衷感慨：“江东复有一吴儿老翁萧衍者，专事衣冠礼乐，中原士大夫望之以为正朔所在。”[③]也如前所论，大

① ［唐］魏征等：《隋书》，中华书局1973年版，第288页。
② ［唐］魏征等：《隋书》，中华书局1973年版，第288页。
③ ［唐］李百药：《北齐书》，中华书局1972年版，第347页。

一统唐王朝魏征等以之作为隋代大一统王朝礼乐文明构建述论的重要模板。

四

梁武帝音乐诏所体现的音乐思想是梁代礼乐文明构建的重要理论基础,尤须关注的是,如前所引《隋书·音乐志》的记载,因"对乐者七十八家"居然"皆言乐之宜改",而"不言改乐之法",梁武帝"遂自制定礼乐"。在梁武帝亲自制定礼乐的实践行为中,也体现了其特定的音乐思想。本部分即就此展开讨论。

如前所论,梁武帝"思弘古乐",追溯礼乐文明构建的源头以寻觅其本原及其纯粹性,将其作为政治文明建构的理想象征。但神话时代的所谓礼乐文明构建更多出自于传说、想象,故欲真正复原梁武帝所谓《韶》《护》《咸》《英》,使其名实相符,永无可能。这样,就现实的政治文明理想参照模板而言,姬周和刘汉两大大一统文化王朝无疑更为适合。

之所以如此的原因是:在梁代所处的南北朝后期,视周、汉为两大理想的大一统文化王朝,已经成为当时南、北政权及朝野的共识,因之"姬汉"并称早也成为这一时期的固定语词搭配。在《梁书·武帝本纪》所记载的武帝诏书中,就多处可见"可依周、汉旧典""在昔周、汉,取士方国"之类的言说。受此影响,《梁书·高祖三王传》之史臣所论,也将梁武帝封建所本,与周、汉联结:"自周、汉广树藩屏,固本深根;高祖之封建,将遵古制也。"①而在梁武帝的儿子昭明太子萧统所撰的《文选·序》中,"姬、汉"用辞更具有重要的文化意义指涉。萧统将其所编选作品的上、下时限界定为"远自周室,迄于圣代",并宣称:"自姬、汉以来,眇焉悠邈,时更七代,数逾千祀。"②显然地,其以周代为起点,称述自周至于梁的所谓"七代"与"千祀",并非不分轩轾、并

① [唐]姚思廉:《梁书》,中华书局 1973 年版,第 437 页。

② [南朝·梁]萧统编,[唐]李善注:《文选》,中华书局 1977 年版,第 2 页。

列泛论,而是有着明确的思想关切。因为就中国王朝的起点而言,并非以周代为最早,《文选·序》开篇甚且论及"逮乎伏羲氏之王天下也"①;文学创作也非始于周代。同时,若仅限于谈论文化王朝的起点,举一周代即可,没有必要连缀"姬、汉"为文。尤其是其谈论以周代起始的所谓"七代"时,直接跳过了秦代,而明确并列"姬、汉",也不列出汉代以后的其他王朝,而仅笼统宣称"自姬、汉以来"。可知萧统目光高迈,其显然是专就典范意义上的文化王朝立言,故不屑齿及于秦代、三国、两晋、刘宋与南齐。如果认同昭明太子确是以周代为典范文化王朝的起点,推许大汉文化王朝可与周代比肩,再联系其界定《文选》选文的前后时限为"远自周室,迄于圣代",则得出如此结论:其有表达梁代将可成为绍继、甚且超迈"姬、汉"的第三大文化王朝的特定思想意涵,当不至于是过分臆猜之言。比之于前所论及沈约期勉梁武帝超越帝喾时代的《五英》和颛顼时代的《六茎》,萧统有这样的思想认知,自非夸诞。而梁武帝在音乐建构方面,刻意追求恢复由舜、商汤、黄帝、帝喾等所代表的神话传说时代的雅乐古真面貌,如此说来,则萧统关于梁代将可成为绍继、甚且超迈"姬、汉"的第三大文化王朝的认知,与梁武帝的内在心志,有无必然关联呢?

而与沈约、刘勰、魏征等仅限于坐而论音乐发展史之"道"不同,作为精通乐理的乐学巨擘,在"是时对乐者七十八家,咸多引流略,浩荡其词,皆言乐之宜改,不言改乐之法"时,梁武帝"既素善钟律,详悉旧事,遂自制定礼乐"。由创业帝王亲手制定礼乐,这一异乎寻常的行为,充分表现了梁武帝对自己精深音乐造诣的自信,更体现了对恢复古乐本真的热切关注与追求信念。

根据《隋书·音乐志》的记载,除了亲身制定"四通""十二笛"等乐器规格之外,梁武帝还对国家雅乐制度以及实际内容不厌其细地作了规定,梁武帝制定礼乐,在可能的情形下,注重以周代旧制作为实际操作规范;并多取法周汉典籍文义和汉儒的经典阐释,赋予礼乐以高雅广大精深博厚诸礼乐文化象征的意涵。如用十二笛"以写通声,饮

① [南朝·梁]萧统编,[唐]李善注:《文选》,中华书局1977年版,第1页。

古钟玉律并周代古钟,并皆不差”①;如定郊禋、宗庙及三朝之乐,以武舞为《大壮舞》,取《易》云“大者壮也”,寓意“正大而天地之情可见也”②;以文舞为《大观舞》,取《易》云“大观在上”,寓意“观天之神道而四时不忒也”③。

如规定国乐以“雅”为称,取《诗序》云:“言天下之事,形四方之风,谓之雅。雅者,正也。”又因“则天数”而分“雅”为俊雅、皇雅、胤雅、寅雅、介雅、需雅、雍雅、涤雅、牷雅、諴雅、献雅、禋雅等十二类:改众官出入之乐为《俊雅》,取《礼记》“司徒论选士之秀者而升之学,曰俊士也”,供二郊、太庙、明堂,三朝同用;改皇帝出入之乐为《皇雅》,取《诗》“皇矣上帝,临下有赫”,供二郊、太庙同用;皇太子出入奏《胤雅》,取《诗》“君子万年,永锡尔胤”;王公出入奏《寅雅》,取《尚书》《周官》“贰公弘化,寅亮天地”;上寿酒奏《介雅》,取《诗》“君子万年,介尔景福”;食举奏《需雅》,取《易》“云上于天,需,君子以饮食宴乐”;撤馔奏《雍雅》,取《礼记》“大飨客出以《雍》撤也”,供三朝使用;改牲出入之乐为《涤雅》,取《礼记》“帝牛必在涤三月”;改荐毛血之乐为《牷雅》,取《春秋左氏传》“牲牷肥腯”,供北郊、明堂、太庙同用;改降神及迎送之乐为《諴雅》,取《尚书》“至諴感神”;改皇帝饮福酒之乐为《献雅》,取《礼记·祭统》“尸饮五,君洗玉爵献卿”,供北郊、明堂、太庙同用;改就燎位之乐为《禋雅》,取《周礼·大宗伯》“以禋祀祀昊天上帝”,并让沈约配以歌诗三十曲④。

天监四年,应贺玚的建议,经贺玚与明山宾、严植之、徐勉等的争论,改皇太子乐为《元贞》,奏《大壮》《大观》二舞。而在贺玚的最初建议中,名《元雅》,取《礼》“一有元良,万国以贞”之义。虽因“周有九《夏》,梁有十二《雅》。此并则天数,为一代之曲。今加一雅,便成十三”⑤而作罢,但慎重赋予其特定的文化象征意义,则是必然之事。

---

① [唐]魏征等:《隋书》,中华书局1973年版,第289页。
② [唐]魏征等:《隋书》,中华书局1973年版,第292页。
③ [唐]魏征等:《隋书》,中华书局1973年版,第292页。
④ [唐]魏征等:《隋书》,中华书局1973年版,第292—293页。
⑤ [唐]魏征等:《隋书》,中华书局1973年版,第304页

普通年间,梁武帝又对十二雅歌进行修改,并命萧子云重新制词。“既无牲牢,遂省《涤雅》《牷雅》”[①];又敕萧子云将诸歌辞改为相和引,依五音宫商角徵羽序次,不再以十二月序次。梁武帝让肖子云重新改定十二雅歌,是梁代礼乐文明建构的一件大事,《梁书·萧子云传》有详尽记载。萧子云由于“见伶人所歌,犹用未革牲前曲。圜丘视燎,尚言‘式备牲牷’;北郊《諴雅》,亦奏‘牲玉孔备’;清庙登歌,而称‘我牲以洁’;三朝食举,犹咏‘朱尾碧鳞’。声被鼓钟,未符盛制”[②],因此向梁武帝请求改定以前所定乐辞,梁武帝所下让萧子云予以重新撰定的专敕认为:“郊庙歌辞,应须典诰大语,不得杂用子史文章浅言;而沈约所撰,亦多舛谬。”萧子云答敕认为“殷荐朝飨,乐以雅名,理应正采《五经》,圣人成教。而汉来此制,不全用经典;约之所撰,弥复浅杂”。萧子云改定歌辞的基本思路是两条:一是“惟用《五经》为本,其次《尔雅》《周易》《尚书》《大戴礼》”,即是经诰之流,“亦取兼用”;二是“又寻唐、虞诸书,殷《颂》周《雅》,称美是一,而复各述时事”“大梁革服,偃武修文,制礼作乐,义高三正;而约撰歌辞,惟浸称圣德之美,了不序皇朝制作事。《雅》《颂》前例,于体为违”,因此于颂德之外,对梁代“偃武修文,制礼作乐”的事迹予以表现“各随事显义,以明制作之美”。这样的修改,不仅使雅乐制作在内容方面更合古雅本义,也使其更为完备[③]。

再如鼓吹乐,改宋、齐并用汉代十六曲的旧制为十二曲,并配以新的歌词,以述梁代文武功德。第一曲,将汉《硃鹭》改为《木纪谢》,言齐谢梁升;第二曲,将汉《思悲翁》改为《贤首山》,言武帝破魏军于司部,肇王迹;第三曲,将汉《艾如张》改为《桐柏山》,言武帝牧司,王业弥章;第四曲,将汉《上之回》改为《道亡》,言东昏丧道,义师起樊邓;第五曲,将汉《拥离》改为《忱威》,言破加湖元勋;第六曲,将汉《战城南》改为《汉东流》,言义师克鲁山城;第七曲,将汉《巫山高》改为《鹤

① [宋]郭茂倩:《乐府诗集》,上海古籍出版社2016年版,第28页。
② [唐]姚思廉:《梁书》,中华书局1973年版,第514页。
③ [唐]姚思廉:《梁书》,中华书局1973年版,第514页。

楼峻》,言平郢城,兵威无敌;第八曲,将汉《上陵》改为《昏主恣淫慝》,言东昏政乱,武帝起义,平九江、姑熟,大破硃雀,伐罪吊人;第九曲,将汉《将进酒》改为《石首局》,言义师平京城,仍废昏,定大事;第十曲,将汉《有所思》改为《期运集》,言武帝应箓受禅,德盛化远;第十一曲,将汉《芳树》改为《于穆》,言大梁阐运,君臣和乐,休祚方远;第十二曲,将汉《上邪》改为《惟大梁》,言梁德广运,仁化洽。

此外,梁武帝他对自己统治区域内的荆楚西曲和江浙吴歌爱好有加,且情有独钟,据《乐府诗集·清商曲辞》中引《古今乐录》所云,他还亲手改制西曲和吴歌,“制《江南上云乐》十四曲,《江南弄》七曲”,这不仅效仿周王室采国风成诗、汉代设乐府以听民声的典范,原汁原味地保留西曲和吴歌清新俏丽的风格曲调,也体现了梁武帝执着追求本原性和纯粹性的音乐思想。

至于梁武帝下诏罢三朝有凤凰衔书伎乐,则体现了其不重夸诞、讲求实事求是、名实相符的音乐思想:

> 朕君临南面,道风盖阙,嘉祥时至,为愧已多。假令巢侔轩阁,集同昌户,犹当顾循寡德,推而不居。况于名实顿爽,自欺耳目。一日元会,太乐奏凤凰衔书伎,至乃舍人受书,升殿跪奏。诚复兴乎前代,率由自远,内省怀惭,弥与事笃。可罢之。①

梁武帝的音乐思想,也受到个人趣味的影响。身为皇帝、音乐家的梁武帝,“笃敬佛法”,身体力行地“制《善哉》、《大乐》、《大欢》、《天道》、《仙道》、《神王》、《龙王》、《灭过恶》、《除爱水》、《断苦轮》等十篇,名为正乐,皆述佛法”②,以此作为宣扬佛法的新手段和途径,并努力使之融入宫廷音乐。梁武帝自最初的儒生皇帝转变为一位狂热的佛教徒,在这一思想转变发展的过程之中,其对音乐尤其是对利用音乐进行教化的认识和追求始终如一,通过音乐地位的提升不断巩固佛

---

① [唐]魏征等:《隋书》,中华书局1973年版,第303页。
② [唐]魏征等:《隋书》,中华书局1973年版,第303—304页。

教在国家政治中的合法地位，这与其通过礼乐文明构建来实现大一统文化王朝的理想是一脉相承的。此外，得益于其乐学方面异于常人的天分，梁武帝还创制了一种童声演唱佛曲的新形式，“又有法乐童子伎、童子倚歌梵呗，设无遮大会则为之”①，如果梁武帝不是精通乐律之学，怎会想起用天真无邪、清新悠扬的童声来调和本应是庄严肃穆、沉重枯燥的传教仪式，将宗教性与趣味性结合在一起。至于梁武帝狂热地痴迷于佛教，究其原因，除了个人溺爱，也有为构建大一统文化王朝寻求道路的探索意味，至于其功过，自当进行客观理性评价。

综上所论，梁武帝亲力而为或由他主导的礼乐建构，更多体现了以古为本、兼顾当下，以儒为本、援佛入雅，以雅为本、兼容通俗诸思想。既有落实追求古雅本真，倡导经典化、系统化的思想；也有体现天人合一、德通神明、人神交融、文武并用诸政治理念与治国方略的思想；有明贵贱等级人伦秩序，使民“知周、孔之迹”、倡导全面的人文素养提升、教化天下的思想等。正如《隋书·音乐志》所论，经过主要由梁武帝的亲自制作，使梁代“礼乐制度，粲然有序”，真正超越了魏晋以来迄于南朝的齐代，这也是魏征等撰写《隋书·音乐志》，在概述了以礼乐文明构建为主导的音乐发展史后，直接以详尽述论梁代音乐发展史，作为述论隋代音乐发展史的基础的根本原因。

（原载周兴陆主编《传承与开拓·复旦大学第四届中国文论国际学术研讨会论文集》，凤凰出版社 2017 年版）

① ［唐］魏征等：《隋书》，中华书局 1973 年版，第 305 页。

“比隆周、汉”，“文”系天下与国家文化大典

——论萧统的文化理想与当代“文选学”系统重构

梁代昭明太子萧统主编《文选》时何思何虑？其究竟受何等理念精神的主宰、驱动与支撑？如此问题，攸关《文选》编纂认知，影响到“文选学”研究的全局，是“文选学”研究第一之问，千载之下，依然常问常新，动人心弦。有关《文选》编者及其编纂意图的研究，无疑是步入《文选》研究殿堂的首要课题，是《文选》研究系统的总开关，也是必须不断经受质疑检验、不断被启动骋怀想象的《文选》众妙之门与活水源泉。就编者问题而言，尽管不乏异议，当代研究主流还是认可萧统的主编权的①。就编撰问题而言，学界更多关注具体编纂时间、编纂过程等，自足于单纯的文学与文化审美意义认知，对萧统抱持崇高文化理念与编纂理想、重视国家意识形态与文化审美高度关系的特殊编选用心，似还没有给予足够的重视，也缺乏深具会心的具体、明晰论述。为了更好地认识《文选》的编选意旨与思想内容，本文拟对萧统主编《文选》的编纂意图问题略作探讨，并以此观照、反思当代“文选学”研

① 当代学界对有关《文选》实际编者的看法，大致存在三种观点：清水凯夫力持“以太子仆刘孝绰为中心”之论(《〈文选〉编辑的周围》，《六朝文学论文集》第 31 页至 45 页，重庆出版社 1989 年)；力之认为乃昭明太子萧统独撰(《关于〈文选〉的编者问题》，《文学评论》1999 年第 1 期)；顾农、俞绍初、曹道衡等则认为乃刘孝绰及众人在萧统的主持之下共同完成的(顾农《与清水凯夫先生论〈文选〉编者问题》，《齐鲁学刊》1993 年第 1 期；俞绍初《〈文选〉成书过程拟测》，《文学遗产》1998 年第 1 期；曹道衡《关于萧统和〈文选〉的几个问题》，《社会科学战线》1995 年第 5 期)。

究系统,提出对未来"文选学"研究方向的思考,以就教于海内外方家。

一、"姬汉"用词与"比隆周、汉": 萧统主编《文选》以为一代国家文化大典

根据《梁书》等的记载与萧统在《文选·序》中的自述,萧统主编《文选》是受梁武帝重托、以太子身份实际主持朝政时期①。不过,对萧统自谦式叙述"余监抚余闲,居多暇日",②切不可断章取义。如此说法只是表明,萧统在主持朝政的同时,还情系主编《文选》,并将"监抚"的"暇日"与"余闲"全部贡献了。若曲解为萧统主编《文选》,仅是因"居多暇日"打发"余闲",单纯为了满足其自我娱玩需求,就有悖情实了。因为他紧接着自述:"历观文囿,泛览辞林,未尝不心游目想,移晷忘倦。""历观""泛览"云云,是说面对广大"文囿",浩瀚"辞林",其主编《文选》,是以高度系统化思维、研阅穷照与精心选择作为基础的。"心游目想,移晷忘倦",是说他是以最深切的生命关怀,全身心地投入,因"心游目想"、专注忘我工作而无视时间流逝与身体疲倦。如此说来,萧统实际就是以自谦方式,描述了其全身心投入主编《文选》、耗费巨量精力及时间的真实情状,当然也渲染了其享受生命极致体验的无上精神之乐。可见,视忙若闲,以苦为乐,以高度专业内行的方式热爱文化,确是萧统得以主编《文选》成功的重要条件与动力因素。

但更大的也是更为内在的生命内驱力,还当是其抱持更高的文化理念与理想追求。必须指出,正如刘勰《文心雕龙·时序》所说:"文

---

① 关于具体编纂时限,学界有以下众说:清水凯夫认为是"大通元年至大通二年"(《〈文选〉的编辑时期》,《六朝文学论文集》第43页,重庆出版社1989年版);曹道衡认为乃"大通二年至中大通元年"(《关于萧统和〈文选〉的几个问题》,《社会科学战线》1995年第5期);俞绍初认为在"普通四年至大通三年"(《〈文选〉成书过程拟测》,《文学遗产》1998年第1期);力之认为"上限当为普通五年二月,下限为普通七年十月"(《〈文选〉成书时间考说》,《钦州学院学报》2011年第2期);傅刚认为"开始于普通三年以后至普通六年之间,完成则在大通元年末至中大通元年十一之间"(《〈文选〉的编者及编纂年代考论》,《中国社会科学院研究生院学报》1997年第1期);穆克宏认为乃"普通三年至普通七年"(《〈文选〉编撰年代蠡测》,《中国典籍与文化》1996年第1期),王立群亦持同说(《〈文选〉成书时间研究》,《河南大学学报》2004年第3期)。

② [唐]李善等注:《六臣注文选》,中华书局1987年版,第3页。

变染乎世情,兴废系乎时序。”①身为实际主持梁代朝政的太子,萧统不可能自外于“世情”与“时序”,其主编《文选》必然代表国家意志,彰显国家意识形态的特定需要。而魏晋迄于梁代文化审美观念的臻于高度发达与成熟,南北朝后期华夏民族文化大融合所达到的新高度,与建构大一统文化王朝成为南北朝后期愈加凸显的时代必然需求,这三种时代因素的交互为用,更使萧统对历史文化发展抱持高度使命感与责任担当,而将国家意识形态与文化审美高度有机结合作为其崇高文化理念,也使其将主编《文选》以为大一统文化王朝的一代国家文化大典,作为躬践文化理念与文化理想的重要方式。

《文选·序》中的“姬汉”用词显示,萧统主编《文选》,确是躬行梁王朝之国家意志,呼应建构大一统文化王朝的时代必然要求。在《文选·序》中,萧统将其编选作品的上、下时限界定为“远自周室,迄于圣代”,并宣称:“自姬、汉以来,眇焉悠邈,时更七代,数逾千祀。”②如此表述方式,高瞻远瞩,深具系统文化总结、继承的意味与气象,值得予以高度关注。

显然地,其以周代为起点,称述自周至梁的所谓“七代”与“千祀”,并非不分轩轾,并列泛论,而是有着明确的思想关切。因为就中国王朝的起点而言,并非以周代为最早,《文选·序》开篇甚且论及“逮乎伏羲氏之王天下也”。文学创作也非始于周代。同时,若仅限于谈论文化王朝的起点,举一周代即可,没有必要连缀“姬、汉”为文。尤其是其谈论以周代起始的所谓“七代”时,直接跳过了秦代,而明确并列“姬、汉”,也不列出汉代以后的其他王朝,而仅笼统宣称“自姬、汉以来”,可知身为梁代实际主持朝政的太子,萧统目光高迈,其显然是专就典范意义上的文化王朝立言,故不屑齿及于秦代、三国、两晋、刘宋与南齐。如果认同昭明太子确是以周代为典范文化王朝的起点,推许大汉文化王朝可与周代比肩,再联系其界定《文选》选文的前后时限为“远自周室,迄于圣代”,则得出如此结论:其有表达梁代将可成为绍

① [南朝·梁]刘勰著,范文澜注:《文心雕龙注》,人民文学出版社1958年版,第675页。
② [唐]李善等注:《六臣注文选》,中华书局1987年版,第3页。

继甚且超迈“姬、汉”的第三大文化王朝的特定思想意涵，其主持编纂《文选》，必有为梁王朝大一统文化伟业服务的政治雄心。

实际上，萧统并称“姬、汉”，并非随意为文，或匠心独运，而是沿用了在南北朝时期流行的关于“姬、汉”的固定用词。而“姬、汉”用词的流行，在很大程度上，正是建构大一统文化王朝这一时代必然要求的外显。

就南朝而言，早在南齐时代，“周、汉”用词已成固定搭配，将周、汉视为两大文化王朝典范的认识，已经较为自觉而普遍了。如萧琛在永泰元年的奏议，就建言“宜远纂周、汉之盛范，近黜晋、宋之乖义”。祖冲之在更造新历的上书中，也以周、汉为参照典范：“今改章法三百九十一年有一百四十四闰，令却合周、汉，则将来永用，无复差动。”①南齐时代，南北分别由汉族和少数民族政权所统治，故南齐王朝的以周、汉为宗，就不仅是对文化王朝典范的推崇，很大程度上也折射了其以华夏文化正宗自居而与北朝竞逐建构大一统文化王朝的精神价值旨趣与思想追求意志。

梁代不仅接续了南齐的认知，其使用“周、汉”用词，也更为鲜明地体现了接续、超迈周汉大一统文化王朝的雄心壮志。在梁武帝的诏书中，多处可见“可依周、汉旧典”“在昔周、汉，取士方国”之类说解。受此影响，史家也将梁武帝封建所本，与周、汉联结：“自周、汉广树籓屏，固本深根；高祖之封建，将遵古制也。”②邱迟在《与陈伯之书》中，也以梁王朝为接续周汉之正统必然会实现国家统一这样的情理相喻陈伯之，宣称：“故知霜露所均，不育异类；姬、汉旧邦，无取杂种。”③

以接续周、汉自任，也是北朝君臣的普遍性认知与追求。相关言论可谓俯拾皆是。北魏太武帝拓跋焘时期的薛提在谈论皇位继承问

---

① 参见[南朝·梁]萧子显：《南齐书》第 904 页的记载。另[南朝·梁]萧子显：《南齐书》第 818 页记载王融上疏之“绵周、汉而不悛，历晋、宋其逾梗”类说解，虽不是推许“周、汉”，但其受到“周、汉”固定用词的影响，殆无疑义。

② [唐]姚思廉：《梁书》，中华书局 1973 年版，第 437 页。

③ [唐]李延寿：《南史》，中华书局 1975 年版，第 1496 页。

题时，就举了“成王、孝昭所以隆周、汉”①之例。北海王元详赞美孝文帝拓跋宏“德迈唐虞，功微周、汉，自南之风，于是乎始”②。张彝赞美孝文帝“积德懋于夏殷，富仁盛于周汉”③。高闾《至德颂》以“夏殷世传，周汉纂烈”赞美孝文帝，其于太和十四年的上表，也举“尧汤逢历年之灾，周汉遭水旱之患”④为例。宣武时期的元显奏书中追忆孝文皇帝：“乃命故中书监高闾，广旌儒林，推寻乐府，以黍裁寸，将均周、汉旧章。”⑤故《北史·儒林上》评价孝文帝时代“斯文郁然，比隆周、汉”⑥。北魏宣武帝元恪诏有司敕勿六跋时宣称：“大魏之德，方隆周、汉，跨据中原，指清八表。”⑦孝明帝元诩熙平二年八月诏宣称：“皇魏开基，道迈周汉，蝉连二都，德盛百祀。”⑧

至于北周王朝立国，虽以周代为宗而偏重于周代，但其建构大一统文化王朝的雄心，比之于以接续周、汉自任的北魏王朝，有过之而无不及。《北史·儒林传论》记载：“周文受命，雅重经典。于时西都板荡，戎马生郊。先生之旧章，往圣之遗训，扫地尽矣！于是求阙文于三古，得至理于千载，黜魏、晋之制度，复姬旦之茂典。”⑨再如北周武帝宇文邕建德三年，太子少傅萧圆肃所作《少傅箴》，就以周、秦正反对比大臣对国家安威的重要影响，宣称“姬周长久，实赖元良。嬴秦短祚，诚由少阳”⑩。

北齐王朝则更重周汉并称。高洋天保七年（556年）十一月增加人口的诏命，就以周汉为参照楷模：“傍观旧史，逖听前言，周曰成、康，汉称文、景，编户之多，古今为最。”⑪陈元康死后高洋的诏书也举周汉

---

① ［北魏］魏收：《魏书》，中华书局1974年版，第795页。
② ［北魏］魏收：《魏书》，中华书局1974年版，第559页。
③ ［北魏］魏收：《魏书》，中华书局1974年版，第1429页。
④ ［北魏］魏收：《魏书》，中华书局1974年版，第1197—1205页。
⑤ ［唐］李延寿：《北史》，中华书局1974年版，第645页。
⑥ ［唐］李延寿：《北史》，中华书局1974年版，第2704页。
⑦ ［唐］李延寿：《北史》，中华书局1974年版，第3257页。
⑧ ［北魏］魏收：《魏书》，中华书局1974年版，第226页。
⑨ ［唐］李延寿：《北史》，中华书局1974年版，第2706页。
⑩ ［唐］令狐德棻：《周书》，中华书局1971年版，第755页。
⑪ ［唐］李百药：《北齐书》，中华书局1972年版，第63页。

功臣为比,褒称元康如"申、甫之在隆周,子房之处盛汉,旷世同规,殊年共美"①。

隋代实现了国家的大统一,延续这种普遍流行于南北朝时期的"周汉"固定用词,更是意指明确。如宣敏在隋文帝时代奉使抚慰巴、蜀归来,针对隋代封建国事上疏,就宣称"臣闻开盘石之宗,汉室于是惟永;建维城之固,周祚所以灵长",故他期许隋代能够"继周、汉之宏图,改秦、魏之覆轨"②。而薛道衡在炀帝时代所上《高祖文皇帝颂》,甚且推崇隋文帝的统一、化育之功是:"张四维而临万宇,侔三皇而并五帝,岂直锱铢周、汉,么么魏、晋而已。"③

由对普遍流行于南北朝迄于隋代的"姬、汉"固定用词的考察,不难发现,萧统《文选·序》中的所谓"姬、汉"用词,不仅渊源有自,尤有特殊用心:在自周代至梁朝的历代王朝中,萧统特别表彰周、汉两代大一统文化王朝,显然意在昭彰梁王朝欲绍继甚且超迈周、汉两代大一统文化王朝伟业的政治雄心。故其主编《文选》以为"比隆周、汉"大一统文化王朝的一代国家文化大典的内在心志,居然可知!

再具体考察萧统主编《文选》时所处的南北朝后期特定的政治文化发展现实:其时南、北对峙,以华夏文化正统自居的梁王朝,正处于繁荣发展期,也有统一天下的宏志,甚至一度还取得南北对峙时的战略优势。梁武帝于天监元年四月即位,天监四年冬十月,即以中军将军、扬州刺史临川王宏都督北讨诸军事,尚书右仆射柳惔为副,兴兵北伐,直到太清元年"八月乙丑,王师北伐,以南豫州刺史萧渊明为大都督"。太清二年八月,"侯景之乱"爆发,太清三年五月,梁武帝死,可见建立大一统王朝实为梁武帝一生志业。而萧统作为太子,也曾以实际行动支持北伐事业:"普通中,大军北讨,京师谷贵,太子因命菲衣减膳,改常馔为小食。"④至于萧统主编《文选》,当代一些学者认为得到梁武帝的亲自授意,这样的说法虽只是原情推论,并无文献依据。但

① [唐]李百药:《北齐书》,中华书局1972年版,第345页。
② [唐]李延寿:《北史》,中华书局1974年版,第861页。
③ [唐]魏征:《隋书》,中华书局1973年版,第1411页。
④ [唐]姚思廉:《梁书》,中华书局1973年版,第168页。

即便没有梁武帝的亲自授命，“太子自加元服，高祖便使省万机”，并有“明于庶事”“天下皆称仁”的美誉，其被梁武帝委以执掌朝政重任，顺应时代政治文化发展的必然要求，主编《文选》以为一代国家文化大典，也是自然而然的事情。

二、萧统重视国家意识形态与文化审美高度的关系

在萧统本人关于《文选》编纂的论述中，确实不见直接论述梁代国家意识形态与文化审美高度关系的文字，但其主编《文选》时，重视国家意识形态与文化审美高度的关系，当无疑义。由于学界更多关注萧统主编《文选》与文学、文化审美的关系，本文侧重论述萧统注重国家意识形态，并将其与文化审美高度有机结合的相关论述。

最为有力的证据，是萧统《文选·序》论述文体之源时，本儒家诗教，由《诗序》所谓“诗”之“六义”谈起，分论文体更以“赋”为第一，并将“述邑居”“戒畋游”列为“赋”之前两类；选“赋”也以“京都”“郊祀”“耕籍”“畋猎”为前四类。此种做法，明显不同于陆机《文赋》的先“诗”后“赋”，也与刘勰《文心雕龙》先“明诗”后“诠赋”异趣。如果萧统不是以太子身份实际主持朝政，并以肩负王朝政治文化使命自任，而是有类于陆机、刘勰等文士，其是否还会采用如此编选方式，确是值得予以思考的问题。故需要特别强调指出，在高度重视文学独立观念与审美功能的梁代文化氛围中，萧统在主编《文选》时，虽也注重各类文学作品的审美价值与功能，但以“赋”为第一文体，并首重“赋”与帝王及王朝政治关联最为直接、深密的思想内容，确实体现了其借“赋”之“体国经野、义尚光大”功能来彰显国家文化总集的编纂理念。后世大型类书编纂每以“赋”为第一文体，正是师承、效仿萧统关于总集的编纂理念①。

其二，在《文选·序》中，萧统追溯“文籍生焉”，关注的乃是其源

① 朱晓海所论也可作为本文观点的一个有力支撑，参见其论文《两汉六朝诗文中的李陵现象》第55—57页的相关论述，载《古典文献研究》第十四辑，凤凰出版社2011年版。

自“伏羲氏之王天下”,追溯“文之时义远矣哉”,注重引述的乃是“《易》曰:‘观乎天文,以察时变,观乎人文,以化成天下’”。萧统分明是在申明:“文”自其起源之初,就服务于国家政治文化意志,负有“化成天下”的政治文化功能。其如此论述“文”之起源,除了师承儒家教化成说,也当由于其身为实际执掌朝政的太子,而以国家文化发展方向的引领者自任,更加重视编纂作为总集的《文选》的教化作用。故萧统虽抱持“踵其事而增华,变其本而加厉”的“文”之进化论观念,却不会否认“文”具有“化成天下”的政治文化功能,其所具有的特定政治角色,甚至还强化了重视“文”具有政治教化功用的思想观念。正因如此,在具体论述各文体的性质时,萧统也多强调政治教化功能。如其论“诗”重“正始之道”“风雅之道,粲然可观”,论“颂”重“游扬德业,褒赞成功”,论“箴兴于补阙”,论“戒出于弼匡”,论“诔”称“美终则诔发”,论“赞”称“图像则赞兴”等。由此以观身为太子实际执掌朝政的萧统,其指称各体文学作品“譬陶匏异器,并为入耳之娱;黼黻不同,俱为悦耳之玩”,就不仅是指单纯的“娱”与“玩”,还包含在于更高的文化审美阅读活动中达成潜移默化、“教化天下”功用的政治意旨①。因为在《陶渊明集序》中,萧统就明确批判、否定无助于风雅之道、纯粹追求感官娱乐的行为:“齐讴赵舞之娱,八珍九鼎之食,结驷连镳之荣,侈袂执圭之贵,乐则乐矣,忧则随之。何倚伏之难量,亦庆吊之相及!智者贤人,居之甚履薄冰;愚夫贪士,竞此若泄尾闾。”②

《南史》本传记载萧统在日常生活中,也是躬行潜移默化的“教化天下”之道的:“时俗稍奢,太子欲以己率物,服御朴素,身衣浣衣,膳不兼肉。……尝泛舟后池,番禺侯轨盛称此中宜奏女乐,太子不答,咏左思《招隐诗》云:‘何必丝与竹,山水有清音。’轨惭而止。”③而其主张编选《文选》以精华作品为本,“略其芜秽,集其清英”“事出于沈思,义归乎翰藻”,更当包含注重提供审美阅读精品、期望在高级文化审美阅读

---

① 参见拙著《魏晋文化与文学论考》第354—360页的相关论述。

② [南朝·梁]萧统:《昭明太子集》,《四部备要》,中华书局1936年版,第18—19页。

③ [唐]李延寿:《南史》,中华书局1975年版,第1308—1310页。

活动中达成潜移默化、"教化天下"的政治意旨。关于这一点,其《答湘东王求文集及〈诗苑英华〉书》注重为文与"君子之致"的关系:"夫文典则累野,丽亦伤浮,能丽而不浮,典而不野,文质彬彬,有君子之致,吾尝欲为之,但恨未遵耳。"①

《陶渊明集序》高度表彰陶渊明作品:"尝谓有能读渊明之文者,驰竞之情遣,鄙吝之意祛。贪夫可以廉,懦夫可以立。岂止仁义可蹈,亦乃爵禄可辞。不劳复傍游泰华,远求柱史,此亦有助于讽教尔。"②都可作为最明晰化的注解。

其三,以国家文化发展方向的引领者自任,亲自主编《文选》,也表现了萧统本人的宏大文化追求理想。在中华民族早期文化发展中,就存在政治领袖与文化领袖合二为一的现象,儒家也往往将此作为孔子以前所谓"圣王"的标志。而自曹魏迄于梁代,以政治领袖而为文化领袖,更成为重要的政治文化传统。梁代武帝与昭明太子、简文帝、元帝父子四人,都以政治领袖而为文化领袖。萧统以太子身份主持朝政,其实更多发挥的是文化领袖作用。《梁书》本传称其"引纳才学之士,赏爱无倦。恒自讨论篇籍,或与学士商榷古今;闲则继以文章著述,率以为常。于时东宫有书几三万卷,名才并集,文学之盛,晋、宋以来未之有也"③。梁武帝诏令王筠所做的《哀册文》誉其:"总览时才,网罗英茂;学穷优洽,辞归繁富。或擅谈丛,或称文囿;四友推德,七子惭秀。望苑招贤,华池爱客;托乘同舟,连舆接席。摛文掞藻,飞纻泛醳;恩隆置醴,赏逾赐璧。徽风遐被,盛业日新。"④

实际上,萧统心目中最希慕的兼政治领袖与文化领袖于一身者,就是与自己政治文化角色及爱好颇有相同之处的曹魏太子曹丕。如在《答湘东王求文集及〈诗苑英华〉书》中,萧统就自称"兴同漳川之赏",以与曹丕《与吴质书》相提并论为荣⑤。而王筠《哀册文》中所谓

① [南朝·梁]萧统:《昭明太子集》,《四部备要》本1936年,第15页。
② 袁行霈撰:《陶渊明集笺注》,中华书局2003年版,第614页。
③ [唐]姚思廉:《梁书》,中华书局1973年版,第167页。
④ [唐]姚思廉:《梁书》,中华书局1973年版,第170页。
⑤ 参见拙著《魏晋文化与文学论考》第98页的相关论述。

"七子惭秀",正以曹魏太子曹丕与建安七子的关系,比拟萧统以太子身份"总览时才"。"盛业日新"等语,也让人联想曹丕以太子身份撰述《典论》、提出"盖文章,经国之大业,不朽之盛事"的著名论断。而曹丕在代汉之后,还曾主导《皇览》编纂,"使诸儒撰集经传,随类相从,凡千余篇"①,开启了大型类书编纂传统。故指萧统效法曹丕,而将编纂《文选》视为"经国大业",并亲为主导其事,自非无根臆断。

尽管《文选·序》在界定选文标准时,将周公、孔子、老、庄、管、孟之文予以排除:"若夫姬公之籍,孔父之书,与日月俱悬,鬼神争奥,孝敬之准式,人伦之师友,岂可重以芟夷,加之剪截?老、庄之作,管、孟之流,盖以立意为宗,不以能文为本。"②但这主要是从编选总集的具体编辑方略出发,以接续孔子以来的"圣人"著述慧命自许,正是历代杰出文化人物梦寐系之、念兹在兹之事。司马迁、扬雄、刘勰如此,萧统也不例外③。尤需强调指出的是,早在南朝齐代,萧子显就喊出了"若无新变,难为代雄"的豪迈口号④,在梁代,这样的思想观念更是深入人心。故抱持"踵其事而增华,变其本而加厉"⑤这种文学进化论观念的萧统,当其思考如何接续"圣人"著述、超迈曹丕等的文化成就时,选择编纂荟萃"文"之精华成果的总集,无疑也表现了其欲成就前无古人、为一代之"雄"的国家文化编纂大典的雄心壮志。在梁代文论派别中,萧统属于"折中"派的代表人物,每以文化均衡原理折中众家,再联系其以太子身份主持朝政的特定政治角色,则其集萃自周至梁"文"之精华,也表现了其从政治文化理想高度出发集"文"之大成的思想意识⑥。

---

① [西晋]陈寿:《三国志》,中华书局1997年版,第88页。

② [唐]李善等注:《六臣注文选》,中华书局1987年版,第3页。

③ 萧统乃弟梁元帝萧绎《金楼子·立言》就提到从孔子、司马迁到萧绎本人的所谓"素王"谱系和当仁不让的"素王"情结:"周公没五百年有孔子,孔子没五百年有太史公。五百年运,余何敢让焉?"也可参看拙著《汉魏六朝文史论衡·"素王"造像、"素王"传人与〈孔子世家〉》第50—82页的相关论述,上海古籍出版社2013年版。

④ 参见[南朝·梁]萧子显:《南齐书》,第906页。

⑤ [唐]李善等注:《六臣注文选》,中华书局1987年版,第1页。

⑥ 参见周勋初《梁代文论述要》第195—221页的相关论述(《中华文史论丛》第5辑,中华书局1964年版)及拙著《魏晋文化与文学论考》第358—359页的相关论述。

正由于萧统本人由文化追求理想高度等出发主编《文选》，日本空海和尚所著《文镜秘府论·南卷·集论》就剀切揭示："至如梁昭明太子萧统与刘孝绰等，撰集《文选》，自谓毕乎天地，悬诸日月。"①也正是在这种意义上，我们宁愿认为，虽然不排除其秉承梁武帝意旨的因素，但更多还是出于高度自觉的文化创造行为。而其主张以选择"文"之精华作品为本，注重在高级文化审美阅读与感悟中达成潜移默化、"教化天下"的政治功用，既是对孔子以编选《诗经》方式推广儒家"诗教"的教化方式的发扬光大，也表现了其高明的政治文化眼光。

需要强调的是，由于萧统英年早逝，简文帝与梁元帝又都是梁代"新变"文论的代表人物，二人均痴迷于"宫体诗"创作，将"宫体诗"树立为代表梁代文学创造的一代之"雄"，故在萧统去世后的简文与梁元二帝在位时期，《文选》作为一代总集的重要价值，实际并没有得到很好的发挥。虽然"宫体诗"创作及徐陵编纂《玉台新咏》专门选收"宫体诗"，也具有重要审美价值，但在南北朝后期的特定政治文化情势下，萧统所具有的政治文化眼光高度及其对国家文化发展的历史使命感，确实不是简文、梁元二帝所可望其项背的。尽管历史不可以假设，但联想曹魏政权正是由萧统所推崇的太子曹丕继位，并实际推动了大一统的历史进程，假如萧统没有早逝，而是由其继续实际主持朝政，或由其继承帝位，避免其父萧衍晚年在政治文化方面的各种昏荒举措，躬践其以《文选》作为"文"之总集的政治文化理念，并重视其他政治军事方略，真正做到"文""武"并用、刚柔兼济，则梁代鼎盛文化怎样发展演变，乃至梁代历史怎样发展演变，确实是可予以骋怀想象的事情。尽管不能将梁亡完全归咎于文化方略偏误，但作为政治领袖与文化领袖，简文、梁元二帝以个人偏嗜作为时代文化的主流方向，确实有其负面的政治影响作用，也是无可讳言的事实。

与简文、梁元二帝所为形成鲜明对比的是，掌握东魏实际政权的高欢就喜爱《文选》，其身边学士多熟悉《文选》，而高欢正与萧统生活

---

① ［日］遍照金刚：《文镜秘府论》，人民文学出版社1975年版，第163页。

在同一时代①。魏收在谈论文体优劣时,对比号称“北地三才”的北齐魏收、温子升、邢邵三人,颇以擅长为赋自傲:“会须作赋,始成大学士。”明显受到萧统《文选》重赋思想的影响。尽管不排除个人趣味偏好因素,但被奉为北齐高祖的高欢以及“北地三才”对《文选》及居于《文选》各体之首的赋的重视,明显与大一统时代政治文化发展需求密切相关。

在隋代大一统时代,《文选》实际上已经被视为国家科举取士的重要参照读物。而作为萧氏后人,以《文选音》成为《文选》研究开山人物的萧该,正以重视“汉学”“尤精《汉书》”著称,其对《文选》的研究,也当寄寓对大一统文化发展的期待。《文选》及“文选学”对唐代精神建设与文化发展,也起到了极为关键的支撑影响作用。后世每以汉、唐并称,唐人则具有浓厚的崇汉情结,但刘汉创业君臣普遍较为欠缺文化素质与追求境界,并不具备代表当时先进政治文明的水平②,李唐创业君臣则是南北文化成功融合的产儿。李唐王朝不仅建立在较高的文化基础上,其在创业之初就高度重视对前代精华文化遗产的选择继承与发扬光大,故以“宫体诗”为代表的浮靡文化被予以否定,而集萃唐前“文”之精华的《文选》,在初唐时期即被采纳为科举取士的第一权威读本,从而明确了其所具有的国家文化大典地位,“文选学”也兴盛繁荣于初唐时期,确实是时代历史文化发展的必然性选择。正因如此,初唐时期不仅涌现了曹宪及其弟子李善、许淹、公孙罗、魏模等“文选学”名家,李善《文选注》更成为代表唐代“文选学”研究高峰的著作。

正因萧统以太子身份亲自主编《文选》以为一代文化总集、大典,并且编选标准精当,在其后的封建时代,《文选》对中华民族的精神建设与文化发展产生了重大、深远影响。盛唐文化高潮、宋代文化高峰与清代的乾嘉文化鼎盛,都与《文选》的整理研究与普及推广密不可分。

---

① 参见《太平广记》卷二百四十七所收隋代侯白《启颜录》的记载。

② 参看拙著《汉魏六朝文史论衡·陆贾与汉初的道德重构及文化复兴》第 13 页的相关论述,上海古籍出版社 2013 年版。

三、"文选学"研究系统重构与未来研究新景

论定重视国家意识形态与文化审美高度的关系，自觉服务于建构比肩甚且超迈周汉的大一统文化王朝的伟大政治理想，主编《文选》以成就"比隆周、汉"的一代国家文化大典，是萧统主编《文选》的重要指导思想，将有助于更为全面、客观、准确地认识、发显萧统的特定编选思想与编选内容的价值，也带给我们反思当代"文选学"研究系统、展望未来研究新景的重要契机。

第一，《文选》之"文"的真正含义究竟为何？长期以来，学界较少关注《文选·序》开篇即将"逮乎伏羲氏之王天下也"作为"文"之起点，并引述《易经》"观乎天文，以察时变；关乎人文，以化成天下"，阐述"文"之"时义"的远大深广，较少关注《文选》实际是对"文"之发展的一种择取与总结，较少关注萧统注重国家意识形态与文化审美的关系，而是以当代被提纯化的"文学"概念与《文选》之"文"对接，从而仅将《文选》理解为一部当代意义上的"文学"总集，片面窄化理解《文选·序》"文"之进化论与审美意义的关系，单纯着眼于"沉思"与"翰藻"立说，讨论《文选》的诸多精义，也只局限于当代狭义形态的"文学"层面，刻意区分《文选》之所谓"实用文体"与"非实用文体"。姑不论先唐时期"文学"概念指涉远比今日宽广，如果正视由曹丕《典论·论文》所谓"四科八体"："奏议宜雅，书论宜理，铭诔尚实，诗赋欲丽。"①陆机《文赋》所谓"十体"："诗缘情而绮靡，赋体物而浏亮。碑披文以相质，诔缠绵而凄怆。铭博约而温润，箴顿挫而清壮。颂优游以彬蔚，论精微而朗畅。奏平彻以闲雅，说炜晔而谲诳。"②到萧统《文选》的三十九体分类，则萧统之"文"绝非仅仅是"沉思翰藻"，而应该是遵从儒家诗教说"逮乎伏羲氏之王天下也""观乎人文以化成天下"

① ［三国·魏］曹丕撰，魏宏灿校注：《曹丕集校注》，安徽大学出版社 2009 年版，第 313 页。

② ［西晋］陆机撰，杨明校笺：《陆机集校笺》，上海古籍出版社 2016 年版，第 17 页。

之“文”，只不过这“文”更注重“文”的进化发展，强调将国家意识形态与文化审美高度予以有机契合，从而使“文”在更高层次更好地为国家意识形态服务。《文选》也绝非今日意义上的所谓文学总集，而是一部包容更为广大的国家文化总集、文化大典。这样，研究《文选》就不仅要研究其属于当代所谓的“文学”之意义指涉，更要与古代之“文学”概念对接，全面拓展、系统研究《文选》所包蕴的中华民族的核心精神价值观念、思维模式、思想意义、审美精神与其他属于基础性、多样性的文化价值内涵，研究《文选》在后世被确认为一部国家文化大典，其被经典化、普及化的历程及其优劣得失。

第二，当代“文选学”研究的繁荣兴旺及其所取得的成就不容置疑，但为了更好地发展，还必须追问当代“文选学”研究系统的建构是否合理。在“文选学”研究系统中，居于核心主导的方面究竟为何？可以肯定地说，“文选学”的核心研究对象乃在编选问题。因为其所选录的多数作品在当时皆为习见，仅分析作品显非“文选学”之要义。为何、如何选择这些作品，并以何种方式呈现出来，使这些作品构成一个自足的国家文化大典系统，这才是《文选》之所以是《文选》的关键。故研究萧统的立意就显得特别重要。可惜学界过分专注在编者、编纂时间、编纂过程等方面的具体研究，以致《文选》的核心价值几乎湮没不彰。故笔者也在此向学界呼吁：超越今日之较为狭隘的“文学”观念，回归到古代“文学”观念的对接，不仅以深入研究《文选》这一部意欲“比隆周、汉”的一代文化大典为契机，积极思考重构“文选学”研究系统，推动“文选学”研究事业迈向新的高峰，也为实质推动中华民族21世纪文化复兴伟业的“文学”概念重构，以及核心精神价值与思想系统的重构，提供重要思想资源与智力支持。

［本文原载《郑州大学学报（哲学社会科学版）》2014年第5期］

家族文化、文化传承与家族文化创造机制

——以齐梁萧氏帝王家族为研究中心

一、个体生命、祖先崇拜、宗族传承与中华文化发展

在具有广泛的宗教文化背景的地域及民族当中，人的行为心理首先具有鲜明、深刻的宗教特征。对于生命及种族来自何处的追溯，很自然地推究到宗教创世神话。而中华民族以实用理性思维为主导，也受地域、经济活动模式及其他多方面因素的影响，没有形成视宗教信仰为其精神生活的主要内容的文化心理与传统，对象化的神也最终没有成为人们精神的主宰，祖先崇拜从根本上削弱并实质取代了自然神在人们精神生活中的位置。这样，在很大程度上，宗族实际就成为个人生命价值的源泉和依托。

在我们所知的华夏历史中，最早将众多个体的人凝聚成为一个具有社会性群体的纽带是血缘。更大的社会组织内部，则始终存在以血缘团结为一体的群体，其外显标志就是姓氏。在漫长的历史时期内，以一族一姓为标志的宗族，既是延续文化与传承文明的社会组织载体，同时也是个体精神与肉体从属之源。历史潮流浩浩荡荡，政权更替如同潮头的浪花，生灭轮转，而香火绵延的宗族却如同浪花下的潜流，奔涌向前，不曾停息。可以说，中华民族的发展，就是在无数一族一姓相映生辉的荣光中奔腾向前的。

二、血缘纽带、华夏礼乐与家国“忠”“孝”难题反思

华夏文明以礼乐文明为其重要的组成部分，礼乐文明在数千年的华夏文明发展史上的影响重大而深远，至今仍有其强大的生命力。礼乐文明是在以农耕为主要生产方式的经济基础之上形成的，以血缘纽带为核心而延伸出等级关系以及伦理规范。夏商周以来，这样一套体系化的以伦理道德为主的礼乐教化制度，逐步成型、成熟。《尚书大传》记载：

> 周公摄政，一年救乱，二年克殷，三年践奄，四年建侯卫，五年营成周，六年制礼作乐，七年致政成王。①

西周建国之后，周公制礼作乐，第一次从制度、组织、行为以及观念层面，奠定了中华民族以血缘宗法为核心的伦理型文化基础。推究周代礼乐文明的实质，大致是在以姬姓为主的华夏族群内部，以血缘关系为基础，认同并且尊崇共同的祖先以维系亲情、团结族群。同时在宗族内部区分长幼尊卑，采取与商代中前期“兄终弟及”不同的“嫡长子继承制”，规定不同地位的宗族各成员的权利和义务。这样的一种宗法体制，成为稳定而合理的社会伦理乃至政治组织形式。

春秋以降，礼崩乐坏，血缘宗法的维系力度微乎其微，无力在政治层面支撑周朝继续存在。以孔孟为代表的儒家学派，主张恢复周礼，实行仁政。但他们理想化的“王道”“仁政”主张，在恶劣的现实环境中实在迂阔难行。即便如此，宗法礼制依然相沿成习。汉武帝时，罢黜百家、独尊儒术，将儒家学说提高到统治阶层指导思想的高度，加强了对礼乐文化的认同，稳固了此套政治宗法体系。经过长时期的发展进化，在中华大地上，以宗族内血缘为基础而构建的伦理纲常成为中

---

① 《尚书大传》的作者今已难以详知。《史记》《汉书》但称伏生，今人或认为系伏生的弟子张生、欧阳生所作。参见余嘉锡《四库提要辨证》，中华书局1980年版，第28—30页。

国封建社会稳定的意识形态内容，绵延两千多年，成为中国人的民族心理与基本人格的内核。

由于对宗法礼制的重视，在政治与伦理矛盾冲突时，亲亲之谊有时甚至大于国家法制。著名的例子，如"告父攘羊"事件的经历历史时空的"被围观"。《论语·子路》记载：

> 叶公语孔子曰："吾党有直躬者，其父攘羊，而子证之。"孔子曰："吾党之直者异于是：父为子隐，子为父隐，直在其中矣。"①

在《论语》的记载中，面对国家法制与亲亲之谊间的抉择，孔子直白讲出"父为子隐，子为父隐""直在其中"。《韩非子·五蠹》则演绎了《论语》的记载：

> 楚之有直躬，其父窃羊而谒之吏，令尹曰："杀之。"以为直于君而曲于父，报而罪之。②

在本条记载中，儿子告父攘羊，因"直于君而曲于父"而被令尹处以杀戮极刑。《吕氏春秋·仲冬纪·当务》更多拓展之处：

> 楚有直躬者，其父窃羊而谒之上，上执而将诛之。直躬者请代之。将诛矣，告吏曰："父窃羊而谒之，不亦信乎？父诛而代之，不亦孝乎？信且孝而诛之，国将有不诛者乎？"荆王闻之，乃不诛也。孔子闻之曰："异哉！直躬之为信也。一父而载取名焉。"故直躬之信，不若无信。③

儿子在先告发父亲后，又自我要求代父受刑，并以自己告发行为

---

① 《论语注疏》，[清]阮元《十三经注疏》，中华书局1980年版，第2507页。

② [战国]韩非子撰，陈天启校释：《韩非子校释》，中华书局1940年版，第50页。

③ [战国]吕不韦等撰，[汉]高诱注：《吕氏春秋》，《诸子集成》本，中华书局1978年版，第110—111页。

成全了国家法制之“信”，代父受刑尽了“孝”道，要求得到赦免，楚王也因此赦免了他。但孔子仍认为假借“孝”“信”名目规避法律惩罚，并非真正的诚信行为，如此之“信”，不如无“信”。因为它必然助长巧言伪诈之风。此外，汉代如韩婴《韩诗外传》、桓宽《盐铁论》、班固《汉书》与《白虎通》、何休《春秋公羊传解诂》等，也对此一事件多有关注评论①。

《孟子·尽心上》的记载也很典型：

> 桃应问曰：“舜为天子，皋陶为士，瞽瞍杀人，则如之何？”孟子曰：“执之而已矣。”
>
> “然则舜不禁与？”
>
> 曰：“夫舜恶得而禁之？夫有所受之也。”
>
> “然则舜如之何？”
>
> 曰：“舜视弃天下犹弃敝屣也。窃负而逃，遵海滨而处，终身䜣然，乐而忘天下。”②

这段记载也容易被拿来当做法治与人治话题的焦点。但我们可以从中看到，在面对国家利益（法制）与家族利益（孝道）的矛盾冲突时，由于既需免除自己失职之责，又需保全尽孝之意，舜首先考虑的仍然是孝道，因此不惜选择抛弃天子职位，以求破解其两难困境。而如此处理的象征意义在于：舜在牺牲具体的国家利益以保全孝道的同时，实际上保全的却是国家得以确立和稳固的道德伦理基础。反过来说，如果舜为国家利益而大义灭亲，以天子的职责命令皋陶收捕父亲，放弃对孝道的坚持，这样的做法，表面上看似乎是以国家利益为出发点的，也确实维护了国家利益，但究其实质，却瓦解了国家观念得以确立的道德伦理基础。当然，保全孝道而放弃政治权力的前提是“家国

① 关于“告父攘羊”事件的相关记载，《论语注疏》，《十三经注疏》，中华书局 1980 年版，第 2507 页可详参。也可参看杨伯峻《论语译注》中华书局 1980 年版第 139 页的相关论述。

② 详参《孟子注疏》，《十三经注疏》本，中华书局 1980 年版，第 2769 页。

同构”社会政治结构，无数以血缘宗法为纽带形成的家族，构成了具有更大结构特征的国家。正因如此，孟子还刻意渲染了舜“视弃天下犹弃敝屣”，欲“逃离”政治，“遵海滨而处”“忘天下”而获得“终身䜣然”之“乐”的行为。孟子所谓奉亲尽孝之“乐”，胜于贵为天下之主，自然表达了对生命个体能够超越现实功利，在家庭孝睦和乐中安身立命的憧憬与期待①。

《三国志·魏书·邴原传》裴松之注引《邴原别传》所记邴原言论，则体现了门阀士族阶层普遍的被固化的家族利益至上的文化心理：

> 太子燕会，众宾百数十人。太子建议曰：“君父各有笃疾，有药一丸，可救一人，当救君邪，父邪？”众人纷纭，或父或君。时原在坐，不与此论。太子咨之于原，原悖然对曰：“父也。”太子亦不复难之。②

太子曹丕关于以药丸救人，于君、父孰先孰后的提问，自然是站在曹魏王权立场上，邴原对曹丕的追问，居然“悖然”而斩钉截铁地以“父也”回答，正体现了门阀士族视家族利益高于王权并予以坚决维护的精神意志③。《世说新语·轻诋》记载的许询言论，亦与邴原同调：

> 简文与许玄度共语，许云：“举君亲以为难。”简文便不复答，许去后而言曰：“玄度故可不至于此。”④

许询当着东晋简文帝的面宣称“举君亲以为难”，自然是不给帝王面子。简文帝也只有在许询走后怨叹许询不应如此无礼。但它确实

---

① 详参[战国]孟子著，[汉]赵岐注，[宋]孙奭疏：《孟子注疏》，《十三经注疏》本，中华书局1980年版，第2769页的相关注疏内容。

② 卢弼：《三国志集解》，中华书局1982年版，第338页。

③ 卢弼：《三国志集解》，中华书局1982年版，第338页的相关记载。

④ 余嘉锡：《世说新语笺疏》，上海古籍出版社1993年版第839页的相关笺疏。

相当真实地凸显了东晋王权仰门阀士族鼻息进行统治的政治现实,其对王权统治与国家意志的消解作用也是毫无疑义的。故身处抗战时代,忧愤著书的余嘉锡,在论析王绥预为“存亡未测”的父亲守丧,被时人称为“试守孝子”事件时,就以沉痛笔触指出汉末魏晋迄于南朝门阀士族家族利益至上、罔顾国家大义之弊,也指出唐宋以“正学”导引国家繁荣、民族复兴之因:

> 盖魏晋士大夫止知有家,不知有国。故奉亲思孝,或有其人;杀身成仁,徒闻其语。……求忠臣必于孝子之门,竟成虚言。六代相沿,如出一辙,而国家亦几胥而为夷。爰及唐、宋,正学复明,忠义之士,史不绝书,故得常治久安,而吾中国亦遂能灭而复兴,亡而复存。览历代之兴亡,察其风俗变迁,可以深长思矣。①

为了国家的兴旺强盛和民族的伟大复兴,余嘉锡的话确实值得我们深长思之。

三、“三不朽”标准、“述祖德”与家族文化价值传承

古代埃及法老们为自己精心筑造庞大的金字塔,预备死后在另一个世界里继续享受生前的奢侈与荣光。从古老的殡葬习俗考察中国传统的生死观念,多少能够看出先民对身后世界的模糊的构想。而春秋战国之际,孔子理性地提问:“未知生,焉知死?”庄子主张“一死生,齐万物”,都对死亡问题予以理性回避。孔子甚且痛心疾首地控诉:“始作俑者,其无后乎?”②说明至少知识分子阶层没有精心构筑彼岸世界的打算,在他们的内心深处,对于是否真正存在所谓死后的彼岸世界,死后有无可能继续延续享受生前的功业、财富、荣誉等,有无必

---

① 本条事迹原文见《世说新语·德行》:“王仆射在江州,为殷、桓所逐,奔窜豫章,存亡未测。王绥在都,既忧戚在貌,居处饮食,每事有降。时人谓为试守孝子。”详参余嘉锡《世说新语笺疏》第45—47页的相关笺疏。

② 参见《孟子·梁惠王上》《孟子注疏》,《十三经注疏》本,中华书局1980年版,第2667页。

要“作俑”,其实是不太确定且抱持怀疑态度的。

与对死后的所谓彼岸世界的关注、探究热情不高形成鲜明对比的是,早在先秦时代,华夏民族的士人对于活在世上要积极进取、追求获得不朽的精神价值,就已具有自觉意识。在形成以血缘伦常为纽带的家天下体制与宗法社会体制的先秦时代,“修身齐家治国平天下”①也成为士大夫阶层所崇奉的政治人生理念:不仅对生命获得不朽的精神价值,抱持强烈的意欲追求,也将以实现个体生命的自我价值、光宗耀祖、使得整个家族绵延且万世流芳,作为个体生命的根本性追求方向。鲁大夫叔孙豹对“三不朽”的著名论断,就是以家族成员的个体生命的不朽价值与整个家族世代相传、绵延不绝的关系为基本出发点的。《左传·襄公二十四年》记载,当晋国范宣子夸耀其家族范氏历代“禄之大者”时,叔孙豹就给他上了怎样才算真正光宗耀祖之课,也给后世定下了实现自我政治人生价值、追求家族荣耀的“三不朽”标准模式:

> 二十四年春,穆叔如晋,范宣子逆之,问焉,曰:“古人有言曰,‘死而不朽’,何谓也?”穆叔未对。宣子曰:“昔匄之祖,自虞以上,为陶唐氏,在夏为御龙氏,在商为豕韦氏,在周为唐杜氏,晋主夏盟为范氏,其是之谓乎?”穆叔曰:“以豹所闻,此之谓世禄,非不朽也。鲁有先大夫曰臧文仲,既没,其言立,其是之谓乎!豹闻之:‘大上有立德,其次有立功,其次有立言。’虽久不废,此之谓不朽。若夫保姓受氏,以守宗祊,世不绝祀,无国无之。禄之大者,不可谓不朽。”②

叔孙豹指出:仅是“保姓受氏,以守宗祊,世不绝祀”“无国无之”“禄之大者,不可谓不朽”,并不值得炫耀。因为这种方式停留在维系

---

① 语出《礼记·大学》:“古之欲明明德于天下者,先治其国;欲治其国者,先齐其家;欲齐其家者,先修其身;欲修其身者,先正其心;欲正其心者,先诚其意;欲诚其意者,先致其知,致知在格物。物格而后知至,知至而后意诚,意诚而后心正,心正而后身修,身修而后家齐,家齐而后国治,国治而后天下平。”见《礼记正义》,《十三经注疏》本,中华书局1980年版,第1673页。

② 杨伯峻:《春秋左传注》,中华书局1990年版,第1087—1088页。

家族生存私利的低级层次，鲜少真正的精神价值内涵。只有超越生存层次，追求立德、立功与立言，成为民族和国家的骄傲和自豪，才可使自我及家族获得永恒性的精神价值，使家族文化获得真正不朽的灵魂。叔孙豹关于太上立德、其次立功、复次立言的“三不朽”论断，实际上已经表明，中国古代士人充分考虑到在肉身死亡腐朽之后，如何让自己的生命价值得到延续的问题。笼统而言，就是要对社会对他人做出有益的事业及影响，体现出中国古代士人鲜明的人生价值观以及社会责任感①。就算没有上升到追求“不朽”那样的高度，除了努力建功立业，中国古代士人对于现实事功的追求，始终还会有一个普遍存在的心理基础，即在宗族伦理观念的影响下，围绕个体与宗族关系，让自我价值的实现为宗族利益及价值服务，自觉地为“宗祖交游光宠”。

司马迁不朽著作《史记》的完成，就有赖于他以传承家族文化价值的信念作为生命的强力支撑。司马迁在《报任安书》中披露，为了完成父亲关于《史记》撰写的遗命，他从容忍受了拜汉武帝暴政之赐的无辜宫刑横祸，他以“声声慢”的方式泣诉，“腐刑”是比其他“九辱”更严重的“极刑”。如此奇耻大辱，为常人所不能忍：

> 太上不辱先，其次不辱身，其次不辱理色，其次不辱辞令，其次诎体受辱，其次易服受辱，其次关木索被箠（棰）楚受辱，其次剔毛发婴金铁受辱，其次毁肌肤断肢体受辱，最下腐刑极矣！②

在司马迁看来，伏法受辱之后，自己的境况倒在其次，担心的是为乡党耻笑，无颜葬身于先祖父母丘坟之侧：

> 仆以口语遇遭此祸，重为乡党戮笑，污辱先人，亦何面目复上父母之丘墓乎？虽累百世，垢弥甚耳！是以肠一日而九回，居则

① 刘畅认为“三不朽”之说带有鲜明的“公天下”的色彩，“公天下”的思想核心是以处于宗法制度上一级的利益为公，下一级的利益为私，舍私为公。参见刘畅：《三不朽：回到先秦语境的思想梳理》，《文学遗产》2004 年第 5 期。

② ［东汉］班固：《汉书》，中华书局 1964 年版，第 2732 页。

忽忽若有所亡，出则不知其所往。每念斯耻，汗未尝不发背沾衣也。①

但当念及《史记》“草创未就”“惜其不成”，就以坚忍决绝的勇气，从容接受宫刑：“是以就极刑而无愠色。”而一旦完成《史记》，这一重托，可以告慰父亲与列祖列宗之灵，则人生大事已了，无所挂怀、极度欣慰：

仆诚已著此书，藏之名山，传之其人通邑大都，则仆偿前辱之责，虽万被戮，岂有悔哉！②

从先秦至汉魏六朝，“述祖德”之风往往见诸篇什，文人士子多追溯先祖，述其功德，以期承袭家风而发扬光大。《诗经》中已可见此端倪，如《大雅·生民》：

厥初生民，时维姜嫄。生民如何？克禋克祀，以弗无子。履帝武敏歆，攸介攸止，载震载夙。载生载育，时维后稷。③

诗追溯周人始祖后稷的故事，实际上也是姬姓之家族史诗。“毛序”谓曰“尊祖也”，点明对宗族始祖的崇敬缅怀之立意。而屈子《离骚》开首即曰：

帝高阳之苗裔兮，朕皇考曰伯庸。④

屈原为了说明自己的高贵出身，将血统上推到上古颛顼帝，以这样的一种纵向追溯宗祖的模式来说明自己出身高贵，揭示出作者深层

① ［东汉］班固：《汉书》，中华书局1964年版，第2736页。
② ［东汉］班固：《汉书》，中华书局1964年版，第2737页。
③ 《毛诗正义》，《十三经注疏》本，中华书局1980年版，第528页。
④ ［宋］朱熹：《楚辞集注》，上海古籍出版社1986年版，第3页。

的内在心理需求。述祖之风表明在社会政治生活中,个体的价值与家族紧密相关,须臾不可分离。正是先祖的社会声望与现实事功,给后辈搭建好了一个优越的平台,并提供了一个相对可观的信用宝库。对先祖的怀念,除了满足单纯的追忆思念之情,同时还可以激发自己建功立业、为列祖列宗争光的雄心壮志。

以乡关之思著称的南北朝后期作家庾信,被杜甫《戏为六绝句》赞誉为:“庾信文章老更成,凌云健笔意纵横”,“庾信平生最萧瑟,暮年诗赋动江关。”其《哀江南赋》“悲身世”“念王室”,亡国之恨与仕敌之耻交织,家国情怀兼融,实多“述祖”变奏哀音。序文宣称“潘岳之文采,始述家风;陆机之辞赋,先陈世德”①,赋的开篇先出之以对自周汉迄于梁代的家族历史的深情追忆:

> 我之掌庾承周,以世功而为族;经邦佐汉,用论道而当官。禀嵩、华之玉石,润河、洛之波澜。居负洛而重世,邑临河而宴安。逮永嘉之艰虞,始中原之乏主。民枕倚于墙壁,路交横于豺虎。值五马之南奔,逢三星之东聚。彼凌江而建国,始播迁于吾祖。分南阳而赐田,裂东岳而胙土。诛茅宋玉之宅,穿径临江之府。水木交运,山川崩竭。家有直道,人多全节,训子见于纯深,事君彰于义烈。新野有生祠之庙,河南有胡书之碣。况乃少微真人,天山逸民。阶庭空谷,门巷蒲轮。移谈讲树,就简书筠。降生世德,载诞贞臣。文词高于甲观,楷模盛于漳滨。嗟有道而无凤,叹非时而有麟。既奸回之奰逆,终不悦于仁人。②

也将庾肩吾与自己父子二人的文化抱负及遭遇,与司马迁父子相比拟,而痛心于家族凋零、摇落,自己的被迫屈辱仕敌:

---

① [北周]庾信撰,[清]倪璠注,许逸民校点:《庾子山集注》,中华书局1980年版,第94页。

② [北周]庾信撰,[清]倪璠注,许逸民校点:《庾子山集注》,中华书局1980年版,第104—106页。

> 信生世等于龙门，辞亲同于河洛，奉立身之遗训，受成书之顾托。昔三世而无慚，今七叶而始落。①

其叙写文化名人"离家""赴洛"，被迫由南入北的凄惨与痛苦，真能动人心魄：

逢赴洛之陆机，见离家之王粲，莫不闻陇水而掩泣，向关山而长叹。况复君在交河，妾在青波。石望夫而逾远，山望子而逾多。才人之忆代郡，公主之去清河。栩阳亭有离别之赋，临江王有愁思之歌。别有飘飖武威，羁旅金微。班超生而望返，温序死而思归。李陵之双凫永去，苏武之一雁空飞。

赋末段又是复调式的家族追忆与自我哀叹，低回绵延、余音袅袅：

> 余烈祖于西晋，始流播于东川。洎余身而七叶，又遭时而北迁。提挈老幼，关河累年。死生契阔，不可问天。况复零落将尽，灵光岿然。日穷于纪，岁将复始。逼迫危虑，端忧暮齿。②

赋中时时流露的乡关之思，贯穿了庾信生命的后半程。庾信强烈而痛苦的心理体验，并不是肉体上的折磨，而是远离生于斯、长于斯的故土而产生的隔绝与疏离之感。当他提到"余烈祖于西晋，始流播于东川"时，提醒他不仅仅是与饱含政治意味的国家分离，更是被隔离于先祖世代生活的地方。而因亡国之恨与仕敌之耻交织，所背负的沉重心理包袱更使他时时滋生无颜面对列祖列宗的愧疚悔恨，以及强烈的文化幻灭情绪。

当庾信等在南朝后期由南入北文士确信无疑的、被视为有价值和值得为之奋斗并可为列祖列宗增光添彩的一切，都变成了毫无价值和意义可言的东西，甚且以负面价值方式呈现，以对文化为主的强烈幻

---

① ［北周］庾信撰，［清］倪璠注，许逸民校点：《庾子山集注》，中华书局1980年版，第141页。

② ［北周］庾信撰，［清］倪璠注，许逸民校点：《庾子山集注》，中华书局1980年版，第169页。

灭情绪就此而生。

庾信等对文化的幻灭情绪表征为:由于早期确立的以文化价值为内核的门阀士族价值观念系统遭受破坏,使他们的精神世界失去支柱,因而在强烈的情感倾向支配下,以极端化的全面否定来认知早期追求以及所取得的成就。同时也以扭曲的心理认同北朝文化价值系统。这种文化的幻灭情绪,正是走向文化反思的逻辑起点。从以文化价值极高的门阀士族不敌北朝少数民族武力征服的客观事实出发,重新思考以“尚武”精神为主的北朝文化价值系统与乏“力”重“采”的门阀士族文化价值系统,正是庾信等文化反思的核心内容。这种全面的文化反思,必然促进南北两大文化系统的融合,从而以扬弃的方式形成“力”“采”并重,个体与群体相融的大一统文化格局。这又是庾信等从文化幻灭情绪走向文化反思,真正反拨“家”“国”关系以重构大一统“家”“国”一体文化体系的重要贡献①。

四、文化血统传承与帝王家族向文化家族转型

汉魏以来,统治者阶层在巩固王权、加强政治统治的过程中,除了延续“封邦建国,以藩屏周”的家族化的政权组织形式,在掌握军事、经济的绝对实力之外,有意识地建设文化方面的主导力量,以期加强政权的合法性或者说合法性的基础。单纯的军事力量不足以支撑政治威权,需要更内在的本质化的综合因素与权力意志相匹配。比如血缘、姓氏、官职、师承、地望。如李唐王朝初立,亟须获得世家大族的认可与拥戴,而李氏本非望族,且有北方少数民族血统。为了提升自己的声望与社会地位,使之与实际政治威权相符,不惜依附名人如老子,抬高家族出身。

从中国历朝历代政治格局的发展变化中可以看到,政治权势争斗,常有帝王家族与文化家族之争。帝王家族无疑在政治、军事、经济

① 详见拙文《走向文化反思的逻辑起点——从庾信看由南入北文士的文化幻灭感》,载《西北师大学报》1994 年第 1 期。

方面具有无与伦比的优势，然而文化家族却可以世代相传的文化优势来抗衡。魏文帝曹丕在《典论·论文》中指出：

盖文章，经国之大业，不朽之盛事。年寿有时而尽，荣乐止乎其身。二者必至之常期，未若文章之无穷。①

这与春秋时代叔孙豹谈论“不朽”话题有一定相似性。个体生命有限而渺小，只有依托于更有价值的载体，才有希望“薪尽而火传”，让精神世代延续。曹丕实际上已经谈到依托文学和文化载体希图不朽的话题。由此延伸开去，让一个家族不朽，也当可以利用文学、文化这样的载体。如果代表生命纽带的血统与可使精神不朽的文学或者文化牢牢地结合起来，个体生命的小河融入这样的家族长河当中，就有可能达到千秋万代永垂不朽的目的。

凝聚了最高理想与价值的精神可通过文化传家而世代延续。虽然“年寿有时而尽，荣乐止乎其身”，如果依托于文化载体，生前积累的所有就可以安心地随着自己的血脉世代流传。这种传承相对于物质化的金银珠宝，是更为牢靠和优越的传承。将承载更高价值的文化作为遗产虽然不太务实，然而在对父祖辈一整套的伦理价值取向、教育理念以及文化技能等进行有意识继承、加强的过程中，一家一姓就可从一般家族发展成为文化家族，从而充分提高家族的社会地位，提升整体的政治影响力，进而发展成为文化门阀。上可光宗耀祖，下可福荫子孙，这确是士人的普遍性心理欲求。《世说新语·言语》记载：

谢太傅问诸子侄：“子弟亦何豫人事？而正欲使其佳？”诸人莫有言者，车骑答曰：“譬如芝兰玉树，欲使其生于庭阶耳。”②

《晋书·谢玄传》亦载：

---

① 郭绍虞：《中国历代文论选》，上海古籍出版社1979年版，第158页。

② 余嘉锡：《世说新语笺疏》，上海古籍出版社1993年版，第145页。

(谢玄)与从兄谢朗俱为叔谢安所器重。安尝戒约子侄,因曰:“子弟亦何豫人事,而正欲使其佳?”诸人莫有言者。玄答曰:“譬如芝兰玉树,欲使其生于庭阶耳。”①

谢安向子侄考问关涉子女个人小我与家族大我的关系,谢玄“譬如芝兰玉树,欲使其生于庭阶耳”的回答,就指出积极追求建功立业的后代,像馥郁的芝兰和亭亭的玉树一样,既高洁又辉煌,他们成长在自己家中的使命,就是为整个家族增添光辉。谢玄替谢安说出了门阀子弟的生命目的论,也道出了希望文化精神在宗族内部世代相传,以期取得垄断的文化优越性的门阀家族的潜在心理欲求。我们从王、谢家族发展过程可以看到,提升家族在政治博弈中的核心竞争力的有效手段之一,就是文化传家。文化传家往往通过家族教育来实现,良好的行之有效的家族教育模式会衍为家风,甚至于固定为制度。文化传家的重要性对于世家大族如是,尤其对于南北朝出身贫贱而又凭借军功跻身政治高层者而言,通过文化传家成为文化豪门,是最为理想的晋身之道。齐梁萧氏家族最为鲜明地演绎了这种家族地位的提升,成功地从武力专权的世家走向帝王家族与文化大族。尤其是梁武帝统治时期,被誉为“自江左以来,年逾二百,文物之盛,独美于斯”。② 萧氏家族文化发展臻于极盛阶段。

当然,梁武帝父子倡导和推动文化事业的发展,也将魏晋南朝门阀士族崇尚家族门第、重文轻武、重视精神享受而轻忽实际生活的价值观念,推向了极端。梁代极端化的文化追求,从本质上说,实际是对由门阀士族神圣论所派生的文化至上论的具体体现:门阀士族的神圣与特权,来自上天的绝对意志;而崇高的文化修养与品位,是象征门阀士族崇高地位与特权的独特标志③。

---

① [唐]房玄龄等撰:《晋书》,中华书局 1974 年版,第 2080 页。

② [唐]李延寿:《南史·梁本纪(中)》,中华书局 1987 年版,第 226 页。

③ 参看拙著《汉魏六朝文史论衡·庾信与由南入北文士的文化反思》,上海古籍出版社 2012 年版第 251—252 页的相关论述。

以今天的历史眼光来看,我们自然不能将梁朝灭亡,完全归咎于其极端化的文化追求,但说其是造成梁代灭亡的一大重要原因,则是毫无疑义的。梁元帝在梁亡前夜拔宝剑斫柱使折,声称"文武之道,今夜尽矣",并且放火焚书,成为秦始皇焚书事件后第二次大规模的焚书事件①。梁元帝不多从自身寻找梁亡之因,却怨恨于文化,也实在是看走了眼,徒留破坏文化的千秋骂名。相比之下,庾信《哀江南赋》痛定思痛地总结:"虽借人之外力,实萧墙之内起。""宰衡以干戈为儿戏,缙绅以清谈为庙略。"指出梁代皇族内讧、骨肉相残,引狼入室,援外敌以为助,帝王家族与门阀高门及握有重权的寒素家族集团离心离德,君臣之间、朝野上下,沉醉于歌舞升平,安于逸乐,一味文恬武嬉,以清谈为庙略,终于导致了一代文化王朝的灭亡,确是比较客观、准确地概括了梁亡的真正原因所在。

五、萧氏家族的崛起发展与成为齐梁帝王文化家族

东晋永嘉时期,萧姓一脉族人,在萧整带领下,举家南迁,寓居于南兰陵。《南齐书·高帝上》记载:

> 萧何居沛,侍中彪免官居东海兰陵县中都乡中都里。晋元康元年,分东海为兰陵郡。中朝乱,淮阴令整字公齐,过江居晋陵武进县之东城里。寓居江左者,皆侨置本土,加以南名,于是为南兰陵兰陵人也。②

南兰陵在今常州市西北,兰陵萧氏故里东城里在今常州孟河万绥③。关于萧道成的先祖淮阴令萧整过江侨居南兰陵之兰陵(今常州

---

① 详参[宋]司马光:《资治通鉴·梁纪·元帝承圣三年》,中华书局1956年版,第5121页的相关记载。

② [南朝·梁]萧子显:《南齐书》,中华书局1972年版,第1页。

③ 详参俞绍初:《昭明太子集校注·附录·萧统年谱》,中州古籍出版社2001年版第271页的相关论述。

西北）前的萧氏家族谱系，今已很难确知。而就淮阴令萧整过江侨居南兰陵之兰陵，其子萧隽任即丘令等记载来推断，萧氏家族并非当时声名赫赫、政治地位崇高的豪门望族。学界认为其在东晋南朝当属于“北来次等士族”，应是较为客观的看法①。由此来看《南齐书·高帝纪》所记载的萧整之前的六代：“苞生博士周，周生蛇丘长矫，矫生州从事逵，逵生孝廉休，休生广陵府丞豹，豹生太中大夫裔。”②其中并无达官显贵，仅为地位较低的官员或学者型的博士、孝廉，虽然无法据此论定其所记具体个人情形有无失实之处，但说其大体上反映了萧氏家族在当时的实际地位，应该是能够成立的。由此也可推断，即便萧整之前的萧氏家族鲜少达官显贵，但其确实早已世代相传且有相当的家族文化积淀。

由萧整、萧隽父子仅分任淮阴令、即丘令类官职，还可以推断，受东晋政局长期动荡更迭、战乱不断的影响，过江侨居南兰陵之萧氏家族，经历了属于其家族的艰难岁月。为保护家族生存利益，或借晋宋易代变局以追求建功立业，仕途任职明显趋“武”，也就成为萧氏家族后人的必由之路。从萧整的孙子、萧道成的祖父萧乐子，萧乐子的儿子萧承之即萧道成的父亲，与萧道成本人三代都以军功起家，就可以明显地看到这一点。而在有了政治地位和经济基础之后，南迁后萧氏家族中的代表人物，更多受到吴地重文兴学良风熏染，注重加强家族后人的文化教育与修养，期许萧氏家族以文化士族的身份立于上流社会之中。

齐梁萧氏的肇兴与发展和南兰陵密不可分。如同谈及建立大唐、大宋王朝的李氏与赵氏，人们必会言及陇西、天水一样，齐梁萧氏在中国历史上的重要地位，也让后世更为关注作为萧氏家族发祥地的南兰陵的文化标志意义。

刘宋时期，南渡后的萧氏家族发展为两大支脉：皇舅房和齐梁

---

① 参［宋］欧阳修、宋祁：《新唐书·宰相世系表》，中华书局1975年版，第2277—2279页。

② ［南朝·梁］萧子显：《南齐书》，中华书局1972年版，第1页。

房[①]。萧亮的孙女萧文寿成为宋武帝刘裕的继母——孝懿皇后，这使萧氏此支成为刘宋皇室外戚，故称"皇舅房"。萧氏此支在追求家族发展时，注重整合两大萧氏支脉的力量。如《南齐书·高帝纪》记载，萧亮的两位孙子，即孝懿皇后萧文寿的堂弟丹阳尹萧摹之和孝懿皇后萧文寿之弟北兖州刺史萧源之，以及萧源之之子梁州刺史萧思话，就都对属于齐梁房的萧承之，也就是萧道成父亲予以荐举、提拔。齐梁房则借重皇舅房为刘宋皇室外戚的势力，来拓展其家族的发展。如萧承之正是抱持这种宗族观念，与萧氏其他杰出人物交往，并以自身的能力赢得他们的信任与看重，得到他们持续的提携与鼎助，取得了比其祖、父更大的成功，一直做到右军将军这样的显赫军职。

就建立萧齐王朝的萧道成本人而言，他虽也以军功起家，由于父亲萧承之的成功，萧道成早年就有机会接受经学教育，13岁时便师从当时的大儒雷次宗，学习《礼》及《左氏春秋》，有较为深厚的经学修养。这使他文武兼通，同时也将"德化"奉为政治文明建构的理想及重要的政治谋略和手段。而注重宗族观念、家族文化、家族力量，也是萧道成建立萧齐王朝，使萧氏家族成为帝王家族、宗室大姓、文化大姓的重要原因。

与齐梁房的一支，经历由萧乐子、萧承之、萧道成祖孙三代奋斗，走向创建萧齐王朝的道路的同时，齐梁房的另一支，经由萧膳、萧副子、萧道赐、萧顺之数代，也得到快速发展。萧顺之更以齐高帝萧道成族弟、核心助手的身份，协助萧道成建立萧齐政权，其子萧衍则不仅在萧齐建立过程中建功立业，更逐渐掌握萧齐政治实权，利用萧齐皇室持续骨肉相残的内乱时势，取代萧齐政权而建立了萧梁王朝[②]。相较而言，齐梁两朝，后世肯定萧梁朝为多。欧阳修、宋祁在评论兰陵萧氏时说：

梁萧氏兴江左，实有功在民，厥终无大恶，以浸微而亡，故余

① 参见《齐梁故里考证与齐梁文化新论·齐梁故里考》，南京大学出版社2009年版，第426—432页的相关论述。

② ［南朝·梁］萧子显：《南齐书》，中华书局1972年版，第1页。

祉及其后裔。自瑀逮遘，凡八叶宰相，名德相望，与唐盛衰。世家之盛，古未有也。①

明王世贞《艺苑卮言》云：

自三代而后，人主文章之美，无过于汉武帝、魏文帝者，其次则汉文宣光武明肃、魏高贵乡公、晋简文、刘宋文帝孝武明帝、元魏孝文孝静、梁武简文元帝、陈后主、隋炀帝、唐文皇明皇德宗文宗、南唐元宗后主、蜀主衍、孟主昶、宋徽高孝，凡二十九主。而著作之盛，则无如萧梁父子。②

在列数历代帝王风雅能文者之后，王世贞对萧衍父子给予了高度的评价："著作之盛，则无如萧梁父子。"明张溥《汉魏六朝百三家集·魏武帝集题辞》誉称：

帝王之家，文章瑰玮，前有曹魏，后有萧梁，然曹氏称最矣。③

虽然他认为相比于曹魏，萧梁稍逊风骚，但他所举比较对象，只有曹魏与萧梁两家，并无第三家。可见即便张溥认为萧梁追步曹魏，也是很高的赞誉。

清贺贻孙亦云：

南朝齐、梁以后，帝王务以新词相竞，而梁氏一家，不减曹家父子兄弟。④

---

① ［宋］欧阳修、宋祁：《新唐书》，中华书局 1975 年版，第 3963 页。

② 丁福保辑：《历代诗话续编》，中华书局 1981 年版，第 1072 页。

③ ［明］张溥著，殷孟伦注：《汉魏六朝百三家集题辞注》，人民文学出版社 1960 年版，第 64 页。

④ ［明］贺贻孙：《诗筏》，见郭绍虞《清诗话续编》，上海古籍出版社 1983 年版，第 162 页。

贺贻孙认为"三祖陈王",领导开启建安文坛新气象,固擅一时之美,然而萧衍父子的成就也不比曹氏祖孙三代逊色。前述众家的评价,足可说明以萧衍父子为代表的兰陵萧氏的文化修养与文学成就的确突出。

除了文学方面的建树,南兰陵萧氏诸人在政治、教育、艺术、宗教诸多方面,也作出了突出的贡献。本书主要围绕齐高帝萧道成及其孙萧子良、萧子显与梁武帝萧衍、昭明太子萧统、简文帝萧纲、元帝萧绎等人有关的政治、文化与文学活动展开分析概论,力求展示萧氏家族多方面的具有代表性意义的文化成就,并尝试简析其影响与历史意义。

六、齐、梁萧氏帝王家族的文化教育与文化创造

从中国封建王朝的历史来看,南朝宋、齐、梁、陈四朝无疑都是短祚王朝。

刘宋王朝从宋武帝刘裕于永初元年(420 年)开国,到顺帝刘准昇明三年(479 年)灭亡,享国 60 年;萧齐王朝从齐高帝萧道成于建元元年(479 年)开国,到和帝萧宝融中兴二年(502 年)灭亡,享国 24 年;萧梁王朝从梁武帝萧衍于天监元年(502 年)开国,到敬帝萧方智太平二年(557 年)灭亡,享国 56 年;陈朝从陈武帝陈霸先于永定元年(557 年)开国,到后主陈叔宝祯明三年(589 年)灭亡,享国 33 年①。其中,萧齐王朝又以 24 年成为四朝中国祚最短者。

南齐虽短,但它得以取代刘宋政权,自有其历史合理性,也不能因此就说萧齐政权立国的 24 年没有建树与成就。就萧道成创建萧齐王朝而言,依凭自身军功和家族力量及与刘宋皇室的姻亲关系,是萧氏家族得以发展壮大、并最终成为帝王家族的两大重要因素。两支萧氏家族的合力作用,则无疑确保了萧道成的成功。

萧道成在早期事业发展中,也受到来自皇舅房萧氏的提携、帮助。

---

① 关于宋齐梁陈四朝的立国时间,我们参考了《辞海》所附列表的看法。参见上海辞书出版社 1980 年版,第 2101—2106 页的相关记载。

《南齐书·高帝纪》记载：在元嘉二十三年（446年），雍州刺史萧思话镇襄阳，“启太祖自随”①。萧道成被萧思话视为最可靠的家族亲信，这是他得以进入刘宋王朝政治核心圈的关键一步，为他日后取得刘宋王朝政治实权奠定了重要基础。

在创建萧齐政权过程中，萧道成注重使南兰陵两支萧氏家族发挥合力作用，当然主要还是依靠自己这一支的力量。尤其儿子们成为他成就帝王之业的核心依靠力量。《南齐书·高帝十二王传》记载：萧道成共生有19个儿子，前四位年长的儿子，长子萧赜即后来的齐武帝、第二子即后封为豫章文献王的萧嶷、第三子即后封为临川献王的萧映、第四子即后封为长沙威王萧晃，都实质参与萧道成创业过程，并起到核心佐助作用。其他南兰陵萧氏家族成员，也成为萧道成创立萧齐政权的重要依靠力量②。萧顺之为萧道成族弟，也是日后创建萧梁王朝的萧衍的父亲，二人为少年时代玩伴，萧顺之“知齐高有大志，常相随逐”，经常被萧道成委任担任出征时的副手，频为萧道成镇军司马、长史，是劝萧道成代行伊、霍之事的首倡者。“及齐高创造皇业，推锋决胜，莫不垂拱仰成焉。”③族人萧景先、萧赤斧、萧谌等，或被委以心腹、或任辅国将军、或为其长子萧赜的心腹。

在取代刘宋建立萧姓政权、成为历史上首个萧姓有国者之后，如何“封建亲亲”维护政权，也是围绕分封萧姓诸子来完成的。除了长子萧赜被立为皇太子，齐高帝爱赏的儿子有萧嶷、萧映、萧晃、萧鸾等，他们既是萧姓皇子，又有较高的政治军事才能，均被齐高帝委以重任。尤其值得关注的是，有鉴于刘宋皇室后继乏人的衰弱情形，萧道成在创建南齐王朝过程中，已经预先考虑到第三代继承人的培养问题了。《南齐书·文惠太子传》记载：

文惠太子长懋字云乔，世祖长子也。世祖年未弱冠而生太

① ［南朝·梁］萧子显：《南齐书》，中华书局1972年版，第4页。
② ［南朝·梁］萧子显：《南齐书》，中华书局1972年版，第621—623页。
③ ［唐］李延寿：《南史》，中华书局1975年版，第167—168页。

子,为太祖所爱……太祖方创霸业,心存嫡嗣,谓太子曰:“汝还,吾事办矣。”处之府东斋,令通文武宾客。敕荀伯玉曰:“我出行日,城中军悉受长懋节度。我(虽不行,内外直防及诸门甲兵,悉令长懋)时时履行。”……升明三年,太祖将受禅,世祖已还京师,以襄阳兵马重镇,不欲处他族,出太子为持节、都督雍梁二州郢州之竟陵司州之随郡军事、左中郎将、宁蛮校尉、雍州刺史。建元元年,封南郡王,邑二千户。江左未有嫡皇孙封王,始自此也。①

虽然这位长孙因在36岁病死,未能继承帝位,但萧道成深谋远虑的苦心可见一斑。齐高帝对有才能的宗室萧鸾、萧景先、萧赤斧等也委以重任②。

齐高帝曾经对萧景先说:

风沦俗败,二十余年,以吾当之,岂得顿扫。幸得数载尽力救苍生者,必有功于万物也。治天下者,虽圣人犹须良佐,汝等各各自竭,不忧不治也。③

客观来看,一些优秀的萧齐皇室子弟及宗室子弟,对萧齐创建和萧齐立国初期的政治文化起到了积极的佐助作用,使南齐初年出现经济繁荣、社会安定的局面,并初步改变了南贫北富的经济大格局。诚如蒋福亚在《魏晋南北朝社会经济史》中所说,“三吴在宋齐之交就已经发展成为我国封建社会新生的经济重心”④,并将这一转折点精确地定位于南齐永明年间。

就其他政治作为而言,萧道成惩刘宋奢靡亡国之戒,倡导节俭,移风易俗,减免赋税,与民休息。在文化建设方面,齐高帝重视修史,加强儒学教育,制定礼仪制度。文学创作是文化建设中最活跃的一部

---

① [南朝·梁]萧子显:《南齐书》,中华书局1972年版,第397—398页。
② [南朝·梁]萧子显:《南齐书》,中华书局1972年版,第83、661、673页。
③ [南朝·梁]萧子显:《南齐书》,中华书局1972年版,第662页。
④ 蒋福亚:《魏晋南北朝社会经济史》,天津古籍出版社2005年版,第109页。

分，齐高帝和齐武帝都喜欢文学，并且积极推动文学创作的发展。他的儿子齐武帝萧赜也同样重视修史，萧赜熏染父风，治国方略不变，在位期间还与北魏同好，边境安定无事。到齐明帝萧鸾时屠戮皇室宗亲，此后皇族内部持续骨肉相残，终于断送了萧齐江山。

其后同出齐梁房的萧衍利用萧齐乱局，取而代之，建立了萧梁王朝。梁武帝萧衍文韬武略过人，以儒兴国，以释道为治国之辅助。萧衍精勤理政、身体力行，营造了"五十年间、江表无事"的太平盛景。然而一旦决策不慎，引狼入室，即便"终无大恶，以浸微而亡"[①]。但身死国坏，令人扼腕。

齐、梁萧氏都很重视家族教育，致力于由崇尚武力向文化大族转型。萧道成精通儒学，擅长书法，于诗学和绘画亦有所造诣。常选博学之士充当皇子的师友，以此提升诸皇子的学识。萧赜善书法，萧子良善儒学、文学，萧子显善史学，均为重视家族文化教育之功所致。不过萧道成子孙中不乏残暴荒淫之徒，如郁林王萧昭业、明帝萧鸾、东昏侯萧宝卷等，并且在国家危急之时，多畏葸慵懦，难当治乱振兴重任。相比之下，梁武帝萧衍在位期间，对家族文化的重视，甚至超过萧道成家族，其家族教育显然比萧道成更加成功。萧统渊雅，萧纲聪慧，萧绎机敏，萧续被萧衍赞为"此我之任城也"，萧伟仁义，萧宏文秀。并且在"侯景之乱"中，均能抗节死战，以身殉国；或者在侯景的威逼之下，从容就死，不失士大夫名节，确为萧氏之"芝兰玉树"。齐梁萧氏一族以曹操家族为典范，同时吸纳魏晋以来名门士族如王、谢家族的教育思想，形成了本家族的教育理念。他们以儒家的文治武功教育作为家族教育的指导思想，经历齐梁两朝，政治文化影响力绵延至隋唐五代，先后形成了多个具有国家影响力的文化集团[②]，在文学、史学、宗教领域和书法、绘画、音乐等艺术世界里成为时代的标杆。通过数代人的努力，齐梁萧氏一族的家族荣耀绵延了300多年，直到五代十国之时方才式微。齐梁统治者还采取了一系列促进教育发展的措施，如扩充国

---

① [宋]欧阳修、宋祁：《新唐书》，中华书局1975年版，第3963页。

② 胡大雷：《中古文学集团》，广西师范大学出版社1996年版，第95页。

学规模、建立学馆、鼓励私学发展等，推动南北方文化的交流，对后来隋唐文化的繁荣与发展产生了积极影响，在中国教育文化史上也占有重要的地位。

萧梁时期对儒学也尽力重建恢复。儒学在两汉由经学而神学化，至汉末繁琐僵化。魏晋以降，儒学中衰，嗣后又经过了一个借助玄学整理与重构的过程，萧氏统治的齐梁时期经学得到一定程度的恢复。梁武帝萧衍亲自疏解五经，制礼作乐，提倡儒学教育，以经术取士。萧衍著作《制旨孝经义》《周易讲疏》《毛诗答问》《春秋答问》《尚书大义》《中庸讲疏》《孔子正言》等 200 余卷，并亲临国子学讲解经意，立五馆，置五经博士，又于台西立士林馆，萧统、萧纲在东宫宣猷堂及扬州廨开讲，“于是四方郡国，趋学向风，云集于京师”，吸引集聚了何佟之、贺玚、严植之、明山宾等一大批知名儒士。经学在萧梁时期又别开生面，很大程度得益于萧衍的提倡与推动。而萧衍复兴经学的努力，极大地提升了国家文化实力及正统地位。北朝东魏实际统治者高欢担心“士子悉奔萧衍”，曾以歆羡的口气感慨：

江东复有一吴儿老翁萧衍者，专事衣冠礼乐，中原士大夫望之以为正朔所在。①

高欢的感慨，从侧面凸显了萧梁朝文化在南北朝后期居于正统地位的优势。而高欢的态度，也正是萧衍所刻意建设的文化威权的目的所在。

魏晋玄学之余风远播，南朝刘宋元嘉十六年（439 年），文帝为了彰显自己的文治教化，特设立儒、玄、史、文四学。对玄学发展来说，这无疑是具有历史意义的标志性重大事件。然而，从学术发展的实质内容来考察，玄学的兴盛时期实际上行将成为过去，尤其是佛学的兴盛及其后来居上，一定程度上也遮蔽了玄学从深度到广度继续主导并影响哲学思想领域的力度。而且，这一时期玄学所关注的内容重点也发

① ［唐］李百药：《北齐书》，中华书局 1972 年版，第 347 页。

生了一些变化，有混合佛、老以及逐步从老庄向佛学转变的趋势。甚至按汤用彤的说法，佛学也属于玄学的范畴。“齐、梁学者，无间儒释，靡不通《庄》《老》，资谈助”①，可以说，有关佛、道关系的论争，亦可视为玄谈的继续。尤其在萧梁时期大力崇佛的情况下，不能指望以《老》《庄》为主要内容的玄风再次大畅于江左。齐梁时期的玄学理论确实没有多少新的发展和建树。但从萧氏诸人依旧注《老》解《庄》和梁武帝萧衍亲自讲解《老子》来看，依然可以将其看成是魏晋玄风的袅袅余音。

齐梁时期是佛教在中土大力发展的时期，这与身处统治高层的萧氏的笃信与大力推广有直接关系。竟陵王萧子良笃信佛教，与诸多名僧广泛交游，耳濡目染下，以慈悲之心干预政治，薄赋税，减徭役，以佛道化物。梁武帝萧衍后半生大力倡佛乃至保佛，对同时期的佛教发展以至于整个社会风尚有相当的影响，萧衍创“三教同源”说，努力协调儒、释、道三者的关系，以期三教融汇，从而促成“三教合一”的共存局面。梁武帝萧衍大力推进佛教，对中土佛教理论的发展以及本土化佛教仪轨的成型，作出了重大贡献。萧衍重视佛教典籍的翻译，推动佛教经义的研究和传播。萧衍提出“神明佛性”说，力驳范缜“神灭论”，并没有用帝王的威权去压制反佛的言说，体现出他的理性与宽容。针对僧人守戒不严的乱象，萧衍写《断酒肉文》，严格戒律，改变了我国汉代以来僧徒食用三净肉的习惯，形成了出家僧尼(包括一部分在家信徒)一律素食的传统。此举对中国齐梁以后的佛教徒生活有相当深远的意义。

齐梁萧氏在文学方面的贡献尤为突出。萧道成虽然与刘裕一样出身北府兵，然而从小就受到良好的文化教育。登上帝位后，首先考虑的就是如何提高萧氏家族地位，将之处于王、谢、陆、张同等之列。他教育子弟如何学诗写诗时说：

“康乐放荡，作体不辨有首尾，安仁、士衡深可宗尚，颜延之抑其次

① 王伊同：《五朝门第》，中华书局2006年版，第259页。

也。”①他也身体力行。观其所下诏书,行文雅正,虽然有的可能是他人代笔,但肯定是秉其旨意而写。其《塞客吟》境界苍凉辽远,忧思深沉绵邈,语言正而直,写景疏而朗,有曹操诗古直精严之风概。萧子良为规避猜忌,醉心山水,力图远离政治。开西邸招致文友,于诗酒游乐之中获得慰藉。“竟陵八友”兴会俨然梁园之游,他们讨论诗艺,斟酌字句,整齐声律,“永明体”诗一时兴盛起来。这种诗体的兴盛与萧子良的倡导有很大关系。萧子显在兄弟子侄中文学成就最高,其文学思想体现在他《南齐书·文学传论》里。《南齐书》因回护萧氏皇族而受到后人一些诟病,但是也能用互文笔法来婉转实录,语言遒劲,体制完整,勾画出南齐一代的历史全貌,萧子显不失为良史之才。

在萧衍诸子中,最为突出者有萧统、萧纲和萧绎。萧统一生下来就被以储君的模式进行培养。受父亲嘱托,萧统通过编纂《文选》这一文化总集,寄托他的大一统政治理想。在编撰《文选》时,萧统将“赋”置于第一位,就很能说明其浓厚的国家意识。由此也可推断:其编纂文学总集必有为梁王朝大一统文化事业服务的政治用心。最为有力的证据,是其在论述文体之源时,虽本《诗序》所谓“诗”之“六义”,分论文体则以“赋”为第一,并将“述邑居”“戒畋猎”列为“赋”之前两类;选“赋”也以“京都”“郊祀”“籍田”“畋猎”为前四类。此种做法,明显不同于陆机《文赋》的先“诗”后“赋”,也与刘勰《文心雕龙》先“明诗”后“诠赋”异趣。如果萧统不是以太子身份实际主持朝政、并以肩负王朝政治文化使命自任,而是有类于陆机、刘勰等文士的身份,其是否还会如此,是值得思考的问题。故需要特别强调指出:在高度重视文学的独立观念与审美功能的梁代文化氛围中,萧统主导编纂《文选》,虽也注重各类文学作品的审美价值与功能,但其以“赋”为第一文体,并首重“赋”之与帝王及王朝政治关联最为直接、深密的思想内容,确实体现了借彰显“赋”之“体国经野、义尚光大”功能,来彰显国家文学总集的编纂理念。后世大型类书编纂每以“赋”为第一文体,正是师承、效仿萧统关于文学总集的编纂理念。他主编《文选》必然有代表国家

① [南朝·梁]萧子显:《南齐书》,中华书局1972年版,第625页。

意志,彰显国家意识形态的特定需要。而魏晋迄于梁代文化审美观念的臻于高度发达与成熟,南北朝后期华夏民族文化大融合所达到的新高度,与建构大一统文化王朝成为南北朝后期愈加凸显的时代必然需求①。这三种时代因素的交互作用,更使萧统对历史文化发展抱持高度使命感与责任担当意识,而将国家意识形态与文化审美高度有机结合作为其崇高文化理念,也使其将主编《文选》视为成就大一统文化王朝的一代国家文化大典,并作为躬践文化理念与文化理想的重要方式②。

较之萧统与《文选》,萧纲及宫体诗曾饱受后世论者的诟病,这其实是有失公允的。王国维说,一代自有一代之文学。宫体诗虽然不单指一种文体,但它确实可以看作是梁代文学的代表符号。从另一方面来看:宫体诗首先是太平、富庶的梁代文化成果之一,从题材上给予女性从未有过的关注和尊重。宫体诗可以证明梁代是一个多元思想并存的较为开明的文化时代,作为时代文学的代表样式,宫体诗被打上了这个时代的鲜明烙印。宫体诗有其存在的特定社会基础与时代背景,对梁代的文学和文化的发展有所贡献,也对后世诗歌的发展和演变产生了一定的影响。在目前学术发展与研究活泼多元的大背景下,有必要改变旧的成见,对宫体诗作出较为积极的评价③。

齐梁时期萧氏一族也在其他文化艺术领域作出了重要贡献。书法方面,从书法批评、书法鉴赏、书法创作乃至书法作品搜集整理等,作出了多方面的重要贡献。齐高帝萧道成雅好书法,对皇族宗室影响

① 关于南北朝时期民族大融合、文化大一统,体现了历史文化发展的必然要求,预示着历史即将进入一个更加文明、更加繁荣昌盛的时代的来临,即昭示着中国历史上一个极为强大而又高度文明发展的大唐王朝的即将到来,拙著《汉魏六朝文史论衡·庾信与由南入北文士的"节操"问题》,上海古籍出版社 2013 年版,第 246—250 页也有较为深入的探讨,可参看。

② 本段详参拙撰《萧统主编〈文选〉的编纂理想——兼论对未来"文选学"研究系统的展望》《郑州大学学报》2014 年第 5 期,第 107—112 页的相关论述。

③ 刘跃进认为对于宫体诗的认识和评判不能停留在道德评判层面,必须做大量的资料辨析工作,他同时也认同宫体诗具有自觉追求新变的特征,指出虽然追求新变未必就是进步的,但认识到这种求新的特征总要好过模糊的道德评判。以扎实的资料辨析取代粗暴的道德评判,显然更有理由成为文学研究领域醒目的指路牌。参见刘跃进《关于宫体诗研究的几个问题》,载《古典文学知识》1994 年第 3 期。

很大，弟子中多有善书者。豫章王萧嶷第九子萧子云是中国书法史上一位十分重要的书法家，他善于草隶书法，有墨迹传世。后世书家评价很高，张怀瓘《书断》中将萧子云的隶、飞白书列为妙品。

齐梁时期，梁武帝萧衍是文化艺术领域的佼佼者和标志性人物。明代张溥赞誉萧衍“艺能博学，人君罕有”①，作为梁代开国皇帝的萧衍，知识渊博，多才多艺，远非不读书的刘邦、项羽可比。除了精研经史，出入释道，萧衍兴趣广泛，兼通天文地理，长于棋琴书画，历数中国古代帝王，的确罕有其匹者。萧衍既是书法家，又是书法理论家。萧衍的书法作品有《异趣帖》传世，启功先生评价说：“笔势翔动，点划姿媚，而古意盎然，绝非唐以后人所能到。”“米元章墨迹《元日帖》及群玉堂帖所刻论晋武帝等帖，皆力追此种，可谓形神俱得者。”②出于对王羲之书法的喜爱，他命人拓碑集字，又令周兴嗣编次为韵文，给后世留下《千字文》名篇。萧衍的《书评》评价前代及当代书家，颇有见地。另有《论萧子云书》《观钟繇书法十二意》《草书状》以及《答陶弘景书》等四则书论，也对书法艺术有独到的见解。尤其在《观钟繇书法十二意》中，针对世人崇尚王献之书风的流俗，萧衍立场明确地提出张芝、钟繇才是大家应该师法的楷模。标举钟繇、王羲之，把“殆同机神”作为书学批评标准，不仅开唐人推重王羲之之先声，而且重要的是为品评书法确立了一项重神韵的审美法则。萧衍以他敏锐的艺术嗅觉和鉴赏力，扭转了时代书风，也为后世推崇王羲之书风开了先河③。

萧衍热衷围棋，“六艺备闲，棋登逸品”④。治国之余经常与朝野棋友对弈，有时甚至通宵达旦。在他的大力推广下，朝廷上下、宫廷内外都形成了喜欢围棋的热潮。萧衍创制“围棋段位”，为我们现在实行的棋手九段制奠定了基础。萧衍还有《围棋赋》行世，对后世围棋的基

① ［明］张溥著，殷孟伦注：《汉魏六朝百三家集题辞注》，人民文学出版社1960年版，第206页。

② 启功：《启功全集》第2卷，北京师范大学出版社2009年版，第121页。

③ “梁武帝萧衍与陶弘景之间的九则《论书启》，标志着萧衍‘崇钟抑献’的正式提出，这不仅是书法史上的一次转折，也实在是萧梁一代重要的文化事件。”见姚义斌、马明《〈论书启〉时间考》，载《中国书画》2011年第1期。

④ ［唐］姚思廉：《梁书》，中华书局1973年版，第96页。

本理论和技术战法，都产生了深远的影响。此外，萧衍具有良好的音乐素养和深厚的音律知识。萧梁代齐之后，他不仅高度重视借助音乐进行礼乐文明建构，还亲自着手，致力于礼乐制度的整顿与改革。《旧五代史·乐志》载：

> 梁武帝素精音律，自造四通十二笛，以鼓八音。又引古五正二变之音，旋相为宫，得八十四调。①

萧衍自制律器四通十二笛之外，还首次全面提出八十四调乐律体系，为我国古代乐律的发展作出了重要的贡献。有论者指出："梁武帝不仅是一位南朝帝王，更是音乐史和乐律史上不可多得的音乐家。"②

萧衍也是中国最早的皇帝画家，善于精心描绘人物、花鸟、走兽等绘画题材。其第七子梁元帝萧绎承继其风，聪颖好学，博览群书。尤其擅长书画，冠绝一时。南朝陈的姚最所著《续画品》，将梁元帝萧绎列为第一。

南北朝时期文化融合，主要表现为宗教、经济、文学艺术等形式的交流和融汇。而这一时期的文学艺术的融合，更多表现为南朝文学艺术对北朝的输出与影响。这又可以从两个方面来谈。一方面来说，庾信、王褒等人北上，脱自"徐庾体"的"庾信体"对北朝的文学创作风尚产生了重大的影响，但"庾信体"的根底是"宫体"，其文风是萧氏诸才俊主导的文学审美大环境的最直接产物，庾信等人对北朝的影响，本质上是齐梁萧氏文化圈的辐射。另一方面来讲，齐梁时期，因南北战事或政治内乱，不少萧氏文人，如萧明、萧祗、萧放、萧悫、萧退等人由南入北，直接进入北朝的政治文化生活圈甚至是权力中心，对北朝上层以至于更大范围的社会层面产生了相当的影响。入北的萧氏文人具备南朝皇族身份和较高的文化素养，或是出谋划策、建设制度，或是

① ［宋］薛居正等：《旧五代史》，中华书局 1975 年版，第 1940 页。

② 葛恩专：《论南朝音乐家梁武帝对乐律的传承与发展》，载《兴义民族师范学院学报》2012 年第 3 期。

醉心于文学、精擅创作，对北朝的文化建设与文学艺术发展，也起到了非常积极的推动作用。如萧宝夤入北后很受重视，他在所上的《考功表》中，指出北魏朝廷考检政绩在义理及制度方面的缺憾，并提出自己中肯的意见和建议。《奏不许陈仲儒再造乐器》中，萧宝夤又谈到对于礼乐制度以及乐器制作的谨慎态度。都以根植于南朝所养成的文化素养干预影响北朝的文化建设。萧梁后期，因侯景之乱，致江陵陷落，有更多萧氏士人入北。后期入北的萧姓士人依附北齐于武平年间设立的“文林馆”及北周在几乎同一时期设立的“麟趾殿”这两个文化机构，他们积极参与北朝的文化活动，显示了入北萧姓人士群体对南北文化交流的影响力，成为整个南北文化交流的实际参与者。

齐梁文化输出北朝的同时，不论是庾信、王褒，还是萧氏诸人，在北朝迥异的社会文化环境中，其文学创作也在形式和内容的结合方面，取得了更高的成就，熔铸成“穷南北之胜”的艺术风格，这也可视为北朝文化另一种形式的反哺。

七、结　　论

在前面六部分的论述中，我们力求在更为广阔的历史文化背景中概论齐梁萧氏文化。注重探讨：中华民族与以西方为主的具有鲜明、深刻的宗教特征的地域及民族不同，以实用理性思维为主导，以祖先崇拜和宗族血缘绵延为基本出发点，形成以血缘伦常为纽带的家天下体制与宗法社会体制，以及一整套体系化的以伦理道德为主的礼乐教化制度，崇奉“修身齐家治国平天下”的政治人生理念，不仅在对生命获得不朽的精神价值上保持强烈的意欲追求，也将以实现个体生命的自我价值、光宗耀祖，使得整个家族绵延且万世流芳，作为个体生命的根本性追求方向。

进而，由帝王家族与文化高门、门阀士族的关系着眼，聚焦于家族文化与文化家族的构建这种中国式政治文化传统；由汉魏六朝家族文化与文化家族的发展、流变中，揭示魏晋南朝家族文化追求的本质实际是由门阀士族神圣论所派生的文化至上论。其具体体现为：门阀士族的神圣与特权，来自上天的绝对意志；崇高的文化修养与品位，是象征门阀士族崇高地位与特权的独特标志。这种特定的普遍性的文化心理及其意欲追求导向，就使得魏晋南朝帝王家族都渴求不仅仅拥有王权，还希望成为名副其实的文化高门。以此思想观念为指导，齐梁时期的萧氏家族才得以成为名副其实的帝王家族、文化家族。

通过前面的讨论，南兰陵萧氏在中国历史中大致的文学文化活动，也已可约略概见。而辨析、论述萧氏在政治、教育、经学、艺术、宗教等诸多方面的贡献，在惊讶于南兰陵萧氏灿烂的文化创造之外，我们也会去思考本书没有着力探究的另一个问题：何以在齐梁时期，会出现由一姓主导的如此丰富多彩的文化创造活动？原因是多方面的，有偶然性也有必然性。抛开其他的原因，中国人特有的最为普遍和根深蒂固的家族文化心理，或许是其中重要的一个因素。曾子有云："慎终，追远，民德归厚矣。"①虽然指的是谨慎料理父母丧事，虔诚祭祀和追念祖先，可以使社会风气醇厚朴素。然而引申开去，可以理解为每个人对先祖与宗族的尊崇追念、发扬优良家风的责任感，以及对传统文化的自觉传承，都将有助于从精神层面教育影响后世子孙，培养健康的家庭观念、集体荣誉感乃至民族自信心。人的生命是有限的，有限的肉体所承载的价值却是无限的，"薪尽火传"。正是在无数一姓一族生生不息中，一个民族一个国家，甚至整个人类的文明，得到延续和发展。

最后需要指出：一方面，尽管今日我们处于科学发达、民主观念深入人心的全球一体化时代，但人类的发展永远无法割断我们与先人的深厚血脉联系，那些优秀的文化遗产及精神记忆，仍然对当代文化具有重要的参考价值，并且仍然也是人类走向更加美好的明天的重要资源。在中国古代政治社会中，权力意志几乎是中国人的文化基因，帝王家族与文化家族的合一，代表了华夏民族关于家族精神价值实现的最高理想模式，古代帝王家族致力于同时成为文化家族，确实也造就了一批杰出甚且伟大的人物，他们的创造，不仅为其家族带来荣光，也

---

① ［清］阮元：《十三经注疏》，《论语注疏》卷五，中华书局 1980 年影印本，第 2458 页。

彪炳于史册。

但另一方面，古代帝王家族与文化家族的合一，也意味着集聚政治特权与文化特权资源。在其发展过程中，不仅必然存在政治与文化竞争导致的公平正义的缺失，甚且必然造成对其他家族和个人的粗暴践踏和凌辱。如曾写过《恨赋》《别赋》二赋的江淹因政治压力而编造“梦笔生花”故事[①]，被迫于人生后期“自甘”于“才退”；齐梁时代的文化领袖沈约与梁武帝有瑜亮情结，以才傲物，撄及逆鳞，终以忧惧身亡[②]。古代一些伟大作家的“感士不遇赋”，许多就是拜当世帝王所赐。权力意志作为中国人的文化基因，其对中华民族的民主和现代化具有负面意义，显而易见。因此，当我们研读齐梁萧氏家族文化时，需要出之以全面、客观的眼光。对此，我们自然充分信任读者诸君的智慧，也就无需赘言了。

（本文系为《齐梁萧氏文化概论》所写前言，上海古籍出版社 2015 年版）

---

① ［唐］李延寿：《南史》，中华书局 1975 年版，第 1451 页。

② ［唐］姚思廉：《梁书》，中华书局 1973 年版，第 243 页。

“贞观时代”走向终结的历史镜像

——“征辽”战争与李世民的政治黄昏

由李世民御驾亲征的高丽战争的失败①,是贞观时代走向终结的重要历史节点。征伐高丽战争之前,创业帝王李世民与其开国元勋们共同创造了千古称颂的“贞观之治”,贞观君臣的融洽关系也被视为封建时代“圣王”“贤臣”关系的典范。而在征伐高丽战争失败之后,不仅李世民创业君臣集团中的一些代表人物在相近的时间之内先后去世,给走向终结的贞观时代涂上了浓郁的哀歌情调,以即将来临的李世民身后的政权交接为主轴,李世民创业君臣间的关系也呈现微妙的紧张状态。

根据新、旧《唐书》的记载,贞观二十二年正月庚寅,中书令摄吏部尚书马周去世;六月癸酉,特进、宋国公萧瑀去世;秋七月癸卯,梁国公房玄龄去世,年七十。二十三年五月辛酉,卫国公李靖去世,年七十九②;己巳,李世民去世于含风殿,享年五十二岁。李世民创业君臣集团中的一些代表人物在如此相近的时间内先后死亡,让人不得不感慨这种特定历史人物集群命运关系的惊人奇巧,尤其李世民与开国军功第一的李靖君臣二人于同年同月先后去世,更让人惊叹不已。在征伐

---

① 李世民拟亲自征伐高丽的时间为贞观十七年,正式开始于十八年十一月,终于十九年九月。

② 《新唐书·李靖传》记载:“二十三年,病甚,帝幸其第,流涕曰:‘公乃朕平生故人,于国有劳。今疾若此,为公忧之。’”中华书局 1975 年版,第 3815 页。

高丽之战失败后，李世民还曾以无限悔恨的心情怀念已于贞观十七年死去的魏征，感慨“若魏征在，不使我有此举也”。虽然李世民与这些股肱大臣的死亡更多属于自然生理现象，但就李世民创业君臣而言，征伐高丽战争，究竟对其自然生命的死亡有着怎样的影响，其间所蕴含的命运性与精神性内涵，其实是颇可玩味的。而遭受征伐高丽战争失败的巨大打击，自知生命无多的李世民，更为忧虑身后的政权稳固，故他既接续征伐高丽之前已在进行的围绕太子为中心的政权交接措施，不断进行重大人事调整安排，又借故枉杀张亮、刘洎这些为他所疑忌的可能危及政权的大臣①，对李世勣这类拟起用为后继者主要辅佐大臣的人物，也以贬职方式试验其忠诚。就这样，李世民在目睹一些辅佐他成功的股肱大臣的先后去世和对守业者的忧虑中死去。

故站在征伐高丽战争这一关涉贞观之治盛衰的特定历史转折点，纵观李世民君臣死亡的巧合与君臣深密微妙的关系，能够更为清晰地认知封建时代君臣关系的实质，进而对封建王权政治体制进行更为全面、系统的反思。

一、“征辽”与李世民的老年政治“症候群”

就征伐高丽战争的结局而言，尽管李世民作为一代英主，却难免失败，并且至死都无法征服，直到高宗乾封三年（668 年），才由李勣、薛仁贵攻拔扶余城②。故不论新、旧《唐书》如何粉饰，与高丽之战，实为李世民一生少见的也是最大的军事败笔。但就李世民主动发起这场战争并御驾亲征的真正意图来看，他实际是站在关涉自己身后安危乃至大唐王朝兴衰存亡的战略高度，来看待这场与异族之间的战争的。贞观时代，在突厥、吐谷浑已被平定之后，强悍而最有可能危及大唐王朝的异族，就只有高丽了。李世民显然希望借助尚且健在的开国名将，在自己生前一劳永逸地解决高丽问题，从而真正根除自己身后

① 参见新、旧《唐书》二人本传中的相关记载，中华书局 1975 年版。

② ［宋］欧阳修、宋祁：《新唐书》，中华书局 1975 年版。

的隐患，确保大唐江山的长治久安。故他甘愿于暮年涉险御驾远征。《资治通鉴·唐纪十四·贞观十八年》记载，李世民本人就曾在征高丽战争期间，从成败兴亡的高度，两次纵论隋炀帝征伐高丽败因，以与自己的征伐高丽相较。在贞观十八年出征前告谕天下的手诏中，李世民宣称：

> 昔隋炀帝残暴其下，高丽王仁爱其民，以思乱之君击安和之众，故不能成功。今略言必胜之道有五：一曰以大击小，二曰以顺讨逆，三曰以治乘乱，四曰以逸待劳，五曰以悦当怨，何忧不克！①

在答复群臣以“方远征辽左，而迁置突厥于河南”，劝谏其不必御驾亲征时，李世民也特意强调不会重蹈炀帝覆辙：

> 炀帝无道，失人已久，辽东之役，人皆断手足以避征役，玄感以运卒反于黎阳，非戎狄为患也。朕今征高丽，皆取愿行者，募十得百，募百得千，其不得从军者，皆愤叹郁邑，岂比隋之行怨民哉！②

根据《隋书·炀帝本纪》的记载，隋炀帝曾于大业八年、九年数次征伐高丽，但都以失败告终。正是这些征战，严重损耗了隋王朝的元气，加速了其灭亡进程，并使大唐王朝终能代隋而建立。就李世民所谈自己可以避免隋炀帝失败的理由来看：无论对高丽的评价是否中肯，其所列举的大唐必胜的五大优势——“大”“顺”“治”“逸”“悦”，以及对所征服的突厥等少数民族的高度自信，还是有“贞观之治”所积累的雄厚综合国力和国民的向心力与凝聚力作为事实基础的。

不过，第一，随着李靖等创业军事统帅的老去，缺乏合适的统帅人才，正是李世民御驾亲征的重要原因；第二，即便如李世民这样的一代

---

① ［宋］司马光编：《资治通鉴》，中华书局1956年版，第6214页。

② ［宋］司马光编：《资治通鉴》，中华书局1956年版，第6216页。

英主，当其步入老年，也意味着无法避开老年政治的坎险：迷信自我智慧、固执己见、刚愎自用，迷信权威，而听不进其他人的正确意见。因此，当他以老年之身试图复制其人生盛年成功的努力时，就只能以失败告终。

就第一点而言，在大唐开国功臣中，李靖以第一军功著称。而在贞观三年八月，李靖还获授尚书右仆射官职，由“出将”身份而成功“入相”，被推许为大唐名臣中以“才兼文武”而“出将入相”的典型代表①。但就这样一位被视为真正实现封建时代“士”之“出将入相”最高理想的近于完美的典型人物来说，其毕竟以老病而难能亲自参加征伐高丽之战。《旧唐书》李靖本传记载：

（贞观十八年）太宗将伐辽东，召靖入阁，赐座御前，谓曰：“公南平吴会，北清沙漠，西定慕容，唯东有高丽未服，公意如何？”对曰：“臣往者凭借天威，薄展微效，今残年朽骨，唯拟此行，陛下若不弃，老臣病期瘳矣。”太宗悯其羸老，不许。②

从李靖以 79 岁高龄卒于贞观二十三年，可推知贞观十八年战事开始时，李靖 74 岁。尽管由李靖自称“残年朽骨，唯拟此行，陛下若不弃，老臣病期瘳矣”，可知其仍然壮心不已，但毕竟因老病无法亲自参加。

值得关注的是，征服突厥、吐谷浑与征伐高丽，堪称李世民在位期间与异族之间的三大战役。在前两次战役中，都不需要李世民御驾亲征，而是由李靖统帅指挥取得胜利。不仅如此，在高祖武德年间征伐萧铣、辅公祏战役中，高祖李渊也不亲为统帅，赵郡王孝恭仅为名义上

① 《旧唐书·王珪传》记载，贞观四年，王珪曾纵论大唐创业名臣，高度推崇李靖：“时房玄龄、李靖、温彦博、戴胄、魏征与珪同知国政。后尝侍宴，太宗谓珪曰：‘卿识鉴清通，尤善谈论，自房玄龄等，咸宜品藻，又可自量，孰与诸子贤？’对曰：‘孜孜奉国，知无不为，臣不如玄龄。才兼文武，出将入相，臣不如李靖。敷奏详明，出纳惟允，臣不如温彦博。处繁理剧，众务必举，臣不如戴胄。以谏诤为心，耻君不及于尧、舜，臣不如魏征。至如激浊扬清，嫉恶好善，臣于数子，亦有一日之长。’太宗深然其言，群公亦各以为尽己所怀，谓之确论。”中华书局 1975 年版，第 2529 页。

② 《新唐书》李靖本传所记与此相近。

的统帅,实际指挥取得胜利的也是李靖。而征伐高丽战争,则恰是在李靖缺席的情况下,由李世民御驾亲征而终告失败。李世民的军事才能自然高于赵郡王孝恭与高祖李渊,但在李靖缺席情况下李世民亲征仍然失败,故征伐高丽之战格外凸显了李靖的价值所在。促使李世民御驾亲征的原因,自然是多方面的,但李靖的缺席,使习惯于依赖李靖的李世民,艰于选择确保胜利的统帅人才,大约也是一大重要原因。

《资治通鉴·唐纪十三·贞观十八年》记载,李世民曾对李靖老病后的大唐名将有过点评:

> 上尝谓侍臣曰:"于今名将,惟世勣、道宗、万彻三人而已,世勣、道宗不能大胜,亦不大败,万彻非大胜则大败。"①

故在征高丽之前,李世民提升时为左卫将军的名将薛万彻,让他以守右卫大将军身份,承担风险较小的后方军事重任②,而让李世勣、江夏王李道宗二人随同自己出征③。可是,合李世民与二位名将及其他重要将领之力,"发天下甲兵",且"招募十万",征伐高丽之战仍然不免于失败。

就第二点而言,根据《资治通鉴·唐纪十四·贞观二十年》的记载,江夏王道宗实际曾提出过正确的制胜方略:

---

① 李世民所论三大名将,资历声望均无法与李靖匹敌,且均曾为李靖部下。薛万彻还得到李靖的特意栽培。《旧唐书》李靖、李勣本传记载,在平定辅公祏之役,李靖为副元帅,李勣则以七总管之一的身份并受其节制,击突厥颉利可汗中李与李靖配合取得胜利;《旧唐书》李靖本传记载,李靖统帅刑部尚书道宗等五总管击吐谷浑;《旧唐书》薛万彻本传记载,薛万彻从李靖击突厥颉利可汗,以功授统军,晋爵郡公,李靖将击吐谷浑,特意请万彻为将,万彻在本次战役中勇冠三军。

② 《旧唐书》本传记载,薛万彻于贞观二十二年以青丘道行军大总管率甲士三万,自莱州泛海伐高丽。

③ 《旧唐书·太宗本纪》记贞观十八年十一月,"命太子詹事、英国公李勣为辽东道行军大总管,出柳城,礼部尚书、江夏郡王道宗副之;刑部尚书、勋国公张亮为平壤道行军总管,以舟师出莱州,左领军常何、泸州都督左难当副之。发天下甲士,召募十万,并趣平壤,以伐高丽。"中华书局1975年版,第56—57页。

> 三月，己巳，车驾还京师。上谓李靖曰："吾以天下之众困于小夷，何也？"靖曰："此道宗所解。"上顾问江夏王道宗，具陈在驻跸时乘虚取平壤之言。上怅然曰："当时匆匆，吾不忆也。"①

但由于道宗不具备李靖那样的崇高军事战略权威声望，过分自信的李世民并不予采纳。而李世民甚至在反省征伐高丽败因时，也只愿意向素所信服的李靖请教②。此一记载不见于新、旧《唐书》，其原始出处，见于《隋唐嘉话·上》，较《资治通鉴》的记载为详：

> 驻跸之役，高丽与靺羯合军，方四十里，太宗望之有惧色。江夏王进曰："高丽倾国以抗王师，平壤之守必弱，假臣精卒五千，覆其本根，则数十万之众，可不战而降。"帝不应。既合战，为贼所乘，殆将不振，还谓卫公曰："吾以天下之众，困于蕞尔之夷，何也？"靖曰："此道宗所解。"时江夏在侧，帝顾之，道宗具陈前言，帝怅然曰："时匆遽不忆也。"③

由此我们自然会想象：如果不是由于李靖老病不能亲自参战，而造成缺乏出色的统帅人选，李世民是否会御驾亲征并尝败果？尽管李靖关于战败的结论切中要害，李世民仍不愿正面承认失听于为己所轻的道宗，而以"时匆遽不忆也"予以掩饰。但李世民既然对魏征早死致

---

① ［宋］司马光编：《资治通鉴》，中华书局1956年版，第6234—6235页记载："元万顷初为契苾何力征高丽管记，作檄书云：'不知守鸭绿之险。'莫离之报云：'谨闻命矣。'遂移兵固守，官军不得入，万顷坐流岭南。"

② 除了李靖，魏征也是李世民愿意信任的人物。《隋唐嘉话·上》记载："郑公之薨，太宗自制其碑文并自书，后为人所间，诏令仆之。及征高丽不如意，深悔为是行，乃叹曰：'若魏征在，不使我有此举也。'既渡辽水，令驰驿祀以少牢，复立碑焉。"中华书局1979年版，第11页。《唐语林》卷二、《新唐书·魏征传》所记与此相近。这条材料记李世民征伐高丽失败后之所以怀念魏征的原因，大约如《新唐书·魏征传》所记："帝本以兵定天下，虽已治，不忘经略四夷也。故征侍宴，奏《破阵武德舞》，则俛首不顾，至《庆善乐》，则谛玩无斁，举有所讽切如此。"中华书局1975年版，第3881页。但从太宗征伐高丽之前，褚遂良等的劝谏不足以使李世民改变主意，可知其信任李靖和魏征，已形成固定认知模式，故难以听取其他将帅的正确建议。

③ ［唐］刘餗：《隋唐嘉话》，中华书局1979年版，第11页。

使无人能够劝止自己深感悔恨，其内心深处，也当对因李靖老病无人可以使自己采纳正确的战略战术无比惆怅吧。

二、“征辽”战争与李世民的“留守”三“策”

关涉李世民御驾亲征高丽的“留守”史实，值得予以特别关注。从一定意义上说，京都作为封建王朝政治权力中心所在地，也被视为封建王权的象征。一些对王朝具有举足轻重影响的都市，也具有类似于京都的功能。故每当封建帝王离开京都或出于特定重大政治军事考量，就会委托其亲属或重要权臣，留守京都或其他关键地域以代行其权。《资治通鉴·唐纪十三·贞观十八年》记载，褚遂良就曾以“天下譬犹一身；两京，心腹也；州县、四支也，四夷，身外之物也”，劝谏唐太宗不宜远离京师涉险征伐高丽，而李世民出征高丽，更以异乎寻常的方式，接连下了三步安定后方的“留守”大棋：

第一步大棋，根据《资治通鉴·唐纪十三·贞观十八年》的记载，是于本年冬十月“甲寅，车驾行幸洛阳，以房玄龄留守京城，右卫大将军、工部尚书李大亮副之。”《旧唐书·房玄龄传》记载，李世民还亲自手诏房玄龄：“公当萧何之任，朕无西顾之忧矣。”选择开国第一名臣房玄龄，并将其在此次留守中的作用与为刘邦居守后方的萧何相提并论，可见赋予其责任的无比重大。而根据《新唐书·百官志》的记载，“初太宗伐高丽，置京城留守，其后车驾不在京都，则置留守，以右金吾大将军为副留守。”①可知李世民是以其在位期间前所未有的方式，高度重视京城留守问题，并择选最为信任的“文”“武”将、相相配②。而由征伐高丽置京城留守开始，大唐也确立了相关的留守职官制度。

① ［唐］杜佑：《通典·职官》的相关说明，中华书局1988年版，第904页。

② 李大亮以忠诚为太宗所信任，《旧唐书·李大亮传》记载，“十七年，晋王为皇太子，东宫僚属皆盛选重臣，以大亮兼领太子右卫率，俄兼工部尚书，身居三职，宿卫两宫，甚为亲信。大亮每当宿直，必通宵假寐。太宗尝劳之曰：‘至公宿直，我便通夜安卧。’其见任如此。太宗每有巡幸，多令居守。房玄龄甚重之，每称大亮有王陵、周勃之节，可以当大位……十八年，太宗幸洛阳，令大亮副司空玄龄居中……”中华书局1975年版，第2389—2390页。

第二步大棋，根据《资治通鉴·唐纪十三·贞观十九年》的记载，是于本年正月“庚戌，上自将诸军发洛阳，以特进萧瑀为洛阳宫留守”。从《旧唐书·萧瑀传》的记载来看，太宗台面上的理由，是以“洛邑冲要，襟带关河”，故以萧瑀为洛阳宫守。但就萧瑀其人而言，一方面，除了其在高祖时代已是最见亲任的元老，并以独孤氏之婿而与李唐有姻戚关系，萧瑀与房玄龄的关系还不大融洽，曾以上封事方式表达对李世民亲任房玄龄、杜如晦而疏己的不平，甚至出于妒忌而以“微过”劾奏房玄龄等。另一方面，其对国家的忠诚，被李世民赐诗称誉为“疾风知劲草、板荡识诚臣”，李世民还誉称房玄龄为“社稷臣”。故不难想见，洛阳宫守之设，除了地理险要，两京可以互为呼应依靠，也由于太宗仍然无法完全放心西京留守者，故再设东都宫守以予牵制。李世民对忠心耿耿的房玄龄留守西京也不予完全信任，可从《资治通鉴·唐纪十三·贞观十九年》所记见出个中消息：

上之发京师也，命房玄龄得以便宜从事，不复奏请。或诣留台称有密，玄龄问密谋所在，对曰：“公则是也。”玄龄驿送行在。上闻留守有表送告密人，上怒，使人持长刀于前而后见之，问告者为谁，曰：“房玄龄。”上曰：“果然！”叱令腰斩。玺书让玄龄以不能自信，“更有如是者，得专决之”①。

表面上，太宗与房玄龄都以坦荡方式处理告密事件。玄龄所为，虽如太宗所责，与其说表现了忠诚，不如说表现了不自信，但在太宗不予完全信任的情势下，其防嫌处置仍属得体。太宗所为虽冠冕堂皇，但从其生平驾驭群臣的行事方式来看，也很难说不是出于权谋。此条材料最早出于《隋唐嘉话》，也见收于《唐语林·言语》②。但新、旧《唐

① [宋]司马光编：《资治通鉴》，中华书局1956年版，第6217页。

② 《隋唐嘉话》原文如此：“征辽之役，梁公留守西京，敕以便宜从事不请。或诣留台称有密者，梁公问密谋所在，对曰：‘公则是也。’乃驿递赴行所，及车驾于相州。太宗闻留守有表送告人，大怒，使人持长刀于前，而后见之，问反者为谁，曰：‘房玄龄。’帝曰：‘果然！’叱令腰斩。玺书责梁公以不能自任，更有如此者，得专断之。”中华书局1979年版，第11—12页。

书》房玄龄本传都不予采录。显然,不论此条材料可信与否,其所涉及李世民与房玄龄君臣关系的微妙隐秘方面,确与正面表现二人的君臣关系不相合宜。

第三步棋,是于贞观十九年正月乙卯下诏:“朕发定州后,宜令皇太子监国。”并留侍中刘洎以兼左庶子、检校民部尚书、总吏、礼、户三尚书事身份辅皇太子于定州。再以开府仪同三司高士廉摄太子太傅,与刘洎、马周、少詹事张行成、右庶子高季辅等同掌机务,进一步充实、完善辅佐太子团队①。尽管太宗令太子监国不始于征伐高丽之战,《资治通鉴·唐纪十》记太宗自贞观九年起,即“每出行,常令太子居守监国”,但高丽之役,不仅关乎太宗成败,也关乎其身后,故命太子监国显然意义更为重大。《旧唐书·刘洎传》记载,李世民从定州出发前,还特意叮嘱刘洎:“我今远征,使卿辅翼太子,社稷安危之机,所寄尤重,卿宜深识我意。”尤含玄机的是,太宗让太子监国,是在定州而非两京。对此,已经致仕的尉迟敬德,就在劝诫太宗不宜亲征时深表忧虑:“陛下亲征辽东,太子在定州,长安、洛阳心腹空虚,恐有玄感之变。”但太宗并不予采纳。因为他采取的是既以长安、洛阳与定州三方互为倚靠,又确保太子在非常事变中不被强力大臣挟持的方略。

如此史实易于让人联想,前所讨论的也曾出征高丽失败的隋炀帝,其在出游江都时覆亡,也与“留守”话语关系密切。根据《隋书·炀帝本纪》记载,炀帝十二年秋七月甲子,出游幸江都宫,以越王侗等总留后事。而当其出行之时,奉信郎崔民象以盗贼充斥,于建国门上表,谏不宜巡幸,炀帝大怒,竟处之以先解其颐,乃杀之的残忍方式。此后“车驾次汜水,奉信郎王爱仁以盗贼日盛,谏上请还西京,上怒,斩之而行”。正是在炀帝出游在外的十三年五月,以重臣身份留守太原的李渊借机起事,由此开启大唐创业之路②。尽管李渊借留守太原而建立唐朝,但起兵的始作俑者实为李世民。《旧唐书·太宗本纪》记

① 根据新、旧《唐书》记载,贞观十七年,立晋王李治为皇太子,并以特进萧瑀为太子太保,李世勣为太子詹事,同中书门下三品。

② 杜佑:《通典·职官》的相关说明,中华书局1988年版,第904页。

载,“初,高祖起太原,非其本意,而事出太宗。”高祖大业十三年为太原留守,时年二十的李世民[1],与其心腹刘文静合谋,弱冠而首倡举义兵之举。

征伐高丽之战与“留守”史实,尤其易于启动关涉封建君臣微妙隐秘复杂关系的丰富联想。如前所论,每当封建帝王离开京都或出于特定重大政治军事考量,就会委托其亲属或重要权臣留守京都或其他关键地域以代行其权,这其实是封建王朝的常态。较早些的,如《史记·萧丞相世家》记载,刘邦出征在外,每以萧何留守后方;曹操则经常是让其子曹丕留守。根据《三国志·陈思王植传》记载,为了择立太子,曹操还曾在远征孙权时,以23岁的曹植留守邺都。前举隋炀帝出游江都,则既以宗室越王侗在京都总留后事,又以与其有姻亲关系的重臣李渊留守太原。而李渊夺取天下后有所巡幸,必令裴寂居守[2]。相比之下,知人善任的李世民,其既以所信任的两位大臣房玄龄与萧瑀分别留守两京,又以太子监国来确保万全,展示了高明的帝王统驭权术。而其之所以如此,除了出于封建帝王维护其家天下统治的极端私欲,也由于封建王朝君臣关系的内在矛盾冲突实质关系使然。就主观愿望而言,封建帝王自然会选择足资信任的兼具高度忠诚与权威地位的大臣或戚属,作为留守以代己行使王权,但极端私欲与封建君臣特定的微妙隐秘关系,使其在骨子里并不能做到真正信任任何留守者。对不具有血缘戚属关系的大臣尤难做到绝对信任。而就留守大臣而言,则因其忠诚与否而导致截然不同的结果。正面的典型,如经受征伐高丽之战“留守”考验的房玄龄,以其忠心耿耿,使李世民在后来出行时,都委他以留守重任。如贞观二十一年太宗幸翠微宫时,以他为京城留守;二十二年太宗驾幸玉华宫时,则以旧疾复发,奉命卧总留台,并在病笃后,以留守身份“追赴宫所,乘担舆入殿,将至御座乃下”,感动太宗对之流涕。而其死前抗表谏止征伐高丽,为其始于征伐高丽

① 高祖之守太原,太宗时年十八。参见陈寅恪:《读书札记一集·旧唐书之部·卷二本纪第二太宗上》,生活·读书·新知三联书店2001年版,第27页。

② 参见《旧唐书·裴寂传》的相关记载,中华书局1975年版。

的“留守”忠诚画上圆满句号。如果说，房玄龄以忠诚而终为文臣之“相”的楷模，“才兼文武，出将入相”的李靖，也以努力克制自我成为将相忠诚的一代楷模。反面的可以激发联想的典型，则是前所论及的被太宗举为篡逆典型以警示李靖的司马懿，也曾被魏文帝曹丕委以留守重任。《晋书·宣帝本纪》记载：

（黄初）六年，天子复大兴舟师征吴，复命帝居守，内镇百姓，外供军资。临行，诏曰：“吾深以后事为念，故以委卿。曹参虽有战功，而萧何为重。使吾无西顾之忧，不亦可乎！”天子自广陵还洛阳，诏帝曰：“吾东，抚军当总西事；吾西，抚军当总东事。”于是帝留镇许昌。①

甚至曹丕对司马懿的嘱托用词，都与李世民对房玄龄的用辞相近。但司马懿在曹丕时代以伪装获得曹丕信任，并潜忍待时，在曹丕之子曹叡死后以篡逆夺权。唐高祖以留守身份而取代腐败的隋政权，与司马懿的阴谋篡权虽有本质性的差异，但在夺取政权这一点上，仍有其相似性。故李世民作为在父亲为留守时的首倡举义者，其征伐高丽时思考留守人选，脑海中不可能不想起做过留守的司马懿的篡逆和大唐以留守获得政权②。

三、“征辽”战败后为身后政权交接枉杀功臣

太宗征伐高丽战争的失败，更增强了李世民对身后安危的焦虑，故从一定意义上来说，其轻于诛杀和处罚大臣，也可视作征伐高丽战争中凸显君臣微妙、紧张关系的延续与升级。最为典型的是诛杀刘洎与张亮。正如《新唐书·张亮传》陈寅恪所论：

---

① ［唐］房玄龄等撰：《晋书》，中华书局1974年版，第4页。

② 《唐语林》写征伐高丽战争中李世民疑忌李靖时，所举的正是司马懿代曹丕留守故事：“昔司马仲达非不病，竟能自强，立勋魏室。”中华书局2008年版，第428、429页。

> 太宗伐高丽无功，深自怨怒，又苦疾病，故十九年十二月诛刘洎，二十年三月杀张亮，盖皆为身后之谋耳。①

刘洎本为太宗最为看好的辅佐太子的第一人选，反因太宗忧虑身后生变而予诛杀，正是他在回答太宗重托时轻言诛杀大臣，又以直率态度谈论帝王身体健康这类触犯帝王忌讳的话语，引发太宗疑忌。《旧唐书·刘洎传》记载：

> 洎进曰："愿陛下无忧，大臣有愆失者，臣谨即行诛。"太宗以其妄发，颇怪之，谓曰："君不密则失臣，臣不密则失身。卿性疏而太健，恐以此取败，深宜诫慎，以保终吉。"十九年，太宗辽东还，发定州，在道不康。洎与中书令马周入谒，洎、周出，遂良传问起居，洎泣曰："圣体患痈，极可忧惧。"遂良诬奏之曰："洎云：'国家之事不足虑，正当傅少主行伊、霍故事，大臣有异志者诛之，自然定矣。'"太宗疾愈，诏问其故，洎以实对，又引马周以自明。太宗问周，周对与洎所陈不异。遂良又执证不已，乃赐洎自尽。洎临引决，请纸笔欲有所奏，宪司不与。洎死，太宗知宪司不与纸笔，怒之，并令属吏。②

以李世民的知人之明，其对刘洎本心忠诚未必不知，但如刘洎这类有过人之才而锋芒毕露、易于触犯封建政治忌讳话语者，终难令他放心，为了根除可能隐患，就宁可予以诛杀了。而根据《旧唐书·张亮传》的记载，张亮以上告侯君集谋反而飞黄腾达："及侯君集诛，以亮先奏其将反，优诏褒美，迁刑部尚书，参预朝政。"李世民御驾亲征高丽时，张亮与李世勣为职位最高的两大总管：

---

① 陈寅恪：《读书札记一集·新唐书之部·卷九十四考证》，生活·读书·新知三联书店2001年版，第461页。

② ［后晋］刘昫等撰：《旧唐书》，中华书局1975年版，第2611—2612页。

太宗将伐高丽，亮频谏不纳，因自请行。以亮为沧海道行军大总管，管率舟师。①

但张亮终于也被以谋反罪名诛杀：

有方术人程公颖者，亮亲信之。初在相州，阴召公颖，谓曰："相州形胜之地，人言不出数年有王者起，公以为何如？"公颖知其有异志，因言亮卧似龙形，必当大贵。又有公孙常者，颇擅文辞，自言有黄白之术，尤与亮善。亮谓曰："吾尝闻图谶'有弓长之君当别都'，虽有此言，实不愿闻之。"常又言亮名应图箓，亮大悦。二十年，有陕人常德玄告其事，并言亮有义儿五百人。太宗遣法官按之，公颖及常证其罪。亮曰："此二人畏死见诬耳。"又自陈佐命之旧，冀有宽贷。太宗谓侍臣曰："亮有义儿五百，畜养此辈，将何为也？正欲反耳。"命百僚议其狱，多言亮当诛，唯将作少匠李道裕言亮反形未具，明其无罪。太宗既盛怒，竟斩于市，籍没其家。岁余，刑部侍郎有阙，令执政者妙择其人，累奏皆不可。太宗曰："朕得其人也。往者李道裕议张亮云'反形未具'，此言当矣。虽不即从，至今追悔。"遂授道裕刑部侍郎。②

比之于刘洎，张亮的被诛杀多少还有点事实的影子，但李世民后来也承认其"反形未具"，处以诛杀重罪也属过当。除了刘洎、张亮被诛杀，被太宗誉为李靖老病后大唐三大名将之一的薛万彻，也于贞观二十二年以"发言怨望"而被除名徙边。《旧唐书·薛万彻传》记载：

二十二年，万彻又为青丘道行军大总管，率甲士三万自莱州泛海伐高丽，入鸭绿水百余里至泊灼城，高丽震惧，多弃城而遁。泊灼城主所夫孙率步骑万余人拒战，万彻遣右卫将军裴行方领步

① ［后晋］刘昫等撰：《旧唐书》，中华书局1975年版，第2515—2516页。
② ［后晋］刘昫等撰：《旧唐书》，中华书局1975年版，第2516页。

卒为支军继进，万彻及诸军乘之，贼大溃。追奔百余里，于阵斩所夫孙，进兵围泊灼城。其城因山设险，阻鸭绿水以为固，攻之未拔。高丽遣将高文率乌骨、安地诸城兵三万余人来援，分置两阵。万彻分军以当之，锋刃才接而贼大溃。万彻在军，仗气凌物，人或奏之。及谒见，太宗谓曰："上书者论卿与诸将不协，朕录功弃过，不罪卿也。"因取书焚之。寻为副将、右卫将军裴行方言其怨望，于是廷验之，万彻辞屈。英国公李勣进曰："万彻职乃将军，亲惟主婿，发言怨望，罪不容诛。"因除名徙边，会赦得还。①

为了雪高丽失败之耻，太宗又派薛万彻以行军大总管身份出征，返回后太宗又玩弄对李靖建功时的所谓"录功弃过"权术，万彻既无李靖的严于律己之能，故其以"发言怨望"而被太宗除名徙边②。太宗甚至对其视为"才智有余"的李世勣，也嘱咐太子采取用之和杀之的两手策略。《旧唐书·太宗本纪》记载，太宗于贞观二十三年五月去世，就在本月戊午，身陷重病的太宗让时为太子詹事的英国公李世勣，出为叠州总管。新、旧《唐书》李世勣本传也有简单记载。《资治通鉴·唐纪十五·贞观二十三年》对此事本末予以详细记载：

上谓太子曰："李世勣才智有余，然汝与之无恩，恐不能怀服。我今黜之，若其即行，俟我死，汝于后用为仆射，亲任之；若徘徊顾望，当杀之耳。"五月，戊午，以同中书门下三品李世勣为叠州都

① ［后晋］刘昫等撰：《旧唐书》，中华书局1975年版，第2518—2519页。

② 万彻终被高宗冤杀。《旧唐书》本传记载："永徽二年，授宁州刺史。入朝与房遗爱款昵，因谓遗爱曰：'今虽患脚，坐置京师，诸辈犹不敢动。'遗爱谓万彻曰：'公若国家有变，我当与公立荆王元景为主。'及谋泄，吏逮之，万彻不之伏，遗爱证之，遂伏诛。临刑大言曰：'薛万彻大健儿，留为国家效死力固好，岂得坐房遗爱杀之乎！'遂解衣谓监刑者疾斫。执刃者斩之不殊，万彻叱之曰：'何不加力！'三斫乃绝。"中华书局1975年版，第2519页。

督;世勣受诏,不至家而去。①

故《资治通鉴考异》指出:“史言太宗以机数御世勣,世勣亦以机心而事君。”

四、“吾为社稷计”的爱护功臣之“情”

前面,我们深入讨论了征伐高丽战争及其失败,更为凸显李世民出于封建帝王极端自私的政治本性,而以权谋驾驭、迫害臣下的特征。当然,我们不应否认作为一代英主,李世民也有对其臣下的亲宠爱护一面。如《旧唐书·房玄龄传》记载:

> 二十二年,驾幸玉华宫,时玄龄旧疾发,诏令卧总留台。及渐笃,追赴宫所,乘担舆入殿,将至御座乃下。太宗对之流涕,玄龄亦感咽不能自胜。敕遣名医救疗,尚食每日供御膳。若微得减损,太宗即喜见颜色;如闻增剧,便为改容凄怆。玄龄因谓诸子曰:“吾自度危笃,而恩泽转深,若孤负圣君,则死有余责。当今天下清谧,咸得其宜,唯东讨高丽不止,方为国患。主上含怒意决,臣下莫敢犯颜;吾知而不言,则衔恨入地。”遂抗表谏曰……太宗见表,谓玄龄子妇高阳公主曰:“此人危惙如此,尚能忧我国家。”后疾增剧,遂凿苑墙开门,累遣中使候问。上又亲临,握手叙别,悲不自胜。皇太子亦就之与之诀。即日授其子遗爱右卫中郎将,遗则中散大夫,使及目前见其通显。②

---

① 《资治通鉴》此条材料显然采自《隋唐嘉话·中》:“太宗病甚,出英公为叠州刺史,谓高宗曰:‘李勣才智有余,屡更大任,恐其不厌伏于汝,故有此授。今若即发者,我死后,可亲任之。如迟疑顾望,便当杀之。’勣奉诏,不及家而行。”《唐语林》卷五所记与此仅有数字不同。两本《唐书》则均删去了李世民嘱托高宗以权谋杀人内容。如《旧唐书》本传:“二十三年,太宗寝疾,谓高宗曰:‘汝于世勣无恩,我今将责出之,我死后,汝当授以仆射,即荷汝恩,必致其死力。’”《新唐书》所记与此相近。显是有意遮掩帝王对待臣下的极端自私行为。

② [后晋]刘昫等撰:《旧唐书》,中华书局1975年版,第2464—2467页。

李靖老病后，太宗也多次亲予看望。《新唐书》本传记载：

> 十八年，帝幸其第问疾，仍赐绢五百匹，进位卫国公、开府仪同三司……二十三年，病甚，帝幸其第，流涕曰："公乃朕生平故人，于国有劳。今疾若此，为公忧之。"①

李勣病时则亲剪胡须以为药。《新唐书·李勣传》记载：

> 勣既忠力，帝谓可托大事。尝暴疾，医曰："用须灰可治。"帝乃自翦须以和药。及愈，入谢，顿首流血。帝曰："吾为社稷计，何谢为！"后留宴，顾曰："朕思属幼孤，无易公者。公昔不遗李密，岂负朕哉？"勣感涕，因啮指流血。俄大醉，帝亲解衣覆之。②

太宗的上述爱护行为，自然有发自本心的成分，但他显然不能超越其帝王政治本性的制约。正如其对李勣所说，"吾为社稷计"！使其股肱之臣死心塌地地为大唐家天下效力，更是李世民爱护其臣下的真正用心所在。

五、结　　语

总括前面的讨论，可知关涉李世民以暮年涉险御驾出征高丽与"留守"关系史实，以及李世民征伐高丽失败后迄于逝世的史实，的确牵动、触及封建政治权力的多条敏感、微妙神经，不仅关涉创业封建君

---

① 李世民贞观早期与李靖等的亲密交往，更被传为佳话。《隋唐嘉话·上》："太宗燕见卫公，常呼为兄，不以臣礼。初嗣位，与郑公语恒自名，由是天下之人归心焉。"中华书局 1979 年版，第 4 页。

② ［唐］刘肃撰《大唐新语·褒锡》："高宗初立为太子，李勣詹事，仍同中书门下三品，自勣始也。太宗谓之曰：'我儿初登储贰，故以宫事相委，勿辞屈也。'勣尝有疾，医诊之曰：'须龙须灰方可。'太宗翦须以疗之，服讫而愈，勣顿首泣谢。他日顾谓勣曰：'朕当属卿以孤幼，思之，无逾公者。往不负李密，岂负于朕哉！'勣流涕而致谢，噬指出血。俄而沉醉，解御服以覆之。"中华书局 1984 年版，第 164 页。

王的身后安危与王朝兴亡,也触及君臣微妙隐秘关系实质,使人们从而能够更为完整地看到创业帝王所具有的政治人格的“善”“恶”双重性特征:在其开创政治事业的上升期,积极进取、励精图治,君臣关系也随之较为融洽,更多人性的光辉遮掩了其政治本性与极端私欲这类黑暗阴影;而当其处于政治人生的黄昏困境,就更多回归于政治本性与极端私欲,在君臣关系中就充分暴露、凸显其专横、残忍与极端自私的政治本性。故借助李世民关涉征伐高丽战争及其延伸话语,也可从复原意义上更为清楚地看到,所谓帝王天命,不过是人为虚构而已。如果李世民本人相信所谓真主天命,就不会那样不惜以垂暮之年御驾亲征,并在失败后使君臣关系笼罩在空前的微妙紧张氛围中。而由李世民本人亲自终结由其开创的“贞观之治”,鲜明体现了帝王“老年症候群”对中国政治文明建设的灾难性颠覆、破坏作用。这也是中国古代以血缘伦常为纽带的家天下政治体制无法破解的死结。

(本文系由收入2015年《“饶宗颐教授百岁华诞”国际学术研讨会论文集》相关内容改写而成)

宫苑文化与宫苑赋的“层累”创构转型

——论边让《章华台赋》的创作思维及“逞才”特色

关于边让《章华台赋》的研究,有两点最值得关注:

一是边让《后汉书·文苑传》有传,可知范晔界定边让的主要角色为著名文学之士。但对其文学创作,除了全文收录《章华台赋》,并评价其“虽多淫丽之辞,而终之以正,亦如相如之讽也”,就只有“少辩博,能属文。作《章华赋》”和“文多遗失”数句简略的说明①。根据《后汉书·文苑列传》的著述体例:注重全文收录作家代表作品,并明确记载作家作品篇数,对文多亡佚的作家,也都尽可能指出其创作篇数②,其称边让“文多遗失”,而不提及作品篇数,说明边让作品散佚严

---

① [南朝·宋]范晔:《后汉书》,中华书局1965年版。

② 《后汉书·文苑列传》注重详记作家创作文类及作品数量,因文多遗失而不记作品篇数的,只有边让等数人而已。为便观览,今详列其所记(共26人):杜笃所著赋、诔、吊、书、赞、《七言》《女诫》及杂文,凡十八篇,又著《明世论》十五篇;王隆著颂、诔、《复神》《说疾》凡四篇;夏恭著赋、颂、诗、《励学》凡二十篇;夏牙著赋、颂、赞、诔凡四十篇;傅毅著诗、赋、诔、颂、祝文、《七激》、连珠凡二十八篇;黄香所著贼、笺、奏、书、令、凡五篇;刘毅上《汉德论》并《宪论》十二篇;李尤著诗、赋、铭、诔、颂、《七叹》《哀典》,凡二十八篇;李胜著赋、诔、颂、论数十篇;苏顺著贼、论、诔、哀辞、杂文,凡十六篇;曹众伯师著诔、书、论四篇;刘珍著诔、颂、连珠凡七篇,又撰《释名》三十篇;葛龚著文、贼、碑、诔、书记,凡十二篇;王逸著《楚辞章句》行于世,其赋、诔、书、论及杂文,凡二十一篇,作《汉诗》百二十三篇;王延寿作《灵光殿赋》《梦赋》;崔琦著赋、颂、铭、诔、箴、吊、论、《九咨》《七言》,凡十五篇;边韶著诗、颂、碑、铭、书、策,凡十五篇;张升著贼、诔、颂、碑、书,凡六十篇;赵壹著赋、颂、箴、诔、书、论及杂文十六篇;刘梁著《破群论》,文不存,著《辩和同之论》,其孙刘桢以文才知名;郦炎作诗二篇;侯瑾作《矫世论》《应宾难》《皇德传》三十篇,所做杂文数十篇,多亡失;高彪数奏赋、颂、奇文,文章多亡;张超著赋、颂、碑文、荐、檄、笺、书、谒文、嘲,凡十九篇;祢衡文章多亡。

重,至范晔所处的刘宋时代,已无法确知其具体篇数了。从范晔的说明中,也难以确知在当时《章华台赋》是否已是边让唯一的存世作品。但“能属文”应不仅指赋;全文收录《章华台赋》,并以其比拟汉赋代表作家司马相如之赋,当非仅仅是为了存录边让难得的存世作品,而是将其作为边让及其所处时代文学创作的典范。

二是尽管边让生前享有文学盛名,范晔也类比《章华台赋》如司马相如之“讽”而予以全文收录,但《章华台赋》并不见收于后世诸重要文学总集。以《文选》所收赋类作品为例,其共收录东汉赋家 8 人 14 篇作品:班固的《两都赋》[①]《幽通赋》,班昭的《东征赋》,扬雄的《甘泉赋》《羽猎赋》《长杨赋》,傅毅的《舞赋》[②],张衡的《两京赋》[③]《南都赋》《思玄赋》《归田赋》,马融的《长笛赋》,王延寿的《鲁灵光殿赋》,祢衡的《鹦鹉赋》等,却未收边让的《章华台赋》。那么,究竟是《后汉书》与《文选》的选录标准不同使然,还是《章华台赋》确实文学价值不高,这些都只有通过深入讨论方可明了。

无论《章华台赋》具有怎样的文学价值,作为边让及其所处时代文学创作的典范,和今天所可看到的边让唯一的存世作品,其对研究边让及其文学创作,全面、深入探讨东汉晚末期的文学创作及其与政治文化的关系,还有宫苑赋的“层累”创造与宫苑文化反思内涵等,仍具有重要价值。

一、《章华台赋》作于光和三年考

关于边让《章华台赋》的具体创作时间,《后汉书》本传未曾提及。与之相关的,一是本传开篇的一段话:

> 边让字文礼,陈留浚仪人也。少辩博,能属文。作《章华赋》,

---

① 《文选》分为两篇。

② [南朝·宋]范晔撰《后汉书·文苑传》未收,而是另外全文收录其《迪志诗》,见出二者选录的标准不同。

③ 《文选》分为两篇。

虽多淫丽之辞，而终之以正，亦如相如之讽也。①

这段文字可以有两种读法：一种是指边让年少时代即以“辩博”和“能属文”著称，《章华台赋》也作于年少时代；一种是指边让年少时代即以“辩博”和“能属文”著称，其代表作是《章华台赋》。按后一读法，则《章华台赋》未必为年少时代所作。

二是本传此后全文收录《章华台赋》，紧接着就叙述大将军何进见边让之事。

可知无论边让《章华台赋》作于年少时代抑或其后，必当早于大将军何进接见边让时代。根据笔者的考证，边让见何进事在灵帝中平四年(187 年)，边让时年约 37 岁②。但究竟早于边让 37 岁见何进之前多少年呢？是在边让年少时代抑或更晚时代？

范晔指出：边让写《章华台赋》“亦如相如之讽也”。今案：楚灵王所建章华台故址，在今湖北潜江县境内，1984 年被发掘，是我国古代第一个大型的园林建筑群，后人视其为汉代以前帝王荒淫无道、奢建宫苑、自取灭亡的著名例证(说详第三部分)，根据古人的作赋习惯，边让既是借楚灵王新建章华台为“讽”，必与其所生活时代帝王的奢建新的宫苑有关。

根据笔者的考证，边让约生于桓帝元嘉元年(151 年)，卒于献帝元年③。边让虽历桓、灵、献三帝，但献帝于中平六年(189 年)九月即位时，年仅 9 岁，其时董卓专权，此后直至建安时代，天下持续大乱，献帝仅为傀儡皇帝，故绝无可能主导奢建新的大型宫苑，故首先可以断定：边让于献帝时代不可能写作此赋。

桓帝事迹有两类关涉修建宫苑：

第一类关涉重修和扩建宫苑。如根据《后汉书·赵典传》记载，建

---

① ［南朝·宋］范晔：《后汉书》，中华书局 1965 年版，第 2640 页。

② 学界对其卒年看法不一，向有献帝中平六年与建安元年两说，参见拙文《桓灵时代与边让事迹考论》中的相关论述，文载《汉魏六朝文史论衡》，上海古籍出版社 2012 年版。

③ 参见拙文《桓灵时代与边让事迹考论》中的相关论述，文载《汉魏六朝文史论衡》，上海古籍出版社 2012 年版。

和初赵典被“征拜议郎，侍讲禁内，再迁为侍中”，“时帝欲广开鸿池”，赵典予以劝谏，“帝纳其言而止”①，可知桓帝曾于建和年间(147—149年)拟扩建鸿池而未实际动工。《后汉书·桓帝本纪》记载：永兴元年(153年)“三月丁亥，幸鸿池”。可推知桓帝所幸仍为原有而非新建的鸿池。再如本纪记永寿元年(155年)“六月，洛水溢，坏鸿德苑”，延熹元年(158年)“三月己酉，初置鸿德苑令”②，可知桓帝时代有过重修鸿德苑之事；复如桓帝时代多火灾，焚毁宫苑事件多有发生，自然也会有重修之事③。但因“洛水溢，坏鸿德苑”而予以重修，有其正当理由，何况重修与扩建也与边让借写楚灵王新建章华台以“讽”不合。

第二类关涉新建宫苑。本纪记延熹二年(159年)秋七月，初造显阳宫④。但本年边让不大可能创作此赋。理由有二：

其一，延熹二年(159年)，边让时年9岁。本传虽记载边让“少辩博，能属文”，所收蔡邕《荐举边让书》誉称边让“天授逸才，聪明贤智；髫齔夙孤，不尽家训；及就学庐，便受大典。初涉诸经，见本知义，授者不能对其问，章句不能逮其意；心通性达，口辩辞长”，但要创作如《章华台赋》这样指涉时政、有较丰富文化蕴涵的赋作，显然需要较深厚的学识修养和人生阅历经验以及高明的写作技巧，9岁幼童无论如何高明，也不大可能创作。

其二，蔡邕《述行赋序》记载了桓帝建造显阳苑的时代背景：

---

① [南朝·宋]范晔：《后汉书》，中华书局1965年版，第947页。

② 《东观汉记·纪三》记载，桓帝“延熹元年三月己酉，初置鸿德苑，置令”。

③ 本纪所记火灾计有：建和二年五月癸丑，北宫掖廷中德阳殿及左掖门火，车驾移幸南宫；延熹四年春正月辛酉，南宫嘉德殿火，戊子，丙署火，二月壬辰，武库火，五月丁卯，原陵长寿门火；延熹五年春正月壬午，南宫丙署火，夏四月乙丑，恭陵东阙火，戊辰，虎贲掖门火，康陵园寝火；甲申，中藏府承禄署火，秋七月己未，南宫承善闼火；延熹六年夏四月辛亥，康陵东署火，秋七月甲申，平陵园寝火；延熹八年二月己酉，南宫嘉德署黄龙见，千秋万岁殿火，夏四月甲寅，安陵园寝火，六月闰月甲午，南宫长秋和欢殿后钩楯、掖庭、朔平署火，十一月壬子，德阳殿西閤(合)、黄门北寺火，延及广义、神虎门，烧杀人。

④ 《后汉书·杨赐列传》李贤注：“阳嘉元年起西苑。延熹二年造显阳苑。洛阳宫殿名有平乐苑、上林苑。桓延熹元年置鸿德苑也。”王先谦《后汉书集解》：“惠栋曰：‘《蔡邕集》起显阳苑于城西，人徒冻饥不得其命者甚众。’”

延熹二年秋，霖雨逾月。是时梁冀新诛，而徐璜、左悺五侯擅贵于其处。又起显明苑于城西，人徒冻饿，不得其命者甚众。白马令李云以直言死，鸿胪陈君以救云抵罪。璜以余能鼓琴，自朝廷，敕陈留郡守发遣余。到偃师，病不前，得归。心愤此事，遂托所过，述而成赋。①

蔡邕除言宦官专政、桓帝不惜“人徒冻饿，不得其命者甚众”以大兴造作，还提到大将军“梁冀新诛”，而《章华台赋》结尾明确提到“美吕尚之佐周，善管仲之辅桓”，希望有力宰辅人物出现以改变宦官专权局面。这类内容显与建造显阳苑的时代背景不合。

由上述两点可以断定：边让延熹二年不可能创作此赋，《章华台赋》写于灵帝时代毫无疑问。

考灵帝时代见于史载的奢建宫苑事件有二：一是于光和三年（180年）建毕圭、灵昆二苑，耗费四年筑成；一是于中平二年（185 年），造万金堂于西园②。这两大事件都发生在边让约37 岁以前。而根据《后汉书·张让传》记载，灵帝“造万金堂于西园，引司农金钱缯帛，仞积其中”③。其建堂动机明显与边让《章华台赋》内容不合。况且，中平元年（184 年），黄巾起义已经爆发，中平二年（185 年）政治形势仍在持续恶化中，这既与边让创作《章华台赋》所需要的较宽松政治文化环境氛围不合，也与赋中所描述的政治文化生态不合。故可以论定，《章华台赋》不可能作于中平二年。光和三年灵帝奢建宫苑事件，则明显与

① ［东汉］蔡邕：《蔡中郎集》，张溥：《汉魏六朝百三名家集》，江苏古籍出版社2002 年影印本。

② ［南朝·宋］范晔撰《后汉书·灵帝纪》所记与建筑及宫苑相关的事件计有：建宁六年二月，南宫平城门及武库东垣屋自坏；光和三年，“是岁，作毕圭、灵昆苑”；四年闰六月辛酉，北宫东掖庭永巷署灾；是岁，帝作列肆于后宫，使诸采女贩卖，更相盗窃争斗。帝著商估服，饮宴为乐；又于西园弄狗，著进贤冠，带绶。又驾四驴，帝躬自操辔，驱驰周旋，京师转相放效；五年八月，起四百尺观于阿亭道；冬十月，校猎上林苑，历函谷关，遂巡狩于广成苑；六年始置圃囿署，以宦者为令；中平二年二月己酉，南宫大灾，火半月乃灭，癸亥，广阳门外屋自坏；是岁，造万金堂于西园；三年复修玉堂殿，铸铜人四，黄钟四，及天禄、虾蟆，又铸四出文钱。从所记来看，可以称之为大型的建造事件，只有建毕圭、灵昆二苑与造万金堂于西园。

③ ［南朝·宋］范晔：《后汉书》，中华书局1965 年版，第2536 页。

《章华台赋》的创作有着紧密联系。

关于灵帝奢建毕圭、灵昆二苑始末，袁宏《后汉纪·孝灵皇帝纪中》所记甚详：

初作灵泉、[毕]圭苑。司徒杨赐上书曰："臣闻使者并出，规度城南民田，欲以为苑者。昔先王制囿，裁足取牲以备三驱，薪采刍牧者往焉。故《诗》曰：'王在灵囿，麀鹿攸伏。'《传》曰：'吾王不游，吾何以休。'皆被其德政，而乐所为如此。[至]六国之际，取兽者有罪，伤槐者将诛。孟轲为梁惠王极陈其事。先帝之制，左开洪池，右作上林，不俭不泰，以合[礼]中。今猥规都城之侧以畜禽兽之物，非所保养民庶赤子之义。筑郎不时，《春秋》有讥；盘于游田，周公作戒。其城外之苑以有五六，足用逞情意，顺四节，何必变革旧制，以罢民力。楚兴章华，郢人乖叛；秦作阿房，黎甿愤怨。宜思夏后卑室之意，太宗露台之费，慰此下民劳止之歌。"上欲止，侍中任芝、乐松等曰："昔宣王囿五十里，民以为大；文王百里，民以为小。今造二苑与百姓共之，不妨于政，民蒙其泽。"上遂从之。①

可知灵帝拟奢建毕圭、灵昆二苑时，司徒杨赐曾予以切谏。其谏书就以"楚兴章华，郢人乖叛"相比拟，因为楚灵王奢建章华台，是汉代以前帝王荒淫无道的著名例证，灵帝奢事建苑正与之相类；"宜思夏后卑室之意，太宗露台之费"，也与《章华台赋》末尾所谓"思夏禹之卑宫，慕有虞之土阶"同一思致。

---

① 参见[晋]袁宏撰，张烈点校：《后汉纪》，中华书局2002年版，第471—472页。《后汉书·杨赐传》也有相近记载："帝欲造毕圭灵琨苑，赐复上疏谏曰：'窃闻使者并出，规度城南人田，欲以为苑。昔先王造囿，裁足以修三驱之礼，薪莱刍牧，皆悉往焉。先帝之制，左开鸿池，右作上林，不奢不约，以合礼中。今猥规郊城之地，以为苑囿，坏沃衍，废田园，驱居人，畜禽兽，殆非所谓"若保赤子"之义。今城外之苑已有五六，可以逞情意，顺四节也，宜惟夏禹卑宫，太宗露台之意，以尉下民之劳。'书奏，帝欲止，以问侍中任芝、中常侍乐松。松等曰：'昔文王之囿百里，人以为小；齐宣五里，人以为大。今与百姓共之，无害于政也。'帝悦，遂令筑苑。"中华书局1965年版，第1782—1783页。

而光和三年夏天虎见平乐观下，又见宪陵事件，也与灵帝奢建宫苑有着密切关联。袁宏《后汉纪·孝灵皇帝纪中》记载，司徒杨赐就"虎见"答灵帝诏问时认为："虎者金行，参代之精，狼戾之兽也。今在位率多奢暴贪残酷虐乎！"①中郎将张均上言也指出："虎见宪陵，又见平乐观下，隶皆讹言也。《洪范》之论，言之不从，则有毛虫之孽。虎者，西方之兽，为禽刚猛强梁之物也居而穴处，不可睹见。今于先帝园林为害，又言见于城下，皆在位者仁恩不著，有苛克杀戮之意乎！此乃大兵剧贼之徵，不可不防也。"②杨赐、张均关于"虎见"的解读，都假借阴阳感应之说，巧妙讽谏、指责在位者的"苛政猛于虎"。而杨赐谏书所指灵帝建苑的"坏沃衍，废田园，驱居人，畜禽兽"，与虎见平乐观及宪陵，不但有表层意义的相似性，也同样是在位者"苛政猛于虎"的腐败行为。至于指在位者为"虎"，也容易让人联想楚人虎观念和令尹子文被称为"斗谷于菟"这一颇为怪异的"原型"故事。《春秋左传·宣公四年》记载：

> 初，若敖娶于䢵。生斗伯比。若敖卒，从其母畜于䢵。淫于䢵子之女，生子文焉。䢵夫人使弃诸梦中，虎乳之。䢵子田，见之，惧而归。夫人以告，遂使收之。楚人谓乳谷，谓虎于菟，故命之曰斗谷于菟。以其女妻伯比，实为令尹子文。③

"虎见"被杨赐、张均等解读为在位者人而为"虎"，正与楚国子文被称为"斗谷于菟"而为令尹可以相拟。而《章华台赋》序称楚灵王在章华台上的荒淫行为，使"伍举知夫陈、蔡之将生谋也"，与张均"此乃大兵剧贼之徵，不可不防也"的预言性思考，如出一辙。

可见，边让创作《章华台赋》，应受到光和三年两件重大政治事件与春秋时代楚国两大故事具有相似性的启发。再根据赋序以预知祸

① ［晋］袁宏撰，张烈点校《后汉纪》，中华书局2002年版，第471页。
② ［晋］袁宏撰，张烈点校《后汉纪》，中华书局2002年版，第471页。
③ 杨伯峻：《春秋左传注》，中华书局1990年版，第682—683页。

患将发,"乃作斯赋以讽之",赋的结尾则刻意虚构楚灵王的改过自新,这种构思,与汉灵帝不听杨赐劝谏,反而听信乐松等的谀词耗费四年工时而筑成二苑,有很大反差(何以如此的原因,详见第二、三部分的讨论),其委婉讽谏与杨赐的正面劝谏异曲同心,也可知边让作赋必在汉灵帝拟建苑而尚未实际动工之前,即与杨赐劝谏时间相近,是在光和三年。由边让约生于桓帝元嘉元年(151 年)推算,边让时年约 30 岁。

此外,也可由以下四点予以旁证:

其一,光和年间,存在有利于边让求仕及创作本赋所需要的相对宽松的特定政治文化氛围。关于这一点,第二部分将予以详论。

其二,《章华台赋》的特定"吕尚、管仲"用辞,与孔融作于光和三年的《杂诗·其一》相近,应是在相同政治形势下的产物。尽管光和元年至三年(178—180 年),政治文化环境出现相对宽松局面,解除党禁尤其为摆脱宦官专权、使政治秩序走向正常化创造了一定条件,但根据《后汉书·灵帝纪》记载,光和二年(179 年)十月,司徒刘郃等谋诛宦官,"事泄,皆下狱死",政治形势又有反复。正是在迭遭反复的政治形势下,清流领袖杨赐于光和二年(179 年)十二月再次出任司徒①。杨赐的复出,实际凸显了党锢之禁解除后亟须解决的一大时代政治难题,就是怎样彻底改变暗弱的灵帝不断在专权宦官与清流大臣之间摇摆,使清流大臣被任了罢、罢了任,甚至予以诛杀的恶性循环状况。在灵帝暗弱无能的现实政治形势下,朝野都盼望能够出现真正正直而能力杰出的吕望、管仲式宰辅人物。故胸怀大志,高度自负如孔融者,就以未来的宰辅之才自任,于光和三年出应司徒杨赐征辟,其作于本年的《杂诗·其一》,也唱出"吕望老匹夫""管仲小囚臣"的豪迈歌声。而边让《章华台赋》特意标举"美吕尚之佐周,善管仲之辅桓",与孔融对举吕望、管仲出于同一用思;其写灵王改过之后的效果,又特意提到"虽齐桓之一匡,岂足方于大持"。可见,在清流领袖杨赐再次出任司

---

① [东晋]袁宏撰《后汉纪·孝灵皇帝纪》记载:"(光和二年)十一月,太常杨赐为司徒。"中华书局 2002 年版,第 470 页。

徒后，边让也有可能如孔融一样，将希望寄托于出现有如吕尚、管仲式的更强有力的宰辅，并在赋中表现这样的思想认识①。

其三，就赋体自身的创作规律说，《章华台赋》也应作于人生更成熟阶段。就《章华台赋》来看，虽然《文选》未见收录，但本传将其与司马相如赋的创作相比，并予全文收录，说明范晔认为此赋有较高成就。今天来看，《章华台赋》能够敏锐感知灵帝时代政治之弊，委婉借古讽今，并提出自己较成熟的对策思考，有较为丰富深厚的历史文化蕴涵。尽管如前所引，边让"少辩博"，"天授逸才，聪明贤智；髫齓夙孤，不尽家训；及就学庐，便受大典。初涉诸经，见本知义，授者不能对其问，章句不能逮其意；心通性达，口辩辞长"，但要成功创作如《章华台赋》这样体制较大、蕴涵较丰富深厚的赋作，需要深厚的学识修养、丰富的人生阅历经验和高明的写作技巧，非单纯凭借"辩博"所可做到②。故以情理论之，《章华台赋》也当作于边让学问识见、人生经验有了较大长进，思想更为成熟的岁月。

其四，如果说赋的创作不排除有其偶然性，那么，本传称《章华台赋》"亦如相如之讽"，其创作必有特定的政治文化背景，而其就边让接近成年和已为成年人的早年生活时代看，显然缺乏适合创作"亦如相如之讽"类赋作的必要条件。

故可断定：《章华台赋》作于光和三年，确切无疑。

二、讽谏与求仕双重创作动机考论

边让既于光和三年作《章华台赋》，必有其特定的创作动机。如前所引，范晔认为《章华台赋》"虽多淫丽之辞，而终之以正，亦如相如之讽也"。所谓"讽"，就是讽谏，即以比喻、暗示等委婉言辞与方式行谏；司马相如之讽之所以只是曲终奏雅，由于其主要用心在于以其文学长

---

① 详参拙文《孔融〈杂诗·其一〉作于光和三年考》的相关论述，文载拙著《汉魏六朝文史论衡》，上海古籍出版社2012年版。

② ［清］严可均《全后汉文》辑《意林》所引桓谭《新论·道赋》佚文有"子云曰：能读千赋则善赋"之句，就指出赋体创作的不易。

才博取帝王的赏识、重用。故“亦如相如之讽”，正指出边让《章华台赋》的创作具有讽谏与求仕的双重创作动机。《章华台赋》既与灵帝拟奢建毕圭、灵昆二苑有密切关联，自然不无借灵王章华台故事讽谏灵帝的动机。前已论及，《章华台赋》能够敏锐感知灵帝时代政治之弊，委婉借古讽今，并提出自己较成熟的对策思考，有较为丰富深厚的历史文化蕴涵。但如仅意在讽谏，边让就不会过拘于汉赋“劝百讽一”的创作传统，而是可以有更大突破，并在一定程度上加大表现其政治良知、责任的分量与力度。边让的实际创作并非如此，说明其关注重心在于如何借表现文学创作长才以求仕。

关于边让的求仕问题，笔者有较深入探讨①。概括而言，正如蔡邕所说，边让“髫龀夙孤”，不能如一些东汉名士那样，依靠家庭和特殊的人事背景走上仕途。他虽然约在 18 岁，即灵帝建宁元年（168 年）前后即获盛名，19 岁或稍后，即建宁二年或稍后（169—170 年），与孔融等“并以俊秀为后进冠盖”，但在建宁二年十月后党锢最黑暗时，年约 19 岁的边让和与他年岁相当的谢甄求见郭太劝其出山，并希望追随其出仕，只是不切实际的幻想。熹平年间（172—177 年），宦官势力尚强，政局反复动荡变化，选举方面，则实行“三互法”等严苛选举制度，使“禁忌转密，选用艰难”，深受儒家思想熏陶的边让也未必情愿出仕。②

光和年间相对宽松的特定政治文化形势，则为边让这类著名文士提供了以文学创作求仕的现实机遇。

一是，总的来说，东汉后期，儒林重儒家“经”学而轻文学创作，桓、灵时代的文学创作成就不高，但灵帝的颇好文学艺术与重用、擢拔文学之士，还是在一定程度上扭转了重“经”学而轻视文学创作的思想观念，并对文学之士的仕进及其创作产生了直接的影响。《后汉书·蔡邕传》记载：

---

① 参见拙文《桓灵时代与边让事迹考论》的相关论述，文载拙著《汉魏六朝文史论衡》，上海古籍出版社 2012 年版。

② 参见拙文《桓灵时代与边让事迹考论》与《孔融〈杂诗·其一〉作于光和三年考》的相关论述，文载拙著《汉魏六朝文史论衡》，上海古籍出版社 2012 年版。

> 初，帝好学，自造《皇羲篇》五十章，因引诸生能为文赋者。本颇以经学相招，后诸为尺牍及工书鸟篆者，皆加引召，遂至数十人。侍中祭酒乐松、贾护，多引无行趣势之徒，并待制鸿都门下……①

根据《后汉书·孝灵皇帝纪》的记载，灵帝置“鸿都门学”，始于光和元年（178 年）二月。华峤《汉后书·灵帝纪》有较详记载：

> （光和）元年，置鸿都门学，（画孔子及七十二弟子像）其诸生皆敕州郡、三公举用辟召，或出为刺史、太守，入为尚书、侍中，乃有封侯赐爵者，士君子皆耻与为列焉。②

而《后汉书·阳球传》记载，灵帝曾专门下诏为“鸿都文学”乐松、江览等三十二人图像立赞，以劝学者，其事也当在本年。尽管为灵帝委为高官的所谓文学之士乐松、贾护等多为无行之徒，蔡邕等也曾力谏置“鸿都文学”，但从客观上来说，灵帝的举措毕竟为文学之士的政治人生追求提供了重要途径，起到了提倡、推动文学之士仕进和创作的作用③。而如前所引，灵帝不听杨赐等宰辅大臣的劝谏，执意奢建毕圭、灵昆二苑，正是受到“鸿都文学”乐松等谄谀之词的蛊惑。故作为关心时政、有志仕进的边让，关注如此题材，既表现讽谏之情，又展示文学长才，自然是合乎情理之事。

二是，《后汉书·灵帝纪》记载，光和二年（179 年），中常侍王甫等宦官首领被诛后，灵帝于四月大赦天下，诸党人禁锢小功以下皆除之，

---

① ［东晋］袁宏《后汉纪》卷二四记载与此相近：“本颇以经学相招。后诸能为尺牍、词赋及工书鸟篆者至数千人，或出典州郡，入为尚书侍中，封赐侯爵。”

② 周天游：《八家后汉书辑注》，上海古籍出版社 1986 年版，第 515 页。

③ ［南朝·宋］范晔：《后汉书·文苑传》第 2651—2652 页记载：高彪“郡举孝廉，试经第一，除郎中，校书东观，数奏赋、颂、奇文，因事讽谏，灵帝异之。……后迁外黄令，帝敕同僚临送，祖于上东门，诏东观画彪像以劝学者”。

出现了自延熹九年(166年)十二月党禁事起以来,前所未有的较为宽松的政治局面;光和三年(180年)六月,又诏公卿"举能通《尚书》、《毛诗》、《左氏》、《谷梁春秋》悉除议郎"。[①]《后汉纪·孝灵皇帝纪中》记载:"(光和三年)九月辛酉,日有蚀之。诏群臣上封事,靡有所讳。"[②]这些举措都有利于进一步营造较宽松的政治、文化、学术与文学创作氛围。

而《世说新语·言语》首条记载,边让以布衣身份见新任家乡陈留太守的袁阆时,竟然因举止"失次序"遭到嘲笑。我们认为此事的发生也当与《章华台赋》的写作时间相近,约在光和三年。因为本年边让已年约30岁,经过了漫长的求仕等待,以至于面对出现可能的机遇,心理失调而出现了不该发生的"失次序"行为[③]。故我们认为,在党锢之禁得到空前解除、有利于文学之士仕进,甚至可以凭借赋的写作直接仕进的光和时代政治文化氛围中,尚是一介布衣的边让,最有可能借精心创作以求仕。由于史料及作品的佚失,今已难以知晓在光和年间,边让究竟有无创作其他与求仕内容相关的作品。但光和三年灵帝的奢建毕圭、灵昆二苑,的确为边让提供了借《章华台赋》创作以求仕的绝好素材。

至于借创作以求仕的对象,应该不仅限于灵帝,还包括能够识拔自己的有力大臣。因为如果作品直接能够为喜爱文学的灵帝赏读,自可平步青云。但帝宫九重,作为一介布衣,期盼作品为能够识拔自己的有力大臣赏读,也应是非常现实的考虑。这样,在进行《章华台赋》

---

① [南朝·宋]范晔:《后汉书》,中华书局1965年版,第344页。

② 故《后汉纪·孝灵皇帝纪中》记载:"九月辛酉,日有蚀之。诏群臣上封事,靡有所讳。郎中审忠上书曰:'臣闻,治国之要,得贤则安,失贤则危。故舜有五臣,天下治;汤举伊尹,不仁者远。故太傅蕃、尚书令尹勋知中官奸乱,考其党与。华容侯朱瑀知事觉露,祸及其身,乃(兴)(与)造逆谋,迫胁陛下,聚会群臣,因共割裂城社以相赏。父子兄弟被蒙尊荣,素所亲厚布在州郡,皮剥小民甚于狼虎,多畜财货,缮治殿舍,车马服饰拟于大家。群公卿士杜口吞声,州郡承风顺指。故虫蝗为之生,夷狄为之起,天意愤盈,积十余年矣。故频年日蚀之于上,地震于下,所以谴戒人主,欲令觉悟。今瑀等并在左右,陛下春秋富盛,惧惑佞谄以作不轨。愿陛下留漏刻之听以省臣表,扫灭丑类以答天怒。'章寝。"审忠所言,与杨赐等看法十分接近。

③ 详见拙文《边让与〈世说新语·言语〉"范式"》的相关论述,文载拙著《汉魏六朝文史论衡》,上海古籍出版社2012年版。

创作时,对汉灵帝,一方面,边让虽也会从其所具有的政治良知与社会责任出发,表现其一定程度的讽谏意图,但讽谏的特定内容必须予以精心选择,并要尽量避免过度敏感的方面,更为讲究委婉表达的方式;另一方面,则要大力表现其“劝”多“讽”少的文学长才,希冀以此赢得喜爱文学的汉灵帝的赏识,从而直接得到拔擢、任用。对边让所希冀能够识拔自己的伯乐式大臣,由于这些人是在位的清流领袖,他们的政治倾向虽与边让并无不同,却多重儒家经学而轻文学创作,故边让在表现其文学长才的同时,就不能过分轻忽在赋中表现自己的良知与责任,尤其要重视表现对时局清醒深刻的认识以及成熟的对策。边让不但写下了对用人之弊的深入思考,也希望国家真正实行“唯才是举”的用人政策,期待“君明哲以知人,官随任而处能”,并“举英奇于仄陋,拔髦秀于蓬莱”,使如同自己一样没有为官资历和特殊家庭及人事背景关系的“英才”“髦秀”,能够被拯拔于“仄陋”“蓬莱”。可见,除了特定的讽谏意图,希冀借助赋中所显示的出众见识与才能,获得灵帝和权高位重的伯乐的识赏,也是边让创作《章华台赋》的重要动机。

于是,边让不得不面对来自两大方面的难题:既要在以讽谏表现其良知、责任与追求仕进之间寻找某种巧妙平衡,也要在表现“劝”多“讽”少的所谓文学长才时,不至于影响更有力表现自己对时局的清醒深刻认识以及成熟对策。故特定的求仕动机及对象,使边让选择“章华台”为赋显得特别、甚至不无矛盾。关于这一点,后面部分再来详论。

三、建台、建苑的历史“层累”与创为新赋

作为饱学之士,边让创作《章华台赋》既与兴建宫苑相关,且借用历史上的楚章华台为题,属于借故旧题材创为新赋,必然也关注宫苑题材之历史流变。故本部分拟探讨宫苑题材的历史流变,以探讨边让如何经由历史的“层累”而创作《章华台赋》。

与《章华台赋》相关的创作素材,实际可分为两大系列:一以楚灵王建章华台为主,一以灵帝奢建毕圭、灵昆二苑为主。就前一系列看,

楚灵王所修建的章华台,又名荆台、强台,由层台累榭组成,被学者称为我国古代第一个大型的著名园林建筑群。1984 年,在湖北潜江县西南出土了章华台故址。无论当时还是后代,章华台都被作为楚灵王荒淫无道的著名例证①。《春秋左氏传》及《史记》之《表》《鲁世家》《楚世家》,都记载了楚灵王建台及相关的荒淫腐败行为;《国语》之《楚语上》详载了伍举与灵王升章华台的长篇谏辞,《吴语》记载申包胥劝谏吴王夫差时,也缕举灵王包括建章华台在内的荒淫无道行为以为例证;《战国策·梁王魏婴觞诸侯于范台》、陆贾《新序·资质》《汉书·东方朔传》《淮南子·道应训》《说苑·正谏》等,都视灵王章华台为帝王荒淫的著名例证。概括而言,楚灵王建章华台主要表现出三大腐败特征:

一是逾越帝王建台的成规及相关礼仪规定。灵台本为天子之制,《诗·大雅·灵台》歌颂周文王建简朴灵台的爱民风范,后世也以此来规范、约束帝王的奢建宫苑。以伍举所描述的楚国来说,“先王之为台榭也,榭不过讲军实,台不过望氛祥”“先君庄王为匏居之台,高不过望国氛,大不过容宴豆”,灵王则不但以诸侯而僭建天子之台,规模之大尤为天子建台所不及,《水经注·沔水注》称“台高十丈,基广十五丈”。而落成典礼也“愿得诸侯与始升焉”,以僭拟天子,使“诸侯皆距,无有至者”。于是就胁迫鲁昭公,“惧之以蜀之役,而仅得以来”,使其成为唯一参加典礼的诸侯。其对仪式上“赞”“相”的选择也不合礼制。庄王的匏居之台虽简朴,却如伍举所说,“问谁宴焉,则宋公、郑伯;问谁相礼,则华元、驷騑;问谁赞事,则陈侯、蔡侯、许男、顿子,其大夫侍之。先君以是除乱克敌,而无恶于诸侯”。灵王则别出心裁,只注重“赞”“相”外表仪容的好看,“使富都那竖赞焉,而使长鬣之士相

① 张正明:《楚文化史》,上海人民出版社 1987 年版,第 126 页;江良发、江澄:《华容胡氏族谱与古华容县地望新证》,《船山学刊》2006 年第 4 期。1999 年以来,考古人员对位于湖北省潜江市西南 30 公里处的“龙湾遗址”进行勘探试掘,取得重大成果。在 4 平方公里范围内,探出春秋晚期夯土台基 22 座,以及贝壳路、台阶、回廊、地下排水管道、土木结合的榫卯结构大型柱洞、土木结构夯土台基等遗迹,能看出它是由层台累榭组成的大型园林建筑群,显露了庭院林立、湖河环抱的离宫气象。考古人员根据出土文物和相关文献记载,认定此即历史记载中的“章华宫”,2000 年被列为“全国十大考古新发现”之一。

焉”。又无信用,以欺诈方式要回送给鲁侯的“大屈”礼物①。

二是建台劳民伤财,并严重妨害国家社会、人民的正常活动与生活。《诗·大雅·灵台》称文王“经始灵台,经之营之,庶民攻之,数日成之”、“经始勿亟,庶民子来”②;伍举称庄王为匏居之台,“木不妨守备,用不烦官府,民不废时务,官不易朝常”;灵王建章华台则如伍举所说,使“国民罢焉,财用尽焉,年谷败焉,百官烦焉,举国留之,数年乃成”。③

三是在章华台上穷奢极欲、乐生忘死、倒行逆施。《国语》之《楚语上》《吴语》分别记载了伍举与申包胥谏辞对灵王在章华台上荒淫的描述;《春秋左氏传·昭公七年》记载楚灵王“为章华之宫,纳亡人以实之”;《战国策·梁王魏婴觞诸侯于范台》记鲁君劝谏梁王魏婴,借楚王之口,将“强台之乐”举为“后世必有以高台陂池亡其国者”的唯一典型例证;《汉书·东方朔传》记东方朔借章华台以劝谏汉武帝建上林苑,将殷作九市之宫、灵王起章华之台、秦兴阿房之殿作为君王荒淫、自取灭亡的三大例证;《淮南子·道应训》记楚庄王(当为昭王)以强台“其乐忘死”而拒游;刘向《说苑·正谏》记载楚昭王欲游荆台,司马子綦以“其乐使人遗老而忘死,人君游者,尽以亡其国”相劝谏④,令尹子西还建议将昭王的陵墓建于荆台,以断绝后世游乐的君王,《淮南子》与《说苑》虽未明指楚灵王,但无疑有建台的灵王的荒淫背影。

汉灵帝的拟奢建毕圭、灵昆二苑,正与楚灵王建章华台的三大腐败特征有高度相似性。杨赐上书称,“昔先王制囿,裁足取牲,以备三驱”,“先帝之制,左开洪池,右作上林,不俭不泰,以合礼中”,灵帝建苑则是在“其城外之苑,以有五六,足用逞情意,顺四时”的情况下,欲“变革旧制”、“猥规都城之侧,……以畜禽兽之物。”⑤根据建成后的情形看,仅毕圭苑,就有二处:东毕圭苑周一千五百步,中有鱼梁台;西毕

① 此段引用参见徐元诰:《国语集解》,中华书局 2002 年版,第 493—496 页。

② [清]阮元校刻:《十三经注疏》,《毛诗正义》,中华书局 1980 年版,第 1224 页。

③ 徐元诰:《国语集解》,中华书局 2002 年版,第 493—496 页。

④ [汉]刘向撰,向宗鲁校证:《说苑校证》,中华书局 1987 年版,第 220 页。

⑤ [晋]袁宏撰,李兴和点校:《后汉纪集校》,云南大学出版社 2008 年版,第 301 页。

圭苑周三千三百步,与灵昆苑合起来必然更大。而其“规度城南民田,欲以为苑”,“筑郎不时”“以罢民力”,“非所以保养民庶赤子之义”,全为一己乐生忘死之嗜欲。故杨赐劝谏:“楚兴章华,郢人乖叛;秦作阿房,黎甿愦怨。宜思夏后卑室之意,太宗露台之费,慰此下民《劳止》之歌。”

由灵帝建苑与灵王建台的高度相似性,可知边让选择这样的题材创作《章华台赋》,有其必然性。作为当时著名文士,边让对相关事实及诸多谏辞与议论,自然耳熟能详。再加上与灵帝建苑联系紧密的“虎见”事件,也可联想同样是楚国的令尹子文的人虎关系等,这些就为边让赋的创作提供了堪称丰足的两大素材系列。而受制于以求仕与讽谏为其双重创作动机,边让对相关事实及其评价的特意选择、加工、改写与整合,颇出人意料。

四、逞才“章华”与宫苑文化反思味薄

第一,从求仕创作动机出发,淡化、减轻讽谏的意图及力度。

就表面上看,《章华台赋》的首尾,整合、改造历史与现实中跟建台、建苑有关的谏辞,给人的感觉似乎是以讽谏为其主要创作动机。序写楚灵王在章华台上的荒淫行为,使“伍举知夫陈、蔡之将生谋也”“乃作斯赋以讽之”,不但借鉴引用《国语·楚语上》的伍举的著名谏辞,也与前举杨赐及张均的预警性思考,如出一辙。序描述楚灵王建台时,也改写历史,将章华台的三个不同称谓改为不同的三个地方,写灵王“既游云梦之泽,息于荆台之上”“延目广望,聘观终日”,因感慨荆台此乐“可以遗老而忘死也”“于是遂作章华之台,筑乾之室”,不但完整想象了楚灵王围绕章华台持续的腐败心理与行为,也是委婉讽谏汉灵帝在已有宫苑之外,拟奢建毕圭、灵昆二苑以持续游乐。赋的结尾又刻意将楚灵王因荒淫无道自取灭亡虚构改写为改过自新。这与司马相如《子虚上林赋》只在赋的结尾曲终奏雅有所不同。特别是这样写法,也可能会给能够赏拔自己的有力大臣留下其有讽谏苦心及大局观感的印象。可是,仔细研读全赋,边让主要还是从求仕动机出发,

以减轻、淡化讽谏的力度及意图。

《淮南子·道应训》记楚庄王（应为昭王）以“强台者，南望料山，以临方皇，左江而右淮，其乐忘死”为理由拒绝登台①;《说苑·正谏》记“楚昭王欲之荆台游，司马子綦进谏曰：‘荆台之游，左洞庭之波，右彭蠡之水，南望猎山，下临方淮，其乐使人遗老而忘死，人君游者，尽以亡其国，愿大王勿往游焉。’”②《章华台赋》则借鉴改写为灵王在左史倚相等的陪同下，息于荆台，“前方淮之水，左洞庭之波，右顾彭蠡之隩，南眺巫山之阿。延目广望，骋观终日。曰：‘盛哉此乐，可以遗老而忘死也。’于是遂作章华之台，筑乾之室”。这就将灵王建台归咎于受了既有的不好榜样的影响，而非是如所公认的，灵王建台为后世树立了坏榜样。而特意提及左史倚相，无论当时是否真有其事，也暗示灵王建台没有被谏止，臣下不得避其罪过。也就是说，建台当时如有大臣进谏，情形可能会有所不同。而史实中的灵王正以专断拒谏著称，《国语·楚语上》就专篇记载了灵王拒白公子张骤谏事迹③。可见，边让显然是从求仕动机出发，讲究更为委婉的表达方式，以图让灵帝更容易接受。

---

① 刘文典：《淮南鸿烈集解》，中华书局1989年版，第393页。

② ［汉］刘向撰，向宗鲁校证：《说苑校证》，中华书局1987年版，第220页。

③ 《国语·楚语上》记载：灵王虐，白公子张骤谏。王患之，谓史老曰：“吾欲已子张之谏，若何?”对曰：“用之实难，已之易矣。若谏，君则曰：‘余左执鬼中，右执殇宫，凡百箴谏，吾尽闻之矣，宁闻他言?’”白公又谏，王如史老之言。对曰：“昔殷武丁能耸其德，至于神明，以入于河，自河徂亳，于是乎三年默以思道。卿士患之，曰：‘王言以出令也，若不言，是无所禀令也。’武丁于是作书，曰：‘以余正四方，余恐德之不类，兹故不言。’如是而又使以梦象旁求四方之贤，得傅说以来，升以为公，而使朝夕规谏，曰：‘若金，用女作砺。若津水，用女作舟。若天旱，用女作霖雨。启乃心，沃朕心。若药不瞑眩，厥疾不瘳。若跣不视地，厥足用伤。’若武丁之神明也，其圣之睿广也，其智之不疚也，犹自谓未乂，故三年默以思道。既得道，犹不敢专制，使以象旁求圣人。既得以为辅，又恐其荒失遗忘，故使朝夕规诲箴谏，曰：‘必交修余，无余弃也。’今君或者未及武丁，而恶规谏者，不亦难乎!”“齐桓、晋文，皆非嗣也，还轸诸侯，不敢淫逸，心类德音，以德有国。近臣谏，远臣谤，舆人诵，以自诰也。是以其入也，四封不备一同，而至于有畿田，以属诸侯，至于今为令君。桓、文皆然，君不度忧于二令君，而欲自逸也，无乃不可乎?《周诗》有之曰：‘弗躬弗亲，庶民弗信。’臣惧民之不信君也，故不敢不言。不然，何急其以言取罪也?”王病之，曰：“子复语。不谷虽不能用，吾慭置之于耳。”对曰：“赖君用之也，故言。不然，巴浦之犀、牦、兕、象，其可尽乎，其又以规为瑱也?”遂趋而退，归，杜门不出。七月，乃有乾溪之乱，灵王死之。见徐元诰《国语集解》，中华书局2002年版，第502—505页。

尤其值得予以高度关注的是，在赋的开头，边让竟然不惜歪曲历史，对荒淫无道的楚灵王予以粉饰美化："胄高阳之苗胤兮，承圣祖之洪泽。建列藩于南楚兮，等威灵于二伯。超有商之大彭兮，越隆周之两虢。达皇佐之高勋兮，驰仁声之显赫。惠风春施，神武电断，华夏肃清，五服攸乱。"既写其继承显赫帝王血统及王位，也虚构其赫赫功业，将其假想为"旦垂精于万机兮"的精勤帝王，将其种种腐败荒淫虚构缩小为只是"夕回辇于门馆"的休憩行为。赋的结尾写对时局的认识与建议，不但刻意虚构楚灵王的改过自新，也写其如何在有力宰辅大臣的辅佐下，用人唯贤。结束语更将"尔乃育之以仁，临之以明。致虔报于鬼神，尽肃恭乎上京。驰淳化于黎元，永历世而太平"，用在早有荒淫帝王历史定论的楚灵王身上，令人惊讶。作为深受儒家正统思想熏陶的著名文士，边让如此写法，如不是为了取悦汉灵帝以求仕，诚然很难有其他合理的解释。

第二，淡化、减轻对腐败荒淫行为的描写与批判，而将重心放在表现其文学长才。

前已证明，汉灵帝建苑与楚灵王建台的三大腐败性特征有高度相似性。在前所提及的两大素材系列中，如灵帝的"猥规都城之侧，以畜禽兽之物""坏沃衍，废田园，驱居人，畜禽兽"，与"虎见"等，都是写宫苑、游猎题材的好素材，赋也以章华台为题，依照常理，边让应有较多着墨之处。但《章华台赋》对于楚灵王逾越帝王建台的成规及相关礼仪规定，只以"思夏禹之卑宫，慕有虞之土阶"曲终奏雅；对建台劳民伤财，并严重妨害国家社会人民的正常活动与生活，虽写出"穷木土之技，单珍府之实，举国营之，数年乃成"，但这种纯客观描述句式不足以加强其讽谏力度，何况只是赋序之笔。

就对帝王在台、苑的穷奢极欲、乐生忘死、倒行逆施的方面而言，《战国策·梁王魏婴觞诸侯于范台》记鲁君劝谏梁王魏婴，总结了因人君兼有四种腐败嗜好而亡国的情形："后世必有以酒亡其国者""后世必有以味亡其国者""后世必有以色亡其国者""后世必有以高台陂池亡其国者”①。汉灵帝即同时兼有这四种必然导致亡国的腐败嗜好。他的耽于女色，更曾招致杨赐、蔡邕等的同声劝谏②，而除了这四种腐败嗜好，根据史载，汉灵帝还有嗜音的腐败嗜好。《风俗通义》佚文有“汉灵帝好胡舞”的记载，谢承《后汉书·灵帝纪》记“灵帝善鼓琴，吹洞箫”③。腐败帝王的嗜音，必然意味着与其种种倒行逆施的腐败行为紧密关联。如此说来，汉灵帝真可谓“五毒”俱全，集聚亡国之君的必备条件之大成。

从《章华台赋》的创作来看，边让确实也以汉灵帝的“五毒”俱全为原型，涉及了对楚灵王章华台之游、酒、味与色、音的叙写。但就其具体表现而言，其重心显然在于张扬其文学长才而非讽谏。其不仅将楚灵王的章华台诸种腐败活动轻描淡写成白日忙于国家大事之暇的长夜之欢，还将夜游、酒肉饮食与色欲享受，分别安排在以音乐为主的章华台夜欢的开头和结尾，游、酒、味与色实际被处理为全赋以音乐表现为主的点缀、陪衬之笔。赋之第二小段在游览动态表现中将章华台之游与酒、味与色结合，以流动感极强的数句叙写：

> 尔乃携窈窕，从好仇，径肉林，登糟丘，兰肴山竦，椒酒渊流。激玄醴于清池兮，靡微风而行舟，登瑶台以回望兮，冀弥日而消忧。④

但作者并无意于将《章华台赋》写成以游览为主之赋⑤。“登瑶台以回望兮，冀弥日而消忧”是取法《楚辞·九章·思美人》之“迁逡次

---

① 《战国策》卷二十三，上海古籍出版社1985年版，第846—847页。

② 周天游：《八家后汉书辑注》第707页记载：“光和元年虹昼见（御座殿庭前，色青赤）。上引议郎蔡邕诣金商门，问（之），对曰：‘虹蜺，小人女子之祥。’”

③ 周天游：《八家后汉书辑注》下册，第515页，所收《太平御览》卷五八一引谢承《后汉书》。

④ 本文所引《章华台赋》内容，悉据《后汉书》，第2641—2645页。

⑤ 建安时代王粲《登楼赋》就师承《章华台赋》句意而以“登兹楼以四望兮，聊暇日以销忧”开篇，但其全篇以登楼四望的所见所思为主要表现方面，与《章华台赋》的表现完全不同。

而勿驱，聊假日以须时”①，将本来多可进行静态描写的酒、味与色，结合在动态性的游乐当中，显示了其在文学表现技巧方面的特色处理手法。作者也以点缀之笔，叙写音乐夜欢活动结束后楚灵王的性爱活动：

于是众变已尽，群乐既考。归乎生风之广夏兮，修黄轩之要道。携西子之弱腕兮，援毛嫔之素肘。形便娟以婵媛兮，若流风之靡草。美仪操之姣丽兮，忽遗生而忘老。

这样，全赋叙写“设长夜之淫宴，作北里之新声”，实际以音乐表现为主体：

于是招宓妃，命湘娥，齐倡列，郑女罗。扬《激楚》之清宫兮，展新声而长歌。繁手超于北里，妙舞丽于《阳阿》。金石类聚，丝竹群分。被轻袿，曳华文，罗衣飘飖，组绮缤纷。纵轻躯以迅赴，若孤鹄之失群；振华袂以逶迤，若游龙之登云。

于是欢嬿既洽，长夜向半，琴瑟易调，繁手改弹，清声发而响激，微音逝而流散。振弱支而纡绕兮，若绿繁之垂干，忽飘飖以轻逝兮，似鸾飞于天汉。舞无常态，鼓无定节，寻声响应，修短靡跌。长袖奋而生风，清气激而绕结。

尔乃妍媚递进，巧弄相加，俯仰异容，忽兮神化。体迅轻鸿，荣曜春华，进如浮云，退如激波。虽复柳惠，能不咨嗟！

于是天河既回，淫乐未终，清篇发徵，《激楚》扬风。于是音气发于丝竹兮，飞响轶于云中。比目应节而双跃兮，孤雌感声而鸣雄。美繁手之轻妙兮，嘉新声之弥隆。

从这些穷形尽相的艺术表现来看，作为赋的主体的中间三段，实为纯粹艺术化的音乐赋片段。

从《章华台赋》的特殊表现，能够清晰地看到：边让分赋的正文为

① ［战国］屈原等撰，［宋］朱熹集注：《楚辞集注》，上海古籍出版社 1979 年版，第 92 页。

七段，并以帝王的“五毒”嗜欲进行综合表现，显然师承了枚乘《七发》的遗意①。因为《七发》正如刘勰《文心雕龙·杂文》所论，“及枚乘摛艳，首制《七发》，腴辞云构，夸丽风骇。盖七窍所发，发乎嗜欲，始邪末正，所以戒膏粱之子也”②。因此，就其内容表现而言，大体符合刘勰《文心雕龙·杂文》对受枚乘《七发》影响甚深的“七体”作品的评价：

> 观其大抵所归，莫不高谈宫馆，壮语畋猎；穷瑰奇之服馔，极蛊媚之声色；甘意摇骨髓，艳辞动魂识。虽始之以淫侈，而终之以居正；然讽一劝百，势不自反。子云所谓“先骋郑卫之声，曲终而奏雅”者也。③

但与枚乘《七发》及其“七体”作品有所不同的是：边让对帝王“五毒”嗜欲的综合表现，并非平均用力，而是将重心放在了以穷形尽态方式表现清声微音、长歌妙舞。自然，这些音乐表现离不开美女的动人身姿与声音。由此可见，作者实际是综合了自宋玉《高唐赋》《神女赋》及自枚乘《七发》以来对音乐赋的艺术表现营养。故就内容而言，如此安排不免给人避重就轻、转移讽谏话题的感觉，也当与投合灵帝嗜乐的趣味大有关联。但若单纯就艺术表现而言，如此安排确乎有利于其表现文学长才。故与其说边让《章华台赋》具有重要思想价值，不如说其在汉赋走向魏晋抒情小赋的流变历程中，不失为一大重要坐标点。其以轻灵流动之笔对女性形象及音乐的艺术表现，确实为魏晋抒情小赋的艺术表现创造了不少可资借鉴的绝妙佳句和艺术灵思。最为典型的例子，如曹植《洛神赋》表现洛神形象的“翩若惊鸿，婉若游龙”“于是洛灵感焉，徙倚傍徨，神光离合，乍阴乍阳。竦轻躯以鹤立，若将飞而未翔”④。就是出于对《章华台赋》的借鉴。在魏晋其他作家

---

① 枚乘《七发》不仅深刻影响了“七体”，如江淹《别赋》也以七类“别”事为题，也是受到《七发》以“七事”为主体的“七段论式”结构方式的影响。

② 《文选》李善注：“七发者，说七事以起发太子，犹楚词《七谏》之流。”

③ ［梁］刘勰撰，范文澜注：《文心雕龙注》，人民文学出版社 1958 年版，第 255—256 页。

④ 《文选》，第 270—271 页。

描写女性和音乐的诗赋中，我们都不难看出边让《章华台赋》的影子来。

全面研读了边让如何创作《章华台赋》，我们就不难明白，尽管作者对宫苑文化的历史“层累”了若指掌，并以丰厚的学识修养基础充分体现其文学长才，从而创构此一文学代表作，成为桓灵时代赋体创作的代表性作品，对后世文学创作也有重要影响，但却不能见收于萧统主编之《文选》。一是萧统崇尚“丽而不浮，典而不野，文质彬彬，有君子之致”的典正之作，反对“丽亦伤浮”有失轻薄之作①，甚至对其所高度崇仰的陶渊明，也直称“白璧微瑕者，惟在《闲情》一篇赋，扬雄所谓劝百讽一者”。二是萧统主编《文选》虽然专列“音乐赋”一类，但他本人对以女乐声伎全无所好②。故他不重边让专以女性音乐表演为主体的赋体创作。三是说到底，《章华台赋》逞文学长才而轻文化反思，缺乏厚重的历史文化蕴涵，不予收录也就是自然而然的事情了。

［本文原载《中国文学研究（辑刊）》2012 年第 2 期］

---

① 俞绍初校注:《昭明太子集》之《答湘东王求文集及〈诗苑英华〉书》，中州古籍出版社 2001 年，第 155 页。

② 《梁书·昭明太子传》第 168 页载:“性爱山水，于玄圃穿筑，更立亭馆，与朝士名素者游其中。尝泛舟后池，番禺侯轨盛称‘此中宜奏女乐’。太子不答，咏左思《招隐诗》曰:‘何必丝与竹，山水有清音。’侯惭而止。出宫二十余年，不畜声乐。少时，敕赐太乐女妓一部，略非所好。”参看拙著《魏晋文化与文学论考·萧统与音乐赋》第 354—370 页的相关论述；康达维《〈文选〉英译本前言》，载南京大学古典文献研究所《古典文献研究》，凤凰出版社 2011 年版，第 329—330 页的相关论述。

第三编
人的本质价值实现与中华文化

“素王”典范造像与人的本质精神价值实现

——论司马迁《史记·孔子世家》的创作

一、“素王”著述传人与“素王”造像

在司马迁的《史记》写作中,《孔子世家》占有极为特殊的地位。古今对《孔子世家》的研究,既深且广,似乎少有置喙的余地。但我们仍可抱持“最深切的同情”,以思司马迁怎样写成《孔子世家》,并赋予古今研究结论以些许鲜活的思想色彩与情韵。而以“最深切的同情”标准观之,尽管司马迁所写的历史人物不知凡几,如果要问谁是与其自身生命价值追求及《史记》总体写作关联最为深密之人,不得不推为孔子。

这可从以下三个层面来说:

其一,司马迁奉孔子为其思想精神之“父”,自视为孔子“素王”著

述的第一传人①。关于这一点,可从《太史公自序》知其大概:

是岁天子始建汉家之封,而太史公留滞周南,不得与从事,故发愤且卒。而子迁适使反,见父于河洛之间。太史公执迁手而泣曰:"余先周室之太史也。自上世尝显功名于虞夏,典天官事。后世中衰,绝于予乎?汝复为太史,则续吾祖矣。今天子接千岁之统,封泰山,而余不得从行,是命也夫,命也夫!余死,汝必为太史;为太史,无忘吾所欲论著矣。且夫孝始于事亲,中于事君,终于立身。扬名于后世,以显父母,此孝之大者。夫天下称诵周公,言其能论歌文武之德,宣周邵之风,达太王王季之思虑,爰及公刘,以尊后稷也。幽厉之后,王道缺,礼乐衰,孔子修旧起废,论《诗》《书》,作《春秋》,则学者至今则之。自获麟以来四百有余岁,而诸侯相兼,史记放绝。今汉兴,海内一统,明主贤君忠臣死义之士,余为太史而弗论载,废天下之史文,余甚惧焉,汝其念哉!"迁俯首流涕曰:"小子不敏,请悉论先人所次旧闻,弗敢阙。"

…………

太史公曰:"先人有言:'自周公卒五百岁而有孔子。孔子卒后至于今五百岁,有能绍明世,正《易传》,继《春秋》,本《诗》《书》《礼》《乐》之际?'意在斯乎!意在斯乎!小子何敢让焉。"②

总括司马迁的自述,当包含两重用意:一方面,尊奉"扬名于后世,

① "素王"一词最早见于[战国]庄子:《庄子·天道》:"以此处下,玄圣、素王之道也。"司马贞《史记·殷本纪》之《索隐》谓:"素王者太素上皇,其道质素,故称素王。"王充《论衡·定贤》:"孔子不王,素王之业在《春秋》。"

② [汉]司马迁:《史记》,中华书局1959年版,第3295—3296页。案:钱大昕《二十二史考异》指出:"孔子卒于鲁哀公十六年(前479年),至汉武帝太初元年(前104年),凡三百七十五岁,云'五百岁',误矣。"日本泷川资言《史记会注考证》引述清儒崔适的观点:"云五百岁者,此以祖述之意相比,所谓断章取义,不必以实数求也。"(《史记会注考证》,卷一百三十,文学古籍刊行社1955年版,第20页。)可见司马迁是刻意断章取义,虚拟历史时间,以彰显其伟大文化抱负继承有自。可分别参看郑鹤声《司马迁生平及其在历史学上的伟大贡献》、张维华《论司马迁的通古今之变究天人之际》的相关论述,见瞿林东主编《〈史记〉研究(上)》,中国大百科全书出版社2001年版,第193、267页。

以显父母，此孝之大者”的封建伦理价值理念，继承祖上世代相传、尤其是被其父视为生命的史家著述事业，是其以写“史”而非其他方式进行文化著述的现实原因；另一方面，宣称自己“史”的文化著述，甚至直接前承“素王”孔子，实有奉孔子为其思想精神之“父”的意涵①。由司马迁引述并认可父亲司马谈的论断可知，司马迁确实自认其“史”的著述，必将成为华夏史上继周公、孔子之后伟大文化著述的第三大里程碑：周公是有史以来以在位辅政之身进行文化著述的伟大典范，孔子开创了“素王”著述的伟大传统，司马迁本人则是真正接续孔子“素王”著述伟大传统的第一传人②。司马谈与司马迁以五百年为一周期的依据，正来自“五百年必有王者兴”的天命“圣王”观③，而其引述这一天命“圣王”观，则是为了强调：自周公之后，这种本当属于在位当政王者的伟大著述权，实际就落在了“在野”行“道”的“素王”身上，“素王”孔子之后，更是落在了史家司马迁本人身上。司马谈不提孔子身后的孟子、荀子等伟大的思想家，而是讲自“孔子卒后至于今”已有五百年了，应该有“能绍明世，正《易传》，继《春秋》，本《诗》《书》《礼》《乐》之际”的文化王者出现，故寄厚望于自己的儿子，司马迁因此以“意在斯乎！意在斯乎！小子何敢让焉”，表达其接受父亲重托，并以

---

① 司马迁幼承庭训，但与乃父《六家指要》最为推崇道家与老子异趣，他最尊崇孔子，将“素王”孔子列于《世家》，称“至圣”，老子则与申、韩同传，但称“隐君子”而已。故其所谓引述父亲之言，或当有借父立言意涵。正如王鸣盛《十七史商榷・司马氏父子异尚》所说：“……而迁意则尊儒，父子异尚，犹刘向好《穀梁》，而子歆明《左氏》也。观其下文称引董仲舒之言，隐隐以已上承孔子，其意可见。”（凤凰出版社 2008 年版，第 33 页）也可参看阮芝生《史记的性质》、程金造《司马迁崇尚道家说》的相关论述，见瞿林东主编《〈史记〉研究（上）》，第 83—85 页，《〈史记〉研究（下）》，第 224—225 页。

② ［汉］班固：《汉书・司马迁传》记载，上大夫壶遂曾与司马迁深入讨论孔子著述《春秋》，并以之比拟司马迁的《史记》著述，司马迁自谦不敢与之相提并论，但从他与壶遂讨论时所展示的对孔子包括《春秋》在内的伟大著述的深邃洞见，也可概见其雄心所在。

③ “五百年必有王者兴”为先秦时代的重要思想话语。如［战国］孟子：《孟子・公孙丑下》记载孟子的话：“彼一时，此一时也。五百年必有王者兴，其间必有名世者。由周而来，七百有余岁矣；以其数则过矣，以其时考之，则可矣。夫天未欲平治天下也，如欲平治天下，当今之世，舍我其谁也？吾何为不豫哉。”司马迁《史记・天官书》则云：“夫天运，三十岁一小变，百年中变，五百载大变……”此说实有承继孟子处，其继承孔子“素王”著述伟业而舍我其谁，当仁不让的伟大儒者气象，更是超越了孟子精神。参看张维华《论司马迁的通古今之变究天人之际》的相关论述，见瞿林东主编《〈史记〉研究（上）》第 267 页、283—286 页。

舍我其谁、当仁不让的精神，传承孔子“素王”著述伟业的坚定信心与意志。由司马迁的自述，我们确实也感受到了其传承孔子“素王”著述的伟大精神气象①。

其二，最为关键的因素是，司马迁身处大汉王朝最为鼎盛的武帝时代②，却以“李陵事件”横遭宫刑③，这使其能够更为透彻地认知封建王权专制独裁政治体制的真实本质，从而实现世界观、人生观的超越、升华，真正进入“究天人之际，通古今之变”的自由创作王国，以《史记》成功构建其伟大庄严的人学价值体系④。而在这一生命的超越、升华过程中，历代“圣贤”遭受人生悲剧后的发愤著述行为，尤其是“仲尼厄而作《春秋》”，成为激励其勇敢面对巨大人生悲剧、坚持写作《史记》的强大精神动力⑤。

一方面，当其深刻反思人类的永恒精神价值追求，及其普遍性悲剧命运与封建王朝专制政治体制的关系问题时，对具有伟大政治抱负，却终身坎坷，不得不“在野”行“道”以成就“素王”伟业的孔子事迹

---

① 王国维在《太史公行年考》中认为：正是与继承孔子“素王”事业相关，太初改历之议实始于司马迁，始终总其事者也是司马迁，“孔子言行夏之时，五百年后卒行于公之手……此亦公之一大事业也”，故其于太初元年“造历”事毕，才真正开始《史记》的创作。参见王国维《观堂集林》，中华书局1959年版，第498—500页的相关记载。

② 表面上，司马迁于《史记·太史公自序》宣扬汉命，称：“汉兴以来，至明天子，获符瑞，封禅，改正朔，易服色，受命于穆清。”（《史记》，第3299页）但司马迁既称引“五百年必有王者兴”的天命“圣王”理论，并以“素王”之业的第一传人自居，显然有其对汉武帝所谓“伟业”的特定认识。

③ 司马迁《报任少卿书》对其因李陵事件获祸始末述之甚详，兹不赘述。

④ 司马迁得以以最为彻底的超越、升华姿态进入自由创作《史记》的王国，在人类文化著述史上具有永恒的普遍性启示意义。有无此类超越、升华，是衡量古今中外伟大著述的重要标准。如曹雪芹为了争取研究、创作《红楼梦》的自由，不惜穷厄困顿以死，但丁历尽流放苦难而创作《神曲》等，正与司马迁前后辉映。参看高阳《没有学术哪有自由——曹雪芹摆脱包衣身份考证初稿》（收入《高阳说红楼梦》，新星出版社2006年版，第2—19页）的相关论述。

⑤ 司马迁《报任少卿书》：“古者富贵而名摩灭，不可胜记，唯俶傥非常之人称焉。盖西伯拘而演《周易》；仲尼厄而作《春秋》；屈原放逐，乃赋《离骚》；左丘失明，厥有《国语》；孙子膑脚，《兵法》修列；不韦迁蜀，世传《吕览》；韩非囚秦，《说难》《孤愤》。《诗》三百篇，大氐圣贤发愤之所为作也。此人皆意有所郁结，不得通其道，故述往事，思来者。及如左丘无目，孙子断足，终不可用，退论书策，以舒其愤，思垂空文以自见。仆窃不逊，近自托于无能之辞，网罗天下放失旧闻，考之行事，稽其成败兴坏之理。……凡百三十篇，亦欲以究天人之际，通古今之变，成一家之言。草创未就，适会此祸，惜其不成，是以就极刑而无愠色。仆诚已著此书，藏之名山，传之其人，通邑大都，则仆偿前辱之责，虽万被戮，岂有悔哉！然此可为智者道，难为俗人言也。”

的认识，促使其能够更为彻底地从根本上反思现实政治权力结构存在的必然性与合理性，更加坚定地认同、肯定在封建王权专制独裁体制压迫下，人类精神价值追求的高度正当性与高贵性，更为自觉地高扬人的独立尊严与主体精神意志，从而将人的生命本质精神价值的真正实现与否，作为评价历史人物的第一标准，而不是注重现实利禄权位的获得与否。故当司马迁进行《史记》人物的总体构架时，就能够真正超越"在野""在位"观念，并在实质意义上将蕴含"素王"—"素臣"永恒精神价值的权力结构模式，树立为理想的政治权力结构的最高范本。其三十"世家"首选具有让位美德的吴国建国始祖吴太伯，七十"列传"首选有让国美德而甘贫乐道终于饿死的伯夷、叔齐，并直接将孔子及其弟子分别写入"世家"和"列传"。这种迥异于后世封建正统史家的"世家""列传"人物选择方式，就完全打破、超越了现实政治权力结构的常态，标示了其对封建政治权力结构存在意义的深刻思考①。司马迁对政治权力结构本质意义的认知，立足于深刻反思所谓"天道"与人类道德理想追求的因果背反现象基础上，最为关键的影响，显然来自孔子。而相比于吴太伯与伯夷、叔齐，如前所说，司马迁既自视为孔子"素王"著述伟业的第一传人，其认同、表现"素王"孔子，毋宁说就是另一种自我认同、表现方式。

另一方面，就孔子生平事迹而言，虽然其主要是以"在野"方式躬行"素王"之事，但其具有短暂、间接性特征的从政经历，也是其实践、追求政治理想的重要人生亮点，实可补偿司马迁类由于没有机遇以实现其政治事功欲求，而不得不将全部精力投注于文化著述活动的心理缺憾。事实上，在《太史公自序》中，司马迁借其父之口叙述"余先周室之太史也。自上世尝显功名于虞夏，典天官事。后世中衰，绝于予乎？汝复为太史，则续吾祖矣"，所谓"续吾祖"，虽主要是指伟大史学

---

① 关于首选吴太伯与伯夷、叔齐分别作为"世家""列传"之首的问题，学界论述甚多，不再赘述。需要指出的是，关于《伯夷列传》，白寿彝《史记新论》认为"列传"七十篇，"首篇并非专为伯夷而写的。它是列传的帽子，带有总序性质"；赖长扬《司马迁与春秋公羊学》则认为"太史公是有意借伯夷而发论，总领七十列传；《伯夷列传》是七十列传之纲"。参见瞿林东主编《〈史记〉研究（上）》，第72—74页；《〈史记〉研究（下）》，第254—255页的相关论述。

著述，但在对其祖先“自上世尝显功名”的深情追忆中，显然也潜含着其对政治事功的心理欲求。我们认为，指出这一点十分重要，因为学界迄今为止的研究，似乎还较为忽视司马迁的伟大史学著述与其自身的政治事功心理欲求的关系问题，这无疑也制约、影响了对司马迁全人及其史学著述成就的研究。

其三，司马迁不仅将孔子视为心目中的第一精神偶像①，对孔子抱持“最深切的同情”“读其书”“想见其为人”，又亲往考察其遗迹和现实影响。《孔子世家》结尾的“太史公曰”，表达了司马迁无比崇敬热爱孔子的心情：

> 《诗》有之：“高山仰止，景行行止。”虽不能至，然心乡往之。余读孔氏书，想见其为人。适鲁，观仲尼庙堂车服礼器，诸生以时习礼其家，余祗回留之不能去云。天下君王至于贤人众矣，当时则荣，没则已焉。孔子布衣，传十余世，学者宗之。自天子王侯，中国言六艺者折中于夫子，可谓至圣矣！②

对孔子最为亲切、鲜活、丰满、立体的认识，不仅激励遭受巨大人生悲剧的司马迁更为坚强、更“好”地活着，不仅为其将孔子写入“世家”和以何种写作方式成功塑造一代“素王”典范提供了充分保证，也为其《史记》总体思想写作与形象塑造高度提供了重要保障！

质言之，基于上述三点，已可论定：在孔子身后，作为汉世一人而已的伟大史学家司马迁，已然就是最为合适的孔子“素王”造像者。

二、“素王”典范造像与孔子的大政治家风范

直接进孔子于“世家”，进以颜回为首的孔门弟子于“列传”，自然

① 尽管司马迁将周公、孔子与自己分别列为500年一个周期的文化代表人物，但其《周公世家》写周公事迹较为简约，周公对司马迁的实际影响也当远逊于孔子。

② 《太史公自序》也提到自己曾“北涉汶、泗，讲业齐、鲁之都，观孔子之遗风，乡射邹、峄”（《史记》，中华书局1956年版，第3293页）。

是由于在司马迁心目中，躬行“素王”与“素臣”之“道”的孔子及其门徒，绝不稍逊于历史上那些以事功名垂千古的王侯将相①。甚至还可进而这样认为：其以孔子及其门徒分别入“世家”“列传”，本就含有将孔子及其门徒所构成的“素王”—“素臣”模式，作为政治权力结构的理想范本的写作意图。由此以观《史记·孔子世家》煞费苦心、周密编选史料的特定写法，当能更为深刻地体认本传以发显、褒扬孔子及其门徒躬行“素王”“素臣”之“道”为旨归。最需关注的是两大方面：第一，写由于孔子真正具备大政治家才器、风范与理想追求境界，却难得其“位”，于是就以“在野”方式躬行“素王”之道，成为能够宠辱不惊，善处“出”“处”去就，躬行“素王”之“道”的伟大典范；第二，写躬践“素王”之“道”的孔子，与追随他的贤徒，实际构成了与春秋时代现实政治权力结构对比鲜明的“素王”—“素臣”结构模式。

本部分主要讨论第一方面的问题。

在司马迁心目中，孔子真正具备伟大政治家的才器、风范与理想追求境界，只是由于难得其“位”，才不得不以“在野”方式躬行“素王”之“道”。故其在完整再现孔子成就“素王”伟业的人生历程时，格外注重全方位发显其政治禀赋、长才、理想与事功以及对从政的高度热忱，以映衬其遍历艰难困苦、躬行“素王”之“道”的伟大精神意义，甚至还由“最深切的同情”，不惜人为地美化与拔高。

其一，首先分五点叙述孔子30岁以前的人生事迹，写出孔子卓异的政治禀赋、素养以及自我奋斗精神，以作为写其生不逢时、难以用世的悲剧人生的重要前奏。

一是开篇即比照“圣王”规格，写其神异的出生事迹及得名之由。尽管司马迁并不回避孔子是叔梁纥与颜氏女“野合”之子，但“祷于尼丘得孔子”，“生而首上圩顶，故因名曰丘云”，则刻意写出孔子降生乃

---

① ［唐］司马贞《索隐》：“孔子非有诸侯之位，而亦称系家者，以是圣人为教化之主，又代有贤哲，故称系家焉。”张守节《正义》：“孔子无侯伯之位，而称世家者，太史公以孔子布衣传十余世，学者宗之，自天子王侯，中国言六艺者宗于夫子，可谓至圣，故为世家。”见《史记》，中华书局1956年版，第1905页。

是秉承上天意志:“生而首上圩顶”即是具有“圣人”特异之貌的明证[①]。无论孔子是否真正“生而首上圩顶”,司马迁采纳此一关涉“圣人”出生传说的用意,明显与借身体最显要的头部以指称帝王为“元首”同一思致。而在传的后面,司马迁写孔子于周游列国后,晚年愿意回到鲁国的原因是“鲁复善之”,而“鲁复善之”的原因,不仅由于孔子声誉广著,还因“孔子长九尺有六寸,人皆谓之‘长人’而异之”。司马迁如此写法,除了解释孔子何以能够以极为充沛的生命元气与强大的精神意志顽强奋斗一生,是否也在暗示:如此特异体质,或当是天命“圣人”的身体标志?

二是写孔子在少幼时代,即嗜学自强,曾因以少幼之身而想参加鲁文学之士的聚会,遭到阳虎绌退:

> 季氏飨士,孔子与往。阳虎绌曰:“季氏飨士,非敢飨子也。”孔子由是退。[②]

三是写孔子“为儿嬉戏,常陈俎豆,设礼容”,故在十七岁时,就以娴熟于“礼”而获得鲁大夫孟釐子对其未来的预言:

> 孔子年十七,鲁大夫孟釐子病且死,诫其嗣懿子曰:“孔丘,圣人之后,灭于宋。其祖弗父何始有宋而嗣让厉公。及正考父佐戴、武、宣公,三命兹益恭,故鼎铭云:‘一命而偻,再命而伛,三命而俯,循墙而走,亦莫敢余侮。饘于是,粥于是,以糊余口。’其恭如是。吾闻圣人之后,虽不当世,必有达者。今孔丘年少好礼,其达者欤?吾即没,若必师之。”[③]

---

① [唐]司马贞《索隐》:“圩顶言顶上窳也,故孔子顶如反宇。反宇者,若屋宇之反,中低而四傍高也。”

② [唐]张守节《正义》:“季氏为馔饮鲁文学之士,孔子与迎而往,阳虎以孔子少,故折之也。”见《史记》,中华书局1956年版,第1907页。范晔《后汉书·孔融传》记孔子后裔孔融少时以老子与孔子相熟而自称与李膺有“通家”渊源关系,当是受到司马迁关注孔子少时如此行为的影响。

③ [汉]司马迁:《史记》,中华书局1956年版,第1907—1908页。

身为鲁国地位显赫的大夫，孟釐子直到晚岁尚且不能得窥“礼”学堂奥，而少年孔子即已“好礼”①，孟釐子由此联想到孔子本为“圣人”之后，且其祖上以让位美德与辅佐大功，累积了“三命”厚德，孔氏后人“虽不当世，必有达者”，故预言这“达者”之“命”必将应验在孔子身上②。司马迁写孟釐子预言，与其写吴泰伯与伯夷、叔齐均以善让美德成就事业正同一机杼；也与前引《太史公自序》述其祖上“上世尝显功名”而终以史学著述为业同一思致。

四是揭示孔子在早岁贫贱之时即已显露为政潜质，这是其日后能够成为鲁国司空的重要原因：

> 孔子贫且贱。及长，尝为季氏史，料量平；尝为司职吏而畜蕃息。由是为司空。③

这种写法在《史记》中经常可以看到，如《陈相国世家》就写陈平年少为社里宰肉公平，日后终于成为大汉相国。

五是写孔子还专以“适周问礼”为名，求见“仁人”老子，得到老子“送之”的特殊礼遇，并亲炙老氏“为人子者”“为人臣者”这种“家”“国”“人”三位一体的政治学教诲：

> 鲁南宫敬叔言鲁君曰：“请与孔子适周。”鲁君与之一乘车，两马，一竖子俱，适周问礼，盖见老子云。辞去，而老子送之曰：“吾闻富贵者送人以财，仁人者送人以言。吾不能富贵，窃仁人之号，送子以言，曰：‘聪明深察而近于死者，好议人者也。博辩广大危其身者，发人之恶者也。为人子者毋以有己，为人臣者毋以有

① 在孔子的思想体系中，礼学居于极为重要的核心地位，《论语·颜渊》：“克己复礼，天下归仁焉。”受孔子的深刻影响，司马迁即将“礼”作为《史记·八书》之第一“书”。

② 关于本年是否如太史公所言，孔子确为 17 岁，学界看法分歧，因与本文论旨关系不大，兹不赘论。

③ ［汉］司马迁：《史记》，中华书局 1956 年版，第 1909 页。

己。'"孔子自周反于鲁,弟子稍益进焉。①

特写"弟子稍益进焉",是在孔子以向老子请益为目的而"适周问礼",并得到老子指导返回鲁国后,这分明是说经过老子的指导,孔子已在人生事业选择的主导思想以及实际的教育方略方面达到成熟境界,且取得重要成效。

可见,司马迁历数孔子卓异的政治禀赋、素养、受教及自我奋斗精神,意在说明30岁以前的孔子已经具备了实现其伟大人生抱负的基本条件。紧接着,司马迁就特别点出了孔子三十当立时的特定时代背景:

是时也,晋平公淫,六卿擅权,东伐诸侯;楚灵王兵强,陵轹中国;齐大而近于鲁。鲁小弱,附于楚则晋怒;附于晋则楚来伐;不备于齐,齐师侵鲁。②

就周王朝当时的处境而言,不要说昔日一统天下的辉煌鼎盛,就连诸侯辅助王室的霸业都已盛景难再;就孔子所处的鲁国而言,这由周公发始之礼仪之国,甚至已经弱小到难以自保。正是在这样的时代,孔子迎来了其三十当立的岁月。司马迁选择如此特殊的生命时间来写孔子生不逢时、难有适合其施展伟大抱负的政治舞台,确实耐人寻味。

其二,更为重要的是,司马迁写即便如此,孔子也并没有为迎合当世而放弃其大一统"王道"的政治理想。不遗余力地宣讲大一统"王道"理想,正是贯穿孔子政治生涯的重要内容。

面对现实政治情势,处于三十当立之年的孔子,其念兹在兹的,就是期望有诸侯能够起而复兴齐桓、晋文之事,以"道义"佐助衰弱的王室。

---

① [汉]司马迁:《史记》,中华书局1956年版,第1909页。关于孔子受教于老子的具体时间及相关情形,学界也有不同说解,本文不予赘论。倒是应该关注:司马迁以黄老学派之著名学者司马谈之子,又得拜当世分别代表"今文学派"与"古文学派"的两大儒学宗师董仲舒与孔安国为师,就其深厚师学渊源而言,汉代几无人能出其右,故司马迁写孔子以老子为师,或当别有意味。

② [汉]司马迁:《史记》,中华书局1956年版,第1910页。

故在本年,当"春秋五霸"之首齐桓公的后人齐景公与其名相晏子访鲁,并向孔子请教秦穆公获得霸业的原因时,孔子即借以强调"王"业:

> 鲁昭公之二十年,而孔子盖年三十矣。齐景公与晏婴来适鲁,景公问孔子曰:"昔秦穆公国小处辟,其霸何也?"对曰:"秦,国虽小,其志大;处虽辟,行中正。身举五羖,爵之大夫,起累绁之中,与语三日,授之以政。以此取之,虽王可也,其霸小矣。"景公说。①

在孔子看来,即便有如此意愿的诸侯国或许弱小僻远,但只要志存高远,身行中正,任贤使能,艰苦努力,终可达成霸业。而"虽王可也,其霸小矣",则见出孔子的认可、推崇霸业,只是不得已情势下的退而求其次,如何称"王"以实现"王道"理想,才是其终极关怀所在。再如:

> 吴伐越,堕会稽,得骨节专车。吴使使问仲尼:"骨何者最大?"仲尼曰:"禹致群神于会稽山,防风氏后至,禹杀而戮之,其节专车,此为大矣。"吴客曰:"谁为神?"仲尼曰:"山川之神足以纲纪天下,其守为神,社稷为公侯,皆属于王者。"客曰:"防风何守?"仲尼曰:"汪罔氏之君守封、禺之山,为釐姓。在虞、夏、商为汪罔,于周为长翟,今谓之大人。"客曰:"人长几何?"仲尼曰:"僬侥氏三尺,短之至也。长者不过十之,数之极也。"于是吴客曰:"善哉圣人!"②

当吴国在与越争霸的政治军事活动中,"堕会稽,得骨节专车",遣使垂询于孔子,孔子也陈义甚高,指出只有足以纲纪天下之守,才配厕身"圣王"大禹所统御之群神行列。故其"大人""僬侥"云云,可谓意在言外。复如:

---

① [汉]司马迁:《史记》,中华书局1956年版,第1910页。

② [汉]司马迁:《史记》,中华书局1956年版,第1912—1913页。

有隼集于陈廷而死，楛矢贯之，石砮，矢长尺有咫。陈湣公使使问仲尼。仲尼曰："隼来远矣，此肃慎之矢也。昔武王克商，通道九夷百蛮，使各以其方贿来贡，使无忘职业。于是肃慎贡楛矢石砮，长尺有咫。先王欲昭其令德，以肃慎矢分大姬，配虞胡公而封诸陈。分同姓以珍玉，展亲；分异姓以远方职，使无忘服。故分陈以肃慎矢。"试求之故府，果得之。①

在孔子心目中，有隼远来，其所中"肃慎之矢"，勾起的是对"昔武王克商，通道九夷百蛮"，建立"使各以其方贿来贡，使无忘职业"类"王制"的追忆。怀想"先王"曾分陈以"肃慎矢"，而今王室衰弱，"肃慎矢"却来陈，"贡矢"职业安在？这里，司马迁写出的，不仅是孔子的博学多识，还当有其对"王道"理想的特别关切。

而孔子所推崇备至、思慕形于梦寐的，仍是建立伟大"圣王"功业的文王：

孔子学鼓琴师襄子，十日不进。师襄子曰："可以益矣。"孔子曰："丘已习其曲矣，未得其数也。"有间，曰："已习其数，可以益矣。"孔子曰："丘未得其志也。"有间，曰："已习其志，可以益矣。"孔子曰："丘未得其为人也。"有间，（曰）有所穆然深思焉，有所怡然高望而远志焉。曰："丘得其为人，黯然而黑，几然而长，眼如望羊，如王四国，非文王其谁能为此也！"师襄子辟席再拜，曰："师盖云文王操也。"②

能够使其三月不知肉味的，仍是表现"王道"政治的"韶乐"：

---

① ［汉］司马迁：《史记》，中华书局1956年版，第1922页。

② ［汉］司马迁：《史记》，中华书局1956年版，第1925页。《论语》记载孔子多次提到对文王的推崇，并以文王之道继承者自居，如《子罕》所记："子畏于匡，曰：'文王既没，文不在兹乎？天之将丧斯文也，后死者不得与于斯文也；天之未丧斯文也，匡人其如予何？'"司马迁写孔子对文王的思慕形于梦寐，即由此而来。这种认知在后世已为儒学定论。如王安石为嘉祐三年所写的《上仁宗皇帝万言书》，也不忘举"夫在上之圣人莫如文王，在下之圣人莫如孔子"，宣称孔子"所守盖与文王同意"。

……与齐太师语乐，闻韶音，学之，三月不知肉味，齐人称之。①

其三，司马迁以年代为序，交替表现孔子的政治事功与躬行“素王”之“道”，尤其不遗余力地表现其政治事功，以及其即便“在野”，从政热忱也从不稍减。

表现孔子政治事功的，主要是三大亮点：

一是写孔子得到鲁定公任用而以为政优异连获提升：

其后定公以孔子为中都宰，一年，四方皆则之。由中都宰为司空，由司空为大司寇。②

二是写孔子以大司寇行摄相事取得卓越政绩：

定公十四年，孔子年五十六，由大司寇行摄相事，有喜色。门人曰：“闻君子祸至不惧，福至不喜。”孔子曰：“有是言也。不曰‘乐其以贵下人’乎？”于是诛鲁大夫乱政者少正卯。与闻国政三月，粥羔豚者弗饰贾；男女行者别于途；途不拾遗；四方之客至乎邑者不求有司，皆予之以归。③

三是写孔子于齐鲁夹谷之会“摄相事”获得重大成功：

定公十年春，及齐平。夏，齐大夫黎鉏言于景公曰：“鲁用孔丘，其势危齐。”乃使使告鲁为好会，会于夹谷。鲁定公且以乘车好往。孔子摄相事，曰：“臣闻有文事者必有武备，有武事者必有文备。古者诸侯出疆，必具官以从。请具左右司马。”定公曰：

① ［汉］司马迁：《史记》，中华书局1956年版，第1910页。
② ［汉］司马迁：《史记》，中华书局1956年版，第1915页。
③ ［汉］司马迁：《史记》，中华书局1956年版，第1917页。

> “诺。”具左右司马。会齐侯夹谷，为坛位，土阶三等，以会遇之礼相见，揖让而登。献酬之礼毕，齐有司趋而进曰：“请奏四方之乐。”景公曰：“诺。”于是旍旄羽袚矛戟剑拨鼓噪而至。孔子趋而进，历阶而登，不尽一等，举袂而言曰：“吾两君为好会，夷狄之乐何为于此！请命有司！”有司却之，不去，则左右视晏子与景公。景公心怍，麾而去之。有顷，齐有司趋而进曰：“请奏宫中之乐。”景公曰：“诺。”优倡侏儒为戏而前。孔子趋而进，历阶而登，不尽一等，曰：“匹夫而营惑诸侯者罪当诛！请命有司！”有司加法焉，手足异处。景公惧而动，知义不若，归而大恐，告其群臣曰：“鲁以君子之道辅其君，而子独以夷狄之道教寡人，使得罪于鲁君，为之奈何？”有司进对曰：“君子有过则谢以质，小人有过则谢以文。君若悼之，则谢以质。”于是齐侯乃归所侵鲁之郓、汶阳、龟阴之田以谢过。①

说孔子在当时取得过重要政绩，这当然毫无问题，但写其为政一年，就使“四方皆则之”；写其拨乱反正，而“诛鲁大夫乱政者少正卯”，“与闻国政三月”，就使“粥羔豚者弗饰贾；男女行者别于途；途不拾遗；四方之客至乎邑者不求有司，皆予之以归”，甚且使齐国因担忧“孔子为政必霸”会威胁到齐国，而刻意设计以使其离职（详见后论）；写其“摄相事”，不仅以果勇智谋震慑强齐之君臣，捍卫、保全了较为弱小的鲁国之尊严、利益，甚至还使“齐侯乃归所侵鲁之郓、汶阳、龟阴之田以谢过”。刻意将孔子塑造成在春秋乱世取得重要事功的杰出政治家，有无人为的美化与拔高成分呢？

表现孔子“在野”时仍对从政抱持一以贯之的热忱，则主要写其“在野”行“道”而备历艰困，但为了实现政治理想，不放过任何可能的从政机遇，甚且因时不我与、机遇难得而不惜委屈自己。所写两例最为典型。一例写：

---

① ［汉］司马迁：《史记》，中华书局1956年版，第1915—1916页。按这种表彰孔子事功的写法，与《廉颇蔺相如列传》表彰赵国名相蔺相如出使秦国使完璧归赵同一机杼、先后辉映。

公山不狃以费畔季氏，使人召孔子。孔子循道弥久，温温无所试，莫能己用，曰：“盖周文武起丰镐而王，今费虽小，傥庶几乎！”欲往。子路不说，止孔子。孔子曰：“夫召我者岂徒哉？如用我，其为东周乎！”然亦卒不行。①

一例写：

佛肸为中牟宰。赵简子攻范、中行，伐中牟。佛肸畔，使人召孔子。孔子欲往。子路曰：“由闻诸夫子，‘其身亲为不善者，君子不入也。’今佛肸亲以中牟畔，子欲往，如之何？”孔子曰：“有是言也。不曰坚乎，磨而不磷；不曰白乎，涅而不淄。我岂匏瓜也哉，焉能系而不食？”②

故当“叶公问孔子于子路，子路不对”，孔子听说后，就以急迫的心情抱怨子路，并教其如何回答：“由，尔何不对曰：‘其为人也，学道不倦，诲人不厌，发愤忘食，乐以忘忧，不知老之将至’云尔。”当“灵公老，怠于政，不用孔子”，孔子更是不胜惆怅，“喟然叹曰：‘苟有用我者，期月而已，三年有成。’”

而设想如何获得从政机遇以实现其政治理想，也成为孔子周游列国路途中与弟子谈论最多的热点话题之一。关于这一点，留待第三部分详谈。

此外，司马迁还写即便遭受挫折，孔子也绝不选择以隐逸方式洁身自好。如：

去叶，反于蔡。长沮、桀溺耦而耕，孔子以为隐者，使子路问津焉。长沮曰：“彼执舆者为谁？”子路曰：“为孔丘。”曰：“是鲁孔丘与？”曰：“然。”曰：“是知津矣。”桀溺谓子路曰：“子为谁？”曰：

① ［汉］司马迁：《史记》，中华书局1956年版，第1914页。
② ［汉］司马迁：《史记》，中华书局1956年版，第1924页。

“为仲由。”曰：“子，孔丘之徒与？”曰：“然。”桀溺曰：“悠悠者天下皆是也，而谁以易之？且与其从辟人之士，岂若从辟世之士哉！”耰而不辍。子路以告孔子，孔子怃然曰：“鸟兽不可与同群。天下有道，丘不与易也。”①

虽然感伤没有遇到“天下有道”的时代，但却绝不后悔其人生追求与选择。再如：

楚狂接舆歌而过孔子，曰：“凤兮凤兮，何德之衰！往者不可谏兮，来者犹可追也！已而已而，今之从政者殆而！”孔子下，欲与之言。趋而去，弗得与之言。②

楚狂接舆的话固然促使孔子更清楚地认知“今之从政者殆而”的现实政治环境，但孔子对往昔的追求并无怨悔。

当然，司马迁同时也强调孔子坚守从政的原则和底线，其失去一些从政机会正与其坚执从政原则与底线密切相关。如：

桓子嬖臣曰仲梁怀，与阳虎有隙。阳虎欲逐怀，公山不狃止之。其秋，怀益骄，阳虎执怀。桓子怒，阳虎因囚桓子，与盟而醳之。阳虎由此益轻季氏。季氏亦僭于公室，陪臣执国政，是以鲁自大夫以下皆僭离于正道。故孔子不仕，退而修《诗》《书》《礼》《乐》，弟子弥众，至自远方，莫不受业焉。③

司马迁明白写出，“季氏亦僭于公室，陪臣执国政，是以鲁自大夫以下皆僭离于正道”的现实政治情势，是孔子不仕、“退而修《诗》《书》《礼》《乐》，弟子弥众，至自远方，莫不受业焉”的真正原因。再如居卫

① ［汉］司马迁：《史记》，中华书局1956年版，第1928—1929页。
② ［汉］司马迁：《史记》，中华书局1956年版，第1933页。
③ ［汉］司马迁：《史记》，中华书局1956年版，第1914页。

国三例：

> 居卫月余，灵公与夫人同车，宦者雍渠参乘，出，使孔子为次乘，招摇市过之。孔子曰："吾未见好德如好色者也。"于是丑之，去卫，过曹……
>
> 灵公老，怠于政，不用孔子。孔子喟然叹曰："苟有用我者，期月而已，三年有成。"孔子行。
>
> …………
>
> 他日，灵公问兵陈。孔子曰："俎豆之事则尝闻之，军旅之事未之学也。"明日，与孔子语，见蜚雁，仰视之，色不在孔子。孔子遂行，复如陈。①

卫灵公不修德政，好色而不好德，不重礼教，失礼于孔子，以及懈怠于政，都成为孔子离开卫国的理由。复如：

> 孔子既不得用于卫，将西见赵简子。至于河而闻窦鸣犊、舜华之死也，临河而叹曰："美哉水，洋洋乎！丘之不济此，命也夫！"子贡趋而进曰："敢问何谓也？"孔子曰："窦鸣犊，舜华，晋国之贤大夫也。赵简子未得志之时，须此两人而后从政；及其已得志，杀之乃从政。丘闻之也，刳胎杀夭则麒麟不至郊，竭泽涸渔则蛟龙不合阴阳，覆巢毁卵则凤皇不翔。何则？君子讳伤其类也。夫鸟兽之于不义也尚知辟之，而况乎丘哉！"乃还息乎陬乡，作为陬操以哀之。而反乎卫，入主蘧伯玉家。②

本已行进在投奔赵简子的路途上的孔子，一旦于西河听闻赵简子嫉贤妒能，杀害本国贤大夫窦鸣犊、舜华二人，立刻以"君子讳伤其类"而折返卫国。

---

① ［汉］司马迁：《史记》，中华书局1956年版，第1920—1926页。

② ［汉］司马迁：《史记》，中华书局1956年版，第1926页。

这样,通过多方表现孔子"在野"时对从政的热忱,就既写出了其在艰困的行"道"历程中的心理煎熬与困惑,也写出了其坚持追求伟大理想的强大生命动能与精神意志。

其四,司马迁注重写出孔子对当世政要的巨大影响力。

司马迁从多方面写出了孔子对当世政要的巨大影响,例如,即便孔子仅在鲁国短暂为政,周游天下也不被列国所用,但仍被弟子推崇为"用之有名;播之百姓,质诸鬼神而无憾"的杰出政治家(说详见第三部分);虽然"鲁终不能用孔子,孔子亦不求仕",但鲁国君臣不忘问政于孔子①,其他一些诸侯如齐景公、卫灵公以及诸侯之臣,也纷纷向其问政②。最值得关注的是齐景公。景公作为齐桓公之后,未必没有再造霸业的雄图,而孔子也在三十而立之岁最为心仪齐国,故如前所举,孔子曾对景公褒述秦穆公以弱小僻远之国成就霸业而深深打动了景公③;孔子主张施政首重"君君,臣臣,父父,子子",也使景公颇觉受用④;孔子"政在节财"的主张还使景公"将欲以尼溪田封孔子",后虽被晏子劝止,仍欲处之于"季孟"之间。只是嫉贤妒能的齐大夫欲加害孔子,注重现实功利、并无决心真正追求"王道"政治的景公,遂以"吾老矣,弗能用也"的借口辞退了孔子⑤。

---

① [汉]司马迁:《史记·孔子世家》写:鲁哀公问政,对曰:"政在选臣。"季康子问政,曰:"举直错诸枉,则枉者直。"康子患盗,孔子曰:"苟子之不欲,虽赏之不窃。"然鲁终不能用孔子,孔子亦不求仕。

② [汉]司马迁:《史记·孔子世家》写:明年,孔子自蔡如叶。叶公问政,孔子曰:"政在来远附迩。"

③ [汉]司马迁:《史记·孔子世家》写:"孔子年三十五,而季平子与郈昭伯以斗鸡故得罪鲁昭公,昭公率师击平子,平子与孟氏、叔孙氏三家共攻昭公,昭公师败,奔于齐,齐处昭公乾侯。其后顷之,鲁乱。孔子适齐,为高昭子家臣,欲以通乎景公。"孔子于鲁难中投奔景公,固然不无探寻解救国家危难的动机,但求仕也当是重要原因。

④ [汉]司马迁:《史记·孔子世家》写:景公问政孔子,孔子曰:"君君,臣臣,父父,子子。"景公曰:"善哉!信如君不君,臣不臣,父不父,子不子,虽有粟,吾岂得而食诸!"

⑤ [汉]司马迁:《史记·孔子世家》记载:"他日又复问政于孔子,孔子曰:'政在节财。'景公说,将欲以尼溪田封孔子。晏婴进曰:'夫儒者滑稽而不可轨法;倨傲自顺,不可以为下;崇丧遂哀,破产厚葬,不可以为俗;游说乞贷,不可以为国。自大贤之息,周室既衰,礼乐缺有间。今孔子盛容饰,繁登降之礼,趋详之节,累世不能殚其学,当年不能究其礼。君欲用之以移齐俗,非所以先细民也。'后景公敬见孔子,不问其礼。异日,景公止孔子曰:'奉子以季氏,吾不能。'以季孟之间待之。齐大夫欲害孔子,孔子闻之。景公曰:'吾老矣,弗能用也。'孔子遂行,反乎鲁。"

如写孔子在鲁的短暂执政，甚至使齐国恐惧鲁国从此强大，而设女色之计于鲁君予以阻止：

齐人闻而惧，曰："孔子为政必霸，霸则吾地近焉，我之为先并矣。盍致地焉？"黎鉏曰："请先尝沮之；沮之而不可则致地，庸迟乎！"于是选齐国中女子好者八十人，皆衣文衣而舞康乐，文马三十驷，遗鲁君。陈女乐文马于鲁城南高门外，季桓子微服往观再三，将受，乃语鲁君为周道游，往观终日，怠于政事。子路曰："夫子可以行矣。"孔子曰："鲁今且郊，如致膰乎大夫，则吾犹可以止。"桓子卒受齐女乐，三日不听政；郊，又不致膰俎于大夫。孔子遂行，宿乎屯。而师己送，曰："夫子则非罪。"孔子曰："吾歌可夫？"歌曰："彼妇之口，可以出走；彼妇之谒，可以死败。盖优哉游哉，维以卒岁！"师己反，桓子曰："孔子亦何言？"师己以实告。桓子喟然叹曰："夫子罪我以群婢故也夫！"①

如写楚、卫等国都曾欲用孔子，陈、蔡大夫还因担忧孔子为楚所用而发兵围困孔子：

是时，卫君辄父不得立，在外，诸侯数以为让。而孔子弟子多仕于卫，卫君欲得孔子为政。②

孔子迁于蔡三岁，吴伐陈。楚救陈，军于城父。闻孔子在陈蔡之间，楚使人聘孔子。孔子将往拜礼，陈蔡大夫谋曰："孔子贤者，所刺讥皆中诸侯之疾。今者久留陈蔡之间，诸大夫所设行皆非仲尼之意。今楚，大国也，来聘孔子。孔子用于楚，则陈蔡用事大夫危矣。"于是乃相与发徒役围孔子于野。不得行，绝粮。从者病，莫能兴。孔子讲诵弦歌不衰。子路愠见曰："君子亦有穷乎？"

① ［汉］司马迁：《史记》，中华书局1956年版，第1918页。
② ［汉］司马迁：《史记》，中华书局1956年版，第1933页。

孔子曰:“君子固穷,小人穷斯滥矣。”①

如写鲁国不但因弃用孔子而为诸侯所笑,甚至还因此失去复兴的重要机遇:

秋,季桓子病,辇而见鲁城,喟然叹曰:“昔此国几兴矣,以吾获罪于孔子,故不兴也。”顾谓其嗣康子曰:“我即死,若必相鲁;相鲁,必召仲尼。”后数日,桓子卒,康子代立。已葬,欲召仲尼。公之鱼曰:“昔吾先君用之不终,终为诸侯笑。今又用之,不能终,是再为诸侯笑。”康子曰:“则谁召而可?”曰:“必召冉求。”于是使使召冉求。冉求将行,孔子曰:“鲁人召求,非小用之,将大用之也。”是日,孔子曰:“归乎归乎!吾党之小子狂简,斐然成章,吾不知所以裁之。”子赣知孔子思归,送冉求,因诫曰:“即用,以孔子为招”云。②

正由于司马迁以饱满的笔墨写出孔子具有不世出的政治长才、获得足以与王侯将相相提并论的政治事功,并对当世政治产生了巨大影响力,故能深刻揭示春秋时代注重现实政治功利原则的诸侯各国终于难以真正任用孔子以追求“王道”政治理想;孔子的“已而去鲁,斥乎齐,逐乎宋、卫,困于陈蔡之间,于是反鲁”,“孔子之去鲁凡十四岁而反乎鲁”,就更彰显了深刻的时代悲剧与个人命运的悲剧。由此再进而表现孔子以“在野”方式躬身实践“素王”之“道”,也就更能彰显其伟大的精神价值与人格魅力。

三、孔子与“素王”—“素臣”结构模式

下面,具体讨论司马迁叙写躬践“素王”之“道”的孔子,与追随他的贤徒,实际构成了与现实政治权力结构对比鲜明的“素王”—“素臣”团队。

---

① [汉]司马迁:《史记》,中华书局1956年版,第1930页。
② [汉]司马迁:《史记》,中华书局1956年版,第1927页。

在司马迁看来，师生关系在孔子的生命中甚至超越其家庭关系而占据第一亲密地位。而孔子的杏坛设教，本就是由于其难得政治之“位”，就以“在野”方式躬行“素王”之“道”的重要方面。故他特写孔子招纳门徒的过程，实际就是不断培育、发展亲密的“素王”“素臣”行“道”团队的过程，孔门师徒正是以躬行“素王”与“素臣”之“道”，共证“吾道不孤”。这也是值得关注的写法。

先从司马迁怎样写孔子的家庭关系及其家庭生活切入。

从司马迁对孔子的家庭关系与家庭生活的记述中，我们更多看到的是孔子所遭遇的不幸和孤寂。孔子幼年丧父，甚至曾经不能确知父墓究在何处，母亲出身低贱且去世较早①；其虽排行第二，却未见兄弟间有何交往，关系如何。如果说由于史料有限司马迁只能这样写，那么，对其妻子为谁、夫妻关系如何，竟也无一字交代，未免有些让人费解。给予一个勉强的解释，当然不能说不可以。因为司马迁在“世家”中写吴太伯、姜太公、周公等人的事迹，也没有写到这些人的夫妻关系。但毕竟其写《吴太伯世家》《齐太公世家》《周公世家》，只是借发始人冠名，却并非将其分别作为各自“世家”的唯一传主，在这些“世家”发始人物之后，还写到了不少后人的事迹；写后人事迹时，有的也涉及婚姻爱情关系。其在表彰一些“圣王”时，不但写到了婚姻爱情关系，并且有的还写得非常出色，如写舜与娥皇、女英，写大禹与涂山氏之女等。而与其他“世家”写世代相继的多个人物不同，《孔子世家》全传都是以孔子为主的，故无论孔子真实的爱情关系究竟如何，一字都不予提及，总让人甚感遗憾。个中缘由，应非由于史料欠缺。司马迁倒是写了“孔子生鲤，字伯鱼。伯鱼年五十，先孔子死”，也只是流水账写法，无一字提及在儿子孔鲤五十年的生命岁月里，孔子与他有任何的互动②。直白地说，将孔子写入“世家”，并且在事实上还专以孔

---

① [汉]司马迁:《史记·孔子世家》记载:“丘生而叔梁纥死，葬于防山。防山在鲁东，由是孔子疑其父墓处，母讳之也。孔子为儿嬉戏，常陈俎豆，设礼容。孔子母死，乃殡五父之衢，盖其慎也。郰人挽父之母诲孔子父墓，然后往合葬于防焉。”

② 《论语·季氏》曾记“陈亢问于伯鱼”，伯鱼即孔鲤。正可见《孔子世家》与《论语》的关注点有所不同。

子一人为传主，本就打破了写“世家”必写以血统世代相传的定例，而在具体写作中又轻忽家庭关系，甚至对孔子的夫妻关系不予齿及，这的确是特异的写法。这倒让我们想起了司马迁本人在《报任少卿书》中的话：

今仆不幸，早失父母，无兄弟之亲，独身孤立，少卿视仆于妻子何如哉？①

《孔子世家》中的孔子与司马迁本人的家庭关系及家庭生活，何其相似乃尔！甚至在有些方面，孔子还有过之而无不及：二人同样早失父母双亲，孔子更在幼儿时代丧父；司马迁无兄弟之亲，孔子虽有兄弟，在《孔子世家》中却不见踪影；司马迁淡于妻子儿女之情②，《孔子世家》则完全不涉及孔子的妻子儿女之情。难道如此类型的家庭关系与家庭生活，是类似孔子与司马迁这样的文化巨人们所必须遭遇的人生宿命？司马迁的特异写法，不由不让人生发如此想法：司马迁就是以对自身家庭关系及家庭生活最深切的生命感受，来认知一代“圣人”孔子的家庭关系及其家庭生活的，故他也以如此生命感受为蓝本，剪裁取舍关涉孔子家庭关系及家庭生活的史料。之所以如此，不仅意在凸显“素王”孔子的“独身孤立”价值，以及其伟大生命精神价值追求高于家庭生活，也当为了彰显同“道”相求，为追求“王道”理想事业而活，使孔子与其高徒得以超越家庭血缘人伦关系，缔结不是家人、胜似家人的亲密关系。③

以记载孔子具体教学活动及言论为主的《论语》也记载了孔子与其弟子之间不是家人、胜似家人的关系。但与《论语》不同，孔子杏坛

---

① ［唐］李善等：《六臣注文选》，中华书局1987年版，第770页。

② 王国维《太史公行年考》指出：“迁子姓无考。《汉书》本传：王莽时，求封迁后，为史通子，是史公有后也。女适杨敞。”《汉书·司马迁传》：“迁既死后，其书稍出。宣帝时，迁外孙平通侯杨恽祖述其书，遂宣布焉。”参见王国维《观堂集林》中华书局1959年版，第508—509页的相关论述。

③ 司马迁这种写法对后世文学创作的影响甚为深远。如《水浒传》关于梁山事业与家庭关系的特定写法，即当受到《史记》的深刻影响。

设教的具体过程及言论，并非司马迁关注的重点，故《孔子世家》连孔子设教的起始时间，都没有清楚交代。其最关注的显然是：孔子招纳门徒的过程，实际就是不断培育、发展亲密的“素王”“贤臣”行“道”团队的过程。故其最早涉笔孔子授徒，是在孔子与鲁国南宫敬叔受鲁君委托“适周问礼”，并在周亲炙老子政治学精髓，“自周反于鲁”之后，并且写明在孔子从教生涯中，此时已经处于“弟子稍益进焉”阶段了。而其真正形成“弟子弥众，至自远方，莫不受业焉”的局面，则在本文第二部分所引述的“季氏亦僭于公室，陪臣执国政，是以鲁自大夫以下皆僭离于正道。故孔子不仕，退而修《诗》《书》《礼》《乐》”之时。尤其是在周游列国过程中，孔子更与追随他的颜回等贤徒，构成了“素王”—“素臣”团队。

为了强调孔子及其弟子难以真正获得政治之“位”，不得不构建“素王”—“素臣”师徒关系以行“道”，司马迁特意写出，不仅孔子本人，其贤徒也多有从政长才，故可以相辅相成，相得益彰。

司马迁还写了在孔子短暂和具有间接性特点的从政生涯中，贤徒对其施政起着重要的佐助作用。如孔子向定公建言废除鲁国僭越违制的权臣们的“三都”，就派擅长于政事的弟子子路为势力最大的季氏之宰：

> 定公十三年夏，孔子言于定公曰：“臣无藏甲，大夫毋百雉之城。”使仲由为季氏宰，将堕三都。于是叔孙氏先堕郈。季氏将堕费，公山不狃、叔孙辄率费人袭鲁。公与三子入于季氏之宫，登武子之台。费人攻之，弗克，入及公侧。孔子命申句须、乐颀下伐之，费人北。国人追之，败诸姑蔑。二子奔齐，遂堕费。将堕成，公敛处父谓孟孙曰：“堕成，齐人必至于北门。且成，孟氏之保鄣，无成是无孟氏也。我将弗堕。”十二月，公围成，弗克。①

---

① ［汉］司马迁：《史记》，中华书局 1956 年版，第 1916 页。《左传》定公十二年有“仲由为季氏宰”说、《礼记·礼器》有“子路为季氏宰”说、《孟子·离娄上》有“求也为季氏宰”说。《史记·仲尼弟子列传》说：“冉求字子有，少孔子二十九岁。为季氏宰。……子路为季氏宰。”上博藏楚简《仲弓》篇简一开端就是：“季桓子使仲弓为宰。”参看廖名春《楚简〈仲弓〉与〈论语·子路〉仲公章读记》（《淮阴师范学院学报》2005 年第 1 期）。

再如第二部分所引，孔子“由大司寇行摄相事，有喜色”，正是门人“闻君子祸至不惧，福至不喜”的谏言，使孔子冷静下来，专心于拨乱反正之政，“诛鲁大夫乱政者少正卯”，而使鲁国出现短暂的兴旺气象。

而孔子即便“在野”，对弟子的实际从政也具有重大的影响力。如前引季康子主政，不用孔子而召孔子弟子冉求，孔子判断“鲁人召求，非小用之，将大用之也”，并因此而生发返国之思：“归乎归乎！吾党之小子狂简，斐然成章，吾不知所以裁之。”孔子欲归国以把握冉求施政的正确方向，自然还是希望能够在政治上东山再起，故子贡告诫冉求“即用，以孔子为招”。而冉求将在鲁国取得政治事功，也归功于老师的教诲，并由衷赞美老师行政境界至高，自愧不能脱却现实政治功利：

> 其明年，冉有为季氏将师，与齐战于郎，克之。季康子曰：“子之于军旅，学之乎？性之乎？”冉有曰：“学之于孔子。”季康子曰：“孔子何如人哉？”对曰：“用之有名；播之百姓，质诸鬼神而无憾。求之至于此道，虽累千社，夫子不利也。”康子曰：“我欲召之，可乎？”对曰：“欲召之，则毋以小人固之，则可矣。”①

又写正由于孔子成功构建了以其为主导，以颜回等贤徒为辅翼的“素王”—“素臣”团队，并获得了重要成效，产生了重要影响，一些诸侯国君臣也将孔子及其贤徒与现实君臣关系相提并论，甚至认为其能力远高于当世诸侯国君臣。最为典型的例子是：

> 昭王将以书社地七百里封孔子。楚令尹子西曰：“王之使使诸侯有如子贡者乎？”曰：“无有。”“王之辅相有如颜回者乎？”曰：“无有。”“王之将率有如子路者乎？”曰：“无有。”“王之官尹有如宰予者乎？”曰：“无有。”“且楚之祖封于周，号为子男五十里。今孔丘述三五之法，明周召之业，王若用之，则楚安得世世堂堂方数

① ［汉］司马迁：《史记》，中华书局1956年版，第1934页。

千里乎？夫文王在丰，武王在镐，百里之君卒王天下。今孔丘得据土壤，贤弟子为佐，非楚之福也。”昭王乃止……①

又写即便孔子周游列国，遍历颠沛流离之苦，但设想如何获得从政机遇以实现其政治理想，仍是师徒之间谈论最多的热点话题。如：

而孔子弟子多仕于卫，卫君欲得孔子为政。子路曰：“卫君待子而为政，子将奚先？”孔子曰：“必也正名乎！”子路曰：“有是哉，子之迂也！何其正也？”孔子曰：“野哉由也！夫名不正则言不顺，言不顺则事不成，事不成则礼乐不兴，礼乐不兴则刑罚不中，刑罚不中则民无所错手足矣。夫君子为之必可名，言之必可行。君子于其言，无所苟而已矣。”②

而师徒之间的相互激励、相互支持，更成为克服艰难困苦、坚持躬行“素王”—“素臣”之“道”的重要因素。如：

孔子去曹适宋，与弟子习礼大树下。宋司马桓魋欲杀孔子，拔其树。孔子去。弟子曰：“可以速矣。”孔子曰：“天生德于予，桓魋其如予何！”③

再如：

将适陈，过匡，颜刻为仆，以其策指之曰：“昔吾入此，由彼缺也。”匡人闻之，以为鲁之阳虎。阳虎尝暴匡人，匡人于是遂止孔子。孔子状类阳虎，拘焉五日。颜渊后，子曰：“吾以汝为死矣。”颜渊曰：“子在，回何敢死！”匡人拘孔子益急，弟子惧。孔子曰：

① ［汉］司马迁：《史记》，中华书局1956年版，第1932年。
② ［汉］司马迁：《史记》，中华书局1956年版，第1933页。
③ ［汉］司马迁：《史记》，中华书局1956年版，第1921页。

“文王既没，文不在兹乎？天之将丧斯文也，后死者不得与于斯文也。天之未丧斯文也，匡人其如予何！”孔子使从者为宁武子臣于卫，然后得去。①

在艰危的处境下，孔子的谆谆教诲与坚定意志，固然对弟子有极大的人格感召及鼓舞力量，而弟子们的不离不弃、勇于奋斗，对孔子来说无疑也是极大的安慰。正因如此，爱徒颜回、子路等的相继死去，就对孔子的精神造成了极大的打击。而在孔子死前，倾听其肺腑话语的，仍是其爱徒之一的子贡，而非孔子家人：

鲁哀公十四年春，狩大野。叔孙氏车子鉏商获兽，以为不祥。仲尼视之，曰："麟也。"取之。曰："河不出图，雒不出书，吾已矣夫！"颜渊死，孔子曰："天丧予！"及西狩见麟，曰："吾道穷矣！"喟然叹曰："莫知我夫！"子贡曰："何为莫知子？"子曰："不怨天，不尤人，下学而上达，知我者其天乎！"

明岁，子路死于卫。孔子病，子贡请见。孔子方负杖逍遥于门，曰："赐，汝来何其晚也？"孔子因叹，歌曰："太山坏乎！梁柱摧乎！哲人萎乎！"因以涕下。谓子贡曰："天下无道久矣，莫能宗予。夏人殡于东阶，周人于西阶，殷人两柱间。昨暮予梦坐奠两柱之间，予始殷人也。"后七日卒。②

司马迁写在孔子去世后，对鲁哀公“生不能用，死而诔之”行为提出谴责的，也是孔子爱徒：

哀公诔之曰："旻天不吊，不慭遗一老，俾屏余一人以在位，茕茕余在疚。呜呼哀哉！尼父，毋自律！"子贡曰："君其不没于鲁乎！夫子之言曰：'礼失则昏，名失则愆。失志为昏，失所为愆。'

① ［汉］司马迁：《史记》，中华书局1956年版，第1919页。
② ［汉］司马迁：《史记》，中华书局1956年版，第1942页。

生不能用，死而诔之，非礼也。称‘余一人’，非名也。”①

子贡所言，其实也正是司马迁所欲言。司马迁明白：比之于鲁哀公的虚伪作态②，孔子的得意门生们才近似于其生命的知音，也真正发自内心地痛悼其心目中伟大的精神之“父”。故他们皆比照在人世所能做到的最高悼念规格，以父死之礼，为孔子服丧三年，子贡甚至“庐于冢上，凡六年，然后去”，而依傍孔子墓居家的弟子及鲁人，竟有百余家，以至于形成极为特殊的文化村落——“孔里”：

孔子葬鲁城北泗上，弟子皆服三年。三年心丧毕，相诀而去，则哭，各复尽哀；或复留。唯子赣庐于冢上，凡六年，然后去。弟子及鲁人往从冢而家者百有余室，因命曰孔里。③

这种非单纯由死者家族后人，而主要是由弟子主导，以崇敬死者的共同意志依傍坟墓聚居，自然而然地形成村落的情形，的确是中华民族文化史上最为感动人心的一幕，值得司马迁以“最深切的同情”大书而特书。而为了呼应孔子死前感慨天下“莫知我夫”“知我者其天乎”“天下无道久矣，莫能宗予”，司马迁又写了由孔子弟子主导起始，形成了影响巨大深远的孔子崇拜效应与传统：

鲁世世相传以岁时奉祠孔子冢，而诸儒亦讲礼乡饮大射于孔子冢。孔子冢大一顷。故所居堂弟子内，后世因庙藏孔子衣冠琴车书，至于汉二百余年不绝。高皇帝过鲁，以太牢祠焉。诸侯卿相至，常先谒然后从政。④

---

① ［汉］司马迁：《史记》，中华书局 1956 年版，第 1945 页。

② 司马迁这样的写法，让人想到《项羽本纪》以反讽笔法写项羽死后刘邦的悼念行为：“始，楚怀王初封项籍为鲁公，及其死，鲁最后下，故以鲁公礼葬项王谷城。汉王为发哀，泣之而去。”（《史记》，第 337—338 页。）虽然孔子与鲁哀公并非敌对的你死我活关系，但作为统治者，鲁哀公与汉高祖具有共同的伪善面目。

③ ［汉］司马迁：《史记》，中华书局 1956 年版，第 1945 页。

④ ［汉］司马迁：《史记》，中华书局 1956 年版，第 1945 页。

故当“读孔氏书，想见其为人”的汉世一人司马迁，以“‘高山仰止，景行行止。’虽不能至，然心乡往之”的心情回望孔子，“适鲁，观仲尼庙堂车服礼器，诸生以时习礼其家”，依然深受感动，“祗回留之不能去”，并因而专为一代“素王”孔子造像。

四、余论

需要予以强调指出的是，司马迁将对孔子的文化著述的记述，放在了“孔子之去鲁凡十四岁而反乎鲁”之后。《孔子世家》的主体部分，显然是以记述孔子的政治活动，来塑造一个伟大的躬行“素王”之“道”的典范形象。而在塑造这一典范形象时，则特重彰显其具有大政治家风范，以及其与贤徒构成坚持“王道”理想追求的“素王”与“素臣”团队，从而将其树立为构建理想政治权力结构的重要范本。故尽管孔子的文化著述与教育活动，也是其躬行“素王”之“道”的重要方式，但司马迁实际略于记述孔子的具体从教生涯与从教活动；对孔子的文化著述活动的记述，也是于主体部分之后采取分类概述方式。而在其概述中，予以特别强调或较详揭示的，大约是如下方面：

一是表彰孔子系统整理《诗》《书》《礼》《乐》以重构礼乐文明的“素王”之功：

> 孔子之时，周室微而礼乐废，《诗》《书》缺。追迹三代之礼，序《书》《传》，上纪唐虞之际，下至秦缪，编次其事。曰：“夏礼吾能言之，杞不足征也。殷礼吾能言之，宋不足征也。足，则吾能征之矣。”观殷夏所损益，曰：“后虽百世可知也，以一文一质。周监二代，郁郁乎文哉。吾从周。”故《书传》《礼记》自孔氏。
>
> 孔子语鲁大师：“乐其可知也。始作翕如，纵之纯如，皦如，绎如也，以成。”“吾自卫反鲁，然后乐正，《雅》《颂》各得其所。”
>
> 古者《诗》三千余篇，及至孔子，去其重，取可施于礼义，上采契后稷，中述殷周之盛，至幽厉之缺，始于衽席，故曰：“《关雎》之

乱以为《风》始,《鹿鸣》为《小雅》始,《文王》为《大雅》始,《清庙》为《颂》始”。三百五篇孔子皆弦歌之,以求合《韶》《武》《雅》《颂》之音。礼乐自此可得而述,以备王道,成六艺。①

二是记述孔子弟子对孔子的推崇和高度评价:

子贡曰:“夫子之文章,可得闻也。夫子言天道与性命,弗可得闻也已。”颜渊喟然叹曰:“仰之弥高,钻之弥坚。瞻之在前,忽焉在后。夫子循循然善诱人,博我以文,约我以礼,欲罢不能。既竭我才,如有所立,卓尔。虽欲从之,蔑由也已。”达巷党人曰:“大哉孔子,博学而无所成名。”子闻之曰:“我何执?执御乎?执射乎?我执御矣。”牢曰:“子云‘不试,故艺’。”②

三是借孔子比较伯夷、叔齐等人物,以发掘孔子具有“无可无不可”的伟大超越精神:

“不降其志,不辱其身,伯夷、叔齐乎!”谓“柳下惠、少连降志辱身矣”。谓“虞仲、夷逸隐居放言,行中清,废中权”。“我则异于是,无可无不可。”③

四是特别发掘“乃因史记作《春秋》”是孔子成就“素王”伟业的重要标志:

子曰:“弗乎弗乎,君子病没世而名不称焉。吾道不行矣,吾何以自见于后世哉?”乃因史记作《春秋》,上至隐公,下讫哀公十四年,十二公。据鲁,亲周,故殷,运之三代。约其文辞而指博。

① [汉]司马迁:《史记》,中华书局1956年版,第1935页。
② [汉]司马迁:《史记》,中华书局1956年版,第1941页。
③ [汉]司马迁:《史记》,中华书局1956年版,第1943页。

故吴楚之君自称王，而《春秋》贬之曰“子”；践土之会实召周天子，而《春秋》讳之曰“天王狩于河阳”：推此类以绳当世。贬损之义，后有王者举而开之。《春秋》之义行，则天下乱臣贼子惧焉。

孔子在位听讼，文辞有可与人共者，弗独有也。至于为《春秋》，笔则笔，削则削，子夏之徒不能赞一辞。弟子受《春秋》，孔子曰：“后世知丘者以《春秋》，而罪丘者亦以《春秋》。”①

所谓“推此类以绳当世。贬损之义，后有王者举而开之”，“《春秋》之义行，则天下乱臣贼子惧焉”，“至于为《春秋》，笔则笔，削则削，子夏之徒不能赞一辞”，以及引述孔子的“后世知丘者以《春秋》，而罪丘者亦以《春秋》”云云，不仅能够发显孔子的伟大精神价值，也见出司马迁对自己写作《史记》所具有的伟大精神价值的自我期许。

要之，以孔子“素王”著述伟业的第一传人自居的司马迁，以“天下君王至于贤人众矣，当时则荣，没则已焉。孔子布衣，传十余世，学者宗之自天子王侯，中国言六艺者折中于夫子，可谓至圣矣”为依据，专为“素王”孔子写“世家”之传，也成为最为合适的“素王”孔子的造像者。② 而在以政治权力的大小有无及成败论定人的价值的封建王权专制时代，司马迁关于“素王”孔子的特别写法，也当引起我们最为深长的反思！

［本文原载《西北师大学报（社会科学版）》2012 年第 5 期］

---

① ［汉］司马迁：《史记》，中华书局 1956 年版，第 1943 页。

② ［清］王鸣盛评价司马迁“以孔子入世家，推崇已极，亦复斟酌至善”，认为其能深得古人“贵贵尚爵”的本真意义。参见王鸣盛撰，陈文和等校点：《十七史商榷》，凤凰出版社 2008 年版，第 20 页的相关记载。宇文所安《“活着为了著书，著书为了活着”：司马迁的工程》一文在评价司马迁时说：“司马迁惟一没有想到的，就是一部著作会孕育其他的著作，而那些其他著作会多多少少留下祖宗的影子。每次我们看到一套奉《史记》为源头的二十五史，我们都应该想到，那位失去了生殖能力的先人，当他把世系转移到文字的时候，开创了一个子孙绵长而杰出的家族。”正可借以准确理解司马迁将“素王”孔子写入“世家”的真正意图。参见《他山的石头记——宇文所安自选集》，江苏人民出版社 2003 年版，第 98—104 页的相关论述。

“素臣”形象与王朝政治中的道德文化重构

——以两汉时期的颜回话语为考察中心

道德重构与文化复兴,是两汉王朝政治的重要组成部分。作为道德重构与文化复兴的重要话语资源,是颜回成为两汉时期儒家学派中除孔子之外最受关注和崇拜的人物的重要因素。颜回的最大价值在于:被视为形塑时代道德文化人格典范形象的重要参照,尤其是被塑造为第一“素臣”形象。

在拙著《汉魏六朝文史论衡》首篇中,著者曾就道德重构与文化复兴实为两汉王朝政治的重要组成部分,提出这样一些论断:春秋战国乱世和灭绝文化的秦王朝以及楚汉战争,严重摧残、毁坏了中华民族的道德、文化根基,这使道德重构与文化复兴,成为中华民族历史文化发展的必然要求;刘汉王朝的建立,则在重构封建王统威权的同时,也使其成为中国历史文化发展的重要转捩点,最为关键的是,它为重构封建王统与儒家教统关系,以进行道德重构与文化复兴,提供了重要历史契机;两汉王朝政治中的道德重构与文化复兴,不仅体现了封建王统与以儒家为主要代表的教统的合力共构关系,也凸显了二者既相互依存又矛盾冲突的复杂关系实质①。

这样的论断,也适用于对两汉颜回话语的讨论。

---

① 《陆贾与汉初的道德重构及文化复兴》《宗庙祭祀、孔庙祭祀与两汉王朝政治》,分别参见拙著《汉魏六朝文史论衡》,上海古籍出版社 2012 年版,第 7—28 页、29—49 页。

就刘汉王统而言，尽管其更多关心现实功利统治，鲜少“王道”理想追求，但如欲施行稳定、长久的统治，就不得不以道德重构与文化复兴为其政治要务。这就既需利用具有鲜明道德文化特色的儒家思想理论，也需树立足以垂范天下的道德文化形象典范。正是出于这样的特定政治统治需要，刘汉王统甚至愿意接纳由“在野”孔子为汉立法的谶言①，也愿意借助于颜回类“在野”型道德形象典范以教化天下。

就儒家教统而言，一方面，汉儒寄予刘汉王朝实现王统与教统统一于追求“王道”理想的厚望，期许其能够以王统与教统亲合方式，进行道德重构与文化复兴，从而成为绍继、超越周代礼乐文明的伟大王朝②；另一方面，汉儒更多以“在野”立场，自觉担当制衡刘汉王统的职责，并以对“王道”永恒价值的认知，在王统不代表“王道”的现实政治形势下，隐隐以“王道”化身“圣人”人格卑视刘汉帝王。故其每效法先秦儒家的“与先王以托权”、“托先以为己权”③，尤其注重从儒家教统本位视野出发，依托先秦儒家以为己权，构建有关道德重构与文化复兴的话语系统。其所借重的先秦儒家人物，除了孔子及其著名高徒，还有孟子、荀子等儒学大师。但最主要的两位，仍是孔子及其第一贤徒颜回。刻意抬高孔子，甚至公然编造孔子为汉代立法神话，不仅意在粉饰刘汉王朝具有伟大文化理想，更是为了与刘汉王统争夺追求“王道”理想的话语主导权，隐现其借孔子以自高、凌驾于刘汉王统之上的企图心④。

推崇、标榜颜回，则由于其作为孔门第一高徒，不仅善学和注重躬行实践孔子的学说，更以“在野”布衣身份，而具有以道德为内核的“贤人”人格形象⑤。比之于伯夷、叔齐等同样备受儒家推崇的前代道

---

① 参见拙著《汉魏六朝文史论衡》之《宗庙祭祀、孔庙祭祀与两汉王朝政治》的相关论述。

② 参见拙著《汉魏六朝文史论衡》，前两篇对此有深入讨论，兹不赘。

③ 宋均：《孝经纬钩命诀》，安居香山、中村璋八辑：《纬书集成》（中册），上海古籍出版社1994年版，第1010页。

④ 参见拙著《汉魏六朝文史论衡》首篇《陆贾与汉初的道德重构及文化复兴》的相关论述，兹不赘。

⑤ 在汉代，不仅帝王祭祀孔庙配祀孔门弟子以颜回为头，刘邦甚至独以颜回配祀，汉儒也维持儒家学派中孔子之外颜回地位最高格局，对大孝曾子情有独钟。

德典范，颜回在汉儒心目中更具“家门”认同的直接与亲切意味；比之于先秦其他一些儒学大师，如孟子虽将孔子思想发扬光大，《孟子》一书为其赢得一代儒宗盛名，但其主要成就在于思想理论构建方面，就道德人格形象的典范性以及在两汉的实际影响而言，实有逊于颜回，其被视为“亚圣”，与孔子合称为“孔孟”，也远晚于两汉时代①。另一位儒学大师荀子的情形，与孟子相类②。故当汉儒“托先以为己权”，进行道德重构与文化复兴论述时，颜回就被作为构建时代道德文化人格典范形象的重要参照，尤其是被塑造为第一“素臣”形象，从而能够更为直接而深刻地影响两汉时代的政治文化及文化心灵结构、人格形象的构建。

与儒家思想的际遇及其发展变化相一致，颜回在两汉也经历了被重新发现、定位和不断被塑造为新形象、注入新内涵的过程。两汉颜回话语在很大程度上规范、影响了后世有关颜回的基本认识与评价，也深刻折射了儒家教统与封建王统的复杂矛盾关系，凸显了封建家天下政治体制的内在本质缺陷③。

一、汉初与“素臣”颜回话语

刘汉王朝建立迄于汉武帝继位之初，可以称为两汉道德重构与文化复兴的发始时期。这一时期，更多关注颜回与汉代道德重构、文化复兴关系的，主要是一些儒家代表人物。

在本书首篇中，著者曾经指出：在儒家教统看来，要真正追求并实现“王道”理想，其重要前提就是必须以“圣贤”人格为理想，构建使封建王统与教统高度亲和的优质政治权力结构。刘汉王朝对现实政治

---

① 汉代对孟子及其思想的重视，盐铁会议大约是重要的标志（参看金春峰：《汉代思想史》，中国社会科学出版社 1997 年，第 295—301 页），至东汉后期，赵岐（25—220 年）著有《孟子章句》，但与颜回的地位还不能相提并论，这与后世孟子及其思想越来越受到重视，以至于元代至顺元年（1330 年），孟子被加封为“亚圣公”，成为儒家中仅次于孔子的“亚圣”，有所不同。

② 马季高：《荀学源流》，上海古籍出版 2000 年版，第 193—206 页。

③ 但相比于顾颉刚《古史辨》论述其历史的层累观念，而对伯夷叔齐在汉代影响的详尽考论等，后世对颜回在两汉时期的价值意义的研究仍然不够全面。期望著者的探讨能够有所助益。

权力结构的构建,则每以功利性现实统治和利益酬庸为准则,不但鲜少"王道"理想追求,更使具有"王道"理想追求与行动意志之"儒"难以参与其中,即便参与其中,也难以真正发挥作用。故汉儒对理想的政治权力结构的思考、设计,一方面更多关注如何拨正、提升王统与教统的关系,主要是借标榜神话传说时代和历史上王统与教统高度亲和的所谓"圣王"与"贤臣"关系,来期勉、引导、监督、制衡刘汉王朝对现实政治权力结构的构建;另一方面,更重视强调在王统缺失"王道"理想追求的情形下,儒家教统以"在野"方式追求"王道"理想的价值,主要由继承在先秦时代已经萌芽的"素王"—"素臣"关系思想,直接以儒家教统的圣人孔子为"素王"、孔门贤徒为"素臣",将其作为理想的政治权力结构典范①。正是在这样的政治文化思想背景中,孔门第一贤徒颜回就以最具道德典范意义的"贤人"人格形象,而被汉儒作为构建封建王朝理想政治权力结构的第一"素臣"典范。

实际上,如前文所言,早在汉初,当陆贾针对汉初特定的政治文化情势,以及王统与儒家教统关系现状,提出以王统与儒家教统关系的重构为前提,进行道德重构与文化复兴的战略转型路线时,就已有以颜回作为"素臣"典范的思想意识。为了有效劝说、引导刘汉王朝统治者追求"王道"理想,改造其以"马上得天下"君臣集团为主构建的现实政治权力结构,陆贾可谓煞费苦心。而其论述思维,尤重揭示"在野"与"在位"的因果关联。除了"术事篇"强调作为"古之所谓得道者"的"圣王",都以偏居"在野"发始:"文王生于东夷,大禹生于西羌",以期勉、激励出身微贱的汉开国君王刘邦,"慎微篇"在论述"圣人王世,贤者建功"时,也强调"夫建大功于天下者必先修于闺门之内,垂大名于万世者必先行之于纤微之事",不但注重发掘伊尹等"贤臣"遭逢"圣王"之前"在野"行"道"的重要价值,还将处于"在野"地

① 参见拙著《汉魏六朝文史论衡》首篇《陆贾与汉初的道德重构及文化复兴》的相关论述。

位的孔门贤徒曾子等与伊尹并举①，指出“此二者，修之于内，着之于外；行之于小，显之于大”。在陆贾的论述中，“建大功”与“垂大名”显然属于互文见义关系：以“修于闺门之内”而“建大功于天下”，无疑是“垂大名于万世”的方式；“先行之于纤微之事”而“垂大名于万世”，也具有“建大功于天下”的实质意义。故其将建立了实际功业的“贤臣”与“在野”行“道”的孔门贤徒相提并论，就不仅为了改造汉代开国功臣素质及提升其追求境界，更是期望刘汉王朝将“在野”追求“王道”理想的儒家教统，作为构建优质政治权力结构的主要力量。尤其值得关注的是，陆贾还以颜回为典型，阐发所谓“天下易知之道，易行之事”，由此而郑重提出了“颜渊道施于世而莫之用”话题：

> 颜回一箪食，一瓢饮，在陋巷之中，人不堪其忧，回也不改其乐。礼以行之，逊以出之。盖力学而诵《诗》《书》，凡人所能为也；若欲移江、河，动太山，故人力所不能也。如调心在己，背恶向善，不贪于财，不苟于利，分财取寡，服事取劳，此天下易知之道，易行之事也，岂有难哉？若造父之御马，羿之用弩，则所谓难也。君子不以其难为之也，故不知以为善也，绝气力，尚德也。
>
> 夫目不能别黑白，耳不能别清浊，口不能言善恶，则所谓不能也。故设道者易见晓，所以通凡人之心，而达不能之行。道者，人之所行也。夫大道履之而行，则无不能，故谓之道。故孔子曰：“道之不行也。”言人不能行之。故谓颜渊曰：“用之则行，舍之则藏，惟我与尔有是夫。”言颜渊道施于世而莫之用。由人不能怀仁行义，分别纤微，忖度天地，乃苦身劳形，入深山，求神仙，弃二亲，捐骨肉，绝五谷，废诗、书，背天地之宝，求不死之道，非所以通世防非者也。②

---

① ［西汉］陆贾撰《新语·慎微》：“夫建大功于天下者必先修于闺门之内，垂大名于万世者必先行之于纤微之事。是以伊尹负鼎，居于有莘之野，修道德于草庐之下，躬执农夫之作，意怀帝王之道，身在衡门之里，志图八极之表，故释负鼎之志，为天子之佐，克夏立商，诛逆征暴，除天下之患，辟残贼之类，然后海内治，百姓宁。曾子孝于父母，昏定晨省，调寒温，适轻重，勉之于糜粥之间，行之于衽席之上，而德美重于后世。此二者，修之于内，著之于外；行之于小，显之于大。”

② ［西汉］陆贾撰，王利器校注：《新语校注》，中华书局1986年版，第91—93页。

联系“慎微篇”全篇来看,陆贾所谓“颜渊道施于世而莫之用”,当包含如此数层意涵:一是普天下之人都具有“怀仁行义,分别纤微,忖度天地”以行“道”的可能性,区别只在“为”与“不为”而已,一些人能为“闺门”“纤微”之事,终能“建大功于天下”,“垂大名于万世”;二是如果不重“闺门”“纤微”行“道”,即便获得权位,甚且官高位重,也无以建“垂大名于万世”之“功”,坚持“闺门”“纤微”行“道”,即便终身“在野”,也足可获得如颜回一样“垂大名于万世”的成功;三是现实政治权力结构中严重缺乏重“闺门”“纤微”行“道”者,“在野”有力者也往往不能“通世防非”以行“道”,而是走向了诸如“苦身劳形,入深山,求神仙,弃二亲,捐骨肉,绝五谷,废诗、书,背天地之宝,求不死之道”①的偏误之途。故由陆贾针对人能行“道”而不为的普遍性政治社会现实,特意引用《论语》故典,借孔子谓颜回“用之则行,舍之则藏,惟我与尔有是夫”,以郑重提出“颜渊道施于世而莫之用”话题,可推知其所认为的人不能行“道”的根本原因,必然也包括现实政治权力结构中缺乏颜渊类行“道”典范人物引领、垂范因素。一方面,陆贾于人不能行“道”的现实政治权力结构之外,标举孔子与颜回的行“道”价值,已是针对现实政治权力结构整体,实潜含以“在野”孔子为“素王”、颜回为“素臣”典型的思想意识;另一方面,虽然其强调“颜渊道施于世而莫之用”而避谈孔子,有免使刘邦自动对号入座的用意,但其侧重点的确也在比照现实“臣”道,具有以“素臣”颜回作为构建理想道德人格典型的思想意图。

在首篇中,著者曾指出陆贾所阐论的道德重构与文化复兴战略转型思想,在汉初已经获得较为重要的实效②,这里需补充指出的一大具体成效就是:受陆贾等的影响,晚年已改变对儒士、儒学看法的创业帝王刘邦,过鲁时曾专门祭祀孔子。刘邦的举措,对颜回被作

---

① [西汉]陆贾撰,王利器校注:《新语校注》,中华书局1986年版,第93页。

② 参见拙著《汉魏六朝文史论衡》首篇《陆贾与汉初的道德重构及文化复兴》的相关论述。

为汉初道德重构与文化复兴的重要话语资源，无疑也起到了一定的影响作用。

但总体说来，刘汉王朝建立迄于文、景时代，诚如《汉书·儒林传》所说：

然尚有干戈，平定四海，亦未皇庠序之事也。孝惠、高后时，公卿皆武力功臣。孝文时颇登用，然孝文本好刑名之言。及至孝景，不任儒，窦太后又好黄、老术，故诸博士具官待问，未有进者。①

由于这一时期政治的主导方向在于崇尚黄老的无为而治，由陆贾所首先提出的使王统与儒家教统统一于“王道”理想、进行道德重构与文化复兴的政治路线，还不能真正予以实行。不过，崇尚道德、文化的风气，也在逐渐形成。一方面，在文化政策与人才任用方面，汉惠帝四年，除“挟书律”，文帝时代，立博士之官，博士人数至于七十余人，文帝曾先后有“举贤良方正及能言极谏者”与“策贤良文学”之诏。比之于刘邦较空泛的“贤大夫有肯从我游者，吾能尊显之”诏令，已将任用道德文化人才作为官吏任用的重要标准。故贾山《至言》谓：

今陛下念思祖考，术追厥功，图所以昭光洪业休德，使天下举贤良方正之士，天下皆欣欣焉，曰：“将兴尧舜之道，三王之功矣。”②

另一方面，民间献书活动持续不断，而以讲论儒家经典为主的私学也得以复兴。根据《汉书·儒林传》的记载，其最著名者就有：“言易自淄川田生；言书自济南伏生；言诗，于鲁则申培公，于齐则辕固生，燕则韩太傅；言礼，则鲁高堂生；言春秋，于齐则胡毋生，于赵则董仲

① ［汉］班固：《汉书》，中华书局1964年版，第3592页。
② ［汉］班固：《汉书》，中华书局1964年版，第2335页。

舒。”①

在渐趋崇尚道德、文化的环境氛围中，颜回话语自然也就为一些儒学代表人物所关注。大儒韩婴②在《韩诗外传》中，就多次涉及颜回话语，甚且在陆贾关于现实政治权力结构中缺乏颜渊类行“道”典范人物引领、垂范思想的基础上，更进一步借颜回话语来表现汉儒积极参与政治的雄心。

按课问弟子之“志”，本为孔门施教常法。孔门“四科”，颜回“德行”最著。故如《论语·先进》所记涉及言从政之“志”场合，子路、曾皙、冉有、公西华侍坐而颜回缺席，《论语·公冶长》也记颜回之“志”在于完善道德，“愿无伐善，无施劳”，与热衷于从政的子路等有所不同。但同时，如前所引，孔子称许惟有颜回与自己一样，能够做到“用之则行，舍之则藏”，实为已臻“出”“处”自如这种最高从政修养境界的大才。故《论语》也记载孔子经常借与颜回的谈论发表其重要政治主张，颜回也注重深入思考重要政治课题。如《论语·里仁》记载：“颜渊问仁，孔子曰：‘克己复礼，天下归仁焉。’”颜回所问，孔子所答，就直接触及儒家思想体系的核心内涵。正因如此，先秦时代就已出现视颜回为重要政治人物的思维。不仅作为孔门后学的孟子、荀子甚至将其与帝舜等相提并论③，有些政治家也推崇颜回在孔门弟子中政治才能最高，如《史记·孔子世家》记载楚昭王欲以楚地七百里封孔子，令尹子西阻挡的理由，就是以楚国没有堪与颜回相比的辅相人才，担忧楚王此举会使楚国受到严重威胁。故《韩诗外传》卷七就借鉴此类思维，改写孔门施教模式，直接表现颜渊愿为小国之相：

① ［汉］班固：《汉书》，中华书局1964年版，第3593页。

② ［汉］司马迁：《史记·儒林传》记载，“韩婴，燕人也。孝文时为博士，景帝时至常山太傅。婴推诗人之意，而作内外传数万言，其语颇与齐、鲁间殊，然归一也。”

③ ［战国］孟子：《孟子·滕文公上》：“舜何人也，予何人也；有为者亦若是！”《孟子离娄下》：“禹、稷当平世，三过其门而不入：孔子贤之。颜子当乱世，居於陋巷，一箪食，一瓢饮；人不堪其忧，颜子不改乐：孔子贤之。孟子曰：‘禹、稷、颜回同道。禹思天下有溺者，由己溺之也；稷思天下有饥者，由己饥之也；是以如是其急也。禹、稷、颜子，易地则皆然。”［战国］荀子：《荀子·哀公篇》认为颜回既与舜“同道”“所追同一”。

孔子游于景山之上，子路、子贡、颜渊从。孔子曰："君子登高必赋，小子愿者，何言其愿。丘将启汝。"子路曰："由愿奋长戟，荡三军，乳虎在后，仇敌在前，蠡跃蛟奋，进救两国之患。"孔子曰："勇士哉！"子贡曰："两国构难，壮士列阵，尘埃涨天，赐不持一尺之兵，一斗之粮，解两国之难，用赐者存，不用赐者亡。"孔子曰："辩士哉！"颜回不愿，孔子曰："回何不愿？"颜渊曰："二子已愿，故不敢愿。"孔子曰："不同，意各有事焉，回其愿，丘将启汝。"颜渊曰："愿得小国而相之。主以道制，臣以德化，君臣同心，外内相应。列国诸侯莫不从义向风，壮者趋而进，老者扶而至。教行乎百姓，德施乎四蛮，莫不释兵，辐辏乎四门。天下咸获永宁，蝖飞蠕动，各乐其性。进贤使能，各任其事。于是君绥于上，臣和于下，垂拱无为，动作中道，从容得礼。言仁义者赏，言战斗者死，则由何进而救，赐何难之解？"孔子曰："圣士哉！大人出，小子匿。圣者起，贤者伏。回与执政，则由赐焉施其能哉！"①

如果说子路、子贡因其确有关涉从政的言论，且各自所长分别在于军事与外交，韩婴所写大体依从事实而有所拓展，韩婴笔下的颜回，就与事实相差较远了。明白说来，此一颜回毋宁是大一统刘汉王朝时代积极进取于仕途之"颜回"。如果将其自谦愿为之"小国之相"，更换为奉行汉儒理想中的"主以道制，臣以德化"政治路线，使"教行乎百姓，德施乎四蛮"、"天下咸获永宁"的大汉王朝之"相"，并无不妥。基于这样的创作思想，《韩诗外传》卷九就直接将颜回之志升格为愿为明王圣主之相：

孔子与子路、子贡、颜渊游于戎山之上。孔子喟然叹曰："二三子各言尔志，予将览焉。由尔何如？"对曰："得白羽如月，赤羽如朱，击钟鼓者，上闻于天，旌旗翩翻，下蟠于地，使将而攻之，惟

---

① [汉]韩婴撰，许维遹集释：《韩诗外传集释》，中华书局 1980 年版，第 268—269 页。此处的论述糅合儒家与黄老，也体现了韩婴在黄老思想占据主流的时代氛围中的思想趋向。

由为能。”孔子曰：“勇士哉！赐尔何如？”对曰：“得素衣缟冠，使于两国之间，不持尺寸之兵，斗升之粮，使两国相亲如弟兄。”孔子曰：“辩士哉！回尔何如？”对曰：“鲍鱼不与兰茝同笥而藏，桀纣不与尧舜同时而治。二子已言，回何言哉？”孔子曰：“回有鄙之心。”颜渊曰：“愿得明王圣主为之相，使城郭不治，沟池不凿，阴阳和调，家给人足，铸库兵以为农器。”孔子曰：“大士哉！由来，区区汝何攻？赐来，便便汝何使？愿得之冠，为子宰焉。”①

与《论语》中谦退冲和的颜回不同，韩婴笔下的颜回，不但热衷从政，甚至鄙视子贡、子路的从政之“志”，毫不掩饰其理想是成为“圣王贤相”模式中的“贤相”，明显体现了汉儒积极进取于时代的政治雄心。正因如此，韩婴也重视彰显颜回“在野”而行“素臣”之“道”的价值作用。如关于颜阖见鲁定公论“御”，《庄子·达生》②《吕氏春秋·离俗览·适威》③均有记载，《荀子·哀公》则作颜回见鲁定公，《韩诗外传》卷二从之：

颜渊侍坐鲁定公于台，东野毕御马于台下。定公曰：“善哉！东野毕之御也。”颜渊曰：“善则善矣，其马将佚矣。”定公不说，以告左右曰：“闻君子不谮人。君子亦谮人乎？”颜渊退，俄而厩人以

---

① ［汉］韩婴撰，许维遹集释：《韩诗外传集释》，中华书局1980年版，第319—321页。

② ［战国］庄子：《庄子·达生》：“东野稷以御见庄公，进退中绳，左右旋中规。庄子以为文弗过也，使之钩百而反。颜阖遇之，入见曰：‘稷之马将败。’公密而不应。少焉，果败而反。公曰：‘子何以知之？’曰‘其马力竭矣，而犹求焉，故曰败。’”

③ ［战国］吕不韦等：《吕氏春秋·离俗览·适威》：“东野稷以御见庄公，进退中绳，左右旋中规。庄公曰：‘善’，以为造父不过也，使之钩百而少及焉。颜阖入见。庄公曰：‘子遇东野稷乎？’对曰：‘然。臣遇之。其马必败。’庄公曰：‘将何败？’少顷，东野之马败而至。庄公召颜阖而问之曰：‘子何以知其败也？’颜阖对曰：‘夫进退中绳，左右旋中规，造父之御，无以过焉。乡臣遇之，犹求其马，臣是以知其败也。’故乱国之使其民，不论人之性，不反人之情，烦为教而过不识，数为令而非不从，巨为危而罪不敢，重为任而罚不胜。民进则欲其赏，退则畏其罪。知其能力之不足也，则以为继矣。以为继知，则上又从而罪之，是以罪召罪，上下之相雠也，由是起矣。故礼烦则不庄，业烦则无功，令苛则不听，禁多则不行。桀、纣之禁，不可胜数，故民因而身为戮，极也，不能用威适。子阳极也好严，有过而折弓者，恐必死，遂应猘狗而弑子阳，极也。周鼎有窃，曲状甚长，上下皆曲，以见极之败也。”

东野毕马佚闻矣。定公揭席而起，曰："趣驾召颜渊。"颜渊至，定公曰："乡寡人曰：'善哉！东野毕之御也。'吾子曰：'善则善矣，然则马将佚矣。'不识吾子何以知之？"颜渊曰："臣以政知之。昔者舜工于使人，造父工于使马。舜不穷其民，造父不极其马。是以舜无佚民，造父无佚马也。今东野毕之御，上车执辔，衔体正矣，周旋步骤，朝礼毕矣，历险致远，马力殚矣，然犹策之不已，所以知其佚也。"定公曰："善，可少进乎？"颜渊曰："兽穷则啮，鸟穷则啄，人穷则诈。自古及今，穷其下能不危者，未之有也。诗曰：'执辔如组，两骖如舞。'善御之谓也。"定公曰："寡人之过矣！"①

韩婴所引内容虽与荀子相近，但其既称述《诗经》语，使颜回话语成为阐发"诗"学大义的重要资源，又补充颜回的借"御"论"政"，起到使定公闻而知"过"的效果，正突出强调"在野"颜回以巧于"讽谏"方式行"素臣"之事，起到了有力影响当政者改善施政的作用。再如：

颜渊问于孔子曰："渊愿贫如富，贱如贵，无勇而威，与士交通，终身无患难，亦且可乎？"孔子曰："善哉回也！夫贫而如富，其知足而无欲也。贱而如贵，其让而有礼也。无勇而威，其恭敬而不失于人也。终身无患难，其择言而出之也。若回者，其至乎！虽上古圣人，亦如此而已。"②

子路曰："人善我，我亦善之。人不善我，我不善之。"子贡曰："人善我，我亦善之。人不善我，我则引之进退而已耳。"颜回曰："人善我，我亦善之。人不善我，我亦善之。"三子所持各异，问于夫子。夫子曰："由之所持，蛮貊之言也。赐之所持，朋友之言也。回之所言，亲属之言也。"诗曰："人而无良，我以为兄。"③

① ［汉］韩婴撰，许维遹集释：《韩诗外传集释》，中华书局1980年版，第43—45页。
② ［汉］韩婴撰，许维遹集释：《韩诗外传集释》，中华书局1980年版，第357—358页。
③ ［汉］韩婴撰，许维遹集释：《韩诗外传集释》，中华书局1980年版，第312页。

就都强调了颜回身为在野布衣，善能处贫贱若富贵，推己及人、以至德化人的“素臣”典范意义。

二、汉武帝时代与“素臣”颜回话语

武帝时代是两汉王朝实行道德重构与文化复兴政治路线的重要时代。武帝本人发挥了重要作用。早在太子时代，武帝就推崇儒术，即位之初即注重任用儒生，其后虽历经推崇黄老的窦太后的压制反扑，但在窦太后去世后，接连采取了一系列以儒家思想为主导的政治文化政策，促使汉代政治文化形态发生根本性的转型变化。最主要的是三点：一是汉武帝接受大儒董仲舒“废黜百家，独尊儒术”的建议，将儒家思想作为统治思想；二是吸纳、重用儒士进入政治权力结构的核心，使儒家享有参政、行政的实质性意义；三是以兴太学等为标志，完整建构了为封建政权培养、选拔各级官吏人才为主要目的的教育制度，①从此，儒家所主张的以封建王统与儒家教统结合为主体构建封建政治权力结构，在刘汉王朝首次成为现实，并对其后的封建王朝政治权力结构构建产生了深远的影响。关于汉武时代以儒学复兴与任用儒士为主轴的政治文化变革的具体情形，班固《汉书·儒林传》有较为完整、详细的记载：

> 及窦太后崩，武安君田蚡为丞相，黜黄老、刑名百家之言，延文学儒者以百数，而公孙弘以治《春秋》为丞相封侯，天下学士靡然向风矣。
>
> 弘为学官，悼道之郁滞，乃请曰：“丞相、御史言：制曰：‘盖闻导民以礼，风之以乐。婚姻者，居室之大伦也。今礼废乐崩，朕甚愍焉，故详延天下方闻之士，咸登诸朝。其令礼官劝学，讲议洽闻，举遗兴礼，以为天下先。太常议，予博士弟子，崇乡里之化，以厉贤材焉。’谨与太常臧、博士平等议，曰：闻三代之道，乡里有教，

① 关于这方面，参看葛兆光、金春峰、徐复观诸人的著述，不再赘述。

夏曰校，殷曰庠，周曰序。其劝善也，显之朝廷；其惩恶也，加之刑罚。故教化之行也，建首善自京师始，繇内及外。今陛下昭至德，开大明，配天地，本人伦，劝学兴礼，崇化厉贤，以风四方，太平之原也。古者政教未洽，不备其礼，请因旧官而兴焉。为博士官置弟子五十人，复其身。太常择民年十八以上仪状端正者，补博士弟子。郡国县官有好文学，敬长上，肃政教，顺乡里，出入不悖，所闻，令相长丞上属所二千石。二千石谨察可者，常与计偕，诣太常，得受业如弟子。一岁皆辄课，能通一艺以上，补文学掌故缺；其高第可以为郎中，太常籍奏。即有秀才异等，辄以名闻。其不事学若下材，及不能通一艺，辄罢之，而请诸能称者。臣谨案诏书律令下者，明天人分际，通古今之谊，文章尔雅，训辞深厚，恩施甚美。小吏浅闻，弗能究宣，亡以明布谕下。以治礼掌故以文学礼义为官，迁留滞。请选择其秩比二百石以上及吏百石通一艺以上补左右内史、大行卒史，比百石以下补郡太守卒史，皆各二人，边郡一人。先用诵多者，不足，择掌故以补中二千石属，文学掌故补郡属，备员。请著功令。它如律令。”

制曰：“可。”自此以来，公卿大夫士吏彬彬多文学之士矣。①

汉武帝时代完全改变了汉初“公卿皆武力功臣”，“诸博士具官待问，未有进者”状态，在中央政府重视儒学儒士的氛围中，以治《春秋》著名的公孙弘可以成为丞相封侯，这是武帝之前的汉初时代所难以想象之事。公孙弘的成功，成为“天下学士靡然向风”的重要参照坐标。而以选拔任官与任官为学交互为用的教育制度以及人才任用选拔制度的确立，就使儒士成为各级官员的基本构成成分，“自此以来，公卿大夫士吏彬彬多文学之士矣。”故班固《汉书·武帝本纪》称誉汉武帝：罢黜百家，表彰六经，修太学，兴郊祀，改正朔，定历数，协音律，作诗乐，举封禅，绍周后，号令文章，焕焉可述，后嗣得遵洪业，有三代之风。但发人深省的是，武帝虽独尊儒术，重用儒士，武帝时代却存在严

① ［汉］班固：《汉书》，中华书局1964年版，第3593—3596页。

重的压抑乃至迫害儒士现象,使得儒家中的各类杰出人物同感抑郁痛苦。而在汉武时代吏治空前腐败的情势下,一些以“经术润饰吏事”的儒士,恰好也是较为出色的循吏。《汉书·循吏传》记载:

> 孝武之世,外攘四夷,内改法度,民用雕敝,奸轨不禁。时少能以化治称者,惟江都相董仲舒、内史公孙弘、儿宽,居官可纪。三人皆儒者,通于世务,明习文法,以经术润饰吏事,天子器之。仲舒数谢病去,弘、宽至三公。①

班固所表彰的具有出众的行政才能的董仲舒,正是提出“废黜百家,独尊儒术”主张的大儒,但却也不能真正得到重用,只做到胶西王相,并曾因抑郁不得志而写下《感士不遇赋》。至于其他的著名人物,东方朔虽政治抱负宏伟②,却被汉武视为文学弄臣,仅做到太中大夫,尴尬到不得不写《答客难》以自辩;司马相如虽有慕蔺相如之高志,曾写下使武帝《子虚》《上林》二赋③,并以“非常之人、非常之事、非常之功”揭示汉武时代的精神气象④,临死都念念不忘为汉武设计封禅大

① [汉]班固:《汉书》,中华书局1964年版,第3623—3624页。

② 《汉书·东方朔传》记载:“东方朔字曼倩,平原厌次人也。武帝初即位,征天下举方正贤良文学材力之士,待以不次之位,四方士多上书言得失,自衒鬻者以千数,其不足采者辄报闻罢。朔初来,上书曰:‘臣朔少失父母,长养兄嫂。年十三学书,三冬文史足用。十五学击剑。十六学《诗》《书》,诵二十二万言。十九学孙吴兵法,战阵之具,钲鼓之教,亦诵二十二万言。凡臣朔固已诵四十四万言。又常服子路之言。臣朔年二十二,长九尺三寸,目若悬珠,齿若编贝,勇若孟贲,捷若庆忌,廉若鲍叔,信若尾生。若此,可以为天子大臣矣。臣朔昧死再拜以闻。’朔文辞不逊,高自称誉,上伟之,令待诏公车,奉禄薄,未得省见。”中华书局1964年版,第2841—2842页。

③ 《汉书·司马相如传》记载:“居久之,蜀人杨得意为狗监,侍上。上读《子虚赋》而善之,曰:‘朕独不得与此人同时哉!’得意曰:‘臣邑人司马相如自言为此赋。’上惊,乃召问相如。相如曰:‘有是。然此乃诸侯之事,未足观,请为天子游猎之赋。’上令尚书给笔札,相如以‘子虚’,虚言也,为楚称;‘乌有先生’者,乌有此事也,为齐难;‘亡是公’者,亡是人也,欲明天子之义。故虚借此三人为辞,以推天子诸侯之苑囿。其卒章归之于节俭,因以风谏。奏之天子,天子大说。”中华书局1964年版,第2533页。

④ [汉]司马相如《难蜀父老》云:“盖世必有非常之人,然后有非常之事;有非常之事,然后有非常之功。”《汉书》卷六《武帝纪》载,元封五年(前106年),汉武帝在求贤诏书中称:“盖有非常之功,必待非常之人。故马或奔踶而致千里,士或有负俗之累而立功名。夫泛驾之马,跅弛之士,亦在御之而已。其令州、郡察吏、民有茂才、异等可为将、相及使绝国者。”

典，却终身郁郁不得志；伟大的史学家司马迁，竟以李陵事件劝谏汉武而横遭宫刑，其孤愤血泪，见溢于《报任少卿书》①。

实际上，尽管儒家教统与封建王统在武帝时代实现了形式上的结合，二者的异质性却在这种结合中暴露无遗。封建王统更多重视其功利统治需要，儒家思想及儒士多是其利用的工具。故主爵都尉汲黯曾毫不客气地道破汉武帝的真实意图："陛下内多欲而外施仁义，奈何欲效唐、虞之治乎？"②儒家理想之士则坚执其"王道"理想。二者貌合神离、乃至发生矛盾冲突，便必不可免。故汉武帝很难真正任用追求儒家理想之士，儒家理想之士也难免抑郁痛苦。因之，颜回话语就被汉武时代的儒家理想之士借以抒发其抑郁痛苦之情，或思考封建王统与儒家教统的实质关系。如董仲舒《春秋繁露·随本消息第九》：

> 颜渊死，子曰："天丧予。"子路死，子曰："天祝予。"西狩获麟，曰："吾道穷，吾道穷。"三年，身随而卒。阶此而观，天命成败，圣人知之，有所不能救，命矣夫！③

本条材料虽然引自《春秋公羊传》，但借颜回之死等事件，表达对"天命成败，圣人知之，有所不能救"的慨叹，显然交织、渗透着董仲舒本人对命运的无奈之情。

如果说，董仲舒等更多以慨叹命运方式抒发了对封建王统轻视、压抑儒家理想之士的抑郁苦闷，司马迁则因横遭宫刑，使其能够更为透彻地认知封建王统与教统的本质关系，真正实现世界观、人生观的超越升华，从而进入"究天人之际，通古今之变"的自由王国境界，高扬"在野"儒士的独立尊严与主体精神意志，以《史记》成功构建了伟大庄严的人学价值体系。与汉初陆贾等以天人合目的论为建构儒教教

① 参看司马迁《报任少卿书》。

② ［汉］司马迁：《史记》，中华书局 1959 年版，第 3106 页。

③ 《春秋公羊传·哀公十四年》："颜渊死，子曰：'噫！天丧予。'子路死，子曰：'噫！天祝予。'西狩获麟，孔子曰：'吾道穷矣。'"参见苏兴撰、钟哲点校：《春秋繁露义证》，中华书局 1992 年版，第 137 页。

统与王统亲和关系提供理论依据相比，司马迁从深刻体认人类的普遍性悲剧命运与封建王朝独裁专制政治体制的本质的高度，颠覆了天人合目的论思维模式，从根本上质疑、否定现实政治权力结构的存在必然性与合理性。当然，需要强调指出的是，司马迁将人的生命本质价值的真正实现与否作为评价历史人物的标准，而不是现实权位的获得与否，仍然受到陆贾关涉“在野”行“道”与“在位”功业关系思想的深刻影响。而正是由于根本质疑、否定现实政治权力结构的存在必然性与合理性，司马迁就将能够真正超越“在野”“在位”观念，在实质上蕴含“素王—素臣”永恒精神价值的权力结构模式，树立为理想的政治权力结构的最高范本①。

值得高度关注的是，司马迁借选择理想的历史人物以建构理想的政治权力结构的眼光，明显是由继承以孔子为代表的儒家思想发展而来。三十“世家”首选具有让位美德的吴国建国始祖吴太伯，并高度表彰其后人吴季札的谦逊让位美德，《论语·泰伯》正记载“子曰：泰伯，其可谓至德也已矣。三以天下让，民无得而称焉”。故司马迁《吴太伯世家》称“嘉伯之让，作吴世家第一”。七十“列传”首选让国而甘贫乐道终于饿死的伯夷、叔齐，《论语·微子》正记载孔子赞美“不降其志，不辱其身，伯夷叔齐与”！司马迁则于《伯夷叔齐列传》中称：“孔子序列古之仁圣贤人，如吴太伯、伯夷之伦详矣。”并引述了孔子的话：“孔子曰：‘伯夷、叔齐，不念旧恶，怨是用希。’‘求仁得仁，又何怨乎？’”司马迁这种迥异于封建正统史家的“世家”“列传”首篇人物选择方式，就完全打破、超越了现实政治权力结构的常态，标示了其对封建政治权力结构存在意义的深刻思考。《伯夷叔齐列传》篇末的“太史公曰”，将对政治权力结构本质意义的认知，立足于深刻反思所谓“天道”与人类道德理想追求的因果背反现象基础上：

> 或曰：“天道无亲，常与善人。”若伯夷、叔齐，可谓善人者非

① 参看拙著《汉魏六朝文史论衡》第三篇《“素王”造像、“素王”传人与孔子世家》，上海古籍出版社 2012 年版，第 50—82 页的相关论述。

耶？积仁洁行如此而饿死！且七十子之徒，仲尼独荐颜渊为好学。然回也屡空，糟糠不厌，而卒早夭。天之报施善人，其何如哉？盗跖日杀不辜，肝人之肉，暴戾恣睢，聚党数千人横行天下，竟以寿终。是遵何德哉？此其尤大彰明较著者也。若至近世，操行不轨，专犯忌讳，而终身逸乐，富厚累世不绝。或择地而蹈之，时然后出言，行不由径，非公正不发愤，而遇祸灾者，不可胜数也。余甚惑焉，倘所谓天道，是耶非耶？①

这里，司马迁虽由伯夷、叔齐“积仁洁行如此而饿死”，而特举“且七十子之徒，仲尼独荐颜渊为好学。然回也屡空，糟糠不厌，而卒早夭”以为佐证，诘问“天之报施善人，其何如哉”？但从其所触及的方面来看，其反思的重心还是“人道”。从其论述中，实际也可看出三种权力结构模式：一由“日杀不辜，聚党数千人横行天下，竟以寿终”的盗跖恶势力集团所代表；一由往往包容“操行不轨，专犯忌讳”的邪恶分子，使其“终身逸乐，富厚累世不绝”的现实政治权力结构所代表；一由“择地而蹈之，时然后出言，行不由径，非公正不发愤”的伯夷、叔齐和颜回等仁人志士所代表②。司马迁显然高度肯定合于道义理想的第三种模式。他总结概括说：

子曰“道不同不相为谋”，亦各从其志也。故曰“富贵如可求，虽执鞭之士，吾亦为之。如不可求，从吾所好”。“岁寒，然后知松柏之后凋”。举世混浊，清士乃见。岂以其重若彼，其轻若此哉？

“君子疾没世而名不称焉。”贾子曰：“贪夫徇财，烈士徇名，夸者死横，众庶冯生。”“同明相照，同类相求。”“云从龙，风从虎，圣人作而万物睹。”伯夷、叔齐虽贤，得夫子而名益彰。颜渊虽笃

---

① ［汉］司马迁：《史记》，中华书局 1956 年版，第 2124—2125 页。

② 汉武时代吏治的空前腐败，自然也是促使司马迁类分如此政治权力结构的重要原因。《史记》专列《循吏列传》与《酷吏列传》以明褒贬，所写循吏全为前代人物，所写酷吏全为汉代人物，尤以汉武时代为多。

学,附骥尾而行益显。岩穴之士,趣舍有时若此,类名堙灭而不称,悲夫!闾巷之人,欲砥行立名者,非附青云之士,恶能施于后世哉?①

以伯夷、叔齐作为七十“列传”的首篇人物,将颜回作为与二人异代“同明相照”的“同类”,司马迁无疑是在明白标示,理想的政治权力结构必须合于道义追求原则,参与其中的人们应以实现道义理想为其终极目的,而不以权位高低与有无为依归。换句话说,只有那些并不过分斤斤计较权位的高低有无,而是能够以道义理想为终极追求的“贤人”,才最为符合理想政治权力结构中的“贤臣”标准。循此原则与标准,在政治权力结构腐败的情势下宁可保持“清士”的高洁人格节操,实际就是选择了与“素王”相伴的“素臣”人生追求。正因如此,“素王”孔子不但视伯夷、叔齐为同“道”,也最能发显其“素臣”价值;善学“素王”孔子的颜回,也最能发扬光大伯夷、叔齐的“素臣”精神:“伯夷、叔齐虽贤,得夫子而名益彰。颜渊虽笃学,附骥尾而行益显。”这也正是司马迁高标伯夷、叔齐为“列传”之首,并以颜回与伯夷、叔齐相提并论的根本原因。可见,由对现实政治权力结构的否定与超越出发,司马迁实际以“圣贤”孔子与伯夷、叔齐(颜回)为典型,构建了不同于现实政治权力结构的“素王”与第一“素臣”模式,表达了对符合道义追求目的的理想政治权力结构的思考与呼唤。

而直接进孔子于“世家”,进以颜回为首的孔门弟子入“列传”,自然由于在司马迁心目中,躬行“素王”与“素臣”之“道”的孔子及其门徒,绝不稍逊于历史上那些以事功名垂千古的王侯将相。甚至还可进而这样认为:其以孔子及其门徒入“世家”“列传”,本就含有将孔子及其门徒所构成的“素王—素臣”模式,作为政治权力结构的理想范本的写作意图。由此以观《史记·孔子世家》煞费苦心、周密编选史料的特定写法,当能更为深刻地体认本传如何以发显、褒扬孔子及其门徒躬行“素王”“素臣”之“道”为旨归。关于司马迁如何写作《史记·孔子

① [汉]司马迁:《史记》,中华书局1956年版,第2126—2127页。

世家》,本书第三编有较全面分析,兹不赘述。这里需要稍予强调的是,司马迁写孔子以“在野”方式躬身实践“素王”之“道”,而与以颜回为首的贤徒,作为躬行“素王”与“素臣”之“道”的主要力量,从而以“在野”方式,实际构成了与现实政治权力结构具有鲜明对比意义的“素王”—“素臣”关系,并突出表彰了颜回作为第一“素臣”的价值意义,以写孔子困于陈、蔡最为典型:

> 孔子迁于蔡三岁,吴伐陈。楚救陈,军于城父。闻孔子在陈蔡之间,楚使人聘孔子。孔子将往拜礼,陈、蔡大夫谋曰:“孔子贤者,所刺讥皆中诸侯之疾。今者久留陈蔡之间,诸大夫所设行皆非仲尼之意。今楚,大国也,来聘孔子。孔子用于楚,则陈蔡用事大夫危矣。”于是乃相与发徒役围孔子于野。不得行,绝粮。从者病,莫能兴。孔子讲诵弦歌不衰。子路愠见曰:“君子亦有穷乎?”孔子曰:“君子固穷,小人穷斯滥矣。”
>
> 孔子知弟子有愠心,乃召子路而问曰:“诗云‘匪兕匪虎,率彼旷野’。吾道非邪?吾何为于此?”子路曰:“意者吾未仁邪?人之不我信也。意者吾未知邪?人之不我行也。”孔子曰:“有是乎!由,譬使仁者而必信,安有伯夷、叔齐?使知者而必行,安有王子比干?”
>
> 子路出,子贡入见。孔子曰:“赐,诗云‘匪兕匪虎,率彼旷野’。吾道非邪?吾何为于此?”子贡曰:“夫子之道至大也,故天下莫能容夫子。夫子盖少贬焉?”孔子曰:“赐,良农能稼而不能为穑,良工能巧而不能为顺。君子能修其道,纲而纪之,统而理之,而不能为容。今尔不修尔道而求为容。赐,而志不远矣!”
>
> 子贡出,颜回入见。孔子曰:“回,诗云‘匪兕匪虎,率彼旷野’。吾道非邪?吾何为于此?”颜回曰:“夫子之道至大,故天下莫能容。虽然,夫子推而行之,不容何病,不容然后见君子!夫道之不修也,是吾丑也。夫道既已大修而不用,是有国者之丑也。不容何病,不容然后见君子!”孔子欣然而笑曰:“有是哉颜氏之

子！使尔多财，吾为尔宰。”①

在孔子颠沛流离、周游列国的岁月中，困于陈、蔡，无疑使孔子面临生涯中最大危机，因为连其得意弟子子路、子贡等，都发生了信仰认同危机。三人就孔子所提出的同一问题的回答，正代表了三个层次，子路尚未达理解“仁”“智”本质境界，子贡则有与现实妥协的不彻底性，只有颜回最为孔子真正的知音。颜回的评价，精确概括了孔子躬行“素王”之道的伟大价值所在，也指出了其不为世所容的真实原因所在，几乎可以用来作为孔子“在野”坚持躬行“素王”之道的盖棺论定之词：“夫子之道至大，故天下莫能容。虽然，夫子推而行之，不容何病，不容然后见君子！夫道之不修也，是吾丑也。夫道既已大修而不用，是有国者之丑也。不容何病，不容然后见君子！”故不仅可以帮助子路、子贡等明辨是非，也使孔子由衷认同，以至于笑言，如果颜回有朝一日得到利禄权位，甘效辅佐之力。其实，盼望与颜回类信徒构成理想的政治团队，并获得政治施政行道的用武之地，就是孔子最大的人生愿望。

由于认为追随孔子“在野”行道的孔门弟子的“素臣”价值，并不逊色于获得事功的将相，司马迁也将孔门弟子写入列传，而在具体编排其事迹时，则依据孔门“四科”之序，明确将颜回作为第一“素臣”典范。《仲尼弟子列传·颜回》：

颜回者，鲁人也，字子渊。少孔子三十岁。颜渊问仁，孔子曰：“克己复礼，天下归仁焉。”孔子曰：“贤哉回也！一箪食，一瓢饮，在陋巷，人不堪其忧，回也不改其乐。”“回也如愚；退而省其私，亦足以发，回也不愚。”“用之则行，舍之则藏，唯我与尔有是夫！”回年二十九，发尽白，蚤死。孔子哭之恸，曰：“自吾有回，门人益亲。”鲁哀公问：“弟子孰为好学？”孔子对曰：“有颜回者好

① ［汉］司马迁：《史记》，中华书局1956年版，第1930—1932页。

学，不迁怒，不贰过。不幸短命死矣，今也则亡。”①

尽管所写较为简略，但司马迁仍写出了颜回堪与“素王”孔子匹配，而为第一“素臣”的六大特点：一是在孔子门徒中，颜回是第一善“问”者，是引发孔子阐述其思想体系核心观念的最好知音对象，“颜回问仁”为千古经典之“问”；二是借孔子的赞誉，强调“一箪食，一瓢饮，在陋巷，人不堪其忧，回也不改其乐”，是颜回成为以道德为内核的“贤人”典范的根本原因；三是借孔子的评价，概括颜回具有似“愚”实“慧”、长于深思的大智慧特点；四是借孔子的评价指出，颜回是真正能够做到宠辱不惊，善处“出”“处”去就、躬行“素臣”之“道”的典范；五是借孔子评价“自吾有回，门人益亲”，指出在孔门行道团队中，颜回具有强大的人格感召力和凝聚力特点；六是借孔子的评价，发显颜回在孔门中最具“善学”、“不迁怒，不贰过”的人生修养境界。

或许由于受制于史料，司马迁对颜回“素臣”事迹的表现，不及表现“素王”孔子那样翔实具体，但其以颜回为第一“素臣”典范，将其树立为可与伯夷、叔齐相提并论，可与孔子构成“素王”与第一“素臣”关系的创作意图，则是十分明确的。司马迁关于颜回为第一“素臣”的思想认识，不仅对两汉时期颜回道德文化形象的认知、构建，也对后世颜回形象的认知、构建，深具重要影响意义。

三、“盐铁会议”与“素臣”颜回话语

武帝时代的文治武功，确实使其得以绍继“文景之治”而成为大汉王朝的鼎盛时代，但汉武外崇儒家思想而内重法家统治，又好大喜功，穷兵黩武，穷奢极欲，不仅使盛世民力国财损耗殆尽，甚至还造成严重的政治社会危机，故在其统治晚期，大汉王朝已由鼎盛而急剧衰退。根据《汉书·武帝本纪》的记载，连武帝本人也不得不自承“朕自即位以来，所为狂悖，使天下愁苦，不可追悔”，并思考有以改弦更张，明令

---

① ［汉］司马迁：《史记》，中华书局1956年版，第2187页。

“自今事有伤害百姓、靡费天下者,悉罢之”。“轮台诏”也宣称“当今务在禁苛暴,止擅赋,力本农。修马政复令以补缺,毋乏武备而已”。而在武帝身后的昭帝始元六年(公元前81年),汉王朝为探寻解救之道,由辅政大臣霍光主导,以昭帝下诏方式,召集全国各地的“贤良文学”60多人到京城长安,参加著名的“盐铁会议”,与以丞相田千秋和御史大夫桑弘羊为首的政府官员共商国是。值得关注的是,大汉王朝举行攸关国家前途命运的国是会议,不是采用君臣上下或文武百官参与的常态模式,而寄希望于由“贤良文学”群体所代表的儒家教统,这既说明刘汉王朝已经意识到现实政治权力结构存在严重缺失,无力独自解决当下所面临的国政难题,也说明儒家群体的政治地位得到实质提高,影响作用日益增强。比之于此前的儒家教统往往是由某些代表人物为主,提出有关道德重构与文化复兴的方略设计和思想理论,比之于在武帝刚愎自用、专断独裁统治下,儒家群体依然难以真正发挥作用,在刘汉王朝已由盛极转衰的历史关口,尽管“文学贤良”依然处于“在野”地位,但作为发展壮大了的儒家教统的精华力量,其确实是以更为独立自信的姿态,更深地参与、影响着大汉王朝政治。故当王朝统治出现重大失误,统治者也不得不借重其思想智能,甚且期盼其能够担当全面评估汉武时期的大政方略与具体经济政策、筹划扭转国家危局和未来发展蓝图的重责大任。通过宣帝时代桓宽所整理的《盐铁论》,我们正可充分了解,在与“大夫”围绕“义”“利”与大汉王朝政治关系诸议题所展开的激烈辩论中,“文学贤良”群体对刘汉王朝的道德重构与文化复兴所起到的重要影响作用。尤其值得关注的是,为了驳斥以桑弘羊为代表的大夫们一味维护、追求现实功利利益,不坚持“王道”理想追求和长远道德文化建设的短浅之见,颜回话语也被“贤良文学”们作为重要话语资源。主要表现在两大方面:

第一,在阐述“王道”理想追求与大汉王朝繁荣发展关系时,“文学贤良”特意标举颜回为见贤思齐、追求“王道”理想的典范。

先来看“贤良文学”怎样阐述“王道”理想追求与大汉王朝繁荣发展的关系。《盐铁论·执务》:

> 贤良曰:"孟子曰:'尧、舜之道,非远人也,而人不思之耳。'诗云:'求之不得,寤寐思服。'有求如关雎,好德如河广,何不济不得之有?故高山仰止,景行行止,虽不能及,离道不远也。颜渊曰:'舜独何人也,回何人也?'夫思贤慕能,从善不休,则成、康之俗可致,而唐、虞之道可及。公卿未思也,先王之道,何远之有?齐桓公以诸侯思王政,忧周室,匡诸夏之难,平夷、狄之乱,存亡接绝,信义大行,著于天下。"①

"贤良文学"显然是以追求"王道"理想来定位汉武帝身后的国家发展战略。其特意提出"成、康之俗"命题,自然有呼应武帝对其身后时代定位的意味。因为昭帝尚幼,武帝死前是以"托孤"方式将王朝大权交给霍光等顾命大臣,要求他们效法周公辅佐年幼成王的故事。武帝所为,当然也是期待在霍光等的辅佐下,昭帝能够接续文景与自己的功业,如周代成、康一样,成就和平稳定、繁荣发展之功。而就刘汉王朝建立到昭帝即位之初的发展情形来看,昭帝时代确实也正处于可否成就"成、康"之业的特定历史关口。不过,尽管封建王统与儒家教统对昭帝时代的期许并无二致,但其让以"在野"的"贤良文学"为代表的儒家教统与以桑弘羊等"大夫"为代表的政治权力结构中人共商,确是要求"道"不同者相与为谋了。两种具有质的不同的治国思维理念的对立、交锋,也就势在难免了。"贤良文学"的观点很明确:要实现成为"成、康"时代的愿景,就必须改变注重现实政治功利利益的短视施政路线与行为,必须改造、提升执政者的思想境界,追求实现"成、康之俗"与"唐、虞之道"的治世理想。并从四个方面,就怎样实现治世理想,阐述了"王道"理想追求与现实政治的关系:一是指出"尧、舜之道"实际并非难以追求,关键在于"思"与不"思","求"与不"求";二是指出如若坚持不懈以"思""求",就不难获得"离道不远"的效果;三是指出并非没有成功的先例,颜回就是以舜为榜样、"思贤慕能"获得成功的"贤人"典范;四是指出"公卿""大夫"诸现实政治权力结构中

① [西汉]桓宽撰,王利器校注:《盐铁论校注》,中华书局1992年版,第455页。

人的偏误,正在于其为政一味注重现实功利,连“思”“求”“圣王”理想之道的思想意识都没有,遑论如何以“寤寐思服”“德如河广”“思贤慕能,从善不休”的热忱与精神,坚持不懈地追求了。故针对武帝身后昭帝幼弱,顾命大臣辅佐的特定政治权力格局,“贤良文学”特意将执政大臣与齐桓公类比,要求其能够如齐桓公一样,抱持强烈的忧患意识与高度的责任感、使命感,以解救刘汉王朝政治社会危机,并实现追步“成、康之俗”“唐、虞之道”的政治理想。

从上面的析论也可以看出,“贤良文学”不仅继承从孔子、颜回、孟子直到陆贾以来儒家以“王道”追求作为最高政治理想的思想理念,也以“在野”儒家教统的本位立场,借鉴《孟子·滕文公上》等关于颜回取法虞舜而成为“贤人”典范的思想,特意将颜回树立为“思贤慕能”而取法高远,“在野”行“圣王”虞舜之“道”的典范。故其不但因针对、反讽现实政治权力结构的严重缺失而显得意味深长,也凸显了儒家教统“在野”而坚持“王道”理想追求、自觉担当汉代道德重构与文化复兴重责大任的思想意图。

第二,在面对以桑弘羊等为代表的“大夫”的非难时,借颜回话语正面阐述“在野”儒家教统与大汉王朝繁荣发展的关系。《盐铁论·地广》记载了“大夫”全面否定、抨击“在野”儒家教统参政议政的言论:

> 大夫曰:“挟管仲之智者,非为厮役之使也。怀陶朱之虑者,不居贫困之处。文学能言而不能行,居下而讪上,处贫而非富,大言而不从,高厉而行卑,诽誉訾议,以要名采善于当世。夫禄不过秉握者,不足以言治,家不满檐石者,不足以计事。儒皆贫羸,衣冠不完,安知国家之政,县官之事乎?何斗辟造阳也!”①

从一定意义上说,“大夫”所言,正道出了自秦始皇、李斯直到汉武君臣实际躬行法家路线,轻视儒家教统的真实原因。同时,也体现了

① [西汉]桓宽撰,王利器校注:《盐铁论校注》,中华书局1992年版,第209页。

作为既得利益阶层，“大夫”排拒日益发展壮大的儒家教统实质参与王朝政治的特殊用心。故“贤良文学”借助颜回话语等儒家话语资源，正面论述“在野”儒家教统与大汉王朝政治的关系：

> 文学曰：“夫贱不害智，贫不妨行。颜渊屡空，不为不贤。孔子不容，不为不圣。必将以貌举人，以才进士，则太公终身鼓刀，宁戚不离饭牛矣。古之君子，守道以立名，修身以俟时，不为穷变节，不为贱易志，惟仁之处，惟义之行。临财苟得，见利反义，不义而富，无名而贵，仁者不为也。故曾参、闵子不以其仁易晋、楚之富。伯夷不以其行易诸侯之位，是以齐景公有马千驷，而不能与之争名。孔子曰：‘贤哉回也！一箪食，一瓢饮，在于陋巷，人不堪其忧，回也不改其乐。’故惟仁者能处约、乐，小人富斯暴，贫斯滥矣。杨子曰：‘为仁不富，为富不仁。’苟先利而后义，取夺不厌。公卿积亿万，大夫积千金，士积百金，利己并财以聚；百姓寒苦，流离于路，儒独何以完其衣冠也？”①

“贤良文学”的基本观点，大体可概括为这样两点：

一是儒士“在野”贫贱并不意味着其在智能、德行与行动意志方面，不及握有政治权力者，实际情形或许正好相反，其之所以没有进入政治权力结构，并非自身没有意愿，其“修身”正是为了“待时”，只是其有坚守的人生信念、原则与操守，“不为穷变节，不为贱易志，惟仁之处，惟义之行”；“临财苟得，见利反义，不义而富，无名而贵，仁者不为也”。

二是坚守人生信念、原则与操守，“在野”行“道”的儒士的精神价值，远高于“不义而富，无名而贵”，且因而在当下政治社会中显得弥足珍贵。因为当下政治社会的普遍情形是“先利而后义，取夺不厌”，现实政治权力结构完全蜕变、沦落为利禄之徒攫取一己私利的工具，权位愈高，则获取利益愈巨：“公卿积亿万，大夫积千金，士积百金，利己

---

① ［西汉］桓宽撰，王利器校注：《盐铁论校注》，中华书局1992年版，第209—210页。

并财以聚。”这种普遍性的满足贪欲、巧取豪夺,就造成“百姓寒苦,流离于路”。在如此政治社会中,与百姓同样遭受苦难的儒士,固然难以“完其衣冠”,但其以孔子所赞誉的“一箪食,一瓢饮,在陋巷,人不堪其忧”,“不改其乐”的“素臣”颜回为榜样,确实具有远高于现实政治权力结构中人的强大精神动能,故其参与刘汉王朝政治,以推动实现王道理想追求,不仅是理所当然,也能达到更好的治国效果。

由前面的析论也可看出,在由“贤良文学”所代表的儒家教统看来,严重缺失精神价值取向、一味注重物欲利益取向的现实政治权力结构中人,无疑就是借助权势追逐一己私利,保护既得利益者,其作为特殊利益群体,已经走向了人民的愿望与意志的反面,而与人民同一苦乐的儒士群体,则以其具有崇高精神价值追求,而可以是刘汉王朝道德重构与文化复兴的主导力量。尽管“贤良文学”所论,有轻视实际政治的偏差,但其坚持精神价值追求,从更高和更为长远的道德文化发展眼光看待封建王朝政治,并以强烈的使命感与责任感,推动刘汉王朝的道德重构与文化复兴,无疑有着重要价值意义。

四、西汉中后期与“素臣”颜回话语

汉代帝王重王朝现实政治功利,轻儒家教统及其所追求的“王道”理想,以宣帝指斥太子劝诫其“持刑太深,宜用儒生”最为典型,并引述《汉书·元帝本纪》的记载:

> ……宣帝作色曰:“汉家自有制度,本以霸王道杂之,奈何纯任德教,用周政乎!且俗儒不达时宜,好是古非今,使人眩于名实,不知所守,何足委任!”乃叹曰:“乱我家者,太子也。”①

以证明在宣帝等汉代帝王心目中,向往实现具有王道理想典范的周代礼乐教化理想,只是“眩于名实”的俗儒行为,对于汉代帝王来说,

① [汉]班固:《汉书》,中华书局1962年版,第277页。

所谓“圣王”云云，是并不值得实际追求的虚荣①。但与此同时，还必须予以强调的是，自武帝以来的汉代帝王，其在少幼时代，都是以经学之士为师，接受严格的以通晓儒家经学为基本内容的培养教育，故无论是从现实政治统治需要出发，还是受其个人学识修养及爱好的影响，都重视利用儒家思想进行其统治，也是无可讳言的事实。即便是以崇尚法治著称的宣帝②，在其“即位以后，在崇尚法治的同时，大力提倡今文经学，实现了由武帝的法治经王霸杂之的过渡，而向儒学思想的全面统治的转变”③。到了元、成时代，以今文经学为代表的儒家思想，就获得了全面的统治地位。故宣、成时期大臣官员的任用，也以儒家经学之士为主。这使儒家得以实质参与政治权力核心事务。对此，《汉书·魏相丙吉传》赞有所论述：

> 赞曰：古之制名，必繇象类，远取诸物，近取诸身。故经谓君为元首，臣为股肱，明其一体，相待而成也。是故君臣相配，古今常道，自然之势也。近观汉相，高祖开基，萧、曹为冠，孝宣中兴，丙、魏有声。是时黜陟有序，众职修理，公卿多称其位，海内兴于礼让。览其行事，岂虚虖哉！④

《汉书·匡张孔马传》更是讲得分明：

> 赞曰：自孝武兴学，公孙弘以儒相，其后蔡义、韦贤、玄成、匡衡、张禹、翟方进、孔光、平当、马宫及当子晏咸以儒宗居宰相位，服儒衣冠，传先王语，其酝藉可也，然皆持禄保位，被阿谀之讥。

---

① 参见拙著《汉魏六朝文史论衡》之《宗庙祭祀、孔庙祭祀与两汉王朝政治》，上海古籍出版社2012年版，第29—49页的相关论述。

② ［汉］班固撰《汉书·宣帝本纪》称宣帝“受诗于东海澓中翁，高材好学”，所载霍光奏议称：“孝武皇帝曾孙病已，有诏掖庭养视，至今年十八，师受《诗》、《论语》、《孝经》，操行节俭，慈仁爱人，可以嗣孝昭皇帝后，奉承祖宗，子万姓。”

③ 参见金春峰：《汉代思想史》，中国社会科学出版社1997年版，第316页。

④ ［汉］班固：《汉书》，中华书局1964年版，第3150页。

> 彼以古人之迹见绳，乌能胜其任乎！①

金春峰《汉代思想史》也有很好的概括：

> 宣帝时期儒家思想在政治上的统治地位，确实已经确立了。董仲舒"罢黜百家，独尊儒术"的建议，在国家政权的组成人员上，首次得到了体现。从此以后，至东汉末年，儒学一直享有政权文官组成上的优势和独尊地位。②

而随着儒家思想在政治上统治地位的确立，与儒家实质参与政治权力核心，西汉中期以后，儒家教统更为强化凸显、抬高"素王""素臣"在封建王朝政治中所具有的实质价值作用，也就成为必然趋势，颜回话语因此也成为重要话语资源。主要有三大特点：

其一，以颜回作为与"素王"孔子相配的第一"素臣"关系，直接类比在位者，或作为在位从政者效仿典范，已成为当时政治文化活动中的一种习惯话语模式。如刘向的言论就颇为典型。根据《汉书·楚元王传·刘向传》的记载，刘向本为汉宗室楚元王刘交之后，"楚元王交字游，高祖同父少弟也。好书，多材艺。少时尝与鲁穆生、白生、申公俱受《诗》于浮丘伯"。故自元王刘交起始，此一汉代宗室已成功转型为服膺儒家文化与黄老学说的文化大族，虽然刘向"年十二，以父德任为辇郎。既冠，以行修饬擢为谏大夫"，但其为宣帝所用，则是依凭其名儒身份："是时，宣帝循武帝故事，招选名儒俊材置左右。更生以通达能属文辞，与王褒、张子侨等并进对，献赋颂凡数十篇。""会初立《谷梁春秋》，征更生受《谷梁》，讲论《五经》于石渠。复拜为郎中给事黄门，迁散骑、谏大夫、给事中。"而"元帝初即位，太傅萧望之为前将军，少傅周堪为诸吏光禄大夫，皆领尚书事，甚见尊任，更生年少于望之、堪，然二人重之，荐更生宗室忠直，明经有行，擢为散骑、宗正给事

① ［汉］班固：《汉书》，中华书局1964年版，第3366页。
② 金春峰：《汉代思想史》，中国社会科学出版社1997年版，第321页。

中，与侍中金敞拾遗于左右。四人同心辅政，患苦外戚许、史在位放纵，而中书宦官弘恭、石显弄权”。当刘向以著名儒宗身份进入政治核心，与也为著名儒宗、且位望更高的太傅萧望之等同心辅政，以反对中书宦官弘恭、石显弄权时，实际就形成了由萧望之、刘向等著名儒宗所代表的获得执政权力的儒家教统与外戚、宦官权势集团的尖锐斗争局面。而在二者的斗争中，刘向不但引述兼具名儒与大臣双重身份的董仲舒、夏侯胜等被冤复被平反的事迹，以救受外戚、宦官陷害的自己和萧望之等所谓“有过”之臣，更因担忧复出执政的周堪等地位不稳，特意上封事进谏，并特别强调指出：

> 是以群小窥见间隙，缘饰文字，巧言丑诋，流言飞文，哗于民间。故《诗》云：“忧心悄悄，愠于群小。”小人成群，诚足愠也。昔孔子与颜渊、子贡更相称誉，不为朋党；禹、稷与皋陶传相汲引，不为比周。何则？忠于为国，无邪心也。故贤人在上位，则引其类而聚之于朝，《易》曰“飞龙在天，大人聚也”；在下位，则思与其类俱进，《易》曰“拔茅茹以其汇，征吉”。在上则引其类，在下则推其类，故汤用伊尹，不仁者远，而众贤至，类相致也。今佞邪与贤臣并在交戟之内，合党共谋，违善依恶，歙歙訿訿，数设危险之言，欲以倾移主上。如忽然用之，此天地之所以先戒，灾异之所以重至者也。①

其引述“昔孔子与颜渊、子贡更相称誉，不为朋党；禹、稷与皋陶传相汲引，不为比周”，直接将“在野”与“在位”的两种“贤人”类型并举，实际是将两种理想的政治权力结构模式合二而一，反比外戚、宦官权势集团，并作为在位行政者效仿参照的典范，表现了其珍视儒家教统所获得的执政权力，希望能够由儒家教统主导，辅佐封建王权实现“王道”追求理想的思想意愿。故在由其所编撰的《说苑·敬慎》中，也关注孔子与颜回谈论“何以为身”，不仅事关自我人格修养，也是“临国

---

① ［汉］班固：《汉书》，中华书局1964年版，第1945页。

家”者所必需的政治人格修养：

颜回将西游，问于孔子曰：“何以为身？”孔子曰：“恭、敬、忠、信，可以为身。恭则免于众，敬则人爱之，忠则人与之，信则人恃之。人所爱，人所与，人所恃，必免于患矣。可以临国家，何况于身乎？故不比数而比疏，不亦远乎？不修中而修外，不亦反乎？不先虑事，临难乃谋，不亦晚乎？”①

可知刘向等进入封建政治权力结构核心的儒家教统代表人物，不仅只关注孔、颜事迹所体现的“在野”意义，更直接以参政思维进行阐释。

其二，与儒家思想在政治上的统治地位的真正确立，以及儒士更多实质参与政治权力结构的情势相表里，在哀、平时期兴盛的将儒学神学化的谶纬风潮中，颜回也被予以神化，被粉饰为禀受上天之命，而与“素王”孔子相匹配的第一“素臣”形象。如《论语摘辅象》，就假托子夏称“仲尼为素王，颜渊为司徒，子路为司空”。关于这一点，本书第二篇有专门论述，兹不赘述。

其三，以颜回为第一“素臣”的思考，还指向了向“下”和向“上”的两大思维路径。

向“下”的思维路径，是指汉儒刻意使汉代儒家教统典范人物获得与颜回相近或平等的地位，以肯定、拔高儒家教统的价值作用。② 如大儒董仲舒的仕途并不如意，但《汉书·董仲舒传》则记刘向家族曾涉及他可否与颜回相提并论的议论：

赞曰：刘向称“董仲舒有王佐之材，虽伊吕亡以加，管晏之属，伯者之佐，殆不及也”。至向子歆以为“伊吕圣人之耦，王者不得则不兴。故颜渊死，孔子曰‘噫！天丧余。’唯此一人为能当之，自

① ［汉］刘向撰，向宗鲁校证：《说苑校证》，中华书局1987年版，第262页。

② 陆贾推重浮丘伯，但未将其与颜回联系。

宰我、子赣、子游、子夏不与焉。仲舒遭汉承秦灭学之后，六经离析，下帷发愤，潜心大业，令后学者有所统壹，为群儒首。然考其师友渊源所渐，犹未及乎游夏，而曰管晏弗及，伊吕不加，过矣”。至向曾孙龚，笃论君子也，以歆之言为然。①

刘向提出“董仲舒有王佐之材，虽伊吕亡以加，管晏之属，伯者之佐，殆不及也”，其子刘歆则认为“伊吕圣人之耦，王者不得则不兴。故颜渊死，孔子曰‘噫！天丧余。’唯此一人为能当之，自宰我、子赣、子游、子夏不与焉。仲舒遭汉承秦灭学之后，六经离析，下帷发愤，潜心大业，令后学者有所统壹，为群儒首。然考其师友渊源所渐，犹未及乎游夏，而曰管晏弗及，伊吕不加，过矣”。刘向曾孙刘龚认同刘歆的看法。无论董仲舒是否达到可与颜回相提并论的水准，但在这一时期，颜回已由仅次于“圣人”孔子而高高在上的“贤人”，被用来与汉代杰出人物相比，本身就是值得予以关注的重要文化现象。

再如《汉书·严朱吾丘主父徐严终王贾传》记载，元帝时代贾谊曾孙贾捐之与长安令杨兴为取得政治高位，合谋起草奏荐杨兴书：

……又共为荐兴奏，曰：“窃见长安令兴，幸得以知名数召见。兴事父母有曾氏之孝，事师有颜、闵之材，荣名闻于四方。明诏举茂材，列侯以为首。为长安令，吏民敬乡，道路皆称能。观其下笔属文，则董仲舒；进谈动辞，则东方生；置之争臣，则汲直；用之介胄，则冠军侯；施之治民，则赵广汉；抱公绝私，则尹翁归。兴兼此六人而有之。”②

就极力吹嘘杨兴“事父母有曾氏之孝，事师有颜、闵之材”，并兼有本朝董仲舒、东方朔、汲黯、霍去病、赵广汉、尹翁归等六位著名人物的才能。尽管二人用心非良，但其思维则明显与刘向等相近。

---

① ［汉］班固：《汉书》，中华书局 1964 年版，第 2526 页。
② ［汉］班固：《汉书》，中华书局 1964 年版，第 2836 页。

而当扬雄《法言·重黎》讨论“为人所不能”之“贤”，就分举颜渊、黔娄、四皓、韦玄四人，直接以颜回为首排列历史与现实中的“贤人”典范：

或问“贤”。曰：“为人所不能。”“请人。”曰：“颜渊、黔娄、四皓、韦玄。”①

学界就曾关注扬雄这一提法究竟是否合适的问题②，无论如何，扬雄的做法，与古人尊崇前贤的思维习惯有所不同，体现了有意借并称古人与今人以抬高今人及自我这种西汉中晚期以来儒家人物的思维趋向。

向“上”的思维路径是指与编造孔子为汉代立法神话同一思致，以尧舜关系例比孔颜，较多关注诸如颜回“晞圣”与“慕舜”等命题。如扬雄《法言·问神》：

或问“神”。曰：“心。”“请问之。”曰：“潜天而天，潜地而地。天地，神明而不测者也。心之潜也，犹将测之，况于人乎？况于事伦乎？”“敢问潜心于圣。”曰：“昔乎，仲尼潜心于文王矣，达之。颜渊亦潜心于仲尼矣，未达一间耳。神在所潜而已矣。”③

五、东汉时期的“素臣”颜回话语

与西汉创业帝王刘邦起自布衣，文化素养不高，缺乏对文化功用

① ［汉］扬雄撰，汪荣宝、陈仲夫义疏：《法言义疏》，中华书局1937年版，第399页。

② 参看《法言义疏》：“颜渊箪瓢，不改其操；黔娄守正不邪，死而益彰；四皓白首，高尚其事；韦玄，汉丞相贤之少子也，贤薨，玄当袭封，被发佯狂，欲以让兄。或曰：‘拟人必于其伦，颜子至贤，其殆庶几。黔娄、四皓，既非其俦，况以韦玄，不亦甚哉？’释曰：‘颜渊之贤，备体之贤。韦玄之贤，一至之贤。王莽篡天下，而韦玄让一家，于是乎贤耳。亦犹论德行称颜渊、闵子骞、冉伯牛、仲弓，凡此数子，岂必皆与颜渊俱尽至贤之道哉？’”

③ ［汉］扬雄撰，汪荣宝、陈仲夫义疏：《法言义疏》，中华书局1937年版，第137页。

价值的认知不同，东汉王朝的创立者光武帝刘秀本人就以经生起家，①其所依凭的股肱之臣中，不乏邓禹、冯异等明习经学之士，并且也获得了在政治文化领域具有举足轻重影响的一些文化大族的支持，故其所建立的东汉王朝，呈现封建王统与儒家教统结合较为紧密的特点。而与东汉王朝的政治文化发展变化相表里，东汉时期的道德重构与文化复兴也更具自觉化、内在化特点，由此来考察东汉时期的颜回话语，有三大特点最值得予以重视：

其一，如果说西汉时期有关颜回话语的阐释权为儒家教统所专有，东汉时期，颜回话语也进入刘汉王统视野。如光武帝刘秀就曾以孔子与颜回的关系，来比拟自己与股肱之臣邓禹的君臣关系。《后汉书·邓禹传》记载：

> 是月，光武即位于鄗，使使者持节拜禹为大司徒。策曰："制诏前将军禹：
>
> 深执忠孝，与朕谋谟帷幄，决胜千里。孔子曰：'自吾有回，门人日亲。'斩将破军，平定山西，功效尤着。百姓不亲，五品不训，汝作司徒，敬敷五教，五教在宽。今遣奉车都尉授印绶，封为先酂侯，食邑万户。敬之哉！"禹时年二十四。②

光武帝的说法，显然具有高度的政治象征意义。根据《后汉书·邓禹传》的记载：

> 邓禹字仲华，南阳新野人也。年十三，能诵诗，受业长安。时光武亦游学京师，禹年虽幼，而见光武知非常人，遂相亲附……及闻光武安集河北，即杖策北渡，追及于邺。光武见之甚欢，谓曰："我得专封拜，生远来，宁欲仕乎？"禹曰："不愿也。"光武曰："即如是，何欲为？"禹曰："但愿明公威德加于四海，禹得效其尺寸，垂

① ［南朝·宋］范晔撰《后汉书·光武帝纪》记载，光武帝刘秀"王莽天凤中，乃之长安，受《尚书》，略通大义"。

② ［南朝·宋］范晔：《后汉书》，中华书局1965年版，第601页。

功名于竹帛耳。”①

这段记载透露的最为重要的信息是，光武与邓禹是由亲密学友缔结君臣关系，在这种转变中，值得关注的是：光武以刘汉王室和儒家经生的双重身份而成为东汉创业帝王，邓禹则以追求参与创业以建功立业的儒家经生身份而成为光武的股肱之臣。光武君臣关系的缔结，正象征了封建王统与儒家教统结合以建构封建王朝政治权力结构的特点。而光武本人本就是儒家经学之士，故当其以创业帝王身份建构封建王朝政治权力结构，不但首选儒家之士为大司徒，也以孔门师徒关系来例比君臣关系。虽然其与邓禹本为同学，但其以帝王身份，将帝王与大司徒比拟为孔门师徒中的孔、颜关系，尤其引述孔子“自吾有回，门人日亲”，要求邓禹如颜回能使孔门弟子亲和一样，以司徒身份“敬敷五教”，②改变国家经历战乱之后“百姓不亲，五品不训”的局面。光武之“策”，实际展现了封建王统期望倚重儒家教统以教化天下的姿态。故东汉时期高度注重经学，使道德重构与文化复兴更具自觉化、内在化特点，光武帝刘秀的提倡无疑起到了一定的推动作用。

再如，顺帝时代，制定国家选拔人才制度，颜回话语也为顺帝所关注。《后汉书·左雄传》记载，阳嘉元年（132年），尚书令左雄深察蹈虚荐举之弊，上书建议“自今孝廉年不满四十不得察举，皆先诣公府，诸生试家法，文吏课笺奏”，并以“若有茂才异行，自可不拘年齿”，作为必要补充。《后汉书·顺帝纪》记载，顺帝采纳了左雄建议，特为下诏，并将“不拘年齿”之例补充、固定为颜回、子奇二人：

（阳嘉元年冬十一月）辛卯，初令郡国举孝廉，限年四十以上，诸生通章句，文吏能笺奏，乃得应选；其有茂才异行，若颜渊、子

① ［南朝·宋］范晔：《后汉书》，中华书局1965年版，第599页。

② 《尚书·舜典》：“帝曰：‘契，百姓不亲，五品不逊。’”孔颖达疏：“品谓品秩，一家之内尊卑之差，即父母兄弟子是也。教之义、慈、友、恭、孝，此事可常行，乃为五常耳。”按光武正以习读《尚书》为多，其引述《尚书》故典，也与其关涉话题颇为切合。

奇，不拘年齿。①

由此，东汉中后期就形成了以颜回比拟年少英才的习惯用法。②

其二，与东汉理性批判、怀疑主义思潮的兴起相表里，东汉颜回话语也打上了理性反思色彩。最为典型的当是王充的相关思考。如《论衡·自然篇》：

> 儒家说夫妇之道，取法于天地。知夫妇法天地，不知推夫妇之道以论天地之性，可谓惑矣。夫天覆于上，地偃于下，下气蒸上，上气降下，万物自生其中间矣。当其生也，天不须复与也，由子在母怀中，父不能知也。物自生，子自成，天地父母，何与知哉？及其生也，人道有教训之义。天道无为，听恣其性，故放鱼于川，纵兽于山，从其性命之欲也。不驱鱼令上陵，不逐兽令入渊者，何哉？拂诡其性，失其所宜也。夫百姓，鱼兽之类也。上德治之，若烹小鲜，与天地同操也。商鞅变秦法，欲为殊异之功，不听赵良之议，以取车裂之患，德薄多欲，君臣相憎怨也。道家德厚，下当其上，上安其下，纯蒙无为，何复谴告？故曰："政之适也，君臣相忘于治，鱼相忘于水，兽相忘于林，人相忘于世。故曰天也。"孔子谓颜渊曰："吾服汝，忘也；汝之服于我，亦忘也。"
>
> 以孔子为君，颜渊为臣，尚不能谴告，况以老子为君，文子为臣乎？老子、文子，似天地者也。淳酒味甘，饮之者醉不相知；薄酒酸苦，宾主颦蹙。夫相谴告，道薄之验也。谓天谴告，曾谓天德不若淳酒乎？③

王充批判儒家"知夫妇法天地，不知推夫妇之道以论天地之性"，反而让孔子和颜回进行明显具有道家思想意味的对话，"吾服汝，忘

---

① ［南朝·宋］范晔：《后汉书》，中华书局1965年版，第261页。

② 拙文《桓灵时代与边让事迹考论》对东汉中后期以颜回比拟年少英才的习惯用法有较详讨论，参见拙著《汉魏六朝文史论衡》，上海古籍出版社2012年版，第140—141页。

③ ［汉］王充撰，黄晖校释：《论衡校释》，中华书局1990年版，第782—783页。

也；汝之服于我，亦忘也”，以证无为而治的要妙之道。并以君臣关系拟比儒家、道家，“以孔子为君，颜渊为臣，尚不能谴告，况以老子为君，文子为臣乎”的议论，明显以老家无为而治为高。

再如《论衡·案书篇》：

> 董仲舒著书，不称子者，意殆自谓过诸子也。汉作书者多，司马子长、扬子云，河、汉也；其余，泾、渭也。然而子长少臆中之说，子云无世俗之论。仲舒说道术奇矣，北方三家尚矣。①
>
> 颜渊曰：“舜何人也？予何人也？”五帝、三王，颜渊独慕舜者，知己步驺有同也。知德所慕，默识所追，同一实也。仲舒之言道德政治，可嘉美也。质定世事，论说世疑，桓君山莫上也。故仲舒之文可及，而君山之论难追也。骥与众马绝迹，或蹈骥哉？有马于此，足行千里，终不名骥者，与骥毛色异也。有人于此，文偶仲舒，论次君山，终不同于二子者，姓名殊也。故马效千里，不必骥；人期贤知，不必孔、墨。何以验之？君山之论难追也。两刃相割，利钝乃知；二论相订，是非乃见。是故韩非之《四难》，桓宽之《盐铁》，君山《新论》类也。世人或疑，言非是伪，论者实之，故难为也。②

无论董仲舒本人是否认为其著作超过诸子，接续西汉中后期以来推重汉代人物的思维，王充以为董仲舒、司马迁、扬雄、桓谭等汉代杰出人物，足可媲美前代，颇具思想解放意味。而当其论证时，则引《孟子·滕文公上》颜渊曰：“舜何人也？予何人也？”以“五帝三王，颜渊独慕舜者，知己步驺有同也”，来表达今人不但同样可以效仿前贤今修，并且可以达到与前代或当代杰出人物同等的成就。

复如《论衡·累害篇》论证“凡人仕宦有稽留不进，行节有毁伤不全，罪过有累积不除，声名有暗昧不明，才非下，行非悖也；又知非昏，

---

① ［汉］王充撰，黄晖校释：《论衡校释》，中华书局1990年版，第1170页。
② ［汉］王充撰，黄晖校释：《论衡校释》，中华书局1990年版，第1172页。

策非昧也;逢遭外祸,累害之也”时,直接揭示朝廷与乡里是造成人才“累害”的真正原因:

> 修身正行,不能来福;战栗戒慎,不能避祸。祸福之至,幸不幸也。故曰:“得非己力,故谓之福;来不由我,故谓之祸。”不由我者,谓之何由?由乡里与朝廷也。夫乡里有三累,朝廷有三害,累生于乡里,害发于朝廷,古今才洪行淑之人,遇此多矣。
>
> 何谓三累三害?
>
> 凡人操行,不能慎择友,友同心恩笃,异心疏薄,疏薄怨恨,毁伤其行,一累也。人才高下,不能钧同,同时并进,高者得荣,下者惭恚,毁伤其行,二累也。人之交游,不能常欢,欢则相亲,忿则疏远,疏远怨恨,毁伤其行,三累也。位少人众,仕者争进,进者争位,见将相毁,增加傅致,将昧不明,然纳其言,一害也。将吏异好,清浊殊操,清吏增郁郁之白,举涓涓之言,浊吏怀恚[怨]恨,徐求其过,因纤微之谤,被以罪罚,二害也。将或幸佐吏之身,纳信其言;佐吏非清节,必拔人越次。迕失其意,毁之过度;清正之仕,抗行伸志,遂为所憎,毁伤于将,三害也。夫未进也,身被三累;已用也,身蒙三害,虽孔丘、墨翟不能自免,颜回、曾参不能全身也。①

指出在腐败风气盛行的封建王朝政治社会环境中,“三累三害”现象普遍,即便孔丘、墨翟、颜回、曾参这样的道德高尚者,也不能自免祸患,表现了王充对封建王朝专制体制下世道人心的深切忧愤之情。

其三,一方面,受国家选拔人才制度以颜回作为年少英才楷模的影响,另一方面也受东汉特重士节、高度肯定自我风气的影响,东汉中后期形成了以颜回比拟年少英才的习惯话语。

以颜回誉称他人的,如《后汉书·黄宪传》记荀淑誉称黄宪为“颜子”:

> 黄宪字叔度,汝南慎阳人也。世贫贱,父为牛医。颍川荀淑

① [汉]王充撰,黄晖校释:《论衡校释》,中华书局1990年版,第10—11页。

至慎阳,遇宪于逆旅,时年十四,淑竦然异之,揖与语,移日不能去。谓宪曰:"子,吾之师表也。"既而前至袁闳所,未及劳问,逆曰:"子国有颜子,宁识之乎?"闳曰:"见吾叔度邪?"是时,同郡戴良才高倨傲,而见宪未尝不正容,及归,罔然若有失也。其母问曰:"汝复从牛医儿来邪?"对曰:"良不见叔度,不自以为不及;既睹其人,则瞻之在前,忽焉在后,固难得而测矣。"同郡陈蕃、周举常相谓曰:"时月之间不见黄生,则鄙吝之萌复存乎心。"①

更多的则是自我比拟之例。如谢承《后汉书》卷三记朱穆以郡督邮身份迎接新太守,就以孔子与颜回比拟太守与自己的关系:

(朱)穆少有英才,学明五经。性矜严疾恶,不交非类。年二十为郡督邮,迎新太守,见穆曰:"君年少为督邮,因族势?为有令德?"穆答曰:"郡中瞻望明府谓如仲尼,非颜回不敢以迎孔子。"更问风俗人物。太守甚奇之,曰:"仆非仲尼,督邮可谓颜回也。"遂历职股肱,举孝廉。②

朱穆刻意拔高自我与太守,宣称"郡中瞻望明府谓如仲尼,非颜回不敢以迎孔子",而太守不以为忤,反而认可朱穆自居为颜回的做法:"仆非仲尼,督邮可谓颜回也。"类似的例子,还有《后汉书·吴佑传》裴松之注引《济北先贤传》:

宏字元襄,刚县人也。年二十二,为郡督邮,曾以职事见诘,府君欲挞之。宏曰:"今鄙郡遭明府,咸以为仲尼之君,国小人少,以宏为颜回,岂闻仲尼有挞颜回之义?"府君异其对,即日教署主簿也。③

---

① [南朝·宋]范晔:《后汉书》,中华书局1965年版,第1744页。
② [南朝·宋]范晔:《后汉书》,中华书局1965年版,第1462页。
③ [南朝·宋]范晔:《后汉书》,中华书局1965年版,第2102页。

汉末曹操在《祭乔玄文》中,也以"犹仲尼称不如颜渊"比拟乔玄对自己"微时"的褒扬。《后汉书》记载:

初,曹操微时,人莫知者。尝往候玄,玄见而异焉。谓曰:"今天下将乱,安生民者其在君乎!"操常感其知己。及后经过玄墓,辄凄怆致祭。自为其文曰:"故太尉桥公,懿德高轨,泛爱博容。国念明训,士思令谟。幽灵潜翳,哉缅矣! 操以幼年,逮升堂室,特以顽质,见纳君子。增荣益观,皆由奖助,犹仲尼称不如颜渊。"①

《后汉书·独行传·向栩》,则记载有向栩以颜回等孔门弟子命名自己弟子的事迹:

向栩字甫兴,河内朝歌人,向长之后也。少为书生,性卓诡不伦。恒读《老子》,状如学道。又似狂生,好被发,着绛绡头。常于灶北坐板床上,如是积久,板乃有膝踝足指之处。不好语言而喜长啸。宾客从就,辄伏而不视。有弟子,名为"颜渊""子贡""季路""冉有"之辈。或骑驴入市,乞丐于人。或悉要诸乞儿俱归止宿,为设酒食,时人莫能测之。郡礼请辟,举孝廉、贤良方正、有道,公府辟,皆不到。又与彭城姜肱、京兆韦着并征,栩不应。②

颜回话语也被借以表现"士"之骨鲠气节,如《后汉书·郑玄传》记载:

时,大将军袁绍总兵冀州,遣使要玄,大会宾客,玄最后至,乃延升上坐。身长八尺,饮酒一斛,秀眉明目,容仪温伟。绍客多豪俊,并有才说,见玄儒者,未以通人许之,竞设异端,百家互起。玄

① [南朝·宋]范晔:《后汉书》,中华书局1965年版,第1697页。
② [南朝·宋]范晔:《后汉书》,中华书局1965年版,第2693页。

依方辩对,咸出问表,皆得所未闻,莫不嗟服。时汝南应劭亦归于绍,因自赞曰:“故太山太守应中远,北面称弟子何如?”玄笑曰:“仲尼之门考以四科,回、赐之徒不称官阀。”劭有惭色。绍乃举玄茂才,表为左中郎将,皆不就。公车征为大司农,给安车一乘,所过长吏送迎。玄乃以病自乞还家。①

甚至还出现以颜回话语作为政治斗争名目的特异文化现象。如曹操的指使路粹枉状奏劾孔融,就将孔融与祢衡互称“仲尼不死”“颜回复生”,作为其大逆不道的重要罪证,《后汉书·孔融传》记载:

曹操既积嫌忌,而郗虑复构成其罪,遂令丞相军谋祭酒路粹枉状奏融曰:“少府孔融,昔在北海,见王室不静,而招合徒众,欲规不轨,云‘我大圣之后,而见灭于宋,有天下者,何必卯金刀’。及与孙权使语谤讪朝廷。又融为九列,不遵朝仪,秃巾微行,唐突宫掖。又前与白衣祢衡跌荡放言,云‘父之于子,当有何亲?论其本意,实为情欲发耳。子之于母,亦复奚为?譬如寄物缶中,出则离矣’。既而与衡更相赞扬。衡谓融曰:‘仲尼不死。’融答曰:‘颜回复生。’大逆不道,宜极重诛。”书奏,下狱弃市。时年五十六。妻子皆被诛。②

曹操所为,无疑是走向了颜回崇拜的反面,显示了其以孔、颜师徒关系打击儒家代表人物的险恶用心,书写了封建王权专制统治的黑暗一页。

(本文原载《人文学的传统与现代——以人间文化疏通为中心》:**인문학의 전통과 현대간 문화 소통을**韩国太學社,2015 年 12 月 23 日初版)

① [南朝·宋]范晔:《后汉书》,中华书局 1965 年版,第 1211 页。
② [南朝·宋]范晔:《后汉书》,中华书局 1965 年版,第 2278 页。

“文学自觉”、史家精神与“文苑”创“传”

——《后汉书·文苑传》编撰特征发微

在历代史传著作中，范晔《后汉书》首立《文苑传》，无疑具有重要的开创意义。《文苑传》的编撰确有其特殊性：一是在《史记》“八书”和《汉书》“十志”的基础上，范晔也高度重视“志”的编撰，但与继承《史记》和刘向《七略》而创立《艺文志》编撰体式的《汉书》不同，《后汉书》未立《艺文志》，而新创了《文苑传》这种以文人创作事迹为主、兼顾文学目录学的立传体式①；二是在《后汉书》中，新立了《党锢传》《文苑传》《宦者传》《独行传》《方术传》《逸民传》《列女传》等七“传”，但与其他新立各“传”都有序论不同，《文苑传》并无序论。这使对《后汉书·文苑传》编撰特殊性的认知，成为后世的重要研究课题。本文尝试在古今研究的基础上，就《后汉书·文苑传》编撰特殊性意义问题，略陈己见。

一、“文学自觉”与为文人群体立传

读《后汉书·文苑传》，首先让人感到困惑，也值得予以深究的问

① 范晔有志于“志”，但因获罪入狱未能完成，其《狱中与诸甥侄书》曰：“欲遍作诸志，《前汉》所有者悉令备。虽事不必多，且使见文得尽；又欲因事就卷内发论，以正一代得失，意复未果。”参见[南朝·梁]沈约：《宋书》，中华书局1974年版，第1831页。

题是:其所收的作家作品,能否真正体现东汉文学创作的整体风貌与高度?

《后汉书·文苑传》分上、下两卷,共传29位作家:上卷有杜笃、王隆、夏恭、傅毅、黄香、刘毅、李尤、苏顺、刘珍、葛龚、王逸、崔琦、边韶等13位传主,王隆之后附记史岑,夏恭之后附记其子夏牙,李尤之后附记其同郡李胜,苏顺之后附记曹众、曹朔,王逸之后附记其子王延寿,共记有19位作家;下卷有张升、赵壹、刘梁、边让、郦炎、侯瑾、高彪、张超、祢衡等9位传主,刘梁之后附记其孙刘桢,共记有10位作家。就创作实际来看,仅凭这些作家及其作品,显然难以整体呈现东汉文学的风貌与高度。

站在今天对文学的认知立场,东汉文学领域的一流作家缺席较多,如此《文苑传》岂非名不符实、难以成立?范晔对此的真实考虑究竟为何?

原情而论,由于东汉的一些重要代表作家如班固、张衡、马融、蔡邕、孔融等,在《后汉书》中另有专传,在其他一些传中,也附有对传主文学创作内容的记载,故他们没有被收入,都是客观存在的因素。但专立《文苑传》,体现了范晔的文学自觉意识和特定的主观情怀与认知,当是最为重要的原因。关于这一点,当代学界多有探讨,相关研究确实已经较为深入。不过,似乎还是有再予拓展、深化的余地。

结合《后汉书》其他新立六"传"来看,范晔十分注意立"传"时明确界定、区分"类"别,并突出"类"的主体特征方向,关于这一点,从他专立《宦者传》《独行传》《方术传》《逸民传》《列女传》,并在各"传"的序论中,特重追述各"传"之"类"的历史源流、申明各"类"之特殊功能作用、突出"类"的主体特征方向,就不难看出范晔区分类别、注重专门特质的自觉意识。至于他甚至还以东汉晚末期儒林清流所主导的党人清议思想文化运动,具有特殊性和突出价值,专立《党锢传》,而未将其具体个人的事迹纳入《儒林传》或其他专"传"予以记载,尤其表现了其敏锐创新和了不起的思想解放特点。即如《儒林传》,范晔也格外注重儒林事迹的专门性、纯粹性,而很少涉及其他事迹的闲笔或泛化记载。

明白了这些，就不难发现，为了突出传主在文学方面的专业化和以文学创作为主导方面的特征，《文苑传》选择入传的人物，基本是以文学为主业，而对那些文学成就虽高，却非专以文学为主业的重要作家，就只有选择在其专"传"中叙述其文学事迹并论定其文学成就了。更明确地说，范晔编撰《文苑传》，是为了为文人群体写心，故其将专以文学为主业放在了第一位，而将文学成就高下放在了第二位。这是今天读范晔《文苑传》尤其需要注意的，不然就会发生偏误理解。

《后汉书·文苑传》为以文学创作为主业的人物立传，既由文学发展的历史必然所决定，也与范晔所处的历史时代及其文学眼光、思想密切相关。从先秦至于两汉，文学创作的主体特征和声名地位都逐渐地凸显出来，所谓"文学的自觉"，必然促生一些后人可称之为"文人""作家"的历史人物；从两汉至魏晋南北朝，文学创作愈趋繁荣，人们对文学的认识、品评也都已相当自觉、成熟，特别是"文人"群体成为一个重要的社会角色，这些人进入史传，就特定意义而言，确实是历史的必然。《梁书·文学传》指出："昔司马迁、班固书并为《司马相如传》，相如不预汉廷大事，盖取其文章尤著也。固又为《贾邹枚路传》，亦取其能文传焉。"①《史记》《汉书》已经注意为西汉文章之士立传，至《三国志·魏书·王卫二刘傅传》，也比较集中地记载了一批文人，其中最著者莫过"建安七子"，而记载阮籍、嵇康虽寥寥数语，但称阮籍"才藻艳逸"，称嵇康"文辞壮丽"，两位政治上"有问题"的人物，显然主要是因文才而入传的。当然，这些史书所传此类人物，固多"尤长于文"，但也不废政治事功，而且大多声名显赫，绝非《后汉书·文苑传》所记人物可比，也就是说他们并非是全以文章才华而入选史传的。据谢承《后汉书》残存文字可知，范晔《后汉书·文苑传》的一些传主，已经出现在谢承《后汉书》中，如黄香、葛龚、王逸、王延寿、侯瑾、高彪、祢衡等人，可见，在范晔之前，已有史家开始关注那些名位不显而有文才的人物。又刘知几《史通·外篇·杂说》特别指出："若汉代青翟、刘舍，位

① ［唐］姚思廉等：《梁书》卷四十九，中华书局1973年版，第685页。

登丞相，而班史无录，姜诗、赵壹，身止计史，而谢书有传。”[①]可知赵壹也当在谢承《后汉书》中，而刘知几也推崇这种舍弃庸碌之权贵而登录卑贱之“英雄”的著史精神。至范晔《后汉书·文苑传》，始为一批以文学创作为主业的“文人”专门立传，这些人的文学成就虽然未必显著，但从生平看大多可称之为较为纯粹的“文人”，适足可证“文人”作为一种社会角色得到了承认。范晔虽“常耻作文士”[②]（《狱中与诸甥侄书》），但对文学创作的认识颇为自负，他创立《文苑传》，虽未撰序论以表旨意，但这种慧眼、睿识，当也是南朝文学思想理论发达的先声。

二、史家精神、以悲为美与为悲剧性文学家写真

就《文苑传》所记的传主来看，他们多职位低下、仕途坎坷，甚或终身布衣，人生悲剧特征明显，基本处于官僚系统和主流权力话语系统的边缘。其所获得的文学成就，未必在当时最高，却基本是以文学为主业。仔细考察他们的事迹，二十九人中，人生坎坷、死于非命者有七人。四人死于政治迫害：崔琦以触犯大将军梁冀而终为其所捕杀；张升遇党锢去官，后竟见诛，年四十九；边让“恃才气，不屈曹操，多轻侮之言，建安中，其乡人有构让于操，操告郡就杀之”[③]；祢衡以不逊为曹操、刘表等所忌，终为黄祖所杀。一人死于家庭民事诉讼：郦炎“风病荒忽，性至孝，遭母忧，病甚发动，妻始产而惊死，妻家讼之，收系狱，炎病不能理对，嘉平六年，遂死狱中，时年二十八”[④]。一人意外死亡：王延寿溺水死，时年二十余。一人死于战斗：杜笃建初三年，车骑将军马防击西羌，请他为从事中郎，战没于射姑山。因病早死者有二人：夏牙举孝廉，早卒；傅毅建初中，肃宗博召文学之士，以毅为兰台令史，拜郎

① ［唐］刘知几撰，［清］浦起龙、王煦华注：《史通通释》卷十八，上海古籍出版社1978年版，第495页。

② ［南朝·梁］沈约：《宋书》，中华书局1974年版，第1830页。

③ ［南朝·宋］范晔：《后汉书》，中华书局1965年版，第2647页。

④ ［南朝·宋］范晔：《后汉书》，中华书局1965年版，第2648页。

中，早卒。因官场失意而死者一人：黄香“坐水潦事免，数月，卒于家”①。因社会人际矛盾而获罪者二人：杜笃“少博学，不修小节，不为乡人所礼，居美阳，与美阳令游，数从请托，不谐，颇相恨，令怒，收笃送京师，会大司马吴汉薨，光武诏诸儒诔之，笃于狱中为诔，辞最高，美帝之，赐帛免刑”②；赵壹“体貌魁梧，身长九尺，美须豪眉，望之甚伟，而恃才倨傲，为乡党所摈，后屡抵罪，几至死，友人救，得免”③。多人终身官位低下：杜笃仕郡文学掾，因目疾，二十余年不曾进京师；王隆是王莽时人，因父荫封为郎，之后避难河西，出任窦融左护军，东汉建武年间，才仅拜为新汲令；李胜为东观郎；葛龚“拜荡阴令，辟太尉府，病不就，州举茂才，为临汾令”④；崔琦初举考廉，为郎，后任职临济长；张升仕郡纲纪严谨，以政治才能被擢拔为外黄令；赵壹仕不过郡吏；刘梁特召入拜尚书郎，多次升迁，后为野王令，然并未赴任；边让为大将军何进署令史，深受何进礼遇，议郎蔡邕亦深敬之，边让后以高才擢进，屡次迁升，出为九江太守，初平中，王室大乱，边让去官还家；高彪才华卓荦，深得灵帝赏识，举郡孝廉，试经第一，然而所得之官不过郎中、外黄令；张超在黄巾军之乱中跟随车骑将军朱儁征战，任别部司马。晚仕者一人：苏顺好老庄之学，讲究养生延年之术，隐居不出，晚乃仕，仅拜郎中，卒于官；夏牙、曹朔、曹众、侯瑾、王延寿、郦炎、祢衡等则为白身布衣。只有刘毅、李尤、边韶，刘珍等职位较高，但仕途也多坎坷，并且未进入政治权力的核心。刘毅以北海敬王子的身份，初封平望侯，永元中，坐事夺爵，安帝时以文学成绩拜议郎；李尤拜兰台令史，安帝时为谏议大夫，后因帝废太子为济阴王而上书谏争，顺帝立，迁乐安相。边韶桓帝时为临颍侯相，征拜太中大夫，著作东观，再迁北地太守，再拜尚书令，后为陈相。刘珍以谒者仆射迁侍中、越骑校尉，“延光四年，拜宗正，明年，转卫尉”⑤。

① ［南朝·宋］范晔：《后汉书》，中华书局1965年版，第2615页。
② ［南朝·宋］范晔：《后汉书》，中华书局1965年版，第2595页。
③ ［南朝·宋］范晔：《后汉书》，中华书局1965年版，第2628页。
④ ［南朝·宋］范晔：《后汉书》，中华书局1965年版，第2618页。
⑤ ［南朝·宋］范晔：《后汉书》，中华书局1965年版，第2617页。

可知,《文苑传》注重文学生命与文学主业的关系,高度重视生命悲剧意识与作家生命感知之"真"的关系。故《文苑传》末尾的"赞"宣称:"情志既动,篇辞为贵。抽心呈貌,非雕非蔚。"①由这些作家生平事迹的"类"特征,也不难想到:如果在班固那里,他们的作品著述或许可以入《艺文志》而聊备收录文学作品目录大全之用,但绝不会为其专立文学之传;司马迁虽不以现实意义上的所谓成功与否作为判断人的价值标准,但其可以为司马相如立传,却不会对二三流的作家多有关注。范晔的眼光显然有其超越前代史家的地方。《后汉书·文苑传》为一群位卑命舛的文人立传,集中突出了一个"文章憎命达"的主题,这个主题可以上溯至《史记》的《屈原贾生列传》,《汉书》的《司马迁传》与《扬雄传》,对后世史书则影响至深。如《隋书·文学传》总论曰:"时之文人,见称当世,则范阳卢思道、安平李德林、河东薛道衡、赵郡李元操、巨鹿魏澹、会稽虞世基、河东柳抃、高阳许善心等,或鹰扬河朔,或独步汉南,俱骋龙光,并驱云路,各有本传,论而叙之。其潘徽、万寿之徒,或学优而不切,或才高而无贵仕,其位可得而卑,其名不可堙没,今总之于此,为《文学传》云。"②这显然沿袭了《后汉书·文苑传》的处理方法,《隋书》中的潘徽、万寿之徒正类似于《后汉书》中的杜笃、祢衡诸人,他们或学优而不切,或才高而无贵仕,位虽卑,但作为一个有见识的史家,不当令他们湮没不传。

以《后汉书·文苑传》与《文选》所收录作品相比,也许会看的更加明白。在《后汉书·文苑传》所收二十九位作家中,收录作品全文的仅有八人十二篇作品。其中,赋有四篇:杜笃《论都赋》、赵壹《穷鸟赋》《刺世疾邪赋》、边让《章华台赋》,《文选》共收录东汉赋家八人十二篇作品,这四篇赋无一篇被收录,傅毅《舞赋》、王延寿《鲁灵光殿赋》、祢衡《鹦鹉赋》倒是被《文选》所收录,《后汉书·文苑传》也为这

① [南朝·宋]范晔:《后汉书》,中华书局1965年版,第2658页。《狱中与诸甥侄书》也说:"常谓情志所托,故当以意为主,以文传意。以意为主,则其旨必见;以文传意,则其词不流。然后抽其芬芳,振其金石耳。此中情性旨趣,千条百品,屈曲有成理。自谓颇识其数,尝为人言,多不能赏,意或异故也。"参见[梁]沈约:《宋书》,中华书局1974年,第1830页。

② [唐]魏征等:《隋书》卷七十六,中华书局1973年版,第1730—1731页。

三人立传,但这三篇作品却全都没有被收录。其他八篇作品:傅毅《迪志诗》、崔琦《外戚箴》和《报皇甫规书》、刘梁《辩合同之论》、郦炎《诗》二篇、高彪《遗马融书》和《箴》等,《文选》一篇也不收①,除了选录标准不同,恐怕还因范晔的特定观念使然。要不然,真要让人质疑范晔的选录水准低下问题了。因为在已经经过了历史沉淀,对一些作品可以盖棺论定的刘宋时代,他所选录的一些作品,在东汉文学创作中,未必就是一流,而他本人也未必会认为所选必然就是一流②。

这样一些二、三流的文人,在古代实际上具有一定的典型性,是一个长期存在的群体。他们得到了史家的注意,但也饱受争议。王先谦在《后汉书集解》中对《文苑传》有所评论:

> 范史创立《文苑传》,例以文雅知名当时未裨世用者入之,又因不志艺文,辄详及著述篇目,系之传末,都计东京一百九十有六年,才二十二人。其中刘毅、苏顺、张超等十人传,特寥寥耳,即其文亦未有纪者。吁,綦慎矣!然所传者,大率恃才傲物,浅中小夫,未闻君子之大道,异乎游、夏文学之科焉。王逸③以噩梦溺水死;郦炎病风,殒命囹圄;边韶对嘲,徒御口给,未足珍也;崔琦之箴外戚,近矣,其赋白鹄以讽梁冀,是亦自贸其死乎;边让、祢衡,徒以辱侮曹操取快一时,操既杀让,而以雀鼠视衡,一再假手,毙于黄祖,奸雄意忌,自古所叹,然解衵裸立,果大雅所当尔邪?适

① 《文选》收史岑《出师颂》一首,但此史岑字孝山,非《文苑传》中的史岑字子孝者,据胡旭引述李善注等考证,字孝山之史岑生活在和、熹之际,著《出师颂》,与王莽末之史岑无关。参见其《历代文苑传笺证 · 先唐文苑传笺证》,凤凰出版社2012年,第26页的相关笺证内容。

② 如《文苑传》第一位传主京兆杜陵人杜笃,显然非开启东汉文学的标志性人物,文学成就也非当时最高,只是得到光武对其文的赏评。刘勰《文心雕龙 · 诔碑》:"杜笃之诔,有誉前代;吴诔虽工,而他篇颇疏,岂以见称光武,而改盼千金哉!"《才略》:"杜笃、贾逵,亦有声于文,迹其为才,崔(骃)傅(毅)之末流也。"参见范文澜注:《文心雕龙注》,人民文学出版社1958年,第213、699页。这与同时代刘义庆主编的《世说新语》特重首篇人物颇有不同,参见拙著《汉魏六朝文史论衡》之《边让与〈世说新语〉"言语""范式"》的相关论述,上海古籍出版社2012版,第178—183页。

③ 当作王延寿。参见《后汉书 · 文苑传》:"曾有异梦,意恶之,乃作《梦赋》以自厉。后溺水死,时年二十余。"中华书局1965年版,第2595页。

以长后进轻狷之焰,而授杀士者以口实也。自后史臣载笔,踵而弗失,无行才士率厕兹传,文人之目,遂为世诟,流宕忘返,君子惧旃。刘挚尝言士当以器识为先,一命为文人,无足观矣。叶适亦谓文不足关世教,虽工无益。士之学古而负才俊者,尚鉴于斯!①

这一正统味十足的评论并非王氏一家之见,正如其所引刘挚、叶适的观点,对文人无行的批评可说是一种颇为盛行的思想意识,自窃妻涤器②的司马相如以来,文人不护细行似乎成为一个传统,也是历代"文德论"者严加批判的对象。王先谦认为《后汉书·文苑传》是为无行才士立传的始作俑者,"自后史臣载笔,踵而弗失","文人"之名遂受玷污,这当然是一个很有意思的见解,但无疑含有偏见。其他姑且不论,即就《后汉书·文苑传》中的边让、祢衡等人说,范晔虽对他们不乏指责,但更多的还是对其狷介清狂、抗颜忤上行为的褒扬。

我们毋宁说,《后汉书·文苑传》开启了一个文人命运的永恒性话题,它本身也是一幅悲剧性传统文人的缩影,但正面表彰其文学成就与文化品格,毕竟是其立传重心所在,也是体现其史学眼光与价值的重要方面。

三、文学功用与文学家的政治社会文化关切

《文苑传》也注重记载作家以文学创作方式表达政治社会关切与积极参与之情,注重作家相互间的同气相应。

一是注重美颂与讽谏事迹及其作品并收而以讽谏为重。颂美大汉之德是东汉文学的一大创作传统。《文苑传》记第一位传主杜笃,甚至在狱中也不忘参与关涉政治美颂的文学创作:"会大司马吴汉薨,光武诏诸儒诔之,笃于狱中为诔,辞最高,帝美之,赐帛免刑。"③傅毅追

① [南朝·宋]范晔撰,[清]王先谦集解:《后汉书集解》,中华书局1984年版,第927—928页。

② [宋]黄彻:《巩溪诗话》,中华书局1991年版,第16页。

③ [南朝·宋]范晔:《后汉书》,中华书局1965年版,第2595页。

美孝明皇帝功德最盛，而庙颂未立，于是依《清庙》作《显宗颂》10篇奏之，由是文雅显于朝廷。刘毅于元初元年，上《汉德论》并《宪论》十二篇。曹朔作《汉颂》四篇。侯瑾又案《汉记》撰中兴以后行事，为《皇德传》三十篇，行于世。

范晔尤关注讽谏之作，如杜笃以关中表里山河，先帝旧京，不宜改营洛邑，乃上奏《论都赋》。傅毅以显宗求贤不笃，士多隐处，故作《七激》以为讽。崔琦"少游学京师，以文章博通称，初举孝廉，为郎，河南尹梁冀闻其才，请与交，冀行多不轨，琦数引古今成败以戒之，冀不能受，乃作《外戚箴》……琦以言不从，失意，复作《白鹄赋》以为风"①。边让作《章华赋》，虽多淫丽之辞，而终之以正，亦如相如之讽也②。高彪则在督军御史京兆第五永督幽州的百官祖饯于长乐观大会中，于议郎蔡邕等皆赋诗情形下，独以作箴一鸣惊人。在强调这些人以文学创作为主业的同时，绝不忽视他们参与甚至干预政治教化的追求，而这种追求往往通过创作来实现或表达。这些人虽地位不高，以文章知名，但亦不乏政治思想。如杜笃撰《论都赋》讽喻东汉当仍以旧京长安为都，实有远见，正如缪钺所指出的，汉代外患在西北，西汉建都长安，雄踞关中，故能北逐匈奴，西通西域，而东汉都洛，重心东移，关中陇右，遂成边地，羌人乘虚寇扰，百年之内，祸乱屡兴，国家元气，因之大损。然光武帝及其功臣亲贵多关东人，故终定都于洛，不复西迁。后班固上《两都赋》恰反杜笃《论都赋》之旨，则不过是希世取宠而已③。

二是重视记载对社会风气的批判力作，如刘梁常疾世多利交，以邪曲相党，乃著《破群论》，时之览者以为："仲尼作《春秋》，乱臣知惧。今此论之作，俗士岂不愧心！"④又著《辩和同之论》。赵壹作《刺世疾邪赋》，以舒其怨愤。侯瑾作《矫世论》以讥切当时，以莫知于世，故作

---

① ［南朝·宋］范晔：《后汉书》，中华书局1965年版，第2619—2621页。

② 参看拙著《汉魏六朝文史论衡》之《边让〈章华台赋〉考论》的相关论述，上海古籍出版社2012版，第201—229页。

③ 参见缪钺《〈文选〉赋笺》，载于俞绍初、许逸民主编：《中外学者文选学论集》，中华书局1998年版，第85—87页。

④ ［南朝·宋］范晔：《后汉书》，中华书局1965年版，第2635页。

《应宾难》以自寄。郦炎作诗二篇，抒发怀才不遇的感慨，也抨击了压抑贤才志士的社会现实。东汉中后期，政治混乱，积重难返，已成乱世之象，社会上兴起激浊扬清的清议之风，这些文人也是清议之风的一股重要力量。这些批判论著说明，当时文人并非甘做章句俗儒，而是热切关注社会的思想者，他们批判社会弊端，讥切世事人心，不平则鸣，虽然“异乎游、夏文学之科”①，但可以称之为“社会的良心”，而思想批判者的角色担当，也正是中国传统文人的一个重要特征。

三是重视记载作家感士不遇之慨和文士的同气相应，互相荐举、推重佳话。如记杜笃之外高祖为破羌将军辛武贤，以武略称。笃常叹息：“杜氏文明善政，而笃不任为吏；辛氏秉义经武，而笃又怯于事。外内五世，至笃衰矣！”②郦炎灵帝时，州郡辟命，皆不就，有志气，作诗二篇，以述其感士不遇之慨。记载文士的互相荐举推重佳话的，如刘毅元初元年，上《汉德论》并《宪论》十二篇，时刘珍、邓耽、尹兑、马融共上书称其美，安帝嘉之，赐钱三万，拜议郎。李尤少以文章显，和帝时，侍中贾逵荐李尤有相如、杨雄之风，召诣东观，受诏作赋，拜兰台令史。又如高彪上书荐县人申屠蟠等，蔡邕以边让宜处高任，乃荐于何进，孔融上书荐举祢衡等。东汉士人尚名节，重品评，士人之间互相推重，是关系士人出处的一大重要因素，也是文人之间互相欣赏、理解、同情的真实表现。但虽有荐举，文人命运仍多悲剧，故感士不遇的慨叹与同气相应的揄扬往往并行。

当然，以《文苑传》的方式记一代文人，有其局限性。章学诚《文史通义·书教中》指出：“东京以还，文胜篇富，史臣不能概见于纪传，则汇次为《文苑》之篇。文人行业无多，但著官阶贯系，略如《文选》人名之注，试榜履历之书，本为丽藻篇名，转觉风华消索；则知一代文章之盛，史文不可得而尽也。”③但就《后汉书·文苑传》看，还是比较鲜明地描绘了一些位卑命舛的文人形象，刻画出这一群体的特征，某种

① ［南朝·宋］范晔撰，［清］王先谦集解：《后汉书集解》，中华书局1984年版，第927页。
② ［南朝·宋］范晔：《后汉书》，中华书局1965年版，第2609页。
③ ［清］章学诚著，叶瑛校注：《文史通义校注》，中华书局1985年版，第40—41页。

程度上，体现出中国传统“文人”的一些重要通性。

四、文学目录学与人物事迹有机互补特色

《后汉书》未立《艺文志》，但《文苑传》叙述作家事迹时，也注重兼顾文学目录学意义，不仅注重记载作家所涉及的各种文类，也详及作品总数或某一文类的篇数。王先谦《后汉书集解》“何焯曰：‘《后书》不立《艺文志》，故具载著述篇数’”①。因文多遗失而不记作品篇数的，只有刘梁、刘桢、边让、高彪、祢衡等数人而已。为便观览，今详列其所记如下：杜笃所著赋、诔、吊、书、赞、《七言》、《女诫》及杂文，凡十八篇，又著《明世论》十五篇；王隆著诗、赋、铭、书，凡二十六篇；史岑著颂、诔、《复神》、《说疾》，凡四篇；夏恭著赋、颂、诗、《励学》，凡二十篇；夏牙著赋、颂、赞、诔，凡四十篇；傅毅著诗、赋、诔、颂、祝文、《七激》、连珠，凡二十八篇；黄香所著赋、笺、奏、书、令，凡五篇；刘毅《汉德论》并《宪论》十二篇；李尤著诗、赋、铭、诔、颂、《七叹》《哀典》，凡二十八篇；李胜著赋、诔、颂、论数十篇；苏顺著赋、论、诔、哀辞、杂文，凡十六篇；曹众著诔、书、论四篇；曹朔《汉颂》四篇；刘珍著诔、颂、连珠，凡七篇，又撰《释名》三十篇；葛龚著文、赋、碑、诔、书记，凡十二篇；王逸著《楚辞章句》行于世，其赋、诔、书、论及杂文凡二十一篇，作《汉诗》百二十三篇；王延寿作《灵光殿赋》《梦赋》；崔琦著赋、颂、铭、诔、箴、吊、论、《九咨》、《七言》，凡十五篇；边韶著诗、颂、碑、铭、书、策，凡十五篇；张升著赋、诔、颂、碑、书，凡六十篇；赵壹著赋、颂、箴、诔、书、论及杂文十六篇；刘梁著《破群论》，文不存，著《辩和同之论》；刘桢以文才知名；边让文多遗失；郦炎作诗二篇；侯瑾著《矫世论》《应宾难》，又有《皇德传》三十篇，所做杂文数十篇多亡失；高彪数奏赋、颂、奇文，文章多亡；张超著赋、颂、碑文、荐檄、笺、书、谒文、嘲，凡十九篇；祢衡文章多亡。对文多

① ［南朝·宋］范晔撰，［清］王先谦集解：《后汉书集解》，中华书局 1984 年版，第 912 页。

亡佚的作家,也尽可能指出其可知的作品篇名或存世作品篇数。这样,就使得《文苑传》在一定程度上弥补了没有《艺文志》的缺失,而使文学目录学与人物事迹有机互补,有利于更好地认知文学作家及其作品,并进行全面系统的研究。

（本文系由提交厦门大学《“历代文苑传笺证”专题研讨会论文集》论文改写而成）

走向南北文化反思、重构与融合的逻辑起点

——从庾信看由南入北文士的文化幻灭感

梁亡不仅造成门阀士族国破家亡的厄运,也使魏晋南朝以来形成的门阀士族文化价值观念系统趋于坍塌。梁亡前后,以庾信、颜之推等为代表的门阀士族文士被迫由南入北、屈仕北朝,更经历了极其艰难的灵魂炼狱历程。庾信等对文化的幻灭情绪,是充满痛苦体认历史的必然规律、融合南北文化而重构大一统文化价值系统的必然产物,是他们走向文化反思的逻辑起点。

一、早岁文化追求与由梁亡而生发文化幻灭感

庾信的早期生活,是在“自江左以来,年逾二百,文物之盛,独美于兹”①的梁武帝统治时期度过的。梁武帝父子倡导和推动文化事业的发展,也将魏晋南朝门阀士族崇尚门第、重文轻武、重视精神享受与创造而轻忽实际人生的价值观念,推向了极端。梁代这种极端化的文化追求,从本质上说,实际是对由门阀士族神圣论所派生的文化至上论的具体体现:门阀士族的神圣地位与特权来自上天的绝对意志,崇高的文化品位正是象征门阀士族崇高地位与特权的独特标志。正如颜

① [唐]李延寿:《南史》,中华书局1975年版,第226页。

之推《古意》诗所说:“已加明称物,复饰夜光名。”①天生神圣的门阀士族,用“文化”的“夜光”来确证自身高贵的存在价值。在这种门第优越与文化至上的门阀士族价值观念影响下,庾信等进行了真诚的人生追求。《哀江南赋》追忆道:

> 王子滨洛之岁,兰成射策之年。始含香于建礼,仍矫翼于崇贤。游洊雷之讲肆,齿明离之胄筵。既倾蠡而酌海,遂测管而窥天。方塘水白,钓渚池圆。侍戎韬于武帐,听雅曲于文弦。乃解悬而通籍,遂崇文而会武。居笠毂而掌兵,出兰池而典午。论兵于江汉之君,拭玉于西河之主。②

出身高门的优越,早岁成才的荣耀,前程无垠的仕途,奠定和强化了门阀士族阶层的“鲲鹏”“凤凰”“宝器”“美玉”们的群体文化品格:炫学、逞才、肆情、求美,注重精神创造与享受,轻忽实际生活。庾信等混同“立身之道”与“为文之道”,不但使其行事放荡不羁,也以浮夸态度看待自身的文化价值,以至陷入相信文化可以取代事功的魔障。偏执这种门第优越、文化至上甚至万能的价值观念,庾信等对于具有高度文化修养的寒庶之士固然心存鄙弃,对于文化层次较低的少数民族,更遵循汉民族“严夷夏之大防”的传统观念,视其为“异类”而不屑一顾。但是,骤然而至的政治风暴,惊破了梁朝君臣荣华富贵的绮梦,也使庾信等所坚执的门阀士族价值观念遭受沉重打击。

梁亡前后,接连发生三次历史巨变:“侯景之乱”沉重打击了梁朝的统治基础,西魏灭亡了梁朝,出身寒门的陈霸先代梁自立。在历史巨变中,庾信等所看到的是少数民族武力的强悍残暴与不可抗拒、梁朝的不堪一击以及门阀士族救死不暇,“鹿独戎马之间,转死沟壑之

---

① [北齐]颜之推撰,王利器集解:《颜氏家训集解》,中华书局 1993 年版,第 630 页。

② [北周]庾信撰,[清]倪璠注,许逸民校点:《庾子山集注》,中华书局 1980 年版,第 108—109 页。按:庾信所谓“会武”“掌兵”,仍然是其文化品格的体现,而不说明他真正懂得和重视军事。

际"①的惨象,低层次的文化和异族的"鄙贱"实无碍于北朝对梁的武力征服,高贵的门第与高度的文化并无助于门阀士族摆脱覆亡的厄运;至于陈霸先代梁自立的"有妫之后,将育于姜",也是"无赖子弟"②的篡逆行为。历史巨变不仅使门阀士族不再具有至高无上的神圣地位,反而使门阀士族的"鲲鹏""凤凰""宝珠""美玉"们,与凡鸟凡器无异。当庾信等确信无疑的、被视为有价值和值得为之奋斗的一切,都变成了毫无价值和意义可言的东西时,以对文化为主的幻灭情绪应运而生。而屈仕北朝更使庾信陷入了两难的绝望境地:一方面,梁朝既已覆亡,归路也被寒族出身的陈霸先所断绝,重新回到过去已无可能;另一方面,他所屈仕的北朝,是少数民族统治的梁之敌国,这尤其令他别无选择,他必须正视和接受屈仕的客观现实。因此,怎样对待过去与现实,始终是庾信后期焦虑不已的严峻人生课题。由于北朝所看重的正是庾信等所拥有的崇高文化价值,正是这种文化价值使庾信等付出了屈仕失节的昂贵人生代价。亡国之痛与仕敌之耻相交织,就使庾信等倍感以文化为主的早期人生追求不但毫无价值意义可言,更是有害的。对文化的幻灭情绪因此而显得更为复杂、沉痛和持久。

二、亡国之恨与仕敌之耻交织的多重文化幻灭表达

庾信等所坚执的门阀士族价值观念,使他们对梁亡历史巨变以及它带给门阀士族的毁灭性打击,毫无心理准备。他们对"五十年中,江表无事"③的繁盛表象与极端化的文化追求所潜伏的深重衰亡危机视而不见。可是,历史巨变以玉石俱焚的方式,使有价值的与无价值的同遭覆亡厄运,并不以门阀士族的主观意志为转移。历史巨变以巨大的破坏性,使秩序与混乱、安宁与灾祸、兴盛与危亡变得毫无区别。因此,往昔全盛之日帝宫的巍峨、门第的尊贵、文化的矜伐,与毁灭后的

---

① [北齐]颜之推撰,王利器集解:《颜氏家训集解》,中华书局1993年版,第630页。
② [北周]庾信撰,[清]倪璠注,许逸民校点:《庾子山集注》,中华书局1980年版,第165页。
③ [北周]庾信撰,[清]倪璠注,许逸民校点:《庾子山集注》,中华书局1980年版,第111页。

“荆棘参天”、狐兔往来其中其实并无两样①。对此，门阀士族崇高的文化价值并不能挽狂澜于既倒，恰恰相反，梁亡使附丽于群体之中的门阀士族个体生命必然遭受普遍的毁灭性悲剧命运。这种普遍性的悲剧命运完全无视门阀士族门第的高贵与文化价值的崇高，混同个体生命价值的有无与高下，使智愚贵贱同遭劫难：

河倾酸枣，杞梓与樗栎俱流；海浅蓬莱，鱼鳖与蛟龙共尽。焚香复道，讵敛游魂？载酒属车，宁消愁气？芝兰萧艾之秋，形殊而共瘁；羽毛鳞介之怨，声异而俱哀。②

更为严酷的是，历史巨变使崇高的文化价值反而不敌强悍的武力征服，聪明才智之士反而不敌凡愚鄙贱之人。《哀江南赋》指出是“头会箕敛者”“锄耰棘矜者”的“合纵缔交”“因利乘便”，灭亡了以门阀地位和文化价值均高的梁朝；《拟连珠》其二十一更伤感于“盖闻名高八俊，伤于阉竖之党；智周三杰，毙于妇女之计。是以洪泽之蛟，遂挫长饥之虎；平皋之蚁，能摧失水之龙”。因此，美的价值愈高，它所遭受的毁灭就愈为惨重：“建章三月火，黄河万里槎，若非金谷满园树，即是河阳一县花。”③《哀江南赋》以令人窒息的笔调传神刻画了梁亡后被掳入北途中的门阀士族文士们的惨象：

水毒秦泾，山高赵陉。十里五里，长亭短亭，饥随蛰燕，暗逐流萤，秦中水黑，关上泥青。于时瓦解冰泮，风飞电散，浑然千里，淄、渑一乱。雪暗如沙，冰横似岸。逢赴洛之陆机，见离家之王粲。莫不闻陇水而掩泣，向关山而长叹。④

---

① 庾信《拟连珠》其十：“盖闻市朝迁贸，山川悠远。是以狐兔所处，由来建始之宫；荆棘参天，昔日长洲之苑。”［北周］庾信撰，［清］倪璠注，许逸民校点：《庾子山集注》，中华书局1980年版，第599页。

② ［北周］庾信撰，［清］倪璠注，许逸民校点：《庾子山集注》，中华书局1980年版，第686页。

③ ［北周］庾信撰，［清］倪璠注，许逸民校点：《庾子山集注》，中华书局1980年版，第46—53页。

④ ［北周］庾信撰，［清］倪璠注，许逸民校点：《庾子山集注》，中华书局1980年版，第162页。

在被掳入北途中，门阀士族与寒贱阶层“浑然千里，淄渑一乱”，那些被迫去国离家、无限屈辱地流离道路、救死不暇的“陆机”“王粲”们，他们所拥有的崇高文化价值何曾使他们幸免于难？无论思旧怀人、友朋相会、今昔对比、伤枯嗟衰，庾信后期作品都流露出对梁亡前后历史巨变难以理解的困惑。从门阀士族价值观念出发，他感到历史巨变既不可抗拒也难以理喻：它使有价值的与无价值的、高贵的与低贱的、美好的与丑陋的、有德的与无德的，遭受共同的毁灭性悲剧命运；在历史巨变中，美善甚至不敌丑恶，美好的事物价值越高，遭受的毁灭反而更为惨重。由这种困惑不解出发，庾信痛感所谓来自上天的、使门阀士族地位尊贵、文化价值崇高的“必然之理”，其实是虚幻而难以依凭的。倘冥冥之中真有所谓“天道”存在，令人难以理解的梁亡就应是上天的必然意旨。可是，天道公理若在，文明程度极高的梁朝就不会被少数民族以武力征服，具有崇高文化价值的个体生命就不会遭受毁灭性打击。难道上天也会迷醉失误而颠倒了是非善恶美丑的标准？所以，所谓“天道”一定是渺茫而难以依凭的。庾信在《思旧铭》中更激愤地否定了“天道”的存在：“所谓天乎，乃曰苍苍之气；所谓地乎，其实抟抟之土。怨之徒也，何能感焉！”[①]天道公理并不存在，只有生命的悲剧命运才是唯一真实的存在：“生涯实有始，天道终虚橐！”[②]既然门阀士族尊贵的地位与文化价值并非来自上天意志，那么，在此基础上所形成的门阀士族价值系统岂不失去了必然依据？在这种价值观念指导下进行的一切追求还有什么价值意义可言？

庾信等由南入北文士更为深刻的痛苦还在于：屈仕北朝使他们虽保全了生命的躯体不至于毁灭，但他们所遭受的精神打击甚至较毁灭更为严重。从门阀士族和大汉民族的价值观念出发，庾信等以否定性的自责自贬来认知后期生命的存在价值。屈仕失节使他们有如“苦李无人摘，秋瓜不直钱”[③]；有如“肮脏之马，无复千金之价”[④]。在庾信等

① [北周]庾信撰，[清]倪璠注，许逸民校点：《庾子山集注》，中华书局1980年版，第686页。
② [北周]庾信撰，[清]倪璠注，许逸民校点：《庾子山集注》，中华书局1980年版，第253页。
③ [北周]庾信撰，[清]倪璠注，许逸民校点：《庾子山集注》，中华书局1980年版，第280页。
④ [北周]庾信撰，[清]倪璠注，许逸民校点：《庾子山集注》，中华书局1980年版，第608页。

看来,梁亡历史巨变中美善不敌丑恶,“鲲鹏”“凤凰”“宝器”“美玉”与凡鸟凡器同归毁灭,无疑是美的价值的惨重毁灭;而自身从自视甚高的“鲲鹏”“凤凰”“宝器”“美玉”到自我贬斥的“苦李”“秋瓜”“肮脏之马”的沦落畸变,就不仅是美的贬值,更是由真善美向假恶丑的变质。所以,这种对后期生命价值存在的否定性的自我贬斥,实质上是对自身崇高文化价值不仅贬值而且变质的心理认知。

庾信等认为,这种触目惊心的崇高文化价值的贬值蜕变,是由主、客观两方面的因素所造成的。客观方面,是北朝的强力意志。《枯树赋》借“群树”之“枯”,历述了被迫由南入北的门阀士族“文化群树”“枯”“衰”的全过程。赋以殷仲文叹息开端,以桓温叹息结束:“此树婆娑,生意尽矣”,“树犹如此,人何以堪!”①为什么充满生机的“群树”会“枯”且“衰”?“桂何事而销亡,桐何为而半死?”②赋中认为,正是外在的政治风云,“昔之三河徙移,九畹移根”“拔本垂泪,伤根沥血”“火入空心,膏流断节”,③使只能在南方生长的“橘”移易北方变质为“枳”而无复生意,毫无用处。主观方面,则是自身对文化价值的追求。因为北朝以强力意志使门阀士族“文化群树”贬值变质的根本原因是他们要借材南国,借重“江汉英灵,衡荆杞梓”④这些“文化群树”的崇高文化价值。国破家亡之后,“乃有拳曲拥肿,盘坳反复,熊彪顾盼,鱼龙起伏,节竖山连,文横水蹙”⑤的门阀士族“文化群树”,却使北朝的“匠石惊视”“公输眩目”。他们对“文化群树”的“雕镌始就,剞劂仍加”,出之以“平鳞铲甲,落角摧牙”,结果使“文化群树”“重重碎锦,片片真花,纷披草树,散乱烟霞”⑥。如果没有早期的文化追求,庾信等也就不会招致北朝“匠石”“公输”的“惊视”“眩目”,那么,被迫屈仕后全无生意的悲剧也就不会出现。因此,庾信等无比追悔早期的文化追

---

① [北周]庾信撰,[清]倪璠注,许逸民校点:《庾子山集注》,中华书局1980年版,第53页。

② [北周]庾信撰,[清]倪璠注,许逸民校点:《庾子山集注》,中华书局1980年版,第47页。

③ [北周]庾信撰,[清]倪璠注,许逸民校点:《庾子山集注》,中华书局1980年版,第47—51页。

④ [北周]庾信撰,[清]倪璠注,许逸民校点:《庾子山集注》,中华书局1980年版,第35页。

⑤ [北周]庾信撰,[清]倪璠注,许逸民校点:《庾子山集注》,中华书局1980年版,第47页。

⑥ [北周]庾信撰,[清]倪璠注,许逸民校点:《庾子山集注》,中华书局1980年版,第47页。

求。颜之推《观我生赋》剀切概述了由南入北文士追悔莫及的心态：

向使潜处草茅之下，甘为畎田之人，无读书而学剑，莫抵掌以膏身，委明珠而乐贱，辞白璧以安贫，尧、舜不能荣其素朴，桀、纣无以汙其清尘，此穷何由而至，兹辱安所自臻。从今而后，不敢怨天而泣麟也。①

生命价值自我实现的挫折，通常来自主体素质不佳、努力不够或机遇难得等多种主客观因素。所以圣贤才有生不逢时的“怨天”“泣麟”之恨，这是追求而不得的生命悲剧；庾信等则以非同凡品的禀赋，借助门阀士族的便利条件，通过“读书”“学剑”“抵掌”“膏身”的文化追求，实现了文化名人的理想。可是这种追求的结局却是悲剧性的累身受辱，反而不及无智无识安贫乐贱，虽不至有早期的荣耀加身，又怎会有清白见污的“今为人所怜”？比之颜之推等，庾信对这种追悔情绪的表达更为具体丰富。他在《拟连珠》其三十中指出，以才学为主的人生追求是背时而徒劳的，并且这种对才学的追求本身往往就是招致祸害的根源：“盖闻水之激也，实浊其源；木之蠹也，将拔其根。是以延年之家，预论扫墓；羊舌之族，先知灭门。”②正因为这样，庾信无比追悔早期生活与文化追求：

昔草滥于吹嘘，藉《文言》之庆余。门有通德，家承赐书。或陪玄武之观，时参凤凰之虚。观受釐于宣室，赋长杨于直庐。……非淮海兮可变，非金丹兮能转。不暴骨于龙门，终低头于马坂。谅天造兮昧昧，嗟生民兮浑浑。③

由跃过龙门的早期荣耀到马坂低头的后期屈辱，崇高文化价值质

① ［唐］李百药：《北齐书》，中华书局 1972 年版，第 625—626 页。
② ［北周］庾信撰，［清］倪璠注，许逸民校点：《庾子山集注》，中华书局 1980 年版，第 620 页。
③ ［北周］庾信撰，［清］倪璠注，许逸民校点：《庾子山集注》，中华书局 1980 年版，第 29—30 页。

变为负面价值的人生历程清晰可见。这里,并不存在来自上天的客观价值标准,只有难以把握的人生迷误;不再有重申壮图的志趣,只有幻灭后无尽的乡关思恋。追求反为追求所误,那么生命个体致力于实现生命价值又有什么真正意义呢?庾信对通过才学追求实现“万户侯”的功业无比困惑:

寻思万户侯,中夜忽然愁。琴声遍屋里,书卷满床头。虽言梦蝴蝶,定自非庄周。……乐天乃知命,何时能不忧?①

究竟是“我”为“万户侯”所误,还是“万户侯”竟误“我”?早期致力于“万户侯”的追求不过是徒劳无益的人生迷误,它只带给创作主体以永无尽时的忧生之嗟。所以,早期所有的千种意态纯属虚幻:

怀抱独昏昏,平生何所论。由来千种意,并是桃花源。榖皮两书帙,壶卢一酒樽。自知费天下,也复何足言。②

早期追求的结果只是由浪费自身生命到成为“天下”的赘疣,过去的一切话头再也无从提起。对于庾信来说,早期的真诚追求却得到虚假,因被迫屈仕、人格分裂而变得虚假的后半生生命本身却成了最真实的存在。那么,究竟何者为真,何者为假?又该如何对待生命存在的“真”与“假”?《拟咏怀》其一借嵇康、阮籍咏怀。可是嵇、阮式的借酒浇愁、借琴遣怀并不能解决“风云能变色,松竹且悲吟”这种真变为假、假反为真的人生变异矛盾,反而加深了创作主体的“索索无真气”而“昏昏有俗心”。既然屈仕失节所造成的虚假生命存在这种真实已难逆改,早期“求真”也已幻灭,后期理应不求其“真”还当自埋其“真”:“盖闻豫章七年,弊于丰草;芳兰九畹,沦于幽谷。是以欲求其

① [北周]庾信撰,[清]倪璠注,许逸民校点:《庾子山集注》,中华书局1980年版,第242页。
② [北周]庾信撰,[清]倪璠注,许逸民校点:《庾子山集注》,中华书局1980年版,第247页。

真，晋阳有自埋之蒿；若赏其声，吴亭有已枯之竹。”[①]同样，美丑善恶标准也在异化环境里被颠倒。庾信原以为与世无争、清虚自守，“名高六国共，价重十城连”的王褒当获善报：“谓言君积善，还得嗣前贤。”可是王褒终落得“昔为人所羡，今为人所怜”，“定名于此定，全德以斯全”，“柏谷移松树，阳陵买墓田”的悲惨结局[②]。《奉和永丰殿下言志》其一思考“立德”“资仁”问题，其二则认定“茫茫实宇宙，与善定冯虚”[③]。面对自己，《拟咏怀》其二十四认为，倘无大道忽乖、生民事蹇，“吉士”“善人”式的自我道德完善庶几可行；一旦“美”“善”被政治“冲风”席卷，面对失节变质后污秽的自我形象，平生追求“美”“善”之意又从何说起？

既然美善不敌丑恶，求“真”而终得“假”，“美善”会质变为污秽，才学不如愚痴，追求不如不追求，庾信转而期望自埋其“真”，自藏其才，羡慕和追求过一种平凡安宁的低层次生活。他多处表现了对贫贱富贵的思考。如《拟连珠》其四十认为安贫乐道的“瓢饮”“银佩”之简陋生活远胜过“玉杯”“垂棘”这种随时可能得祸的豪侈生活。也只有安贫乐道，才能有孔子“素王”之业与伯夷、叔齐的孤竹令誉：“盖闻悬鹑百结，知命不忧；十日一炊，无时何耻。是以素王之业，乃东门之贫民；孤竹之君，实西山之饿士。”[④]生命价值的意义当从安贫乐贱的生活中去寻找。所以，《小园赋》集中表现追求一种“愚”“枯”生活的愿望。创作主体精心设计的“小园”实为“愚人之谷”：“名为野人之家，是谓愚公之谷，试偃息于茂林，乃久羡于抽簪，虽有门而长闭，实无水而恒沉。”[⑤]与《拟咏怀》其十六正可对读的这种“愚人谷”，封闭自我、藏真埋才。它不必是“南阳樊重”“西汉王根”的豪奢府第，只是“聊以拟伏腊，聊以避风霜”的简陋生存环境；这里不必有达官显贵的往来，只是“兄弟同居，舅甥不别”，在亲情友爱中“辽饥”“栖迟”的精神憩

---

① [北周]庾信撰，[清]倪璠注，许逸民校点：《庾子山集注》，中华书局1980年版，第615页。
② [北周]庾信撰，[清]倪璠注，许逸民校点：《庾子山集注》，中华书局1980年版，第308页。
③ [北周]庾信撰，[清]倪璠注，许逸民校点：《庾子山集注》，中华书局1980年版，第332页。
④ [北周]庾信撰，[清]倪璠注，许逸民校点：《庾子山集注》，中华书局1980年版，第612页。
⑤ [北周]庾信撰，[清]倪璠注，许逸民校点：《庾子山集注》，中华书局1980年版，第25页。

园;只有这样的生活才不会为文化价值所累,“尧舜不能荣其素朴,桀纣无以纡其清尘”①,因此可以“愚”“枯”终身。这种思想,使人想起陶渊明的《桃花源记》和《归去来兮辞》。但陶渊明描述的是保持自然人性的美好乐地,而庾信的“小园”却是在亡国之痛与仕敌之耻交织的幻灭情绪支配下,表达情愿屏弃一切功名利禄而求得内心宁静的愿望。

但是,北朝的强迫却使庾信等愿为隐居而不得。因此,这种国亡无用感与失节自贬意识,也往往成为庾信对北朝礼遇隆重而暗示不愿合作的消极态度和维护自身人格尊严的一种手段。《竹杖赋》淋漓尽致地表达了这种心态。全篇设客、主问答之辞,委婉表白自己与北朝的关系。客方,北朝统治者对获得他喜出望外:“乃是江、汉英灵,衡荆杞梓,虽有闻于十室,幸无求于千里。”②主方,创作主体对于北朝的崇高礼遇并不感激,“虽复疏条劲柘,促节贞筠,杖端刻鸟,角首图麟,岂能相矛此疾,将与此身”③。因此,他郑重表明北朝对自己的礼遇,实为“暗于知人”;反复强调“心忧致老”,意在申明与北朝合作“未见从心”。以“一传大夏,空成邓林”作结的深沉幻灭感慨,与《邛竹杖赋》“夫寄根江南,淼淼幽潭;传节大夏,幽幽广野”④正为同调。《拟连珠》其三十五、三十八也表现了相类的情绪:不得其所,不为同道,自难为之陈力。在失节屈仕的庾信等看来,北朝给予他们的位望虽高,恩礼虽厚,其何异用明镜以蒸食,取干将而补履?在国亡无用与失节自贬意识支配下,庾信等在情感上的选择往往是与北朝保持距离,宁愿更多地倾向过去,向“旧”表示忠诚,以期用赎罪的方式来求得“旧”的宽恕和减轻屈仕所带来的深重负罪感。《枯树赋》告诫北朝统治者对自己的礼遇是无用的,“枯树”只忠诚于“旧”,“声含嶰谷”而“曲抱《云门》”。《哀江南赋》则有感于“幕府大将军之爱客,宰相平津侯之待士,见钟鼎于金、张,闻弦歌于许、史”⑤,申明自己的立场:“岂知灞陵

① [唐]李百药:《北齐书》,中华书局1972年版,第625—626页。
② [北周]庾信撰,[清]倪璠注,许逸民校点:《庾子山集注》,中华书局1980年版,第35页。
③ [北周]庾信撰,[清]倪璠注,许逸民校点:《庾子山集注》,中华书局1980年版,第37页。
④ [北周]庾信撰,[清]倪璠注,许逸民校点:《庾子山集注》,中华书局1980年版,第44页。
⑤ [北周]庾信撰,[清]倪璠注,许逸民校点:《庾子山集注》,中华书局1980年版,第169页。

夜猎,犹是故时将军;咸阳布衣,非独思归王子。”①《拟连珠》其三十一说:“盖闻十室之邑,忠信在焉;五步之内,芬芳可录。是以日南枯蚌,犹含明月之珠;龙门死树,尚抱《咸池》之曲。”②这种对“旧”的忠诚,使庾信等对“胡尘几日应尽,汉月何时更圆”时刻萦系在心,对梁朝的灭亡无比悲痛,如《拟咏怀》其十一、《和张侍中述怀》。他沉痛哀悼君王的逝去,如《拟咏怀》其二十三、二十七。特别对不能有益于国表达了痛惜、悔恨、耻辱的多种复杂感情,如《和张侍中述怀》、《拟咏怀》之六、七、十三等作品。这些都表现出一种虔诚的忏悔和原罪意识。但问题仍然存在:既已清白见污,这种忠诚又能减少几多罪责?

同样,面对在北朝难以接受的一切,创作主体往往情不自禁地沉入对往昔美好生活的回忆之中,以昨日种种之美,见今日种种之恶。如《哀江南赋》中历叙梁朝全盛之日及处身其中的欢娱。《思旧铭》提及“昔尝欢宴,风月流连,追忆平生,宛然在目”③。其他怀旧、思故、朋友唱和之作,都时时流露出这种心理潜流。然而,往昔美好的时光不再重来,庾信也无法回到过去,触目现实,就只能与王褒一样,“心悲异方乐,肠断陇头歌”④,“空悦浮云赋,非复采莲讴”⑤。美好的过去只会带来更深的痛苦,屈仕失节的既成事实无可更改,对过去的追思纯属无用。实际上,庾信等仍然不得不继续为北朝服务,北朝统治者充分利用了他们的文化和政治价值。而参加北朝的政治、文化活动,使庾信等倍感“从官非官,归田不田”⑥,更增加了负罪之感,也坚定了对“旧”的忠诚和思恋:“宝鸡虽有祀,何时能更鸣”⑦,“连云虽有阁,终欲想江湖”⑧,“美酒酌焉,犹思建业之水;鸣琴在操,终思华亭之鹤。”⑨……从

---

① [北周]庾信撰,[清]倪璠注,许逸民校点:《庾子山集注》,中华书局1980年版,第169页。

② [北周]庾信撰,[清]倪璠注,许逸民校点:《庾子山集注》,中华书局1980年版,第613页。

③ [北周]庾信撰,[清]倪璠注,许逸民校点:《庾子山集注》,中华书局1980年版,第689页。

④ [明]张溥辑:《汉魏六朝百三家集》卷112,王褒《王司空集》,第87—88页。

⑤ [北周]庾信撰,[清]倪璠注,许逸民校点:《庾子山集注》卷112,王褒《王司空集》,第82—83页。

⑥ [北周]庾信撰,[清]倪璠注,许逸民校点:《庾子山集注》,中华书局1980年版,第63页。

⑦ [北周]庾信撰,[清]倪璠注,许逸民校点:《庾子山集注》,中华书局1980年版,第340页。

⑧ [北周]庾信撰,[清]倪璠注,许逸民校点:《庾子山集注》,中华书局1980年版,第266页。

⑨ [北周]庾信撰,[清]倪璠注,许逸民校点:《庾子山集注》,中华书局1980年版,第689页。

前面的论述可见,庾信这种以文化为主的幻灭情绪具有十分丰富、复杂的内涵。作为庾信后期生活的“黑色幽灵”,它从多方面不断侵蚀着作家,使庾信在“摇落变衰”“心忧致老”中度过了极其痛苦的后半生。

三、南北文化反思、重构与融合的价值

从心理学的角度来看,庾信等中年遭受国破家亡、被迫由南入北,屈仕北朝的人生巨变,由此而引发了中年人生危机,从而深远地影响了他们后半生的生命历程。而对文化的幻灭情绪,就是这种严重的中年人生认同危机的直接产物。这种对文化的幻灭情绪其表现特征是:由于早期确立的以文化价值为内核的门阀士族价值观念系统遭受破坏,使他们的精神世界失去支柱,因而在强烈的情感态度支配下,以极端化的全面否定来认知早期追求以及所取得的成就。又由于找不到可予替代的新的价值系统,因而在心理防卫机制的作用下,他们漠视和拒绝接受北朝的价值观念系统,而沉入到个体无意识领域和心理深层的价值模式中,在旧有价值体系中寻找支持来维护自我。从庾信等面对从新与弃旧、屈辱与尊严时所表现的有用与无用、才与不才、富贵与贫贱、仕与隐、真与假、美善与丑恶等多方面的复杂幻灭情绪来看,这种受极端化情感倾向支配的绝对否定与肯定,实际上也是南、北两种不同层次、异质文化融合过程中,门阀士族文化价值系统与北朝文化价值系统冲突、碰撞的产物。它表现的是门阀士族面对外来事变与人生异变时的情感价值取向以及文化心理特征。它从极端化的情感倾向出发否定、肯定门阀士族文化价值系统,同时也就是以扭曲的心理认同北朝文化价值系统。这种文化幻灭情绪的价值意义在于:南北朝后期文化融合的历史规律必然要求南、北两大文化系统各取所长,各弃所短,在彼此融合的更高层次上复归于大一统文化价值系统。对此,庾信等并不曾有自觉的认识。但作为这一时期文化融合的杰出代表人物,庾信等从早期自我肯定的极端到后期自我否定的极端,无疑是他们由门阀士族文化名人向大一统文化代表人物进行“角色”转换的逻辑起点;从极端化情绪出发,否定、肯定门阀士族文化价值系统,

以扭曲的心理认知北朝文化价值系统，无疑是他们以客观的认知态度认知门阀士族与北朝文化价值系统的逻辑起点，从而也是重构大一统文化价值系统的逻辑起点。而批判早期极端注重自我、极度追求个体生命的精神自由意志、轻视个体与群体的关系、轻视实际生活这种门阀士族价值观念，关注个体生命与群体生命的有机联系，强调个体生命价值融入群体生命价值之中的重要意义；从以文化价值极高的门阀士族不敌北朝少数民族武力征服的客观事实出发，重新思考以尚武精神为主的北朝文化价值系统与乏“力”重“采”的门阀士族文化价值系统，正是庾信等文化反思的核心内容。因此，我们说，对文化的幻灭情绪是走向文化反思的逻辑起点。从此出发而进行的全面的文化反思，就为大一统文化价值系统的重构奠定了基础。也就必然促进两大文化系统的融合，从而以扬弃的方式形成“力”“采”并重、个体与群体相融的大一统文化格局。最后，还应指出，庾信等这种受激情支配的幻灭情绪与受理智支配的反思意向，并不是判然分明的，而是交融一体、相反相成的。情感与理智的矛盾、冲突，不仅有助于提高文化反思的品位与加强文化反思的深度，也从而提高了文化选择与文化融合的质量。

[本文原载《西北师大学报(社会科学版)》1994 年第 1 期]

第四编
文学方法论与文学"范式"研究

内证、外证研究与"文选学"发展方向
——《文选集注》成书众说平议①

《文选集注》残卷残篇的陆续被发现及影印,是《文选》研究的幸事。这些残卷残篇所参据之底本系唐人抄本,从理论上讲更接近于《文选》白文及注释原貌;尤其《钞》(《文选钞》)、《音决》(《文选音决》)及陆善经注,国内无传,为研究《文选》提供了丰富的新材料。因此,其所具有的文献校勘价值和版本价值不可估量,不仅是研究唐代"文选学"和《文选》注释学的重要文本,也为研究《文选》白文及《文选》注由写抄本时代演进到刻本时代,提供了最为直接、丰富的第一手材料。其对进一步夯实"文选学"研究的根基,开拓新的研究视野与领域的意义,无论怎样评价都不过分。

① 本文乃作者所主持古抄本《文选集注》研究系列之一,曾发表有《〈唐钞文选集注〉陆机诗注的价值》一文。近年来著者所指导1名博士生及5位硕士生毕业论文的选题都与《文选集注》有关。目前业已完成的硕士论文有刘莉莉《唐钞〈文选集注〉与元嘉诗歌》、刘纪华《〈文选集注〉陆善经注研究》,赵培波的硕士论文《古钞本〈文选集注〉残存太康诗文研究》、訾丹洁的硕士论文《古钞〈文选集注〉建安诗残卷研究》、魏晓帅的硕士论文《古钞〈文选集注〉残存永明诗文研究》、王翠红的博士论文《古钞〈文选集注〉研究》等。本篇张典友、魏晓帅、刘锋诸君亦有贡献。

但殊为遗憾的是,由于《文选集注》残卷无书首、书尾序、跋部分,致使关于此书的编者、成书年代、编辑体例、编撰目的、各家注本来源、《钞》及《音决》作者姓名等问题,迄今均悬而未决;也使学界对日藏《文选集注》究竟是从我国传入的原本,抑或是日本学者据中土传入之《文选》诸本而汇编、誊录之本,众说纷纭。田潜、罗振玉、邱棨鐊、周勋初、傅刚等以字形、避讳诸方面为依据,提出或补充论证《文选集注》为唐人编写说,使此说在海内外产生了很大影响,为多数学者所认同。范志新、常思春等以对"唐人编写说"的几项质疑,认同"日人编写说";日本九州大学的陈翀立足日本史籍等新材料,进一步补充了"日人编写说"。王立群亦认为《文选集注》出自日本平安时代,而所依据的底本乃是唐抄本①。日本学者斯波六郎、森野繁夫等则注重从《文选集注》文本本身出发,探讨与成书密切相关的问题。尽管因直接证据阙失,间接的考证资料有限,目前尚难以得出较为一致的结论,但这些探讨无疑有助于成书问题的研究更趋深化。故本文拟就《文选集注》的成书,平议学界现今已提出之诸家众说及其观点,并主要通过对《文选集注》的编辑体例、书迹特征等分析以及与诸宋明刻本文本进行比勘、研究,将内证与外证相结合,对相关说解做相应的补充和佐证,以期能给学界提供一点参考。

一、《文选集注》成书之众说

《文选集注》最早著录于日本《赐芦书院储藏志》卷八"《文选集注》残本三卷"条目,此目名下注曰"金泽文库卷子旧抄本"。赐芦书院是赐芦文库的一个藏书室,属于江户时代地方官时任大阪奉行的新见正路(1791—1848 年)。他为《赐芦书院储藏志》写的序作于天保九年(1838 年)。而金泽文库是由镰仓时代武将北条实时(1224—1276 年)于其生命的最后两年里,在金泽称名寺中创办的,用以收储日汉文

① 王立群:《〈文选集注〉研究——以李善注为中心的一个考察》,《汉语言文学研究》2011 年第 3 期。

献;1333 年京都朝廷讨灭北条氏后,金泽文库藏书散佚。可见金泽文库是《文选集注》目前见诸史籍记载最早的收藏之所,而后归于赐芦书院收藏。

《赐芦书院储藏志》卷八"《文选集注》残本三卷"一条,对卷数及版本尺寸、字体等说明颇详,云:"卷子旧抄本,现存卷第五十六、卷第百十五、卷第百十六三卷。高九寸六分,以薄墨划界。内框长七寸二分,框外上下均一寸二分,行界宽一寸。(卷五十六)每行十字,注双行十三字。卷百十五,行十三字,注双行十五字、十六字不一。卷百十六,行十一字,注双行十四字。三卷皆异。均用黄纸,如古写经卷。其纸质精坚,字画古体,墨色如漆。……三卷虽均未记书写年月,然以纸质、字体考之,当为 500 年前之古抄也。"①新见正路推测《文选集注》为 500 年前抄本,从 1838 年即其作序之时上推,500 年前即为 1338 年,相当于我国的元代末年。用黄檗纸书写,或是写经卷纸,淡墨界栏,字画古意甚浓,可见用纸讲究,书写格调颇高;"纸质精坚,墨色如漆"等语正说明《文选集注》虽系零本,但是纸本保存的还是很好。

对《文选集注》记载甚详的另一史籍是涩江全善、森立之《经籍访古志》,该书于日本孝明天皇安政三年(1856 年)刊行。卷六"总集类"著录有赐芦文库藏的旧抄卷子本《文选集注》零本三卷,并转引小岛学古云:"此书曾藏金泽称名寺,往岁狩谷卿云、清川吉人一阅归来,为余屡称其可贵,而近岁已归于赐芦之堂,故得纵览。"②镰仓幕府于日本弘元三年(1333 年)崩溃,北条氏势力亦消退,金泽文库遂移交称名寺的住持管理。小岛学古之言不仅佐证了新见正路的记载,也为赐芦书院收藏《文选集注》的时间提供了下限。狩谷望之(1775—1835 年),字卿云,号棭斋,是江户时代后期的考证学者,即我们今天说的书志学者和文献学者。狩谷卿云于天保六年去世,由此可推知《文选集注》在此之前就已经归藏于赐芦之堂。

---

① 《赐芦书院储藏志》卷八,东京大学藏本;参见周勋初辑:《唐钞文选集注汇存·附录》第 3 册,上海古籍出版社 2011 年版,第 893 页。

② [日]涩江全善、森立之《经籍访古志》卷六,载贾贵荣辑:《日本藏汉籍善本书志书目集成》第 1 册,北京图书馆出版社 2003 年版,第 317 页。

据清光绪十一年刻本《〈经籍访古志〉附言》所记，是书发端于狩谷望之在日，又得小岛宝素（学古）嗣子小岛抱冲“以其所得庭闻相考核”，又有伊泽盘安“以所闻其先人兰轩先生相商榷”，又据森立之1885年所作之跋文，言其30年前与涩江全善、海保元备、伊泽通道、堀川舟庵等每月一二次会于多纪元坚之别庄，诸子环坐，批阅古本为之论定会。《经籍访古志》即是由会上的见闻录编辑而成，实为德川幕府末年日本研究汉籍目录版本学者们知识的集大成。此书的编纂成书，诸人有明确的分工，堀川舟庵负责誊清校对的责任；海保元备润色文字；多纪茝庭督励完成，并为书命名。所以，《经籍访古志》中对《文选集注》的相关记载未必就是涩江全善或森立之写的。对于此书中所提小岛学古的言论，傅刚认为是小岛学古相告涩江全善、森立之，[①]实或非然，亦有可能是小岛抱冲“以其所得庭闻相考核”而体现在《经籍访古志》之中。

《经籍访古志》记载：“笔迹沉着，墨光如漆，纸带黄色，质极坚厚。披览之际，古香袭人，实系七百许年旧抄。”[②]其与《赐芦书院储藏志》都赞叹《文选集注》纸墨之优质，但在《文选集注》成书年代问题上持见不同。保守推算，自刊行《经籍访古志》之安政三年（1856年），上溯七百年许，相当于我国南宋高宗绍兴年间。但二书一致认为是古抄或旧抄，即《文选集注》乃日本古人所抄写。一则是因为这在日本读者理解中是不言自明的，二是如果“旧抄”是指外国人——中国人，《经籍访古志》也就不必紧接着推测《文选集注》的作者是本国人了。新美宽《新获文选集注断简》认为：“就今存大半残卷观之，殆属平安时期末期之书体，无疑也。”[③]陈翀则进一步认为《文选集注》残本，除卷八、卷九为平安中晚期转抄本之外，其余的均是镰仓幕府时期的转抄本。平安时代中晚期大致相当于我国五代到南宋中期的这一历史时期。

---

① 傅刚：《〈文选集注〉的发现、流传与整理》，《文学遗产》2011年第5期。

② 《经籍访古志》卷六，载贾贵荣辑：《日本藏汉籍善本书志书目集成》第1册，北京图书馆出版社2003年版，第315页。

③ ［日］新美宽：《新获〈文选集注〉断简》，载东方文化学院京都研究所编：《东方学报》第8册，1937年，第307—313页。

但是,我国近代学者在认识抄写者的国别问题上与以上观点迥异。《文选集注》残卷在日本发现后,田潜督学日本时曾购得数卷,今北京图书馆藏《文选集注》第七十三卷残片附有田潜的跋文“日本金泽文库所藏唐写《文选》,彼中定为国宝……”云云,此处田潜认为《文选集注》当为唐写。光绪、宣统之际,董康使日访求,直接鉴定为:“《文选集注》者,吾国五代时写本。”①日人闻之甚惊,将之列为国宝。宣统初罗振玉在赴日期间,寻访古籍,得《文选集注》原本两卷,珍如璆璧。又托友人于金泽文库摹写了十五卷,去其摹本中与海盐张氏所得二卷原本重复的一卷,共得十六卷,题为《唐写文选集注残本》,辑入《嘉草轩丛书》,于1918年印行。其序称“其写自海东,抑出唐人手,不能知也”,但其刊行时将之径题为《唐写文选集注残本》,又据东洋文库藏《文选集注》第六十八卷罗振玉所作的跋语“日本金泽文库藏唐写《文选集注》残,唐人所著传入彼土者”,此跋所作时间为1909年,在其影印《唐写文选集注残本》之前,由此可知罗振玉还是倾向于认定其为唐人抄本的。曾任民国国务总理的汪大燮于1918年初秋赋闲,曾在《文选集注》卷七十三跋曰:“此卷虽系断简,而笔意颇近钟太傅,洵为初唐人手笔,良可宝也。”今且不论汪氏所说“初唐人手笔”是否准确,但凭其擅长楷书和行书,又曾任留日学生监督和清廷驻日本公使,对日本文化和书道自然熟悉,若真为日人抄本,汪大燮当不会有此言论。

另外需要指出的是:日本学者岛田翰在其《古文旧书考》一书中,亦认为《文选集注》应为我国古人所编并传入彼国的。语见其《古文旧书考》卷一《旧抄本考·小引》:“又有若《左氏集解》、《群书治要》及《集注文选》者,皆是当日使臣所赍而来,装成卷子,体样古朴。”②此处岛田翰所言之《集注文选》就是今天我们所见之《文选集注》,并非是五臣注《文选》。在其书卷第二《宋椠本考·六臣注文选六十卷》一节

---

① 董康:《书舶庸谭》卷八下民国二十四年(1935年)五月十三日日记,台湾广文书局1981年再版。《书目丛编》影印民国十九年大东书局印本。又,此许文字亦见于《董康东游日记》,河北教育出版社2000年版,第334页。

② [日]岛田翰:《古文旧书考》,载贾贵荣辑:《日本藏汉籍善本书志书目集成》第3册,北京图书馆出版社2003年版,第38页。

中，岛田氏这样说："《文选》注本之出于隋唐人者有数家，而其存于今日者，三书而止。有李善注、有六臣注；六臣注又分为二，有就善本加五臣注者，有原五臣本埘善注者；其余一书则陆善经、郭林宗、公孙罗诸人注本，但存之于旧抄卷子本《集注文选》中。"[①]这里面说得很清楚，我们今天所能见到的陆善经和公孙罗的旧注只存于《文选集注》中，所以岛田翰书中所提之《集注文选》应为《文选集注》无疑。

又据董康《书舶庸谭》卷八下民国二十四年（1935 年）五月十三日记载："《文选集注》者，吾国五代时写本……余于光、宣之际，偕岛田前往物色之，得卅二卷。"董康这里所说之岛田不知何许人，但周勋初先生在其《〈文选集注〉上的印章考》一文中，据《文选集注》第百十三卷上面盖有一方"岛田翰读书记"的印章判断，此岛田就是"颇负盛名的版本目录学家岛田翰"[②]，周先生之说可谓得论。岛田既与董康同往，董康判断《文选集注》为"吾国五代时写本"，若岛田翰的判断与董康有较大出入，董康不会不在其书中稍作交代，今查书中无特别交代，那么想来岛田和董康的看法是一致的，至少是相近的，上引《古文旧书考》一书中相关文字即证明了这一点。

然而据日本九州大学的陈翀博士在南京第九届文选学国际研讨会上见告，通过对《经籍访古志》初稿本、三稿本及此后之定本光绪十一年清刻本比照，陈博士推测该书中所记之《文选集注》一条当是出自岛田翰之代笔，据此得出岛田翰当初也认定《集注文选》是出自平安大学寮博士之手，只是此后，岛田翰为了将这些卷轴卖到中国去，这才欺骗罗振玉、田潜等人称此为唐抄本。陈博士此说不知何据。今查光绪十一年清刻本后所附日人源尚真的后记有"安政二年仲冬净写此书第三稿时书"的字样[③]，安政二年为公元 1855 年，而据知岛田翰生于公元

① ［日］岛田翰：《古文旧书考》卷二，载贾贵荣辑：《日本藏汉籍善本书志书目集成》第 3 册，北京图书馆出版社 2003 年版，第 378 页。

② 周勋初《〈文选集注〉上的印章考》，载《周勋初文集》第七卷，江苏古籍出版社 2000 年版，第 182 页。

③ 《经籍访古志》，清光绪十一年刻本（1885 年）。

1879年,1915年于横滨家中自杀[①]。因此在《经籍访古志》第三稿的1855年之时,岛田氏尚未出生,又何来代笔之说呢?即便是之后的清光绪十一年(1885年)刻本,彼时岛田氏年仅六岁,又如何代笔呢?综合上述文献,我们还是应该相信岛田翰自己在《古文旧书考》一书中的说法,即认为《文选集注》乃日人"赍来"之说。岛田翰乃日本著名版本目录学家,但是对于他的看法,以往学界言之甚少,本文旨在平议众说,因此特不吝笔墨详加介绍。

以上介绍的是中日学界关于《文选集注》抄写者国别异同的看法。不难看出,由于缺少两国相关的直观书籍材料,双方学者都只能通过综合比较推断,以探求事实真相。在对待编者国别和年代的问题上,也多有分歧。事实上,这个分歧和至今没有很好地解决抄写者国别的问题密切相关。在持中国古人编写之说的学者中,大致有唐、五代、南宋之异;在持日本古人编纂并抄写之说的学者中,大致有日本平安时代中期[②]、晚期[③]或镰仓时代[④]抄写等多种说法。

据《经籍访古志》记载:"《集注》不知出于何人,或疑皇国纪传儒流所编著者欤?"[⑤]明指不知编者是谁,而疑其为日本儒流所编,说明作者仅是以颇为迟疑的推测方式,提出了一种可能性。此一推断虽成为后来一些学者参研的主要依据,但其是否真正有说服力,还值得予以认真思考。

相较而言,斯波六郎对此问题的态度就非常谨慎。其云:"(《文选集注》)我国残存诸卷,亦未题撰者氏名。故其为何人所撰,尚且未明。或谓系我国王朝时人所编,予尝未得其确证。然卷第三十九(当为'九十三')刘伯伦《酒德颂》'无思无虑,其乐陶陶'之下,编者案语曰'自此一句已下,至感情,言词鄙缓,皆衍字也,非刘公所为,皆当除

① 钱婉约:《岛田翰生平学术述论》,《中国文化研究》,2009年第3期。

② 日本九州大学的陈翀认为《文选集注》乃日本平安中期大江匡衡所编纂,说详见下。

③ [日]新美宽:《新获〈文选集注〉断简》一文。

④ [日]涩江全善、森立之:《经籍访古志》。

⑤ 《经籍访古志》卷六,载贾贵荣辑:《日本藏汉籍善本书志书目集成》第1册,北京图书馆出版社,第422页。

之,宜从陶陶即次俯观',王朝时人敢如此删修否,甚可怀疑。"[①]通过对《文选集注》编者案语纂例的仔细分析,可知此条案语当是删减李善底本正文之确证[②]。斯波氏基于此条案语,对"日人编写说"提出质疑,认为王朝时人应该不敢如此删改。他通过仔细比勘研究,将其限定为来自中国的唐末传本,认为后来的诸宋明李善注刻本尽由此本辑出。此观点亦成为广岛大学"文选学"的重要基础理论。森野繁夫对斯波六郎的论说做了进一步的补证,其《关于〈文选〉李善注——集注本李善注和刊本李善注的关系》一文,细致比勘了集注本中的李善注和诸刊本中的李善注,并参照集注本中的《钞》和陆善经注,发现在刊本李注和集注本李注不同的情况下,刊本李注往往有和《钞》、陆善经注相同或相似的情况。认为"刊本李注中所增补的注解与《钞》、陆善经注多处一致的情况,大概是由在把集注本李注改编成刊本李注之际,利用了《钞》、陆善经注所引起的"[③]。

台湾学者邱棨鐊据《文选集注》写本"凡唐帝讳渊字、世字、民字大半缺笔。而玄宗名隆基,中宗名哲,诸讳名则无一字缺笔。至于宋帝讳构(高宗)、恒(真宗)、祯(贞、征、仁宗)、慎(孝宗)及殷(宣祖)等,宋刻《文选》缺笔,此书皆不讳"[④],又此书每用唐代俗体书写,均与唐人颜元孙《干禄字书》的记载相符。兼之"日本平安朝中期道长撰当时实录之《御堂关白记》长保六年(1004 年)九月二十一日条下曰:'乘方朝臣,《集注文选》并元白集持来,感悦无极,是有闻书也。'所谓'持来''感悦无极'则必非日本彼时常见之书,故下云'是有闻书也'。盖其君闻其书,而未尝一见之意。余读此记,颇疑'持来'二字,究从何'持来'(携来之意)? 后见小尾郊一先生撰《译注文选》(《全释汉文大系》第二十六册,集英社出版)'解说'一文云'《御堂关白记》宽弘三年

---

① [日]斯波六郎编,李庆译:《〈文选索引〉之〈文选诸本研究〉》,上海古籍出版社 1997 年版,第 114—115 页。

② 王翠红《〈文选集注〉编者案语发微》,《中国典籍与文化》,2012 年 03 期。

③ [日]森野繁夫:《关于〈文选〉李善注——集注本李善注和刊本李善注的关系》,载《中外学者文选学论集》,中华书局 1998 年版,第 1020 页。

④ 邱棨鐊:《〈文选集注〉所引〈文选钞〉研究》,载《中外学者文选学论集》,中华书局 1998 年版,第 710 页。

(1006年)十月二十日条下曰:五臣注《文选》、文集等持来云云,则五臣注《文选》亦可谓早已输入矣'。果如小尾先生此说,则'持来'之义乃谓由我国舶载而来。五臣注《文选》既与文集'输入'日本,则距此二年前,同为道长所记'《集注文选》并《元白集》持来'当是《集注文选》由我国输入日本之明证。"①持"日人编写说"观点的学者,大多忽视此条,或者对此条另作它解,可以说,有意或无意地回避了这个问题。邱棨鐊等人所提出的"唐土文献说"在国内产生了很大影响,为多数学者所认同。学界一般认为《文选集注》的成书年代当为唐末,为唐人抄本。如周勋初《唐钞文选集注汇存·前言》所说:"从避讳的角度来看,《文选集注》遇到高祖李渊、太宗世民之名讳,大半缺笔;而遇中宗李显、玄宗隆基之名讳,则无一字缺笔;遇宋代诸帝,更无一字缺笔者,可证此书所据之本出于唐代,为唐中期之后的某一唐代《文选》专家所编。"又结合书中唐代俗体字的运用及其残留印章,进一步认定"当定为唐代某一《文选》学者参照经史著述中的合本子注体例汇编而成"②。

屈守元则提出了另外一种看法,认为《文选集注》是在南宋书坊大刊"六臣注本"的风气下产生的,当出于南宋坊刻"六臣注本"一类本子之后,"是以南宋书坊刻经书的'注疏释文三合本'、史书的'三家注本'、集部的什么'千家注'、'五百家注本',这种风气为其时代背景的"③。此观点不太符合南宋版本之体例,已为多数学者所否定。傅刚《文选版本研究》亦认同《文选集注》系唐代写抄本,并针对中外"文选学"者如涩江全善、森立之、屈守元等人认为《文选集注》当产生于南宋时期的看法,提出了自己的反驳理由和观点:"第一,《文选集注》所集《音决》《抄》、陆善经本,唐以后已不见著录,南宋时期更没有编《集注》的条件;第二,《文选集注》所存《文选》旧貌颇有与宋刻本不同者,如产生于南宋,不应与宋刻有太大的差异;第三,《文选集注》反切

---

① 邱棨鐊:《〈文选集注〉所引〈文选钞〉研究》,载《中外学者文选学论集》,第711—712页。

② 周勋初:《唐钞文选集注汇存·前言》,上海古籍出版社2011年版,第1册,第3页。

③ 屈守元:《文选导读·导言》,巴蜀书社1993年版,第144页。

注音均用‘某某反’,而非如宋刻的全用‘某某切’。因为从中唐大历起,始讳‘反’字,故后世刻本均不再用‘反’名,这也证明《集注》并非产生于南宋时。”①论证理由详审精准,颇为有力。邱棨鐊据《文选集注》第六十八卷首页残存的三方印章,认为其乃宋初藏书家田氏旧藏。初,傅刚承此说,认为《文选集注》不仅不是南宋以后产物,也并非“写自海东”,可以断定其本来为我国旧藏。最先藏于北宋著名藏书家田伟处,不知何时流入日本。周勋初对此持有异议,认为三方印章均系近代篆刻风格,不类宋代印章风貌,应与宋代田伟无关,乃田潜印章,以“夸耀远祖藏书之荣”②。傅刚后在《〈文选集注〉发现、流传与整理》一文中,亦承认当为田潜印章,并说“周勋初先生是一种谨慎的态度,这个看法是对的”③。

《文选集注》为唐抄说影响颇大,邱棨鐊、周勋初、傅刚等人皆主此说。但也有学者对此持有异议。范志新在《关于〈文选集注〉编纂流传若干问题的思考》一文中对唐抄说提出了异议。认为周勋初所据之《文选集注》避讳和多用唐人俗体字两条重要依据,都不足为据。第一,《文选集注》既避唐高祖和唐太宗的讳,而不避唐高宗和唐玄宗的名讳,这只能是在高宗和玄宗已祧之后。那么,既然高宗、玄宗已祧,依例应对“肃宗并以后诸帝,代宗、德宗、顺宗、宪宗和穆宗,例合避其讳,而核之注,则亨、豫、适、诵、纯、恒诸合讳字,无一阙笔,亦不用代字”。第二,《文选集注》多用唐人俗体字,“并不能排除唐以后人的因袭守旧”。另外,范文据今见《文选集注》卷六十三屈平《离骚经》有“今案:此篇至《招隐》篇,《钞》脱也,《五家》有目而无书”的说法,得出《文选集注》所用五臣本当为残本,进而认为假如《文选集注》为唐人所编,这在玄宗以后至宋初欲编《集注》其书的中土学者来说,是不可想象的。而日本国传入五臣注本极为罕见,这正符合《文选集注》所用五臣本为残本的现象,因此他认为今见《文选集注》残卷当为日本“文

① 傅刚:《文选版本研究》,北京大学出版社2000年版,第137页。

② 详参周勋初:《〈文选集注〉上的印章考》,《周勋初文集》第七卷,江苏古籍出版社2000年版,第182页。

③ 傅刚:《〈文选集注〉的发现、流传与整理》,《文学遗产》2011年第5期。

选学”者所编[①]。

常思春《读〈文选集注〉管见三则》，通过对《文选集注》中字体、避讳情况和所引《钞》的残缺问题等多方面内容的考察，对唐抄说提出了六点质疑，并对《文选集注》的编写年代提出了自己的观点。认为“《文选集注》绝大可能是日本平安朝中后期日本某一《文选》学家采集日本所藏诸唐写《文选》注本汇编而来，似是一个未及细校的初编稿本。……《文选集注》或即是当我国北宋时代或南北宋之际日本教《文选》的某学者集日本尚存唐抄《文选》注本编的一部《文选》教材”[②]。

日本九州大学的陈翀博士，立足于平安中期藤原道长的日记《御堂关白记》中宽弘元年（1004年）十月三日、十一月三日的记载，以及藤原行成的日记《权记》长保二年（1000年）九月六日、七日的记载，再结合平安大学寮为历代天皇侍读《文选》的史料，提出《文选集注》是“日本平安中期大学寮大江家纪传道之代表人物大江匡衡（953—1012年）为一条天皇侍讲《文选》时受敕命所编撰的《集注文选》的传抄残卷”[③]，并认为目前所见到的《文选集注》残本，除卷八、卷九为平安中晚期转抄本之外，其余的均是镰仓幕府时期的转抄本。此观点如果可以证实，自然是解决《文选集注》成书这个困扰学界近百年难题的重大突破。但此说能否真正成立，必须接受全面的考验。正如傅刚所说：“此说是近年来关于《文选集注》作者研究的最新成果，是否能够成立，恐怕还要作多方面的考察。”[④]我国大陆亦有学者支持陈翀的观点，如王立群在《文选集注研究——以李善注为中心的一个考察》一文中，认为《文选集注》所依据的底本是唐本，但从发现、递藏、印章、避讳等都不足以证明《文选集注》出自中土，而是平安时代。但是他认为《文选集注》中的俗字、别字以及误字等现象皆是日本古代抄写者比照

---

① 范志新：《文选版本论稿·关于〈文选集注〉编纂流传若干问题的思考》，江西人民出版社2003年版，第245页。

② 常思春：《读〈文选集注〉管见三则》，《河南大学学报》2005年第3期。

③ 陈翀：《〈文选集注〉之编撰者及其成书年代考》，载《域外汉籍研究集刊》第六辑，中华书局2010年版，第501—513页。

④ 傅刚：《〈文选集注〉的发现、流传与整理》，《文学遗产》2011年第5期。

底本唐写本“多依葫芦画瓢”所致，并因此判断“所依底本就是唐抄，但不能说明《集注》就是唐抄”。王说也仅为推论之言，由反向思考推论，也可得出未必就不是唐抄的结论。况且，《文选集注》书迹用笔谨严铦利遒逸，结体宽绰端庄而不失流丽，布局横成列，纵成行，疏朗有致。以精熟二字评其书艺，固其宜也。诚非善书者不能至，绝非依葫芦画瓢者所能达到的。

关于《文选集注》成书的说法众多，上述几种主要观点，虽都有其道理，但是由于直接证据缺失，加上间接证据有限，各说都无法让人完全信服，还需进行更为全面、深入、系统的研究。

二、对“日人编写说”之质疑

针对学界所认为的“《文选集注》为唐土文献说”的观点，范志新、常思春、陈翀、王立群等人力主“日人编写说”。而持此观点的学者，多是从反面论证“唐土文献说”所依据的材料不能成立，未能提出强有力的反驳。我们认为“日人编写说”存在或多或少的疏漏，今就其主要观点分别予以论析。

常思春《读〈文选集注〉管见三则》主“日人编写说”①。

其第一条依据是森立之的断语，认为：“森立之是日本著名藏书家、汉学家、医家，所见日本藏古抄本、刻本汉籍甚众，长于版本的考据鉴定，其以《文选集注》笔迹、墨光、纸质判定‘实系七百许年前旧抄’，语甚肯定，颇自信，自是与其所见日本藏大量唐、宋、元、明抄本相比较得出的结论。”这种说法主观推测成分较多，且有先验主义之嫌，似不足为据。

其第二条依据是：唐人极为推重《文选》，而“《文选集注》几乎汇聚了初、盛唐诸家注解成果，若为唐人所编，岂会不被推重，岂会不广为流传，岂会无一传至于宋，岂会在中晚唐及五代、宋人笔记、丛谈之

① 所引常思春论断，均参见其《读〈文选集注〉管见三则》，《河南大学学报》2005 年第 3 期。

艺林书中一点影子都没有?”他还根据“校了源有宗”等题记,来佐证这个看法。其题记只能说明日本平安时代中期《文选集注》已经在日本有流传,但并不能据此来推定《文选集注》的成书年代。其实,《文选集注》和陆善经《文选注》没有广为流传是中日学者所公认的事实。如关于陆善经的著述,据日本平安朝藤原佐世《日本国见在书目录》记载,计有:《周易注》八卷,《古文尚书注》十卷,《周诗注》十卷,《三礼注》三十卷,《春秋三传注》三十卷,《论语注》六卷,《孟子注》七卷,《列子注》八卷。陆善经著述之宏富,由此可见一斑。但在我国,却仅《新唐书·艺文志》载录有陆善经《孟子注》一种,说明陆善经著述流失的情况相当严重。依据同理,他书留存情况亦可想见。而且在手抄本时代,像《文选》这样篇幅巨大的作品流传下来是十分不容易的,一点影子没有也不无可能。多年来,随着出土文献的不断增多,人们始知存留下来的《文选》版本除李善注本、五臣注本与合二家之注的六臣注本外,尚有古抄白文本及其他各家注本存世,而这些书目,无一例外地都不见于我国史志著录。因此,我们必须从更广阔的思维视野来思考:如果《文选集注》产生在我国的中晚唐时期,虽在以后的史志书目中未见记载,并没有什么奇怪之处。关于我国书籍的作者和成书时间没有明确记载的事例,实在可以车载斗量,殊非数例可以穷尽。故常文所举此条理由,确实难以让人信服。再者,《日本国见在书目录》所著录之陆善经著述,并未见其《文选注》,若《文选集注》果系日本据中土传入之《文选》诸本汇编、誊录之本,其陆善经《文选注》何来?这恐怕是一个无法回避的问题。

其第三条据卷六十三屈原《离骚经一首》篇题下注“今案:此篇至《招隐》篇,《钞》脱也,五家有目无书”,从而质疑:“若《文选集注》为唐人所编,其流传颇广的五臣注本岂会不用完本而用残本?”《文选集注》到底是何人所编我们不得而知,在什么样的情况下所编我们也不得而知,如果是我国古代私人抄写,私家所藏,那么使用五臣注残本也有可能,而且根据各种史志书目均无记载的情况推断,这种编写情况的可能性极大。如果《文选集注》是日本人所作的教材的话,日本编写者也应该用完卷,而不是残卷。

其第四条是针对邱棨鐊、周勋初等所依据的避讳缺笔情况所提的异议,有其合理性。因为如果《文选集注》是日本学者据中土传入之《文选》诸本汇编、誊录之本,也可能会出现此种情况。但《文选》的避讳情况很是复杂,如同各版本之间的渊源递变关系一样难以确证探求,从字体上很难做出准确无误的判断,自然也不能由此而得出确信无疑的结论。

其第五条提到日本有编《文选集注》的人才和资料条件。但就算日本有各种编写《文选集注》的条件,也只能是说存在这样一种可能性,并不能代表任何既成事实。

其第六条以袁彦伯的《三国名臣序赞》为例,论及《文选集注》所采的诸家注文与五代、宋以后各本颇异,最存古书旧式。诸宋明刻本确实失去了《文选集注》中分三栏旁行横读的旧式,但这和日人编写似乎关系不大,唐人抄写也可能会保存旧式。

陈翀《〈文选集注〉之编撰者及其成书年代考》一文,则主要基于对日本平安朝史料的考证来支撑其论点,这和之前我国以及日本学者所致力的文本校勘的方法是不一样的。虽然文中征引文献材料繁富,但他并未对之前学界的诸多疑问进行解答,且对文献数据多有误读,故其结论也就无法令人完全信服。

陈翀在文中引用平安中期藤原道长的日记《御堂关白记》中“宽弘元年(宋真宗景德元年·1004年)十月三日条”的记载,推测:“从藤原道长‘是有闻书等也’之叹语来看,至少在宽弘元年以前《集注文选》已经成书,且与元白诗集一样,在平安京最上层的贵族社会中获得了非常高的评价。”①然后又引藤原行成(972—1028年)日记《权记》中“长保二年(宋咸平三年·1000年)九月六日”条云:“先日,(大江)匡衡朝臣所传仰注文选,诸(按,‘诸’原文上有小字注‘不明’二字)所求得四十余卷。”及其第二天之日记:“奏:昨日左大臣(藤原道长)令申旨意,仰云:‘文选虽不具,可进后宫。’”推测:“九月六日藤原行成

① 陈翀:《〈文选集注〉之编撰者及其成书年代考》,《域外汉籍研究集刊》第六辑,中华书局2010年版,第504页。

将大江匡衡'仰注文选'四十来卷交给了藤原道长，道长立即向一条天皇作了汇报。天皇认为其卷帙虽未完备，但还是应该立即将其奉入宫中。于是第二天藤原道长立即向行成转达了天皇的旨意。"[①]案长保二年为宋咸平三年(1000 年)，如果在此年，大江匡衡的"仰注文选"经藤原道长的手，交给了天皇。那么藤原道长还会在四年之后(宽弘元年·1004 年)的日记中，写下"乘方朝臣集注文选并元白集持来，感悦无极，是有闻书等也"这样的话吗？且斯波六郎在《文选诸本研究》中，引冈井慎吾博士的话说："《御堂关白记》'长保六年九月廿一日'条载：乘方朝臣，《集注文选》并《元白集》持来，感悦无极，是有闻书等也，道长亦参考《文选集注》。"[②]如果四年之前他曾见到的大江匡衡所编"仰注文选"[③]就是这个"集注文选"的话，肯定不会有如此叹语，故可断定，大江匡衡编的"仰注文选"和藤原道长日记中提到的"集注文选"，应该不是同一本书。再者，大江匡衡为一国之君编写教材，实在难以想象其会用一个残本的五臣注本，并且《文选集注》里面错字、别字甚多，即如五臣之姓名，亦常出错，如将"吕向"误为"吕尚"，"张铣"误为"张钞"，"李周翰"误为"李周朝"等。从这些随处可见的错误来看，这样一部并不精细的手抄作品，说是一部专为天皇编写的教材，真的让人十分怀疑。

关于藤原道长日记十月三日条的记载，邱棨鐊《〈文选集注〉所引〈文选钞〉研究》一文中所引为九月二十一日条，不管是同一条目，有人误写时间了，还是不同的两条记载，关于"乘方朝臣集注文选并元白集持来，感悦无极，是有闻书等也"的记载是几乎相同的。邱棨鐊根据"持来"一词的探究，对这句话进行了推测，认为"《集注文选》"如果是我们现在所见到的《文选集注》，那么此书就应是由中国传入日本的。但是陈文似乎回避了这个问题，他直接将这里的《集注文选》等同于

① 陈翀：《〈文选集注〉之编撰者及其成书年代考》，《域外汉籍研究集刊》第六辑，中华书局 2010 年版，第 505 页。

② [日]斯波六郎编，李庆译：《〈文选索引〉之〈文选诸本研究〉》，上海古籍出版社 1997 年版，第 115 页。

③ 此处"仰注文选"是否为著作，尚不能确定，陈翀认为是一部专著的名字。

《文选集注》,又直接把《文选集注》和大江匡衡所编写的“仰注文选”画上了等号。但是,在这个地方有很多需要探讨的问题。况且陈文的推论,前后亦有矛盾之处。

另外,陈翀所谓“大江匡衡编纂”说的主要依据,即上引“《权记》中‘长保二年’(宋咸平三年·1000年)九月六日”条,“先日,(大江)匡衡朝臣所传仰注文选,诸所求得四十余卷”,而此实乃误读原文所致。这条的正确翻译应该是:“道长向匡衡传达一条天皇之命(即‘仰’),令进奉‘注文选’,最后仅收集到四十余卷,并非全部”(道长地位高,故命藤原行成督促匡衡进奉)。这一段里面说得很清楚,大江匡衡并没有注《文选》,只是他收集到的不同文本。“求”字也表明仅仅是“收集”,而并非陈翀所认为的“编纂”。而且在《权记》同年九月七日条记载的“文选虽不具,可进后宫”,也并没有提到匡衡注释一事。今读陈翀一文,其中并没有提供一条天皇敕令大江匡衡编撰《文选集注》的明确证据。所谓的“大江匡衡编纂”说,一切似乎都是陈翀一厢情愿的推测,并无坚实有力的事实依据①。在陈翀眼中,“仰注文选”即是今天的《文选集注》,而且“仰注”有“御注”的意思。那我们很奇怪为什么在今见《文选集注》每卷的卷首,下面缘何不见“仰注”二字,而只有现在的“集注”呢?如此看来,陈翀想把“仰注文选”和《集注文选》乃至《文选集注》作同一认定,还是应该有更明确的依据才能让人信服。同理,欲证“大江匡衡编纂”说成立,也应提供出一条天皇的明确敕令方可。

陈翀在推测出《文选集注》为大江匡衡所编之后说:“《集注文选》经过大江一族几世代的讲学积累,终于成了被时人奉为和‘菅家证本’齐名的‘江家证本’。之后的平安后期一直到镰仓时代,这两部书都成为贵族文人们学习《文选》时必须参校的重要底本。并且在某种程度上还可以说,《集注文选》远远超越了‘菅家证本’。这部书成为当时文人们注解其它经典佛书的重要典故依据,逐渐演变成了一部具有工

① 关于本处论证,曾求教于金程宇教授,特致谢意。

具书性质的大型百科辞典。”①但是接着后文又说:“基本上可以断定《文选集注》就是大江匡衡在侍读期间所编撰的《集注文选》,而这部《集注》此后又成了江家秘学,只流传于平安京最高层的皇家贵族之间。因此不要说是中国方面文献没有片言只语的记载,即使是在日本的文学类书籍中也鲜有记录。”②在这里,陈文前后叙述自相矛盾的地方,也是显而易见的。

除了从文义等传统文献学的角度进行考辨,也可尝试从书迹的角度提出一点意见。《文选集注》书迹主要杂糅褚遂良和颜真卿楷书的风格,如吸取了褚遂良入笔露锋、折笔爽利、结体婉丽等特点,保留了颜体的横细竖粗、笔画丰腴、结体宽博等外拓体势的特征。在取法褚、颜楷书的基础上,略参以行书笔法,遂成《文选集注》的书貌。而日本在奈良时代主要模仿王羲之笔势紧致、妍美劲健等内擫体势为主要特征的书风,写的多是行书和草书。平安前期假名开始产生,而上流社会仍然写的是汉字,“唐样”书风依然是王羲之书风为主。平安时代著名的书法家有“三笔三迹”,“三笔”是平安时代初期的空海、嵯峨天皇、橘逸势,“三迹”是平安时代中期的书家小野道风、藤原佐理和藤原行成。“三笔三迹”的书风显然都是学习王羲之内擫紧敛的书风,其中嵯峨天皇除拜空海为师,学习王羲之书风之外,还受到欧阳询的瘦硬险绝书风的影响。这说明在当时日本上流社会乃至文化阶层主要是学习王羲之的书风,而不是唐代褚遂良、颜真卿。而《文选集注》,尤其是注文部分,并未明显呈现出王羲之的书法特点。所以,单就书迹而言,指为平安时期书体以证《文选集注》为“日人编写说”的说解,也难以让人完全信服。

综上所述,《文选集注》为“唐土文献说”的观点影响虽大,仍有难以使人信服的地方,确实存在可议之处。而“日人编写说”则尚需拿出更实在的证据方能成立。诚然,如陈翀博士所说,探讨《文选集注》的

---

① 陈翀:《〈文选集注〉之编撰者及其成书年代考》,《域外汉籍研究集刊》第六辑,中华书局2010年版,第508页。

② 陈翀:《〈文选集注〉之编撰者及其成书年代考》,《域外汉籍研究集刊》第六辑,中华书局2010年版,第510页。

相关问题，如果能将东亚各国的汉文史料比较互证、融会贯通，加强各国文化交流，或许会发现更多前人没有注意到的问题，或者前人没有发现的新材料。因此，《文选集注》的研究，尚需要更为宽广、畅通的国际交流和更为全面、深入、系统的整体性研究。

三、刊本李注和《钞》、陆善经注之关系

《文选集注》的发现，意义至为重大。以前人们只注意到李善注和五臣注的互相羼乱情形，而《文选集注》中除了援录有李善注、五臣注外，还有稀世的《钞》《音决》和陆善经注，且《钞》《音决》、陆善经注亦仅见于《文选集注》。这为研究唐代其他《文选》注释成果提供了珍贵的参照依据①。尤其是：比之于主要借助涉及《文选集注》的相关史料以进行外部考察的方法，考察、发显以《文选集注》为主的文本内证，当是研究《文选集注》成书的重要途径。故我们在这里重点通过集注本与诸宋刊本的比勘研究，考察李善注、五臣注以及《钞》《音决》和陆善经注之间的关系。

事实上，后出刊本中的李善注不仅掺入有五臣注，同时还掺入了《钞》《音决》和陆善经注的内容。较早对刊本李注和《钞》、陆善经注之间的关系予以探讨的是日人斯波六郎，他在《文选诸本研究》一文中针对刊本李注所增补的注解多与《钞》、陆善经注相合的现象提到："这是由于此本的编者在李善的原注和《钞》或陆善经注相合时，在李注中略之而使《钞》或陆注较详呢，还是因为将现今的李注时而与

① 日本选学泰斗斯波六郎博士《〈文选索引〉序》云："所收《钞》《音决》、陆善经注，仅见于此本，极为珍贵。"《文选诸本研究》称述到："尤其是陆善经之注，彼我书目，一无所记，是彼国之人连其名亦不闻已久者，诚为珍贵之极。"参见斯波六郎编、李庆译《〈文选索引〉之〈文选诸本研究〉》，第117页。国际汉学界倾向于认为陆善经注是凭借《文选集注》而得以保存至今，而陆善经注只是做了些修修补补的工作，其学术水平并未达到较高的程度。王书才认为陆善经注属于对李善注的补注，"其注文简洁而失于浅陋，精短而嫌于零碎，虽有切当之处而阙误也颇多。虽有其价值，更有甚多的弱点和阙失谬误，故而在当时已经不受人们重视关注"，并以实例举证甚详。参见王书才：《从〈唐钞文选集注汇存〉论陆善经〈文选〉注的特色与得失》，《殷都学刊》2005年第2期。

《钞》或陆注相混淆，犹如今日的李注时而和五臣注相混一样呢，抑或后人在李注中混入之文偶然与《钞》或陆注暗合呢？这些问题的解决，不仅可使今本《文选》的性质愈发明白，而且对阐明《钞》、陆善经注的本来面目也会大有作用。”①斯波氏所提的第一种可能性几乎不大可能存在。《文选集注》编者对诸家注解重复之处的处理惯例是取其始见者，为的是尊重前人的创造性，故多存前注，删后注，不可能存在略李注而详《钞》或陆善经注的情况；而刊本中与《钞》和陆注相合的情况又不在少数，遍检《文选集注》残卷，发现其混乱处约有 90 条，近万字，且有的条目严丝合缝，一字不差，如此之多的几乎相同或相似的情况，绝非仅凭雷同、暗合等偶发情况可以解释得通的。由这些例子，可以十分明显地看出刊本中的李善注对集注本中的《钞》、陆善经注吸收利用的情况。所以，最大的可能性就是第二种，正如森野繁夫所说："大概是由在把集注本李注改编成刊本李注之际，利用了《钞》、陆善经注所引起的。”②限于篇幅，试举 12 例以为佐证：

1. 卷九左太冲《吴都赋》“于是乎长鲸吞杭，修鲵吐浪”，《钞》曰：“《异物志》：雄曰鲸，雌曰鲵也。”此条注解在北宋监本、尤刻本中被混入刘逵注。案，集注本刘逵注称“《异物志》云：鲸鱼，长者有数里，或死于沙上，云得之皆无目，俗言其目化为明月珠”，并无“雄曰鲸雌曰鲵也”七字，依集注本对诸家注本重复之注解“取其始见者”之惯例，断无将刘逵旧注中存在的内容删除，却在《钞》中出现的道理，故此条注解当是北宋国子监编刻者参据集注本中的《钞》所作的增补。又，北宋监本“数里”作“数千里”，以文义审之，当以集注本为是。

2. 卷五十九卢子谅《时兴》作者名下，集注本有“口（漫漶难辨，依集注本体例，当为《钞》无疑）曰名谌”。北宋监本（阙，参据奎章阁本）于作者“卢子谅”下有小字“名谌”，尤刻本将“名”字去掉，唯留一“谌”字，胡刻本同。卢谌字子谅。诸李善注本所有篇章向无以小字注明作

---

① ［日］斯波六郎：《〈文选索引〉之〈文选诸本研究〉》，上海古籍出版社 1997 年版，第 136 页。

② ［日］森野繁夫：《关于〈文选〉李善注——集注本李善注和刊本李善注的关系》，载《中外学者文选学论集》，中华书局 1998 年版，第 1020 页。

者名姓之体例，唯此一篇除外，与李善注例颇为不符，那么最大的可能性就是北宋国子监编刻者见到过集注本，但集注本此处《钞》字漫漶难辨，其编者误以为是李善注而过录下来，后世诸刻本皆沿其误①。

3. 卷八十八陈孔璋《檄吴将校部曲文》"太尉帅师，甫下荥阳，则七国之军瓦解冰泮"，《钞》曰："七国：吴王濞、楚王戊、赵王遂、胶西王昂、济南王辟光、淄川王贤、□□□渠也。"此条注解被混入刊本李善注，如尤刻本李善注："七国：吴王濞、楚王戊、赵王遂、胶西王印、济南王辟光、淄川王贤、胶东王渠。"疑北宋监本（阙，参据奎章阁本。其注与尤刻本同）的刊刻者据集注本之《钞》注以补李注之阙，他本承之。

4. 卷八十八司马相如《难蜀父老》"决江疏河，漸沉澹灾"，集注本李善注只征引《说文》以释正文"澹"字，未及其他。《钞》曰："颜师古曰：沉，深也。澹，安也。言分散深水以安定其灾也。"此条注解被混入刊本李善注，以补其阙。如北宋监本（阙，参据奎章阁本）李善注"颜师古曰：沉，深也。澹，安也。言分散其深水以安定其灾也"，只衍出一"其"字。盖北宋监本的刊刻者据集注本《钞》以补李注之阙，他本承之。

5. 卷九十一王元长《三月三日曲水诗序》"离身反踵之君，髽首贯胸之长"，集注本李善注："《周书》云：离身漆齿之国，以龙角、神龟为献。《吕氏春秋》曰：舜登为天子，大人反踵，皆被其泽。高诱《淮南子》注曰：反踵，国名。其人南行，迹北向也。《淮南子》曰：三苗髽首。《山海经》曰：有贯胸国，其为人胸有窍。"李善注引《周书》以注"离身"，引《吕氏春秋》及高诱《淮南子注》以注"反踵"，引《淮南子》以注"髽首"，引《山海经》以注"贯胸"，义已完备。而后世诸李善刊本，在《周书》"以龙角、神龟为献"之下均又多出"《尔雅》曰：北方有比肩人焉，迭食而迭望。郭璞曰：此即半体之人，人各有一目、一鼻孔、一臂、一脚，亦犹鱼鼠之相合尔"。其与正文无涉，疑当为衍文。而据集注本《钞》曰："《尔雅》云：北方有比人焉，迭食而迭望。郭注云：此即半体

① 参见俞绍初等《新校订六家注文选》校勘记，郑州大学出版社2015年版。俞绍初在坚实的版本勘校基础上，经过严密考证、复核，认为这是北宋监本参考有集注本的力证。

之人,各有一目、一鼻孔、一臂、一脚,亦犹鱼鼠之相合耳。”与诸刻本所衍出的李善注相合。由此可知,北宋监本的刊刻者当参校过集注本中的《钞》,从而使其羼入李善注,他本承之。

6. 卷九十一王元长《三月三日曲水诗序》“负朝阳而抗殿”,集注本李善注引《尔雅》“山东曰朝阳”以释正文“朝阳”二字,而诸刊本李善注较之均多出“《西京赋》曰:疏龙首以抗殿,状巍峨以岌嶪”。案,《钞》有“张衡《西京》云:疏龙首以抗殿”,以补集注本李善注未及“抗殿”典出之阙,盖北宋监本的刊刻者据集注本之《钞》以增补,又稍加以扩充所致。

7. 卷九十一王元长《三月三日曲水诗序》“轰轰隐隐,纷纷轸轸,羌难得而称计”,集注本无李善注,《钞》曰:“《说文》曰:轰轰,群车声也。杨雄《羽猎》云:殷殷轸轸,被陵绿阪。又云:漠漠纷纷。《吴都》云:羌难得而覼缕也。”此条注解被混入刊本李善注,如北宋监本作“《说文》曰:轰轰,群车声也。《羽猎赋》(漫漶难辨,以奎章阁本补)曰:隐隐轸轸,被陵绿阪。莫莫纷纷,山谷为之风飙。左思《吴都赋》曰:羌难得而覼缕(漫漶难辨,以奎章阁本补)”。此又为北宋监本的刊刻者据集注本《钞》以增补李善注之阙的力证。

8. 卷九十三王子渊《圣主得贤臣颂》篇题下,集注本李善注:“《汉书》曰:王褒既为刺史王襄作传,襄因奏言褒有轶才,上乃征褒。为为《圣主得贤臣颂》。”北宋监本李善注无“王襄作传”四字,且“为为”作“既至诏为”。尤刻本与集注本、北宋监本的李善注皆不相同,有较大差异,作“《汉书》曰:王褒既为益州刺史。王褒作《中和》《乐职》《宣布》诗。王襄因奏言褒有轶才,上乃征褒。既至,诏为《圣主得贤臣颂》”案,集注本《钞》有“褒为益州刺史王襄作《中和》《乐职》《宣布》之诗”的注解,疑尤刻本所参据之李善底本已与《钞》相淆乱,而北宋监本与尤刻本李善注应非出自同一系统。

9. 卷百十三潘安仁《汧马督诔》“巩更恣睢”,集注本李善注:“《吕氏春秋》曰:在上无道,倨傲荒恶,恣睢自用也。《史记》李斯曰:独行恣睢之心。”而诸刊本李善注较之集注本,在《吕氏春秋》和《史记》中间,又多出“《楚辞》曰:意恣睢以指摘”的注解。案,《钞》有“《楚辞》云:

意恣睢以指摘”,依集注本省却诸家注中与善注相同之注解的惯例,集注本所参据的李善本不可能存此注解,盖北宋监本的刊刻者据集注本之《钞》以增补,他本承之。

10. 卷六十一江文通《杂体诗·嵇中散康》“夕饮玉池津”,陆善经曰:“《衡山记》云:空青罡有天津玉池。”此条注解在北宋监本中被混入李善注,各本李善注皆与北宋监本同。“玉池津”,集注本李善注引傅玄《拟楚篇》曰“登昆仑,漱玉池”,已指出“玉池”典出,“津”字则可有可无。依集注本通例,若李善注中有此注解,编者则删后注重复相同之处,故而陆善经注不会存此注解,无疑集注本李善注无“衡山记曰空青岗有天津玉池”十二字。而李善是不可能见到陆善经注的,显而易见当是北宋监本在整理李善注时,认为陆善经注出了“津”字,可补李善之阙,故采用集注本陆善经注而作的增添。若然,则是北宋人曾见及集注本之又一力证。且李善注引《衡山记》,亦仅此一条①。

11. 卷七十九繁休伯《与魏文帝笺》“声悲旧笳,曲美常均”,集注本无李善注,而后出刻本较之均多出“《乐汁图征》曰:圣人往承天以立五均。均者,亦律调五声之均也。宋均曰:长八尺,施弦也”。案,集注本陆善经曰:“《乐汁图征》云:均长八尺,施弦以调六律。”与之典引相合,只文字稍有差异,疑北宋监本的刊刻者曾参校集注本,特以陆善经注补李注之阙,他本承之。

12. 卷七十九繁休伯《与魏文帝笺》“胡欲傲其所不知,尚之以一曲,巧竭意匮,既已不能”,集注本无李善注,而诸刊本李善注较之集注本均多出“《左氏传》:韩宣子如楚,叔向为介,王欲傲叔向,以其所不知而不能也”之注解。案,集注本陆善经曰:“《左传》云:王欲傲叔向,以其所不知而不能。”与诸刻本多出的李善注相合,只注引文字多寡不同,颇疑北宋监本的刊刻者曾参校集注本,故有此羼乱现象,他本承之。

以上诸多例证,说明刊本李注和集注本中的《钞》、陆善经注有着密切的关系,这种关系让我们不得不怀疑:刊本中的李注是否曾经参校过《文选集注》或者这一系统的其他抄本。王立群也曾就《文选集

---

① 参见《新校订六家注文选》校勘记,郑州大学出版社2015年版。

注》和诸宋刊本之间的关系作了探讨，他在《从左思〈三都赋〉刘逵注看北宋监本对唐抄本〈文选〉旧注的整理》一文中提到："下文'新增'例中论及今本《文选集注》之《三都赋》中存有五条唐（引者按，当为'晋'）人綦毋邃注，这是我们今天所知唐（引者按，当为'晋'）人綦毋邃《文选》注的唯一文献。北宋监本《三都赋》恰恰也有这五条注释，但均删掉了綦毋邃之名而以刘逵注的面貌出现在北宋监本刘逵注中。如果北宋监本仅据唐抄李善注《文选》的单注本刊刻，当不可能看到只有在《文选集注》本中幸存的之五条綦毋邃注，因为李善注本都是单注本，不可能存有非李善注的綦毋邃注，李善保留的《文选》旧注也不含綦毋邃注，存有綦毋邃《文选》注的只可能是《文选集注》本之类的汇注本，笔者据此颇疑北宋监本的刊刻者曾使用《文选集注》本为参校本。即使北宋监本刊刻时未见到《文选集注》本，二本同有綦毋邃注一事也说明了北宋监本所据唐抄本《三都赋》与《文选集注》本《三都赋》的高度雷同。这种雷同以版本实物证明了笔者有关北宋监本所据底本的刘逵注与《文选集注》本刘逵注大体一致的推测。"①在北宋监本中出现了只有集注本中才可能存在的注解，这在一定程度上证明了李善刊本或曾直接间接地利用过集注本，不管这个集注本是我们现在所见到的《文选集注》还是从《文选集注》流出的其他抄本。主"唐抄"说的学者有理由据此怀疑北宋监本的编刻者应该是见到了《文选集注》的，若集注本在当时没有流传，他们应该是见不到陆善经注本的，也就不会有刊本李注和陆善经注相混淆的情况发生了。这一现象的存在，也在一定程度上驳斥了《文选集注》为"日人编写"的说法，可作为"日人编写说"未确之佐证。

结　语

综上所论，就《文选集注》的研究方法而言，更多依靠史料外证的

① 王立群：《从左思〈三都赋〉刘逵注看北宋监本对唐抄本〈文选〉旧注的整理》，《河南大学学报》2007年第1期。

研究方法,与更多注重文本内证的方法,都各有其重要价值。而就目前研究状态而言,尽管更多依赖史料的研究属于研究主流,但显然此一研究方法所受的制约因素更多,除非将来能够真正出现确凿的直接性史料,仅仅依靠现有诸史料外证,是难以得出有真正说服力的结论的;相比之下,更多注重文本内证方法的研究成果虽较少,但此一研究实有更为广阔的开拓空间,当然,其基本前提必须是:要付出艰巨的全面系统的、心细如发的文本精读与调研劳作。而真正有说服力的历史性研究结论,则必须在系统、全面参综最有说服力的内证、外证的基础上才能得出。本文平议《文选集注》成书众说,只是期盼为未来进一步全面、深入、系统地进行成书研究,做一点基础性的铺垫和提供一点思路。

回归到《文选集注》成书问题本身,本文得出的基本认识是:无论是唐抄也好,日本平安时期之抄本也罢,有一点确凿无疑:今见《文选集注》残本所依据的底本,当为唐抄本。更明确地说:《文选集注》的编纂者所见之李善注、《钞》《音诀》以及陆善经的旧注,这些都应该是唐抄①。从版本价值上说:《文选集注》的价值也是无可估量的,必将嘉惠学林②。当然,在当下尚无更确切、可靠的证据可以证明《文选集注》的编者以及抄本的时间和地点的情况下,相较于"唐抄"或"平安抄本"的说法,古抄本《文选集注》的说法也许更谨慎些。

(本文原载《文学遗产》2012 年第 4 期)

---

① 正如日本学者冈村繁所说:"该《文选集注》无论是中国编集的,还是我国编集的,总之,毫无疑问是流传至今保存着浓厚唐代抄本面貌的极珍贵的文献。"《〈文选集注〉与宋明版本的李善注》,《中外学者文选学论集》,中华书局 1998 年版,第 981 页。

② 诚如许逸民在《〈文选〉学史上的一座里程碑——推介〈唐钞文选集注汇存〉》(《古籍整理出版情况简报》2003 年第 4 期)所说:"上海古籍本为'新《选》学'发展史树立了一座里程碑。它标志着'新《选》学'研究在资料的占有上,达到了一个前所未有的新高度。对于今后的中国文学史研究,特别是'新《选》学'研究来说,《唐钞文选集注汇存》必将永远是弥足珍贵、取之不竭的史料宝藏,其影响之巨大和深远,想来不会在李善注、五家注、六臣注等各类版本以下。"近年来文选学研究中取得的一些成果,就是借助了《文选集注》的结果。

“尘埃”世界与文学的天才创造

——以曹植的文学创作为研究中心

一、关于子建才气

说到曹植,最让人关注的,莫过于其才气问题了。

有关曹植文学创作的事迹和传说,几乎就是关于天才的神话:他十余岁就“出言为论,下笔成章”,授笔立成《铜雀台赋》,七步为诗,赋洛神“凌波微步,罗袜生尘”……不要说常人,知子莫如父,连有通才美誉的曹操有时也难以置信!① 赞美曹植使语言表达苍白无力,就出现了用极端化语言的文化现象。② 如《魏书·王粲传附邯郸淳》注引《魏略》,记邯郸淳夸曹植为“天人”,《魏书·陈思王植传》注引鱼豢《魏略·武诸王传》说“植之华采,思若有神”。世又号他为“绣虎”,③《周礼·考工记》说“五采备谓之绣”,所谓“绣虎”是将他比拟为统领文坛“百兽”的锦绣王了。钟嵘《诗品序》称述所推崇的三大时代诗坛主将

---

① [晋]陈寿撰,[南朝·宋]裴松之注:《三国志·魏书·陈思王植传》,中华书局1959年版,第557页。“陈思王植,字子建。年十岁余,诵读诗论及辞赋数十万言,善属文。太祖尝视其文,谓植曰:‘汝倩人邪?’植跪曰:‘言出为论,下笔成章,顾当面试,奈何倩人!’时邺铜雀台新成,太祖悉将诸子登台,使各为赋,植援笔立成,可观,太祖甚异之。”

② 对于从道德角度赞美曹植的评价,不在本篇讨论范围。

③ [宋]曾慥《类说》卷四引《玉箱杂记》:“曹植七步成章,号绣虎。”

时，以曹植为“建安之杰”。根据古人对“杰”“英”“雄”的用法[①]，这分明视他为建安第一“文化英雄”。而以他居于“太康之英”陆机、“元嘉之雄”谢灵运之前，固然根据时间先后顺序，但认为他高于陆、谢，也肯定无疑。《诗品上》评价曹植文学成就时说：“故孔氏如用诗，则公幹升堂，思王入室，景阳、潘、陆，自可坐于廊庑之间也。”[②]这“陆”指的就是陆机。而钟嵘评价陆机、谢灵运二人的首句完全相同：“其源出于陈思！”至于《诗品序》说他“粲溢古今，卓尔不群”，感慨“陈思之于文章也，比人伦之有周、孔，鳞羽之有龙凤，音乐之有琴瑟，女工之有黼黻……”[③]评价之高，简直无以复加。就陆、谢说，陆机悦服曹植不待言，而根据后人的说法，谢灵运公然宣称天下才共一石，曹植独占八斗，他自己占一斗，天下人共一斗！[④]

也有稍抑曹植为当时最高文学天才的说法，但多出自特殊的情境、背景。如刘勰《文心雕龙·才略》：

> 魏文之才，洋洋情绮，旧谈抑之，谓去植千里，然子建思捷而才儁，诗丽而表逸，子桓虑详而思缓，故不竞于先鸣。而乐府清越，《典论》辩要，迭用所长，亦无懵焉。俗情抑扬，雷同一响，遂令文帝以位尊减才，思王以势窘益价，未为笃论也。[⑤]

谓曹丕“去植千里”，的确不公；从敏捷、迟缓评价二人才性，自有道理。丁晏《曹植集诠评》指斥刘勰是“文士识见之陋”，显然过于轻率了。不过，考虑到：刘勰与萧统太子关系至为密切，萧统弟兄三人都为当时著名作家，萧统太子身份有似于曹丕，且思与比高，以“兴同漳

---

① 参见拙作《“英雄”文化与魏晋文学》中《魏晋文化与中国古典“英雄”概念》的相关论述。

② ［南朝·梁］钟嵘著，曹旭集注：《诗品集注》，上海古籍出版社1994年版，第98页。

③ ［南朝·梁］钟嵘著，曹旭集注：《诗品集注》，上海古籍出版社2011年版，第97页。

④ 说见宋元以来类书、旧注，如《古今合璧事类备要》《韵府群玉》等。

⑤ ［南朝·梁］刘勰撰，詹锳义证：《文心雕龙义证》，上海古籍出版社1989年版，第1798页。

川之赏”为美,[①]我们说刘勰扬丕抑植,有个人感情因素,应该能够成立吧!现代如郭沫若《论曹植》也扬丕抑植,甚至从刘勰的敏捷、迟缓论,发展到谈论曹氏父子的血型。[②] 但除了特定文化背景因素,郭沫若自己有特出的才子气质,又以其才子风格臧否人物,是否也是不能客观评价曹植的重要原因呢?我们还可以鲁迅《魏晋风度及文章与药及酒之关系》评价“子建的文章做得好”,“于是他便敢说文章是小道”作为佐证。

由上述讨论可以看出,曹植富有文学天才是客观事实,贬抑的言论,往往有其特殊的文化历史情境、背景,难以作为客观、科学的结论。但前人的褒扬,许多也未免过于夸大其辞了。

我们认为,曹植的才气固然有其鲜明的个性特色,为常人所难以企及,但绝不是孤立的存在。必须深入考察天才与时代的内在深层关系,客观、科学地看待曹植的才气问题。

关于天才与时代、与时代创造群体的关系,丹纳在《艺术哲学》中有着透辟的揭示。他说:

> 艺术家本身,连同他所产生的全部作品,也不是孤立的。有一个包括艺术家在内的总体,比艺术家更广大,就是他所隶属的同时同地的艺术宗派和艺术家族。例如莎士比亚,初看似乎是从天上掉下来的奇迹,从别个星球上来的陨石,但在他的周围,我们发现十来个优秀的剧作家,如韦白斯忒、福特、玛星球、马洛、本·琼生、弗赖契、苦蒙,都用同样的风格,同样的思想感情写作。……在画家方面,卢本斯好像也是独一无二的人物,前无师承,后无来者。但只要到比利时去参观根特、布鲁塞尔、布鲁日、盎凡尔斯各地的教堂,就发觉有整批的画家才具都和卢本斯相仿……到了今天,他们同时代的大宗师的荣名似乎把他们湮没了;但要了解那位大师,仍然需要把这些有才能的作家集中在他

① 参见拙作《“英雄”文化与魏晋文学》中《萧统与音乐赋》的相关论述。
② 郭沫若:《历史人物》,新文艺出版社 1951 年版,第 3—29 页。

周围，因为他只是其中最高的一根枝条，只是这个艺术家庭中最显赫的一个代表。

…………

艺术家不是孤立的人，我们隔了几世纪只听到艺术家的声音；但在传到我们耳边的响亮的声音之下，还能辨别出群众的复杂而无穷无尽的歌声，像一大片低沉的嗡嗡声一样，在艺术家四周合唱①。

正如丹纳所揭示的一样，曹植也属于建安时代，是建安文化创造时代的特定产物。一方面，没有建安这样一个特定的文化创造时代，就不可能出现曹植这样的文化天才。建安时代是中国历史上名副其实的“英雄”时代，否定天命、厌弃伪德、张扬才气、注重文学创造，是这一时代社会文化风气的主要方面②。正是在这种渴求、呼唤、张扬激情与才气的文学创造时代，出现了以“三曹”“七子”为代表的文化创造群体。没有这样一个特定的文化创造群体，不可能出现曹植这样的文学天才。曹植“只是其中最高的一根枝条，只是这个艺术家庭中最显赫的一个代表”，只是“他所隶属的同时同地的艺术宗派和艺术家族”之“复杂而无穷无尽的歌声”中最“响亮的声音”。另一方面，为什么时代会选择他，而不是其他人，做建安时代文化创造群体中“最显赫的一个代表”，他为什么会有最“响亮的声音”，显然与其自身特质有很大关系。可以断言：如果没有曹植，则建安文学创造“最显赫”“代表”的分量与“响亮的声音”的质量，都会有所减轻和弱化。

曹植的创造主要在于文学方面。关于曹植才气的形成与其具体文学创作的问题，学界讨论已经很多，不再赘述。今选择他对“尘埃”语词的使用这样一个特殊视角，看他怎样化腐朽为神奇，以使其文学创造臻于极致，看他文学创造与时代互动影响的辩证关系，看他对魏

① ［法］丹纳：《艺术哲学》，傅雷译，人民文学出版社1963年版，第5—6页。

② 参见拙作《“英雄”文化与魏晋文学》中《魏晋文化与中国古典“英雄”概念》的相关论述。

晋文学创造产生的深刻影响,以作为文学天才创造"文学"世界的一个特别见证吧。

二、"尘埃"与子建的文学创造

"尘埃"就其本质而言,不过是自然宇宙的渺小低贱之物,似实微不足道。但在一些哲人、诗人、作家的作品中,"尘埃"不但堂而皇之地登上大雅之堂,甚至可以占有相当重要的地位。比如在《庄子》中:

野马也,尘埃也,生物之以息相吹也。(《逍遥游》)①

是其尘垢粃糠,将犹陶铸尧舜者也。(《逍遥游》)②

瞿鹊子问乎长梧子曰:"吾闻诸夫子,圣人不从事于务,不就利,不违害,不喜求,不缘道;无谓有谓,有谓无谓,而游乎尘垢之外。"(《齐物论》③

申徒嘉曰:"闻之曰:'鉴明则尘垢不止,止则不明也,久与贤人处则无过。'"(《德充符》)④

芒然彷徨乎尘埃之外,逍遥乎无为之业。(《大宗师》)⑤

滑介叔曰:"亡,予何恶!生者,假借也;假之而生生者,尘垢也。死生为昼夜。且吾与子观化而化及我,我又何恶焉!"(《至乐》)⑥

颜渊问于仲尼曰:"……夫子奔逸绝尘,而回瞠若乎后矣!"(《田子方》)⑦

夫天下也者,万物之所一也。得其所一而同焉,则四支百体将为尘垢,而死生终始将为昼夜而莫之能滑,而况得丧祸福之所

① [清]郭庆藩撰,王孝鱼点校:《庄子集释》,中华书局1961年版,第4页。
② [清]郭庆藩撰,王孝鱼点校:《庄子集释》,中华书局1961年版,第31页。
③ [清]郭庆藩撰,王孝鱼点校:《庄子集释》,中华书局1961年版,第97页。
④ [清]郭庆藩撰,王孝鱼点校:《庄子集释》,中华书局1961年版,第197页。
⑤ [清]郭庆藩撰,王孝鱼点校:《庄子集释》,中华书局1961年版,第268页。
⑥ [清]郭庆藩撰,王孝鱼点校:《庄子集释》,中华书局1961年版,第616页。
⑦ [清]郭庆藩撰,王孝鱼点校:《庄子集释》,中华书局1961年版,第706页。

介乎?(《田子方》)[①]

庄子不仅以全面的眼光看待“尘埃”,并且,正言若反,以“尘埃”的微小、暗淡无光乃至污浊,来透视、颠覆、解构大千世界所谓“正”“大”、“圣”“明”、“光”“洁”的物情与人事。再如在《文子》与《淮南子》中,“尘垢”与至清形成强烈的反差对比:

> 澧水之深,十仞而不受尘垢。金石在中,形见于外。非不深且清也,鱼鳖蛟龙莫之归也。(《文子·上礼》)[②]
>
> 澧水之深,千仞而不受尘垢。投金铁箴焉,则形见于外。非不深且清也,鱼鳖蛟龙莫之肯归也。(《淮南子·道应训》)[③]

而《小雅·无将大车》,则是《诗经》中写出“尘”与诗人深层感情联系的难得之作:

> 无将大车,祇自尘兮。
> 无思百忧,祇自疷兮。
> 无将大车,维尘冥冥。
> 无思百忧,不出于颎。
> 无将大车,维尘雍兮。
> 无思百忧,祇自重兮。[④]

在屈原的创作中,“尘”也与诗人的感情联系紧密:

> 驷玉虬以乘鹥兮,溘埃风余上征。(《离骚》)[⑤]

---

① [清]郭庆藩撰,王孝鱼点校:《庄子集释》,中华书局1961年版,第714页。
② 王利器:《文子疏义》,中华书局2000年版,第535页。
③ [西汉]刘安等撰,何宁集释:《淮南子集释》,中华书局1998年版,第902页。
④ [清]王先谦撰,吴格点校:《诗三家义集疏》,中华书局1987年版,第741—743页。
⑤ [战国、西汉]屈原等撰,[南宋]朱熹集注,蒋立甫点校:《楚辞集注》,上海古籍出版社2001年版,第26页。

令飘风兮先驱，使冻雨兮洒尘。（《大司命》）①

闻赤松之清尘兮，愿承风乎遗则。（《远游》）②

《三国志·魏志·陈思王传》称曹植“年十余岁，诵读《诗》论及辞赋数十万言，善属文”；钟嵘《诗品上》评价曹植“其源出于《国风》”，“情兼雅怨”。他继承《诗经》、屈骚、《庄子》等的创作传统，关注“尘”与诗人的深层感情联系，以出色表现其“响亮的声音”。可主要从两个方面来看：

第一方面，表面看，曹植用“尘”喻指男女关系，象征君臣关系。深层看，则直接触及宇宙天地、阴阳、男女关系生成的本原问题。先录出曹植使用“尘”字数例：

以才薄之陋质，奉君子之清尘。（《出妇赋》）③

君若清路尘，妾若浊水泥；浮沉各异势，会合何时谐。（《七哀》）④

民生期于必死，何自苦以终身。宁作清水之沉泥，不为浊路之飞尘。（《九愁赋》）⑤

五岳虽高大，不逆垢与尘。（《当欲游南山行》）⑥

人居一世间，忽若风吹尘。（《薤露行》）⑦

头一例“清尘”，《文选》卢谌赠刘琨诗注：“人行必尘起，不敢指斥尊者，故假尘以言之。言清，尊之也。”“奉君子之清尘”也就是借“清尘”含蓄指称君子以表尊敬。这种女性自视为“陋”，视君子（丈夫）

---

① ［战国、西汉］屈原等撰，［南宋］朱熹集注，蒋立甫点校：《楚辞集注》，上海古籍出版社2001年版，第38页。

② ［战国、西汉］屈原等撰，［南宋］朱熹撰，蒋立甫点校：《楚辞集注》，上海古籍出版社2001年版，第104页。

③ ［三国·魏］曹植著，赵幼文校注：《曹植集校注》，中华书局2016年版，第53页。

④ ［三国·魏］曹植著，赵幼文校注：《曹植集校注》，中华书局2016年版，第465页。

⑤ ［三国·魏］曹植著，赵幼文校注：《曹植集校注》，中华书局2016年版，第375页。

⑥ ［三国·魏］曹植著，赵幼文校注：《曹植集校注》，中华书局2016年版，第632页。

⑦ ［三国·魏］曹植著，赵幼文校注：《曹植集校注》，中华书局2016年版，第645页.

“清尘”犹高，故借以尊崇丈夫的运思，与《愍志赋》“妾秽宗之陋女，蒙日月之余辉。委薄躯于贵戚，奉君子之裳衣”十分接近。故以此“清尘”与美丽“裳衣”匹配可也。像这种以“清尘”喻指男女关系的表现手法，在建安时代繁钦《定情诗》中也可见到：“邂逅承清尘。”而且，这还只是借“清尘”指代人物用法中的一种。如曹植《陌上桑》（逸文）的“望云际，有真人，安得轻举继清尘”，“清尘”即代指“真人”。

第二例化腐朽为神奇，颇值得关注。以“清路尘”喻“君”，以“浊水泥”喻“妾”，表面指男女关系，实则象征君臣关系。这里有两个问题：一是为何以“清路尘”与“浊水泥”搭配喻指男女关系？二是为何以“清路尘”与“浊水泥”搭配喻男女关系的方式象征君臣关系？尽管《诗经》三百篇和以屈原为代表的“楚辞”作家，并不以男女关系喻指君臣关系，可在汉代经师穿凿附会《诗经》、“楚辞”的文化风气影响下，汉魏时代确已形成了关于“男女君臣之喻”的比兴传统。① 但这种“男女君臣之喻”每以香草美人等作为喻体。因此，“奉君子之裳衣”式的喻指（如果是喻指君臣关系的话）或可纳入这种比喻模式，以“清路尘”与“浊水泥”搭配为男女关系喻指君臣关系，就明显是曹植的创造了。因为从深层看，以“清路尘”与“浊水泥”搭配喻指男女关系，直接触及宇宙自然、天地、阴阳、男女关系生成的本原问题。《艺文类聚》卷一引徐整《三五历记》说：

> 天地混沌如鸡子，盘古生其中，一万八千岁。天地开辟，阳清为天，阴浊为地……

徐整为三国时吴人，曹植《惟汉行》也谈到“太极定二仪，清浊始以形”。故徐整有关宇宙本是一团混沌元气，当气之清而阳轻者上升为天，浊而阴重者下凝为地，天地乃始生成的理论，与曹植的认识是完全一致的。而以天阳尊、地阴卑拟指男女、君臣关系，在《易经》体系

① 参见赵逵夫师《屈骚探幽》“关于‘男女君臣之喻’比兴传统的形成与发展”，甘肃人民出版社 1998 年版，第 52—57 页。

中,就已是习见性思维方式。如《易象传·坤第二》:

> 阴虽有美,含之以从王事,弗敢成也。地道也,妻道也,臣道也。①

《系辞上传》也说“天尊地卑,乾坤定矣”“乾道成男,坤道成女”“一阴一阳之谓道”。故《易经》系统视乾为天道、君道、夫道,坤为地道、妻道、臣道。在这样的伦理、哲学基础上,人生际遇坎坷的曹植,当他痛苦郁闷、经常追索而“问彼道原”时,就将以自贬和怨愤交集的心情,看待与乃兄曹丕之特殊君臣关系的认识,提升到探究宇宙阴阳、天地男女关系生成的本原,深刻表现其对人生际遇的反思,表现他失望中有渴望,渴望而终归绝望的沉痛心情。正因与曹丕的特殊兄弟、君臣关系,是曹植心中永远的痛,难解的结,才下眉头,又上心头,故不免颠之倒之,反复诘问、自审或自誓。三、四例就表达了其盘桓于心头的自誓:既然“浮沉各异势”,“会合”之“谐”永无可能,人固有一死,就应坚持操守不为违心之事,即使已为“沉泥”,也当与“清水”相依;浊路“飞尘”虽有飞腾之势,其奈违背我心何?曹植在这里只改换“清”“浊”二字,立刻就完成了思维方向的逆反!五、六两例则又明显以“尘”自比,寓自贬意味,显示了作者用笔的龙蛇变化。

关于男女爱情与天地生成的关系,古希腊诗人赫西俄德在《诸神谱系》里讲到地母该亚怎样在混沌深渊中诞生,金发爱神埃罗斯(或埃罗特)也和她一起出现,埃罗斯的名字就象征着宇宙被分开的各个部分的动机、意向和结合。② 但是,中国文化关于宇宙阴阳二气的存在、天地的诞生、男女爱情和君臣关系的同构,是更为完整的思想观念。曹植以其特有的敏锐与深刻,竟以最凡庸不过的“尘埃”之小,深刻表现关于宇宙自然、天地人生、男女君臣等的本原问题,就使他在这方面跨越同代作家而登上了时代的巅峰。

---

① 黄寿祺、张善文译注:《周易译注》,上海古籍出版社2004年版,第32页。

② 瓦西列夫:《情爱论》,生活·读书·新知三联书店出版社1982年版,第2—3页。

第二方面，如果说，前面所论表现了曹植在建安众人歌声中最“响亮的声音”，那么，“陵波微步，罗袜生尘”这令人口颊生香的句子，简直就是只有曹植一人会唱的“声音”。《洛神赋》之名章佳句，纷至沓来，美不胜收，自为千古不朽之作①。“陵波微步，罗袜生尘”两句，是名句中的名句，是王冠上的珍珠，不似从人间来！李善注：

> 陵波而袜生尘，言神人异也。洛灵即神，而言若者，夫神万灵之总称，言若所以类彼，非谓此为非神也。《淮南子》曰：“圣足(人)行于水，无迹也；众生行于霜，有迹也。”《说文》曰：“袜，足衣也。”②

赵幼文详引李善注后说：

> 案陵，蹴也。“陵波”犹言踏波。神行无迹而人行则有迹，窃疑子建盖以洛神拟人，故其思想、感情、行为一如人也，因曰如神、生尘以喻之。③

首先，必须注意这两句是紧接洛神“飘忽若神”的。我们认为，曹植写洛神以神灵身份“飘忽”时竟然又“若神”，这显然是由于他感受、体味洛神之“神”时，也已达到忘我入“神”境界，便忽忘她是“神”而视她为人了。故赵说不同意李善从洛神是“神”解释此句，而“窃疑子建盖以洛神拟人，故其思想、感情、行为一如人也，因曰如神”，是很有道理的。但这仍然无法解释“陵波微步”时的“罗袜生尘”问题。李善说“圣足(人)行于水无迹也，众生行于霜有迹也”。按常理说，如是神，行于水就根本不会有“尘”；如是人，即使“行于霜有迹”，行于水怎会

① 丁晏以为：曹植《洛神赋》“序明云拟宋玉神女为赋，寄心君王，托之宓妃、洛神，犹屈原之志也”。关于《洛神赋》创作旨趣，论者多矣，丁晏“寄心君王说”甚有影响力。［三国·魏］曹植撰，丁晏纂，叶菊生校订：《曹集铨评》，文学古籍刊行社1957年版，第16页。

② ［唐］李善等注：《六臣注文选》，中华书局1987年版，第355页。

③ ［三国·魏］曹植著，赵幼文校注：《曹植集校注》，中华书局2016年版，第290页。

有“尘”？如按赵说是比拟洛神是人而“如神”，行于水更不会有“尘”。这里，我们尝试提出三个思考的角度：

其一，汉字以陆行为“步”，“步”本初的意思是脚，甲骨文作“𠂤”或“𠂤”，像脚趾分开的一只脚的形象，有时候是左脚，有时候是右脚。故后来称双脚迈出为“一步”。《说文》：“步，行也。从止相背。”而古人称水行为“涉”，完全出于比附陆行之“步”的思维。《说文》：“涉，徒行濿水也。”故在特殊情境下，也称水行为“步”。如潘尼《玳瑁碗赋》“或步趾于清源，或掉尾于泥中”，就说玳瑁这种海龟科爬行动物游于水中为“步”。曹植是否由水行联想陆行，视洛神为人，故生“陵波”微“步”有如陆上行“步”的奇想？

其二，在曹植关于“尘”的艺术表现中，“尘”与水是相当固定的搭配。既然洛神“践远游之文履，曳雾绡之轻裾，微幽兰之芳蔼兮”，那么，当她飘飘渺渺，若神若人，“徙倚彷徨”“乍阴乍阳”“忽焉纵体”“若危若安”时，固可或因“步踟蹰于山隅”而“罗袜生尘”，或因“践椒途之郁烈，步蘅薄而流芳”时，生芳尘于罗袜，也可因“陵波微步”而“罗袜生尘”！因为，洛神行于微波水雾之间，就即使作者以有情人眼光“雾”里看洛神，由审美距离而产生审美移情，疑是之间“雾”成“尘”，表现作者虽“人神之道殊”，一为陆居之“君王”，一为潜处太阴之水神，但水“雾”与陆“尘”同样芳香，倘两心相悦，固无论陆居水处！而推原曹植高妙的审美想象，“奉君子之裳衣”既与“奉君子之清尘”同芳，那么，费尽“八斗才”赋其深情的陈思王，当有甘愿拜倒在洛神“罗袜”芳尘之前的心愿吧！

其三，有情人却不能相谐终始，故欢会将尽，永难相见的无限恨憾，就如轻“雾”似微“尘”，从无“尘”清水升腾而起，弥漫笼罩在洛水之上，散落于洛神与陈思王的心里，尘埃落无定啊！

曹植对“尘埃”的使用，使我们联想到海德格尔关于大地与灵魂的看法。海德格尔引特拉克尔《灵魂之春》的诗句“灵魂，大地上的异乡者”，来阐发其对大地与灵魂关系的认识。大地本意味着稍纵即逝的尘世的东西，灵魂则是永恒的、超凡的。灵魂不属于大地。但在海德格尔的笔下，灵魂既是一个异乡者，灵魂同时又寻找大地，寻找诗意地栖居于大地的位置。根据海德格尔的理论,曹植不正拥有永远渴求超越的灵魂,这灵魂又寻找大地,近乎绝望地寻找诗意地栖居于大地的位置?他的最大痛苦,不正在于无法完成真正的超越和在大地上寻找到他“诗意地栖居”的归宿?一句话,他如此关注“尘埃”,是因为他真正发掘、把握了“尘埃”与生命灵魂的本质联系,一如海德格尔捕捉到大地与灵魂的本质联系!

自然,曹植对“尘”的表现是多方面的。关于他的其他有关“尘”的表现,如:

> 愿得策马执鞭,首当尘露。(《陈审举表》)①
> 车不及回,尘不获举。(《游观赋》)②
> 大风隐其四起,扬黄尘之冥冥。(《感节赋》)③
> …………

虽也有其才气的烙印,但并非“响亮的声音”,就不再具体分析了。在建安时代其他作家笔下,也经常使用“尘”的词语。如:

> 甘雨露以洒尘,既洒尘而为途。(曹丕《喜霁赋》)④
> 惟方今之疏绝,若惊风之吹尘。(曹丕《出妇赋》)⑤
> 炉薰阖不用,镜匣上生尘。(徐幹《情诗》)⑥
> …………

但多不能与前面所论曹植两大方面的成就相提并论。曹植无疑

---

① [三国·魏]曹植著,赵幼文校注:《曹植集校注》,中华书局2016年版,第663页。
② [三国·魏]曹植著,赵幼文校注:《曹植集校注》,中华书局2016年版,第98页。
③ [三国·魏]曹植著,赵幼文校注:《曹植集校注》,中华书局2016年版,第747页。
④ [清]严可均:《全上古三代秦汉三国六朝文·全三国文》,商务印书馆1999年版,第35页。
⑤ [清]严可均:《全上古三代秦汉三国六朝文·全三国文》,商务印书馆1999年版,第37页。
⑥ 俞绍初辑校:《建安七子集》,中华书局2016年版,第164页。

是建安作家群体中最"响亮的声音"，有些"声音"更是只有他一人会唱的。故我们认同钟嵘的定论式评价：他是当之无愧的"建安之杰"。

三、"尘埃"与魏晋文学创造

有以曹植为代表的建安作家榜样在前，"尘埃"必然成为魏晋作家进行文学创造的重要材料。下面选择阮籍、嵇康、陆机、陶渊明等几位典型作家进行讨论。

阮籍的几首诗给我们以深刻印象。如《四言诗十首·其三》：①

玄黄尘垢，红紫光鲜。
嗟我孔父，圣懿通玄。
非义之荣，忽若尘烟。
…………

诗人之笔真能功参造化，改易乾坤。"尘埃"这土灰的元素，竟然会被变为"玄黄""红紫"的"光鲜"物。尽管在班固《西都赋》描写城市的喧闹繁华时，已用了"红尘四合，烟云相连"这样的句子，但阮籍赋予尘垢以缤纷色彩，却是文化之子为赞美其精神之父孔圣的达"道"玄素，而特意指称"非义之荣"就是"玄黄""红紫"的"光鲜"尘垢。如此鲜明的对比，意在倍增诗人的爱憎褒贬。再看《咏怀·其六十二》：②

平昼整衣冠，思见客与宾。
宾客者谁子，倏忽若飞尘。
裳衣佩云气，言语究灵神。
须臾相背弃，何时见斯人！③

① ［三国·魏］阮籍著，陈伯君校注：《阮籍集校注》，中华书局2012年版，第438页。
② ［三国·魏］阮籍著，陈伯君校注：《阮籍集校注》，中华书局2012年版，第367页。
③ ［三国·魏］阮籍著，陈伯君校注：《阮籍集校注》，中华书局2012年版，第366页

“倏忽若飞尘”当然也可理解为“谓如飞尘之绝迹不见也”。① 但总该考虑诗人“平昼整衣冠”,如此郑重“思见”的“宾客”是何样贵宾?你看:他是“裳衣佩云气,言语究灵神”的神仙样人!而这样的宾客,“须臾”之间就与诗人“相背弃”,“倏忽”之间就化为了“飞尘”,留给诗人的痛惜、缺憾有多么巨大!故有人以为“此人似指嵇康等亡友”,②应是颇有见地的。对诗人以“飞尘”痛惜富有价值的生命被毁灭,实可玩味孔融《杂诗》:“白骨归黄泉,肌体乘尘飞。”仅解释为“如飞尘之绝迹不见”,总是不够的!

如果说《咏怀·其六十二》借“飞尘”咏叹个人生命价值,《咏怀·其三十一》则赋予“尘埃”惊心动魄的宏大:

夹林非吾有,朱宫生尘埃。
军被华阳下,身竟为土灰。③

将此“朱宫生尘埃”、“身竟为土灰”与诗人《咏怀·其三》“繁华有憔悴,堂上生荆杞”对读,多少世上人生滋味!

嵇康对“尘埃”的使用,往往表现其高洁人品与外在异己力量的冲突对抗。如:

自谓绝尘埃,终始永不亏。④ (《五言赠秀才诗》)
屡增惟尘。⑤ (《幽愤诗》)
何为秽浊间,动摇增垢尘。⑥ (《五言诗三首》)

陆机也有自己的创造,如《豪士赋序》:

---

① [三国·魏]阮籍著,陈伯君校注:《阮籍集校注》,中华书局 2012 年版,第 367 页。
② 韩格平:《竹林七贤诗文全集译注》,吉林文史出版社 1997 年版,第 261 页。
③ [三国·魏]曹植著,赵幼文校注:《阮籍集校注》,中华书局 2016 年版,第 308 页。
④ [三国·魏]曹植著,赵幼文校注:《阮籍集校注》,中华书局 2016 年版,第 4 页。
⑤ [三国·魏]曹植著,赵幼文校注:《阮籍集校注》,中华书局 2016 年版,第 28 页。
⑥ [三国·魏]曹植著,赵幼文校注:《阮籍集校注》,中华书局 2016 年版,第 80 页。

是以事穷运尽，必于颠仆；风起尘合，而祸至常酷也。①

李善注班固《答宾戏》之“彼皆蹑风尘之会，履颠沛之势”：“风发于上，以喻君上，尘从下起，以喻斯（案斯指李斯）等。”从陆机所写看，“势穷运尽”与“风起尘合”对举，可见都是借喻政治情势的变化不测，以警示齐王冏等“豪士”②。再如《为顾彦先赠妇·其一》：“京洛多风尘，素衣化为缁。”固然表达吴亡后由山清水秀的故国初次入北，对北方多“风尘”天气难以认同的强烈感受，又何尝没有借“风尘”表达对政治人事极度不适的意味？故其弟陆云《答张士然诗》：“行迈越长川，飘飖冒风尘。”就学他表达同样的感慨。

陶渊明归隐田园，他对“尘埃”的使用，主要是将其视为现实政治社会异己力量的象征。如：

闲居三十载，遂与尘事冥。③（《辛丑岁七月赴假还江陵夜行途中诗》

借问游方士，焉测尘嚣外。④（《桃花源记并诗》）

误落尘网中，一去三十年。⑤（《归园田居诗·其一》）

此外，《悲从弟仲德诗》“流尘集虚坐，宿草旅前庭”，也颇用思精巧。其他一些晋代作家使用“尘埃”而有创造意味的句子，如：

鼓课山渊动，冲尘云雾连。（张华《游猎篇》）⑥

戢流波于桂水兮，起芳尘于沉泥。（陆云《喜霁赋》）⑦

---

① ［晋］陆机著，杨明校笺：《陆机集校笺》，上海古籍出版社2016年版，第66页。

② 根据李善注引臧荣绪《晋书》的说法，陆机“恶齐王冏矜功自伐不让，齐亡，作《豪士赋》”。参见李善等注：《六臣注文选》，中华书局1987年版，第848页。

③ 逯钦立：《陶渊明集》，中华书局1979年版，第74页。

④ 逯钦立：《陶渊明集》，中华书局1979年版，第165页。

⑤ 逯钦立：《陶渊明集》，中华书局1979年版，第40页。

⑥ 逯钦立辑校：《先秦汉魏晋南北朝诗》，中华书局1983年版，第613页。

⑦ ［清］严可均辑：《全上古三代秦汉三国六朝文·全晋文》，商务印书馆1999年版，第1059页。

零露浚江海，飞尘崇山岳。（傅咸《诗》）①

长袂生回飚，曲裾扬清尘。（潘尼《皇太子集应令诗》）②

人咸饰其容，鲜能离尘垢。（应亨《赠四王冠诗》）③

岂骥德之足慕，晞万里之清尘。（傅玄《驰射马赋》）④

床空委清尘，室虚来悲风。（潘岳《悼亡诗》）⑤

贵者虽自贵，视之若尘埃。（左思《咏史诗八首》⑥

微风扇秽，朝露翳尘。（闾丘冲《三月三日应诏诗》）⑦

于今为神奇，信宿同尘滓。（王羲之《兰亭诗》）⑧

这些对“尘埃”词语的使用，或学曹植、阮籍等而有开拓，或造语精工，与情景事境密合，都创造性地表现了作家的特定感情。

四、几点启示

探讨曹植与魏晋文学创造的关系，对我们有如下启示：

其一，作家的文学创造绝不是孤立的存在，而必然会被打上鲜明的时代印记。没有建安这样一个特定的文化创造时代，就不可能出现曹植这样的文学天才。没有这样一个特定的文化创造群体，也不可能出现曹植这样的文学天才。曹植“只是其中最高的一根枝条，只是这个艺术家庭中最显赫的一个代表”，只是“他所隶属的同时同地的艺术宗派和艺术家族”之“复杂而无穷无尽的歌声”中最“响亮的声音”。

其二，曹植的文学创造确实具有鲜明的个人特色，为常人所难以企及。为什么时代会选择他，而不是其他人做建安时代文学创造群体

① 逯钦立辑校：《先秦汉魏晋南北朝诗》，中华书局 1983 年版，第 608 页。
② 逯钦立辑校：《先秦汉魏晋南北朝诗》，中华书局 1983 年版，第 766 页。
③ 逯钦立辑校：《先秦汉魏晋南北朝诗》，中华书局 1983 年版，第 582 页。
④ [清]严可均辑：《全上古三代秦汉三国六朝文·全晋文》，商务印书馆 1999 年版，第 467 页。
⑤ 逯钦立辑校：《先秦汉魏晋南北朝诗》，中华书局 1983 年版，第 636 页。
⑥ 逯钦立辑校：《先秦汉魏晋南北朝诗》，中华书局 1983 年版，第 733 页。
⑦ 逯钦立辑校：《先秦汉魏晋南北朝诗》，中华书局 1983 年版，第 749 页。
⑧ 逯钦立辑校：《先秦汉魏晋南北朝诗》，中华书局 1983 年版，第 896 页。

中“最显赫的一个代表”、他为什么会有最“响亮的声音”，甚至有些“声音”只有他一人会唱，显然与其自身特质有很大关系。如果没有曹植，则建安文学创造有无“最显赫”的“代表”，其“最显赫”“代表”的分量与“响亮的声音”的质量，都会有所减轻和弱化。

其三，不能静止、片面地看待曹植的文学创造。虽然必须承认在曹植早期，甚至童年就显露出惊人才气，其创造潜能中的有些成分，如以生命直觉敏锐感知、把握事物之间的联系的能力，保持强烈持续的生命激情的能力，丰富活跃旺盛的联想想象能力等，明显如曹丕《典论·论文》所说，是“虽在父兄，不能以移子弟”的，但还必须承认，这些属于生命创造潜能的方面，也有待后天的开拓、完善、发展。如丰富而有质量的读书活动和深广的人生阅历、强烈的生命体验等，就都是很重要的方面。曹植十余岁就“出言为论，下笔成章”，尽管神奇，总还是可能的。如他在这样的年龄写出“凌波微步，罗袜生尘”，就绝难想象了。因为这样的句子不仅需要前面提到的创造素质，更需要他后期那样的坎坷人生经历，需要能以强烈的生命体验，将书本上的知识和其他间接经验转换为自己的生命活水，甚至还需要有如《洛神赋序》所称黄初三年朝曹丕于京师那样特定生活事件的强刺激。

其四，人类富有魅力的生命心智创造是一个持续的、继往开来的过程，尽管有山高水低的波折起伏，有柳暗花明的转折变化，但向前发展应当是主流方向。如曹植就是处于先秦以来文学创造传统与汉末魏初文学创造活动之间，进行其极富魅力的文学创造活动的。没有先秦时代《诗经》、“楚辞”和庄子等的文学创造，则曹植的所谓创新，只能是空中楼阁；而没有曹植的创新，也很难想象魏晋作家的创新会呈现出多样的风格。

在继承中创新、在发展中继承，这是谁也不能违背的人类创造活动的根本规律，在天才作家曹植化腐朽为神奇的文学创造中我们能够清晰地看到这一点！

（本文原载《英雄文化与魏晋文学》，上海古籍出版社2018年版）

崇“友”意识与文学的超越境界

——以嵇康的文学创作为研究中心

《晋书》本传称嵇康“以高契难期，每思郢质”①，可谓抓住了嵇康为人与为文的一个重要特质。在魏晋之际政局嬗变的特殊时代，嵇康渴求知音与曲高和寡的孤独，不但是其人生苦闷的表征，也是时代政治文化影响下的必然产物。嵇康一生执着追求友情，也曾数度吞食交“友”苦果。从某种意义上说，甚至连死也是为了友情。这与他跟其二兄嵇喜，虽有同胞之情而无同道之谊，形成鲜明对照。中国文学史中，绝交文章较少，嵇康竟有两篇。嵇康习惯借与友人书信讨论的方式，阐述其哲学思想、政治观念、人生准则和生活理想；擅长写以朋友之情比况政治人事的妙文；诗文充溢着对崇高友情的呼唤与追求。

可以这样说：嵇康重“友”有甚于家人，“每思郢质”是贯穿其文学创作的重要主题旋律，也使其文学创造升华于极具魅力的超越境界。

一、早期生活与崇“友”意识

嵇康崇“友”，受到魏晋之际特定政治文化思潮的深刻影响，这为古今所认同。但还有一个研究视角值得关注：从其个人早期生活追溯。

① ［唐］房玄龄等：《晋书》，中华书局1974年版，第1370页。

实际上,嵇康本人就曾多次剖析过他的早期生活。如在《与山巨源绝交书》中自述,幼儿期的“孤露”“母兄见骄”“不涉经学”,是形成他生活习性和自我人格的重要因素①。在狱中写《幽愤诗》②,也追悔其“卒致囹圄”“匪降自天,实由顽疏”,并指出这种“顽疏”与早期家庭教育有莫大关系:

嗟余薄祜,少遭不造,
哀茕靡识,越在襁褓。
母兄鞠育,有慈无威,
恃爱肆姐,不训不师。
爰及冠带,冯宠自放,
抗心希古,任其所尚。
讬好老庄,贱物贵身,
志在守朴,养素全真。
曰余不敏,好善暗人,
子玉之败,屡增惟尘。
大人含弘,藏垢怀耻,
民之多僻,政不由己。
惟此褊心,显明臧否。
感悟思愆,怛若创痏。
欲寡其过,谤议沸腾,
性不伤物,频致怨憎。
昔惭柳惠,今愧孙登。
内负宿心,外恧良朋。
…………③

① [三国·魏]嵇康撰,戴明扬校注:《嵇康集校注》,人民文学出版社1962年版,第112页。

② [三国·魏]嵇康撰,戴明扬校注:《嵇康集校注》,人民文学出版社1962年版,第25页。

③ [三国·魏]嵇康撰,戴明扬校注:《嵇康集校注》,人民文学出版社1962年版,第26—29页。

虽有意而为不无激愤，但客观分析这段沉痛追述，有两个问题值得关注：

第一，由于父亲早逝，嵇康婴幼时代甚至直到成年后，都得到母、兄的加倍慈爱保护。

关于嵇康所称“母兄”的“兄”，我们已辨明非嵇喜，当指另一位与嵇康年龄差距较大，担负“半父”职责的长兄①。母、兄的“有慈无威”②，“不训不师”，使嵇康被娇宠爱护，同时也创造了一种十分宽松的成长环境，使嵇康甚至到成年时还“冯宠自放”，依其性之所近、情之所悦，来“抗心希古，任其所尚”，充分发展自我。在这种自主性极强的自我选择过程中，嵇康必然轻忽社会人格，而强化对自我人格的发展。因为所谓社会人格，是由于人类在社会生活中所必须扮演某种角色，而发展起来的、使人在各种社会关系中得以适应和生存的方面；而自我人格则是反映人的天性要求和自由心灵，体现人格本质的方面。在封建时代，以儒家学说为核心的经学，由于具体规范社会伦理秩序、道德准则，而成为个人人格教育方面的必修内容。对于嵇康自称“不涉经学”，我们当然不能完全当真③。但母、兄由于溺爱直到他成年还“任其所尚”，对其社会人格的培养相对忽略和有所放弃，则对嵇康成年后由反感受司马氏篡权主导的虚伪礼法，走向对“经学”所规范的伦理原则和道德秩序的反叛，有直接的影响。嵇康《难自然好学论》说：

> 六经以抑引为主，人性以从欲为欢，抑引则违其愿，从欲则得自然；然则自然之得，不由抑引之六经，全性之本，不须犯情之礼律。故仁义务于理伪，非养真之要术，廉让生于争夺，非自然之所

---

① 参见拙著《“英雄”文化与魏晋文学》中《嵇康兄弟之“谜”与兄弟关系》的相关论述。

② [唐]房玄龄等撰，吴士鉴、刘承干注：《晋书斠注》，中华书局2008年版，第900页中“母兄骄恣，不涉经学，又读老庄，重增其放”。

③ [唐]房玄龄等撰：《晋书》，中华书局1974年版，第465页。据《晋书·赵至传》记载，赵至甘露年间曾在太学看到嵇康抄写石经，嵇康本就是古文经学家，曾著《春秋左氏传音》。臧荣《续晋书》中载：嵇康“博览经籍，无所不见”。

出也。由是言之:则鸟不毁以求驯,兽不群而求畜,则人之真性,无为正当,自然耽此礼学矣。①

嵇康这种鄙弃“六经”、崇尚自然的思想认识,固然与时代社会文化思潮密切相关,也当受到早年人生经验的影响。而《幽愤诗》《与山巨源绝交书》宣称早期的自主性选择是“托好老庄,贱物贵身,志在守朴,养素全真”;“又读庄、老,重增其放,故使荣进之心日颓,任实之情转笃”,明显是对强化和发展了的自我人格的认同。社会人格的被弱化与自我人格的被强化,必然造成二者之间的分离、悖反,使他在面对由司马氏篡权统治主导的魏晋之际特殊社会生活与社会关系时,缺乏相应的心理承受能力和调节机制。正如《与山巨源绝交书》的自我剖析:“此由禽鹿少见训育,则服从教制,长而见羁,则狂顾顿缨,赴蹈汤火,虽饰以金镳,飨以嘉肴,愈思长林而志在丰草也。”②虽然就嵇康自身说,他“性不伤物”,主观上“欲寡其过”,但其“好善暗人”“惟此褊心,显明臧否”,必然会招致礼法社会的伤害。“频致怨憎”“谤议沸腾”,就使他的痛苦远较常人为甚。

嵇康也曾思考怎样矫己适俗,但一方面,在魏晋之际矫己从俗,本就是极艰难的事情。以阮籍的“至慎”,与“与物无伤”的“过人”“至性”,也“为礼法之士所绳,疾之若仇”。嵇康虽信服阮籍而不及:“阮嗣宗口不论人过,吾每师之,而未能及。”③他“以不如嗣宗之贤,而有慢弛之阙;又不识人情,暗于机宜,无万石之慎,而有好尽之累。久与事接,疵衅日兴,虽欲无患,其可得乎?”另一方面,为矫己从俗而放弃自我,尤非所愿。所以,受司马氏篡权主导的社会生活与社会关系固然摈拒嵇康于门外,嵇康也甘愿自我放逐,坚执“循性而动,各附所安”“性有不堪,真不可强”“志气所托,不可夺也”。这样,朋友对于嵇康

① [三国·魏]嵇康撰,戴明扬校注:《嵇康集校注》,人民文学出版社1962年版,第261页。

② [三国·魏]嵇康撰,戴明扬校注:《嵇康集校注》,人民文学出版社1962年版,第118页。

③ [唐]房玄龄等撰,吴士鉴、刘承干注:《晋书斠注》,中华书局2008年版,第901页。

就显得格外重要。只有志趣相投的朋友才能宽容他。《与山巨源绝交书》就坦述:“又纵逸来久,情意傲散,简与礼相背,懒与慢相成。”[①]只有朋友才能宽容见谅;“而为侪类见宽,不攻其过。”嵇康也情愿和那些与自己志趣相投的朋友一道,过适合自我的生活。

第二,特定的“早孤”生活对他人格模式的形成产生了深远影响。现代心理学指出,个人人格模式的形成,与对父母的天然模仿有着必然关联。对于男性来说,首先是通过对父亲形象的认同,来建构其自我形象的。父亲早逝,母、兄共同担当父亲职责,这在一定程度上使嵇康男性人格形象的建构失去了可资参照的对象。因为在男性身上,总是或多或少地存在某些“女性侧面”,即女性的性格和行为特征;在女性身上,也总是或多或少地存在某些“男性侧面”,即男性的性格和行为特征。二者比例如果失调,就会出现一定程度的角色错位现象。嵇康“早孤”,固然使他享受了更多母亲的慈爱关怀,但母亲的影响过多,也会使他较多地发展其“女性侧面”,在其男性气质中注入更多渴望被人关怀、抚慰,特别是寻找依靠的成分。我们认为,嵇康在成年后轻视女色,好似从心底里就对女色持一种鄙夷的态度,当与他早期较多发展了自身的“女性侧面”有关。关于这一点,第三部分讨论为什么嵇康作品中女性形象较少时详谈。嵇康更多渴望被人关怀、抚慰,特别是寻找依靠,则可从《思亲诗》中读出:“奄失恃兮孤茕茕”“上空堂兮廓无依”“中夜悲兮当谁告”“慈母没兮谁与骄”[②]。因失去亲人而感到孤独,本是人之常情。但作为老大不小的男性,如此反复感伤母亲逝去后的孤立无依,则不但说明母亲生前是他人生的重要依靠,也显露了嵇康男性人格中特别脆弱,甚至有近于女性化的一面。可见,嵇康甚于常人的焦虑躁动与“遇事便发”、较为脆弱等性格特点,虽主要是受魏晋之际特殊政治与社会生活以及服食之风等的影响,但似也能从父亲早逝留给他巨大精神创伤,母、兄格外溺爱,使其人格模式存在的缺

① [三国·魏]嵇康撰,戴明扬校注:《嵇康集校注》,人民文学出版社 1962 年版,第 117 页。

② [三国·魏]嵇康撰,戴明扬校注:《嵇康集校注》,人民文学出版社 1962 年版,第 53 页。

憾中找出痕迹。如此说来,为世人所公认的嵇康性格的“婞直”、“峻切”、刚烈,是否还有其脆弱性格外现的成分呢?

长兄对于嵇康来说,介于父、兄之间,对小弟的溺爱既使其无意效仿严父,也较少长兄之威,二人关系相对平等、友好、宽松,这也很有可能对嵇康成年后总是渴望一种相对平等、无拘无束的人际关系产生重要影响。至于嵇康与嵇喜虽为兄弟,一母同胞之情仍在,却实非同道,两人在精神方面形同陌路。在某些事情上,嵇康更看重朋友而不是哥哥嵇喜。《晋书·山涛传》所载嵇康托孤一事正说明,他对山涛的信任实际超过了亲哥哥嵇喜①。

从嵇康的婚姻生活看,他娶曹魏宗室沛王曹林之女长乐亭公主为妻②,嵇康作品中无一字提及其妻,我们无从确知二人真正感情关系。从他为婚姻选择而付出了政治上的惨痛代价推断,大约夫妻感情不错。但夫妻感情不错,并不妨碍嵇康对女性仍持轻视态度;也不能说明其妻就如《世说新语·贤媛》所记山涛之妻,做丈夫的精神知音。故与其崇“友”情结亦不矛盾。

由上述讨论可以说明:特定的“早孤”家庭生活,也是嵇康更多渴求友情的重要因素。当与现实社会生活与社会关系格格不入时,巨大孤寂感的填充与矛盾痛苦的纾解、宣泄,以及寻找某种微带女性化特征的依靠感等,都使他更多追求友情;而在寻找一种较为平等、友好、宽松无拘束的人际关系时,朋友更是最佳选择。同时,在强化自我人格、追求更高人生境界时,也非常需要在与知音的共同参与中印证、确认自我生命价值与人生追求,故嵇康“每思郢质”。

从嵇康的生平行事看,他与朋友的交往主要表现出以下五方面的特点:

其一,以认同自我人格为主,交友标准具有强烈的选择性。嵇康一生中交往较多的人有:阮籍、山涛、向秀、刘伶、阮咸、王戎、王烈、孙登、吕安、郭遐周、郭遐叔、阮德如、赵至等。据《晋书》本传载,即使嵇

① 参见拙著《“英雄”文化与魏晋文学》中《嵇康兄弟之“谜”与兄弟关系》的相关论述。
② 王晓毅:《嵇康评传》,广西教育出版社 1994 年版,第 22—23 页。

康与竹林名士的交往，其深浅程度也不一样，“所与神交者，惟陈留阮籍，河内山涛”，余则“豫其流者”①。

《世说新语·简傲》《晋书·阮籍传》都记载，嵇康听说阮籍对哥哥嵇喜翻了“白眼”，就挟琴造访，赢得阮籍大开“青眼”，结为神交。山涛更是嵇康能够“托孤”的神交。而当司马氏的亲信钟会造访时，既有意一言不发使其难堪，又以“何所闻而来，何所见而去”的诘问使其恼怒。嵇康亲善“友”的做法与阮籍十分相近。如阮籍分“青”“白”眼看嵇康兄弟，吕安重嵇康而轻嵇喜。这些，说明嵇康与朋友的择“友”趋向是互相影响的，也间接体现了魏晋之际特定政治文化背景对择“友”趋向的影响。

其二，嵇康习惯于与朋友一道，形成与礼法社会相对立的小圈子，并一道追寻审美化的生活方式。如《世说新语》等记载的有嵇康参与的竹林七贤之游。而与王戎等同居山阳，与向秀、吕安等以锻铁为业，与吕安的亲密交往等，与常人交友颇有不同，明显带有曾在一起共同生活的特征。

其三，为朋友输诚竭智，极重朋友之情。两封绝交信就足证嵇康对友情的看重和珍视。而导致嵇康之死的直接原因，也是由于被牵入了朋友的事件。关于这一点，在论《与吕长悌绝交书》时详谈。

其四，嵇康的高洁人格及其交友方式，对朋友具有极大的感召力，嵇康往往成为朋友群体的领袖，赵至等甚至不惜千里追随②。

其五，嵇康“以高契难期，每思郢质”，即因曲高和寡而渴求知音，追求超越现实社会而在更高层次与“友”同游。如他曾于汲郡山中遇著名隐士孙登，“遂与之游”③。《太平御览》曾引《神仙传》，说他还曾与道士王烈交往④。他也羡慕古代前贤和神仙，如《与山巨源绝交书》

① ［唐］房玄龄等撰，吴士鉴、刘承干注：《晋书斠注》，中华书局2008年版，第899页。
② 参见［唐］房玄龄等撰：《晋书·赵至传》。
③ 余嘉锡笺疏：《世说新语笺疏》，中华书局1983年版，第649页。
④ 参见［北宋］李昉等编纂《太平御览》六百六十三、八百三十九引《道学传》。

称："吾每读尚子平、台孝威传，慨然慕之，想其为人。"[①]并专门著《高士传》，撰上古以来高士老聃、长沮、桀溺、庄周、黄石公等人事迹，"为之传赞，欲友其人于千载也"[②]。

总之，交友在嵇康的生活中占有特别重要的位置。他"每思郢质"，注重以强烈的选择性交"友"，对抗礼法，追寻审美化的生活方式。不但交友方式在当时独标高帜，其崇"友"意识与思想内涵也具有重要的文化与审美价值。

二、崇"友"意识与嵇康诗文创作

刘勰《文心雕龙·才略》对比嵇康、阮籍时指出："嵇康师心以遣论。"[③]学界通常认为嵇康"婞直""峻切"的情性实际更适合于创作散文。其散文创作"所触即形""径逐直陈、有言必尽"[④]、析理深透，嬉笑怒骂皆成文章；而在诗歌创作中，这种优势就不甚明显，有时还会转变为劣势。因为"诗诚关乎性情，婞直之人，必不能为婉转之调，审矣"[⑤]。这种评价大致不错。嵇康的有些诗作，确实较少剪裁，"所触即形"、直抒胸臆、流于质直，而缺乏某种蕴藉含蓄之美。总体上说，其散文成就要高于诗歌，但这并不意味着嵇康的诗都是质直平庸之作。换个角度来看，在嵇康诗歌创作中，主要侧重于描绘他所向往的理想社会与世界图式，表现他高洁的人品胸次和人生追求，以"立"为主；而在散文创作中，则侧重于淋漓尽致地批判、抨击和否定充满丑恶的现实生活世界图式，以"破"为主。"破""立"难、易有别，这也是造成其散文总体成就高于诗歌的一个重要原因。而"破""立"各有侧重，诗歌侧重于"立"，不少诗歌高朗俊爽，浪漫主义色彩浓郁，堪称佳作。同时，一方面，无论"破""立"，受其"崇友"意识的深刻影响，"每思郢质"都是贯穿

① ［三国·魏］嵇康撰，戴明扬校注：《嵇康集校注》，人民文学出版社1962年版，第116页。

② ［唐］房玄龄等撰：《晋书》，中华书局1974年版，第1374页。

③ ［南朝·梁］刘勰著，范文澜注：《文心雕龙注》，人民文学出版社1958年版，第978页。

④ ［清］陈祚明评选：《采菽堂古诗选》，上海古籍出版社2008年版，第218页。

⑤ ［清］陈祚明评选：《采菽堂古诗选》，上海古籍出版社2008年版，第218页。

嵇康文学创作的重要主题旋律;另一方面,这一主题旋律也为嵇康的文学创作增添了感情力度、理性色彩、浪漫主义情调和鲜明个性特征。

(一)崇“友”意识与诗歌创作

从诗歌创作看,自我与“友”“双象”图式是嵇康构建其诗歌审美系统的最重要表现方式。如前所论,在嵇康的生活世界,朋友具有至为重要的地位;在其精神世界,崇“友”意识也占据重要地位。相应地,嵇康艺术世界的主人往往也是两位:审美主体与知音。如嵇康《五言诗》与《与阮德如诗》所言:“郢人审匠石,钟子识伯牙”①;“郢人忽已逝,匠石寝不言”②,二者互为存在的前提。嵇康所追求的理想生活方式,就是与知音共同居处于理想之境中:

> 携我好仇,载我轻车,
> 南凌长阜,北厉清渠,
> 仰落惊鸿,俯引渊鱼,
> 盘于游畋,其乐只且。(《兄秀才公穆入军赠诗十九首》第十一首)③

作为这种审美理想的外化,嵇康诗中反复出现具有超越精神、无拘无束生活的“双鸟”飞翔意象:

> 双鸾匿景曜,戢翼太山崖,
> 抗首漱朝露,晞阳振羽仪,
> 长鸣戏云中,时下息兰池,
> 自谓绝尘埃,终始永不亏。
> …………(《兄秀才公穆入军赠诗十九首》第一首)④
> 鸳鸯于飞,肃肃其羽,

① [三国·魏]嵇康撰,戴明扬校注:《嵇康集校注》,人民文学出版社1962年版,第80页。
② [三国·魏]嵇康撰,戴明扬校注:《嵇康集校注》,人民文学出版社1962年版,第66页。
③ [三国·魏]嵇康撰,戴明扬校注:《嵇康集校注》,人民文学出版社1962年版,第11页。
④ [三国·魏]嵇康撰,戴明扬校注:《嵇康集校注》,人民文学出版社1962年版,第4页。

朝游高原，夕宿兰渚，
邕邕和鸣，顾眄俦侣。
俯仰慷慨，优游容与。
…………（《兄秀才公穆入军赠诗十九首》第二首）①
鸳鸯于飞，啸侣命俦，
朝游高原，夕宿中洲，
交颈振翼，容与清流，
咀嚼兰蕙，俯仰优游。
（《兄秀才公穆入军赠诗十九首》第三首）②

比翼双飞，本多用来指喻男女关系，鸳鸯尤多特指夫妻，嵇康则用以指喻知音。追求与知音比翼双飞的理想境界，既是一种对现实孤寂环境的精神弥补与超越，也是难以实现真正超越苦闷的象征。正由于现实环境与审美主体形成严重的对峙与冲突，故迫切要求超越和渴求知音。

《答二郭三首》其一追述与二郭“良时遘时愿，遂结欢爱情。君子义是亲，恩好笃平生”，慨叹自己“寡智自生灾，屡使众衅成。豫子匿梁侧，聂政变其形。顾此怀坦惕，虑在苟自宁，今当寄他域，严驾不得停”，而怅然于“本图终宴婉，今更不克并”，故十分珍视“二子赠嘉诗，馥如幽兰馨”③。其二追述“昔蒙父兄祚，少得离负荷。因疏遂成懒，寝迹北山阿。但愿养性命，终己靡有他。良辰不我期，当年值纷华，坎凛趣世教，常恐缨网罗，羲农邈以远，拊膺独咨嗟”，渴求超越而与知音同游：“岂若翔区外，飡琼漱朝霞，遗物弃鄙累，逍遥游太和，结友集灵岳，弹琴登清歌，有能从此者，古人何足多。”④再如：

潜龙育神躯，濯鳞戏兰池，

① ［三国·魏］嵇康撰，戴明扬校注：《嵇康集校注》，人民文学出版社1962年版，第6页。
② ［三国·魏］嵇康撰，戴明扬校注：《嵇康集校注》，人民文学出版社1962年版，第7页。
③ ［三国·魏］嵇康撰，戴明扬校注：《嵇康集校注》，人民文学出版社1962年版，第62页。
④ ［三国·魏］嵇康撰，戴明扬校注：《嵇康集校注》，人民文学出版社1962年版，第64页。

延颈慕大庭，寝足俟皇羲，
庆云未垂景，盘桓朝阳陂，
悠悠非我匹，畴肯应俗宜，
殊类难遍周，鄙议纷流离。
…………
焦鹏振六翮，罗者安所羁，
浮游太清中，更求新相知，
比翼翔云汉，饮露飡琼枝。（《述志诗二首》其一）①

与朋友相处可以获得精神力量，来对抗异己的生命表象世界，可以分享审美化生活。但是在强大的社会现实之中，这种超越是极难实现的。

《五言赠秀才诗》描述了现实世界对这种美好“双飞”境界的破坏与打击：

何意世多艰，虞人来我疑，
云网塞四区，高罗正参差；
奋迅势不便，六翮无所施，
隐姿就长缨，卒为时所羁。
单雄翻孤逝，哀吟伤生离，
徘徊恋俦侣，慷慨高山陂。
鸟尽良弓藏，谋极身心危，
吉凶虽在己，世路多险巇，
安得反初服，抱玉宝六奇，
逍遥游太清，携手长相随。②

① ［三国·魏］嵇康撰，戴明扬校注：《嵇康集校注》，人民文学出版社1962年版，第35—36页。

② ［三国·魏］嵇康撰，戴明扬校注：《嵇康集校注》，人民文学出版社1962年版，第4—5页。

异化的现实社会环境,造成了对这种审美世界的残暴破坏。而一当知音缺席,审美世界就变得严重残缺和无比空旷起来。同时,由于"高契难期",审美主体往往独自完成审美活动,这就更加激发了其思"友"之情。《赠兄秀才从军》集中表现了这种苦闷。其三、其四叙写"嗟我征迈,独行踽踽"这种强烈的孤寂,使审美主体失去了希望和依靠。"有怀遐人""所亲安在""我友焉之""仰顾我友""思我良朋",就成为反复出现在其艺术世界的强烈回声。再如:

凌高远眄,俯仰咨嗟,
怨彼幽絷,邈尔路遐。
虽有好音,谁与清歌,
虽有姝颜,谁与发华。
仰讯高云,俯托清波,
乘流远遁,抱恨山阿。(第十一首)①

轻车迅迈,息彼长林,
春木载荣,布叶垂阴。
习习谷风,吹我素琴。
咬咬黄鸟,顾俦弄音。
感寤驰情,思我所钦,
心之忧矣,永啸长吟。(第十二首)②

浩浩洪流,带我邦畿;
萋萋绿林,奋荣扬晖;
鱼龙瀺灂,山鸟群飞。
驾言出游,日夕忘归,

---

① [三国·魏]嵇康撰,戴明扬校注:《嵇康集校注》,人民文学出版社1962年版,第12页。
② [三国·魏]嵇康撰,戴明扬校注:《嵇康集校注》,人民文学出版社1962年版,第12—13页。

思我良朋，如渴如饥，
愿言不获，怆矣其悲。（第十三首）①

息徒兰圃，秣马华山，
流磻平皋，垂纶长川，
目送归鸿，手挥五弦，
俯仰自得，游心太玄。
嘉彼钓叟，得鱼忘筌。
郢人逝矣，谁可尽言。（第十四首）②

闲夜肃清，朗月照轩，
微风动袿，组帐高褰，
旨酒盈尊，莫与交欢，
琴瑟在御，谁与鼓弹，
仰慕同趣，其馨若兰。
佳人不存，能不永叹。（第十五首）③

其他诗作如：

…………
斯会岂不乐，恨无东野子，
酒中念幽人，守故弥终始，
但当体七弦，寄心在知己。（《酒会诗》其一）④

① ［三国·魏］嵇康撰，戴明扬校注：《嵇康集校注》，人民文学出版社 1962 年版，第 13—14 页。
② ［三国·魏］嵇康撰，戴明扬校注：《嵇康集校注》，人民文学出版社 1962 年版，第 15—16 页。
③ ［三国·魏］嵇康撰，戴明扬校注：《嵇康集校注》，人民文学出版社 1962 年版，第 17—18 页。
④ ［三国·魏］嵇康撰，戴明扬校注：《嵇康集校注》，人民文学出版社 1962 年版，第 73 页。

藻汜兰池,和声激朗,
操缦清商,游心大象,
倾昧修身,蕙音遗响,
钟期不存,我志谁赏。(《酒会诗》其二)①

将游区外,啸侣长鸣,
神□不存,谁与独征。(《杂诗》)②

郢人审匠石,钟子识伯牙,
真人不屡存,高唱谁当和。(《五言诗·其一》)③

在"思友""求友"的苦闷之中,嵇康也有以仙为友,以自然为友,以古人为友的想法。

以人世为苦而求仙友的如:

遥望山上松,隆谷郁青葱,
自遇一何高,独立迥无双,
愿想游其下,蹊路绝不通。
王乔弃我去,乘云驾六龙。
飘飖戏玄圃,黄老路相逢,
授我自然道,旷若发童蒙。
采药钟山隅,服食改姿容,
蝉蜕弃秽累,结友家板桐,
临殇奏九韶,雅歌何邕邕,
长与俗人别,谁能睹其踪。(《游仙诗》)④

---

① [三国·魏]嵇康撰,戴明扬校注:《嵇康集校注》,人民文学出版社 1962 年版,第 74 页。
② [三国·魏]嵇康撰,戴明扬校注:《嵇康集校注》,人民文学出版社 1962 年版,第 79 页。
③ [三国·魏]嵇康撰,戴明扬校注:《嵇康集校注》,人民文学出版社 1962 年版,第 80 页。
④ [三国·魏]嵇康撰,戴明扬校注:《嵇康集校注》,人民文学出版社 1962 年版,第 39—40 页。

俗人不可亲，松乔是可邻，
何为秽浊间，动摇增垢尘。
慷慨之远游，整驾俟良辰，
轻举翔区外，濯翼扶桑津，
徘徊戏灵岳，弹琴咏太真，
沧水澡五藏，变化忽若神，
姮娥进妙药，毛羽翕光新，
一纵发开阳，俯视当路人。
哀哉世间人，何足久托身。（《五言诗·其二》）①

审美主体期望通过游仙，实现对尘俗世界的隔离与超越，从而弃除污秽，澡雪精神，在审美灵境中以艺术化方式生活。

以现实为苦而希求与古人为友的，如《述志诗·其二》：

斥鷃擅蒿林，仰笑神凤飞；
坎井蝤蛭宅，神龟安所归。
恨自用身拙，任意多永思，
远实与世殊，义誉非所希，
往事既已谬，来者犹可追，
何为人事间，自令心不夷？
慷慨思古人，梦想见容辉，
愿与知己遇，舒愤启其微，
岩穴多隐逸，轻举求吾师，
晨登箕山巅，日夕不知饥。
玄居养营魄，千载长自绥。②

---

① ［三国·魏］嵇康撰，戴明扬校注：《嵇康集校注》，人民文学出版社1962年版，第80页。

② ［三国·魏］嵇康撰，戴明扬校注：《嵇康集校注》，人民文学出版社1962年版，第37—38页。

但是，如前所引，倘“结友集灵岳，弹琴登清歌。有能从我者，古人何足多”。

（二）“崇友”意识与嵇康散文及赋体创造思维

嵇康的许多哲理散文，都是在与知音、“郢质”的热烈讨论中产生的，实融他与“郢质”的智慧、哲思、激情于一体。如他与向秀多次往复论难“养生”问题，是文坛千秋佳话。《晋书·向秀传》记载此事就特别指出，向秀“又与康论养生，辞难往复，盖欲发康高致也”①。阮德如是他的另一位好友，二人互相唱和诗作有《与阮德如一首》和《阮德如答二首》。为“宅无吉凶摄生”问题，二人有过往返两次的热烈论辩。《明胆论》系与吕安论难之作。此外，还曾与张邈论难“自然好学”命题。而内容表现直接与友情关联的是三篇：《与山巨源绝交书》《管蔡论》《与吕长悌绝交书》。

关于《与山巨源绝交书》的写法，《世说新语·栖逸》刘孝标注引《嵇康别传》说：

> 山巨源为吏部郎，迁散骑常侍，举康，康辞之，并与山绝。岂不识山之不以一官遇己情邪？亦欲标不屈之节，以杜举者之口耳！乃答涛书，自说不堪流俗，而非薄汤武。大将军闻而恶之。②

这段颇具概括力的分析，真为千古不易之快论！嵇康写作此“书”，正是选择自己的神交，号称当时“雅量”天下第一的山涛。以这种决绝方式来标示自己的不屈精神，杜绝好事者的骚扰。“书”的主旨是两条：以“必不堪者七，甚不可者二”，对司马氏篡夺政权公然宣称自己对立的政治态度，对受司马氏篡权统治主导的社会生活与社会关系以决绝态度拒绝。这种决绝，实际是受其执着维护自我人格，追求理想人生境界的思想意识支配的。也可以看作是对自我人格受到严重

① ［唐］房玄龄等：《晋书》，中华书局1974年版，第1374页。

② ［南朝·宋］刘义庆等编纂，余嘉锡笺疏：《世说新语笺疏》，中华书局1983年版，第652页。

压抑的苦闷的宣泄,对戕害自我人格的社会网罗的宣言。因此,“书”痛陈异己社会对自我人格的戕害之烈与使人无所避身;强烈讥讽所谓“傍通”“多可而少怪”“无所不堪,外不殊俗,而内不失正,与一世同其波流,而悔吝不生耳”的达人。指出当此黑暗时代,要么保持自我人格,要么妥协,并无调和之路可走。尤其厌恶已欲妥协,反胁迫人者:“不可自见好章甫,强越人以文冕也;已嗜臭腐,养鸳雏以死鼠也”;“野人有快炙背而美芹子者,欲献之至尊,虽有区区之意,亦已疏矣。愿足下勿似之”。

《与吕长悌绝交书》甚短,主要谴责卖“友”行为,表现了凛然的精神风范。据《世说新语》《晋书》本传等记载,嵇康与吕安友善,吕安兄吕巽借酒奸污了吕安妻,从而引发弟兄纠纷。为维护吕巽弟兄亲情,嵇康以同为二人之友身份,不惜置身纠纷,居中调解。他天真相信吕巽,故劝服吕安。吕巽却自恃司马氏亲信,竟然诬告吕安不孝,吕安因此被收监。嵇康也因挺身为吕安辩诬而被牵连,司马氏听信钟会谗言,嵇康终于被杀。“书”中嵇康既愤恨于满腔热忱,反为吕巽的无耻所欺:“足下阴自阻疑,密表系都,先首服诬都,此为都故,信吾又无言,何意足下包藏祸心耶?”又痛心疾首于辜负阿都:“怅然失图,复何言哉!”而在“书”末,仍然恪守古风:“绝交不出丑言”,“临别恨恨”于掩抑之间,透露出无比愤激,也显示了不屑与衣冠禽兽论难的高贵气质。

《管蔡论》则借兄弟友于之情喻指政治人事,这种翻案文章可谓发前人所未发:

> 且明父圣兄,曾不鉴凶愚于幼稚,觉无良之子弟,而乃使理乱殷之弊民,显荣爵于藩国,使恶积罪成,终遇祸害。于理不通,心无所安。①

① [三国·魏]嵇康撰,戴明扬校注:《嵇康集校注》,人民文学出版社 1962 年版,第 244 页。

虽借他人之口诘问,实为嵇康惊世骇俗快论。如此为管、蔡翻案,明显针对现实政治。按其时司马氏挟持着曹魏少帝,常以周公摄政自拟。所以以周公兄弟的一段历史公案来做论,显然是有意冒犯。故戴明扬《嵇康集校注》引张采说:“周公摄政,管、蔡流言;司马执权,淮南三叛,其事正对。叔夜盛称管、蔡,所以讥切司马也。”①

另外,《卜疑》也有“于是远念长想,超然自失,郢人既没,谁为吾质”②思想。至于《琴赋》铺写最足发人琴思的特定场合,也与朋友聚会紧密相关,因本书《萧统与音乐赋》有较详论述,就不再多谈了。

综上可见,嵇康的崇“友”意识确实对嵇康的诗文创作有着深刻而全面的影响。与嵇康相比,阮籍亦是“早孤”,他与嵇康同时而年龄稍长,在生活方式上也与嵇康有相近处。但相近的人生经历在两人的心灵中有不尽相同的投影。“早孤”使阮籍更精心于磨练自己避祸防身的意志与能力。他以“至慎”对待现实政治与人事交接,对朋友的追求也不如嵇康强烈、迫切。阮籍是魏晋之际最孤寂、也最偏爱孤寂的哲人。这种至慎至隐的人生态度,表现在文学创作上,就形成“厥旨渊放,归趣难求”的风格。在阮诗系统中,创作主体保持着一种相当稳定的心理场,总是用高、远、深、幽、僻、静的空间环境构成一种审美灵境,从而实现对生命表象世界的转换和超越。所以,阮诗的审美主体总是以独坐空堂、独夜徘徊、登高独立等遗世风貌独立存在于审美灵境中③。虽然相较于诗,阮籍的赋与文要显豁明了,但阮籍更重视以赋而不是散文作为其理性批判的思想武器,仍然与他至隐人生相关。比较嵇、阮为人与为文的异同,对于我们全面认识魏晋文学创作的精神特质,无疑具有重要启示意义。

---

① [三国·魏]嵇康撰,戴明扬校注:《嵇康集校注》,人民文学出版社1962年版,第248页。

② [三国·魏]嵇康撰,戴明扬校注:《嵇康集校注》,人民文学出版社1962年版,第136页。

③ 参见拙著《“英雄”文化与魏晋文学》中《〈咏怀·其一〉与阮籍“范式”》的相关论述。

三、女性文学形象缺失与崇“友”意识

古人习惯以女性形象作为一种审美象征。但在嵇康作品中，女性形象则较少出现，与“每思郢质”适成鲜明对照，这也颇发人深思。而有限的几个女性形象，其出现还分不同情况。

第一种以正面意义出现，即“游女”“老莱妻”“佳人”等。“游女”作为妙解音律的审美形象出现在《琴赋》中：“于时也，金石寝声，匏竹屏气，王豹辍讴，狄牙丧味，天吴踊跃于重渊，王乔披云而下坠，舞鸑鷟于庭阶，游女飘焉而来萃。”①但同类情形在其他作品中就极为罕见了。嵇康《六言诗》第九首赞美“老莱妻”：“不愿夫子相荆，相将避禄隐耕，乐道闲居采萍，终厉高节不倾。”②实际是受魏晋隐居也重家庭生活思想意识的影响，借以表现以古人为友的一种理想生活方式。而赞美这种生活方式，更多是赞美“妻”与老莱高古的隐逸志趣投合，甚至为老莱人生抉择之师。如此夫妻实为“郢人”“匠石”关系，而非男欢女爱的红尘情侣。可见，这仍然是嵇康理想之“友”的一种变体。至于“佳人”，只在《赠兄秀才入军》第十五首出现一次：“佳人不存，能不永叹。”③但在魏晋时代，“佳人”既可称女，亦可谓男。这里似指佳友。

第二种是一般提及。《答释难宅无吉凶摄生论》：“宅是外物，方圆由人，有可为之理，犹西施之洁不可为，而西施之服可为也”④；“薄姬之困而后昌，皆不可为、不可求。”⑤两例都借美女客观说理而看不出作者好恶。《卜疑》：“将如箕山之夫，颍水之女，轻贱唐、虞，而笑大

---

① ［三国·魏］嵇康撰，戴明扬校注：《嵇康集校注》，人民文学出版社 1962 年版，第 108 页。

② ［三国·魏］嵇康撰，戴明扬校注：《嵇康集校注》，人民文学出版社 1962 年版，第 44—45 页。

③ ［三国·魏］嵇康撰，戴明扬校注：《嵇康集校注》，人民文学出版社 1962 年版，第 18 页。

④ ［三国·魏］嵇康撰，戴明扬校注：《嵇康集校注》，人民文学出版社 1962 年版，第 304 页。

⑤ ［三国·魏］嵇康撰，戴明扬校注：《嵇康集校注》，人民文学出版社 1962 年版，第 297 页。

禹乎？”①男女对称，只限于客观谈论美女嘲笑不懂追求男女风情享乐的苦行者。《琴赋》：“《王昭》《楚妃》，《千里》《别鹤》，犹有一切，承间簉乏，亦有可观者焉。”②由曲名或能生发联想，但作者之意，肯定不在表现美女。

第三种是或泯灭美丑界限，或以丑为高，或赞美弃绝女色，或谈论好色之害，往往表现出对女色一定程度的鄙弃意味。如：

今使瞽者遇室，则西施与嫫母同情。聩者忘味，则糟糠与精稗等甘。岂识贤、愚、好、丑，以爱憎乱心哉？……且逆旅之妾，恶者以自恶为贵，美者以自美得贱。美恶之形在目，而贵贱不同，是非之情先著，故美恶不能移也。(《答难养生论》)③

嗟古贤原宪，弃背膏粱朱颜……(《六言诗十首》第十首)④

宁聚货千亿，击钟鼎食，枕藉芬芳，婉娈美色乎？(《卜疑》)⑤

其自用甚者，饮食不节，以生百病，好色不倦，以致乏绝……(《养生论》)⑥

酒色乃身之仇也，莫能弃之。……明天下之轻于其身，酒色之轻于天下，又可知矣。(《答难养生论》)⑦

以酒色为供养，谓长生为无聊。(同上)⑧

---

① [三国·魏]嵇康撰，戴明扬校注：《嵇康集校注》，人民文学出版社 1962 年版，第 139 页。

② [三国·魏]嵇康撰，戴明扬校注：《嵇康集校注》，人民文学出版社 1962 年版，第 104 页。

③ [三国·魏]嵇康撰，戴明扬校注：《嵇康集校注》，人民文学出版社 1962 年版，第 174—176 页。

④ [三国·魏]嵇康撰，戴明扬校注：《嵇康集校注》，人民文学出版社 1962 年版，第 45 页。

⑤ [三国·魏]嵇康撰，戴明扬校注：《嵇康集校注》，人民文学出版社 1962 年版，第 139 页。

⑥ [三国·魏]嵇康撰，戴明扬校注：《嵇康集校注》，人民文学出版社 1962 年版，第 152 页。

⑦ [三国·魏]嵇康撰，戴明扬校注：《嵇康集校注》，人民文学出版社 1962 年版，第 176—177 页。

⑧ [三国·魏]嵇康撰，戴明扬校注：《嵇康集校注》，人民文学出版社 1962 年版，第 188 页。

然则荣华酒色，有可疏之时。（同上）[1]

以恬淡为至味，则酒色不足钦也。（同上）[2]

养生有五难：名利不灭，此一难也。喜怒不除，此二难也。声色不去，此三难也。（同上）[3]

妙音感人，犹美色惑志，耽槃荒酒，易以丧业。（《声无哀乐论》[4]

这些足以说明：无论在嵇康的理性意识层面，还是艺术审美表现中，女性都显得无足轻重。在嵇康文学创作中，很少以女性形象作为审美理想的象征，崇“友”意识才是其文学创作的重要主题旋律！

与嵇康不同，阮籍诗文中有较多女性形象出现：

黄帝登仙于荆山之上，振咸池于南岳之冈，鬼神其幽，而夔牙不闻其章；女娃耀荣于东海之滨，而翩翻于洪西之旁，林石之陨从，而瑶台不照其光。（《清思赋》）[5]

麾常仪使先好兮，命河女以胥归。（同上）[6]

瞻朝霞之相承兮，似美人之怀忧。（同上）[7]

既不以万物累心兮，岂一女子之足思？（同上）[8]

召大幽之玉女兮，接上王之美人。（《大人先生传》）[9]

---

① ［三国·魏］嵇康撰，戴明扬校注：《嵇康集校注》，人民文学出版社1962年版，第189页。

② ［三国·魏］嵇康撰，戴明扬校注：《嵇康集校注》，人民文学出版社1962年版，第190页。

③ ［三国·魏］嵇康撰，戴明扬校注：《嵇康集校注》，人民文学出版社1962年版，第191页。

④ ［三国·魏］嵇康撰，戴明扬校注：《嵇康集校注》，人民文学出版社1962年版，第224页。

⑤ ［三国·魏］阮籍著，陈伯君校注：《阮籍集校注》，中华书局2012年版，第29页。

⑥ ［三国·魏］阮籍著，陈伯君校注：《阮籍集校注》，中华书局2012年版，第35页。

⑦ ［三国·魏］阮籍著，陈伯君校注：《阮籍集校注》，中华书局2012年版，第38页。

⑧ ［三国·魏］阮籍著，陈伯君校注：《阮籍集校注》，中华书局2012年版，第39页。

⑨ ［三国·魏］阮籍著，陈伯君校注：《阮籍集校注》，中华书局2012年版，第181页。

二妃游江滨,逍遥顺风翔。(《咏怀诗》其二)①
西方有佳人,皎若白日光。(《咏怀诗》其十九)②
赵女媚中山,谦柔愈见欺。(《咏怀诗》其二十)③
念我平居时,郁然思妖姬。(其六十四)④
思从二女,适彼湘沅。(四言《咏怀诗》其二)⑤

除了《咏怀诗》其二十九有“应龙沉冀州,妖女不得眠”⑥之“妖女”被作为批判对象外,绝大多数女性形象,寄托了阮籍的美好志意。这些形象的使用,使阮籍的诗文在朦胧隐约中,有了一种顾盼流光、逸丽曼妙的境界。无疑,这和他的为人也有密切关系。据《世说新语》《晋书》本传等载,阮籍既能欣赏女性之美,也能以坦荡真淳之心对待她们:嫂尝归宁,籍相见与别;邻家少妇有美色,当垆沽酒,籍便诣饮,醉卧其侧;兵家女有才色,未嫁而死,籍不识其父兄,径往哭之,尽哀而还。可见,不管是在现实生活中,还是在文学创作中,阮籍都把聪慧美丽的女性形象纳入其审美视野,并给予充分肯定和多方表现。

而从前面嵇康大量作品的引用,可以看出,嵇康实质上不重女色,甚至从心底里对女色持一种鄙夷的态度。他不可能像阮籍那样发现、欣赏、倾倒于女性的聪慧美丽,较少把她们当作“郢质”而有靠近的意思,更少将其纳入审美视野予以审美的表现。

嵇康文学作品中女性审美形象的缺失,正好印证“每思郢质”是嵇康文学创作的重要主题旋律。至于其间的得失优劣,自当予以仔细思量。

(本文原载《英雄文化与魏晋文学》,上海古籍出版社 2018 年版)

① [三国·魏]阮籍著,陈伯君校注:《阮籍集校注》,中华书局 2012 年版,第 212 页。
② [三国·魏]阮籍著,陈伯君校注:《阮籍集校注》,中华书局 2012 年版,第 280 页。
③ [三国·魏]阮籍著,陈伯君校注:《阮籍集校注》,中华书局 2012 年版,第 282 页。
④ [三国·魏]阮籍著,陈伯君校注:《阮籍集校注》,中华书局 2012 年版,第 369 页。
⑤ [三国·魏]阮籍著,陈伯君校注:《阮籍集校注》,中华书局 2012 年版,第 202 页。
⑥ [三国·魏]阮籍著,陈伯君校注:《阮籍集校注》,中华书局 2012 年版,第 301 页。

文学基调、文学思维系统与文学“范式”建构

——以阮籍的《咏怀·其一》为研究中心

阮籍《咏怀·其一》只有短短八句：

夜中不能寐，起坐弹鸣琴。
薄帷鉴明月，清风吹我襟。
孤鸿号外野，翔鸟鸣北林。
徘徊将何见？忧思独伤心。①

在其《咏怀》诗系统中，这首短诗却具有举足轻重的地位。对于《咏怀·其一》的研究，有两种观点最值得注意：

1. 清人方东树认为，《咏怀·其一》是82首《咏怀》诗的发端，“不过总言所以不能已于言之故”②。这种“诗序”说容易让人想到宋刊《李义山诗集》，将《锦瑟》置于篇首作为李诗诗序的做法。由于没有确凿的史料根据，很难断定《咏怀·其一》的写作时间，也难以确知《咏怀》诗的次序是由谁以怎样的方式编排的。那么，应该如何看待这种“诗序”说？

---

① ［三国·魏］阮籍著，陈伯君校注：《阮籍集校注》，中华书局2012年版，第210页。
② 方东树：《昭昧詹言》，人民文学出版社1961年版，第83页。

2. 近人王闿运指出,《咏怀·其一》"八句而有长篇之气"①。古代诗歌中发抒主观情志的长篇,如屈原的《离骚》等,往往集诗人人生经验与创作经验之大成,甚至对其文学创作具有某种"范式"作用。阮籍的《咏怀》诗,"非必一时之作,盖平生感时触事,悲喜拂郁之情感寄焉"②,《咏怀·其一》究竟有无"长篇之气"?如有,这种"长篇之气"是被怎样赋予的?它对全部《咏怀》诗是否也具有某种"范式"作用?

方、王二氏的说法,均出之以直觉式感悟,缺乏具体的实证;今人虽重视这首诗,但对之进行全面、深入的专门研究,比之《离骚》《锦瑟》等作品,与《离骚》之于屈原的文学作品、《锦瑟》之于李商隐的文学作品一样,体现了作家的文学基调与文学思维系统特征,具有重要的"范式"意义。

一、脱胎于汉末、建安诗歌的《咏怀·其一》

一首"八句而有长篇之气"的诗作,与同样体制短小而蕴涵较少的作品相比,它必然更广泛地吸收前代和同代诗人的丰富营养,也更多地融入自身的东西,以集中表现时代精神。本文先从《咏怀·其一》与《古诗十九首》、建安诗歌的比较中展开讨论。

《古诗十九首》与建安诗歌对《咏怀·其一》的影响是显而易见的,可以大量相关的作品为证:

明月何皎皎,照我罗床帏。
忧愁不能寐,揽衣起徘徊。
…………
出户独彷徨,愁思当告谁?

① [三国·魏]阮籍著,陈伯君校注:《阮籍集校注》,中华书局2012年版,第211页。
② [三国·魏]阮籍著,陈伯君校注:《阮籍集校注》,中华书局2012年版,第208页。

引领还入房，泪下①沾裳衣。（《古诗十九首·其十九》）②
方舟溯③大江，日暮愁我心。
…………
狐狸驰赴穴，飞鸟翔故林。
…………
迅风拂裳袂，白露沾衣衿。
独夜不能寐，摄衣起抚琴。
丝桐感人情，为我发悲音。
羁旅无终极，忧思壮难任。（王粲《七哀·其二》）④
漫漫秋夜长，烈烈北风凉。
展转不能寐，披衣起彷徨。
彷徨忽已久，白露沾我裳。
…………
草虫鸣何悲，孤雁独南翔。
…………
向风长叹息，断绝我中肠。（曹丕《杂诗·其一》）⑤
终夜不遑寐，叙意于濡翰。
明灯□闺中，清风凄已寒。
白露涂前庭，应门重其关。
…………
涕泣洒衣裳⑥，能不怀所欢。（刘桢《赠五官中郎将·其三》⑦
高台多悲风，朝日照北林。

① “泪下”，《六臣注文选》卷二九五臣注作“下泪”，第543页。
② 隋树森：《古诗十九首集释》，中华书局1958年版，第27页。
③ 《文选》五臣注作“泝”，《艺文类聚》作“遡”，《太平御览》作“浮”。
④ 俞绍初辑校：《建安七子集》，中华书局1989年版，第79页。
⑤ ［三国·魏］曹丕撰，魏宏灿校注：《曹丕集校注》，安徽大学出版社2009年版，第67—68页。
⑥ “涕泣”，《古诗纪》二六作“泣涕”。《古诗纪》，冯惟讷编，影印文渊阁《四库全书》本。
⑦ 俞绍初辑校：《建安七子集》，中华书局1989年版，第218页。

孤雁飞南游，过庭长哀吟。

…………

形影忽不见，翩翩伤我心。（曹植《杂诗·其一》）①

还可举出的如曹叡《乐府诗·昭昭素明月》、无名氏《别诗·晨风鸣北林》等。无论是自然意象还是情感基调，阮诗都与这些诗作十分相像。有些诗如王粲《七哀·其二》等，甚至可以看作阮诗直接予以全面模写的范本。至于《咏怀·其一》与《古诗十九首》、建安诗歌中四句、两句相像的，就不胜枚举了。这说明，在《古诗十九首》与建安诗歌中，存在着为当时诗人所普遍遵守的创作格式，诗人们对审美意象的选择具有广泛的趋同性，阮诗是在学习、借鉴的基础上创作的。但是，与前举诸诗相比，阮诗具有鲜明的特点：

第一，前举诸诗无论是送别、怀人还是思乡，都有较为明确而单纯的主题。《咏怀·其一》却"厥旨渊放，归趣难求"②，主旨是潜隐的。

第二，前举诸诗大都具有较开放的时空世界，情绪流程较为随意，意象组合较为纷乱，具有"寓目辄书"的特点。在《古诗十九首》与建安诗作中，创作主体与自然的情感联系还较纷乱单一，他们对自然的把握更多局限于表层的描摹，缺乏对物象的整合能力。较为浅层的抒怀遣兴，往往是他们的创作目的。《咏怀·其一》中创作主体的能动作用则大为加强。借助于"夜中"，创作主体更多地沉潜于内心，审视于外物，对审美意象的组合更趋严谨有序。作为有意味的象征符号，这些审美意象超越自然意象本身，表现出阮诗"专以意胜"的特点，使阮诗以更小的篇幅蕴涵，更为丰富的内容，而胜过前举诸诗。

第三，前举诸诗，如《古诗十九首·明月何皎皎》，虽伤所思之人客游，而有"客行"言"乐"，忧思中仍不乏乐观向上的精神意绪。王粲诗的羁旅，则纯由建功立业的时代大潮所造成，这种"羁旅"的"忧思壮难任"，渗透着建功立业抱负难以实现的焦灼感。刘桢诗也是对于建

---

① ［三国·魏］曹植撰，赵幼文校注：《曹植集校注》，中华书局 2016 年版，第 373 页。

② ［梁］钟嵘撰，曹旭：《诗品集注》，上海古籍出版社 2011 年版，第 151 页。

功立业过程中“壮士远出征，戎事将独难”①的担忧，等等。《咏怀·其一》则是由逐一审视，而终于否定一切后的“忧思独伤心”，表现出深刻的理性主义精神。

不难想象，面对《古诗十九首》和建安诗歌的沃土，阮籍一定是在无意识的积淀与有意识的独创精神相互作用下，把与自己的情感联想相吻合的方面予以吸收接纳，同时也吸取了自己对生活的独特经验和对文艺的顿悟经验，这才使其《咏怀·其一》与前举诸诗貌近而神远，青出于蓝而胜于蓝。

二、《咏怀·其一》审美意象的深层意蕴

《咏怀·其一》究竟有无“长篇之气”？如有，这种“长篇之气”是怎样形成的？《咏怀·其一》对全部《咏怀》诗有无“范式”作用？“诗序”说能否成立？这一系列问题，都必须从《咏怀·其一》的深层意蕴中寻找答案。而对《咏怀·其一》深层意蕴的考察，又必须从阮籍文艺美学思想，以及整个文学创作与《咏怀·其一》的内在逻辑联系中予以把握。下面，试分别论述《咏怀·其一》审美意象的深层意蕴。

（一）论“夜中”

研究家们指出，阮籍甚至可以称为“黄昏诗人”，“夜中”也是他所偏爱的。如只从表象看，这种说法并不全面。首先，对生命意识的觉醒，使魏晋作家对时间节候都具有强烈的敏感性，不独阮诗，“黄昏”“夜中”意象在其他诗人作品中也很习见。前举诸诗中，不少就以“夜中”为背景。其次，从全部《咏怀》诗对白昼与夜晚意象的使用频率来看，其中明确提到白昼意象的有 11 首，提到夜晚意象的也有 11 首。可见阮诗对白昼意象的使用也是高频的。但值得注意的是，阮诗无论白昼、黄昏、夜中，创作主体以独到眼光，对宇宙自然、社会人生、历史现实诸方面予以理性主义的审美观照，是一贯性的表现手法。在《咏怀》诗系统里，内蕴着一种创作主体相当稳定的心理场。它总是朝向

---

① 俞绍初辑校：《建安七子集》，中华书局 1989 年版，第 218 页。

高、远、深、空、幽、僻的方面辐射。阮籍习用这种高、远、深、空、幽、僻的空间环境，建构一种审美灵境，从而实现对生命表象世界的转换与超越。所以，阮诗中的审美主体，总是以独坐空堂、独夜徘徊、登高独望的遗世风貌，独立存在于审美灵境中。

从阮籍的文艺美学思想考察，阮籍实际是在魏晋“有”“无”哲学观的影响下，以“无”为“有”，建构了属于自己理想的审美灵境。阮籍认为，审美主体只有在无边无际、无古无今、无形无色而有充溢的生命意识全方位跃动的审美灵境中，才能彻悟宇宙至“道”，妙得“窈窕”纯美，从而完成纯粹的审美活动。由于这种审美灵境排除了生命表象世界的尘杂与喧嚣，远离了所有人为的有关是非善恶、荣辱诸伦理原则的制约，使审美主体能够保持“清虚寥廓”“飘飖恍惚”“保洁存真”，从而达到内心与外物的神交（“远物来集”“神物来集”），顿悟普遍存在于宇宙自然、社会人生、历史现实之中的要妙之“道”（“洞幽贯冥”），享受纯粹的中和美感，创造不朽的生命价值（“激洁思存”“泰志适情”）。

这些貌似有欠明确、实则相当深刻的描述，自然可以看作他对纯粹审美活动规律的直观感悟。更重要的是，这些描述，与现代美学、心理学关于夜中人的心理活动和审美活动的科学理论，有着惊人的相似。

现代美学和心理学认为，“夜中”整个世界处于沉睡状态，黑暗吞噬了一切外物的“可见”，一切嘈杂的音声复归于寂静。这时的自然世界本身就处于“微妙无形，寂寞无听”的神秘状态，这就使审美主体易于完成纯粹审美活动。而夜中人暂时摆脱了白昼尘俗杂务嗜欲的束缚，远离了现实环境的压迫和白天的喧闹骚动，“动极而静”，最容易进入“无我”“忘我”的状态，从而沉入“那无边际的‘深’”；同时，世界夜半，被白天所压抑的潜意识、无意识大量涌现，也使人脑“静极而动”，处于最为活跃的状态，审美主体的能动精神得到最大解放，更容易神与物游，思接千载，视通万里，在似恍惚、似惆怅、似喜悦、似觉悟的意醉神迷状态下，使“微渺的心和那遥远的自然”，“打通了一道地下的深沉的暗道”,“在绝对的静寂里,获得自然人生最亲密的接触”①。

可知,阮籍在时间流程中偏爱世界“夜半”这特定时分,确乎有着必然的理由。在阮籍营构的“夜中”世界里,审美主体“廓无外以为宅,周宇宙以为庐”,“不满一朝而天下无人,东西南北莫之与邻”,在绝缘去相的绝对孤寂状态中,容易沉入“微妙无形、寂寞无听”的“无我”“忘我”境界,情志平和,保洁存真,神与物游,“鸿蒙之理”因而“闪闪发光”②。

综上,笔者认为,对《咏怀·其一》中的“夜中”意象,不能机械地比附史实,以之为“喻昏乱”③,“此嗣宗忧世道之昏乱”④;也不能简单地与魏晋诗歌中单纯表示表象世界真实时间存在的“夜中”意象画等号。这一“夜中”是为阮籍所独造的,它是诗人为追求一种纯粹形而上的理想审美灵境,而继承前代与同代作家的创作经验,并予以创构的“有意味的”象征符号。它主要象征了诗人在绝对孤寂静止状态中,进行理性主义深沉求索的企望。很大程度上,这一审美意象也代表了阮籍《咏怀》诗追求“清虚寥廓”境界的趋向。在全部《咏怀》诗中,大量诗作都借助黄昏、夜中进行理性主义审美观照就是明证。

(二)论“鸣琴”

在《咏怀·其一》中,“鸣琴”意象处于第二句的位置。前人对《咏怀·其一》前两句的“工于起调”推崇备至。如唐王昌龄说:“诗有六式:一曰渊雅;……阮嗣宗诗:‘夜中不能寐,起坐弹鸣琴。’”⑤王闿运说此诗“首二句飘飘仙举,遂为千古名作”⑥。与魏晋诗歌中大量音乐意象的位置不同,阮诗前两句布置了“夜中”“鸣琴”的意象,这种开首即以“响逸而调远”来造成特殊艺术效果的运思方式,确实让人耳目一新。

与魏晋诗歌中惯用的创作主体于夜中排愁遣恨的多种方式等相

---

① 宗白华:《美学散步》,上海人民出版社1981年版,第285页。
② 宗白华:《美学散步》,上海人民出版社1981年版,第285页。
③ 《文选》卷二三吕延济注曰:“夜中喻昏乱。”《六臣注文选》,第419页。
④ 参见[明]刘履:《选诗补注》。
⑤ [唐]王昌龄撰,胡问涛、罗琴:《王昌龄集编年校注》,巴蜀书社2000年版,第339页。
⑥ [三国·魏]阮籍撰,陈伯君校注:《阮籍集校注》,中华书局1987年版,第211页。

较，如：

展转不能寐，披衣起彷徨。（曹丕《杂诗·其一》）①

终夜不遑寐，叙意于濡翰。（刘桢《赠五官中郎将诗·其三》）②

中夜不能麻，抚剑起踯躅。（司马彪《赠山涛诗》）③

长笛响中夕，闻此消胸襟。（刘伶《北芒客舍诗》）④

固然不排除阮诗也有借“鸣琴”排遣忧思的倾向，但在众多的排遣方式中，阮籍对“夜中”弹奏“鸣琴”情有独钟，而且匠心独具地将它置于篇首，使全诗出现“飘飘仙举”与“渊雅”的特殊效果，这种选择，就不仅仅是一个单纯的表现形式问题，换句话说，其“飘飘仙举”与“渊雅”的内涵远非仅限于排遣“忧思”。

与嵇康等诗人一样，阮籍对于音乐在审美活动中的独特功能，持有特殊的识见。对此，《音乐意象与阮籍的文学创作》有较深入的探讨。从《咏怀·其一》全诗的精神意蕴看，夜中“鸣琴”意象，实际是阮籍音乐美学思想的形象化。

第一，有感于现实社会中“达道之化者”⑤的罕见希闻与生命表象世界“可见”、“可闻”的干扰，以及审美历程所必然具有的独立特性，阮籍“夜中”无寐，是要借助“夜中”使审美主体在最佳精神状态中，完成一次纯粹的审美活动。阮籍以求“道”为审美目的，而宇宙自然之“道”无形无声，怎样去发现它、把握它、表现它？这就必须假借审美主体之外的他物。在阮籍等魏晋诗人看来，音乐“合天地之纯和兮，吸日月之体光”，体现了“天地之体，万物之性”。而在音乐的“众器”之中，

① ［三国·魏］曹丕撰，魏宏灿校注：《曹丕集校注》，安徽大学出版社 2009 年版，第 67 页。

② 俞绍初辑校：《建安七子集》，中华书局 1989 年版，第 218 页。

③ 逯钦立：《先秦汉魏晋南北朝诗》，中华书局 1983 年版，第 728 页。

④ 逯钦立：《先秦汉魏晋南北朝诗》，中华书局 1983 年版，第 552 页。

⑤ ［三国·魏］阮籍著，陈伯君校注：《阮籍集校注》，中华书局 1987 年版，第 93 页。

"琴德最优"[①],它以宇宙至"道"的和谐作为本体,其器具却是有形而可发声的。在"夜中"这样一种绝对孤寂静止的状态中,不受白昼干扰的审美主体可以通过对"鸣琴"的演奏,从音乐本身所具有的客观和谐精神中,体认和追索宇宙至"道"的纯"和"精神。

第二,审美主体虽在"夜中",而仍需借助"鸣琴",说明其哀乐情绪还没有得到有机的调整,而在使人心达到和谐状态,并打通人心与宇宙自然和谐之"道"方面,音乐正可作为人心与自然的审美中介。由代表宇宙和谐精神的音乐,来调节人心的诸多不协调状态,而达到"精神平和,衰气不入"的和谐状态,从而实现"天地交泰,远物来集"的审美理想。

第三,审美主体可以在绝对孤寂状态之中,借音乐传达心灵最真实的声音,以与宇宙自然对话,同时借音乐将这种对话活动表现出来。

第四,还关涉创作主体将音乐语言作为一种隐性语言使用的问题。审美活动中某些稍纵即逝的审美现象,某些处于模糊或原初状态的感知觉,某些具有多种歧义,剪不断、理还乱的情绪流,某些一半光明、一半黑暗的"思想隧道",以及为现实环境限制而无法予以明确表达的难言之隐,都可借助音乐语言与文学语言的转换,以音乐语言这种有时甚至更准确、精妙的方式予以更完美的表达,从而使诗歌语言具有更多的神秘性与暗示性。《咏怀·其一》刻意追求"夜中""鸣琴",原因之一,就是为了这种完美表达的需要。它使阮诗因此而具有了独特的潜隐结构,显得"厥旨渊放,归趣难求",为读者提供了丰富多变的审美视角。

从上面的论述可知,为什么阮籍的诗文总是偏爱于世界夜半演奏"鸣琴",在表现创作主体的完美形象和表达其理想之声时,也会借助于音乐意象了。

(三)论"清风""明月"

关于"清风""明月"审美意象,元人刘履认为,"所谓薄帷照明月,

① [三国·魏]嵇康撰,戴明扬校注:《嵇康集校注》,人民文学出版社1962年版,第84页。

已见阴光之盛；而清风吹衿，则又寒气之渐也”①。所以黄节注“清风”句所引刘桢诗“清风凄已寒”句，繁钦《定情诗》“凄风吹我衿”句，都是表现凄冷清寒的意象。② 当代研究家对此似无异辞。

其实，在汉末魏晋诗歌中，把“日”“月”之“明”与和“风”之“清”对举，是一种习惯性表现手法。如：

穆穆清风至，吹我罗衣裾。
…………
安得抱柱信，皎日以为期。（《古诗五首·其四》）③
烛烛晨明光，馥馥秋兰芳。
芳馨良夜发，随风吹我堂。（《别诗·其四》）④
漫漫秋夜长，烈烈北风凉。
…………
俯视清水波，仰看明月光。
…………（曹丕《杂诗·其一》）⑤
明灯曜闺中，清风凄已寒。（刘桢《赠五官中郎将·其三》）⑥

但这些意象既有表现正面意蕴的，也有表现反面意蕴的。这种现象说明，汉末、建安诗人对“风”“月”这类自然意象与人类情感关系的认识，尚处于不自觉状态。如前所论，阮籍有较独特的文艺美学观，他已较自觉地意识到这些自然意象与人类情感的正反对应关系，并企图用人的主观能动精神改变这种“自然”关系。阮籍在反思汉末、建安文学普遍以悲为美风尚的同时，尝试借助自然外物（如音乐）来使人的情感达到某种中和状态。在具体创作中，也就是借自然意象之“和”，转换人的失“和”不“和”的审美状态。因此，与汉末、建安诗歌相比，阮

① ［三国·魏］阮籍撰，陈伯君校注：《阮籍集校注》，中华书局 1987 年版，第 211 页。
② 黄节：《阮步兵咏怀诗注》，中华书局 2008 年版，第 314 页。
③ 逯钦立：《先秦汉魏晋南北朝诗》，中华书局 1983 年版，第 335 页。
④ 逯钦立：《先秦汉魏晋南北朝诗》，中华书局 1983 年版，第 339 页。
⑤ ［三国·魏］曹丕撰，魏宏灿校注：《曹丕集校注》，安徽大学出版社 2009 年版，第 68 页。
⑥ 俞绍初辑校：《建安七子集》，中华书局 1987 年版，第 218 页。

诗赋予“日”“月”之“明”与和“风”之“清”以较为固定的正面意蕴。阮诗中那些并非与“日”“月”“风”搭配，而是用来修饰别的意象的“清”“明”，也大致是正面意蕴。如“清露被皋兰，凝霜沾野草”（《咏怀·其四》）等。同样，阮诗中的“日”“月”“风”与贬义的修饰词搭配，也总是表现反面的意蕴。如：

> 秋风吹飞藿，零落从此始。（《咏怀·其三》）
> 灼灼西颓日①，余光照我衣。
> 回风吹四壁，寒鸟因相依。（《咏怀·其八》）
> 朔风厉严寒，阴气下微霜。（《咏怀·其十六》）
> 日月径千里，素风发微霜。（《咏怀·其二十五》）
> 寒风振山冈，玄云起重阴。（《咏怀·其九》）②

那么，《咏怀·其一》中表现正面意蕴的“清风”“明月”意象，究竟是怎样被建构的？它的深层意蕴又是什么？

我们注意到，阮籍在建构其理想的审美系统时，遵循着一个较为固定的创作格式：审美主体——审美灵境——调节机制——审美目的的达到。如《清思赋》《大人先生传》等，或写审美主体在“夜中”这样的审美灵境中，借助音乐的调节，进入纯“和”的审美至境，或写具有无限精神自由意志的“大人先生”，甚至无须假借外物，直接进入纯“和”的审美至境，随时随地、随心所欲地召唤、驱遣各种具有纯“和”之美的自然物，逍遥自在地享受纯“和”之美。至于《咏怀》之《其十九》《其四十三》《其四十四》《其七十八》《其八十一》等作品中所反复描述的“佳人”“仙者”“鸿鹄”等，本身就生活在纯“和”之美中，是纯“和”之美的高度象征，它们为审美主体所渴求，为“大人先生”所召唤、所驱遣。因此，联系前所论“夜中”与“鸣琴”意象，“清风”“明月”实际象征了审美主体所渴求的理想审美之物，与阮诗中反复吟通的“佳人”“仙者”“鸿

① “颓”，李善注作“隤”，参看《六臣注文选》，中华书局1987年版，第423页。
② ［三国·魏］阮籍著，陈伯君校注：《阮籍集校注》，中华书局1987年版，第216页。

鹄”一样，是纯“和”之美的象征。

溯源来看，阮籍对“清风”“明月”审美意象的构建，还继承了先秦、两汉以来文学对美女形象的构建方法。先秦两汉文学总是以穆如清风、皎如明月这样的笔调，来赞美清轻、明洁这种为女性所特有的阴柔之美。汉末、建安诗歌中，“盈盈楼上女，皎皎当窗牖”（《古诗十九首·青青河畔草》），“美人在云端，天路隔无期。夜光照玄阴，长叹恋所思”（《古诗五首·其五》）等，都是习见的描写女性之美的句子。到了曹子建的《美女篇》等诗中，更发展为借皎如明月的美女意象塑造悲怨的自我形象。同时，在汉末、建安诗歌习惯借用音乐意象表达悲怨之情这种创作风气里，以美人弹奏悲哀的曲调来表达创作主体的哀怨之情尤其常见。如《古诗十九首》之《东城高且长》《西北有高楼》、曹丕《燕歌行》等即是。阮籍在继承美女、音乐的习惯表现手法时，则变悲怨为中和，使“清风”“明月”成为审美主体于世界夜半用琴声追寻的纯“和”审美理想物。“清风”“明月”中无疑有“美女”“仙者”等的影子，也是为“大人先生”“仙者”所自由驱遣、召唤的神妙意象。

那么，为什么从古至今的研究家，都会从这两句得出凄寒清冷的审美感受？这是由于忽略了阮籍与汉末、建安作家审美观念的细微不同，把阮诗与汉末、建安诗歌等量齐观，从审美主体夜中无寐，以鸣琴排遣痛苦，而“清风”“明月”是与“薄帷”“我襟”这样质感非常单薄的审美意象组合，下面又连接着“孤鸿”“翔鸟”意象，这就容易产生清寒凄冷的审美歧误。其实，阮籍对于理想人格形象的塑造，与服饰关联紧密。阮诗中那种轻举欲飞、若有若无的服饰，是要求超越普遍存在于生命表象世界的对立、阻隔的必然产物。在阮诗中，既有“单帷蔽皎日，高榭隔微声。谗邪使交疏，浮云令昼冥”（《其三十》）的忧愁，也有“心肠未相好，谁云亮我情”（《其二十四》）的苦闷；既有“多言焉所告，繁辞将诉谁”（《其十四》）的伤感，更有“岂与蓬户士，弹琴诵言誓”（《其五十八》）的激愤。《咏怀·其一》中“薄帷”“我襟”与“清风”“明月”互相生发，表现出一种和谐灵动之美，也体现了审美主体希求超越生命表象世界，与“清风”“明月”类审美物象神交的强烈愿望。

(四)论“孤鸿”“翔鸟”

关于“孤鸿”“翔鸟”这类阮诗中的飞翔意象,近年的研究已相当深入,不拟赘论。但“孤鸿”“翔鸟”与前论诸审美意象的组合所表现的阮诗构建方式,仍是值得予以重视的。

在《咏怀》诗中,充满了对美的短暂咏叹。宇宙自然、社会人生悲苦的纷繁持久,总是与美的短暂形成巨大的反差对比。如与美女、知音交往的短暂:

悦怿未交接,晤言用感伤。(《其十九》)
须臾相背弃,何时见斯人!(《其六十二》)①

游乐的短暂:

逍遥未终晏,朱晖忽西倾。(《其二十四》)
娱乐未终极,白日忽蹉跎。(《其五》)②

自然人生之美的短暂:

清露被皋兰,凝霜沾野草。
朝为媚少年,夕暮成丑老。(《其四》)③

繁花的短暂:

繁华有憔悴,堂上生荆杞。(《其三》)
视彼桃李花,谁能久荧荧。(《其十八》)④

---

① [三国·魏]阮籍撰,陈伯君校注:《阮籍集校注》,中华书局2012年版,第280、367页。
② [三国·魏]阮籍撰,陈伯君校注:《阮籍集校注》,中华书局2012年版,第291、233页。
③ [三国·魏]阮籍撰,陈伯君校注:《阮籍集校注》,中华书局2012年版,第219页。
④ [三国·魏]阮籍撰,陈伯君校注:《阮籍集校注》,中华书局2012年版,第216、276页。

在魏晋这样一个富于哲学精神的时代,对各种对立的概念、范畴,如“有”“无”,“本”“末”,“名”“实”,“言”“意”等的细致辨析,已经有了相当的深度。这一时代人建立哲学概念的根本方法之一,就是运用对立统一法则。这种哲学思维方法,对阮籍文学创作有深远的影响。阮诗的审美系统,是由真美善与假丑恶的对立构成的。在《咏怀·其一》中,前四句,“夜中”“鸣琴”“明月”“清风”共同构成了一组表达诗人审美理想的意象群,而“孤鸿”“翔鸟”正是“夜中”“鸣琴”的变奏。从艺术建构方式看,阮诗利用“清风”“明月”意象与“孤鸿”“翔鸟”意象的严重对立,形成了一个张力场。应力和张力的绷紧与彼此撑持,使两类根本对立的意象,具有了震撼人心的力量。如将“清风”“明月”意象与“孤鸿”“翔鸟”意象视为同类性质的意象,则此诗震撼人心的力量,也就被大为削弱了。同时,这样的构思方式,也使两种意象的对立,有了更为深广的象征意义,它宣告了创作主体的理性世界与情感世界的严重对立,是创作主体的理想幻境与严酷现实根本对立的必然产物。也说明:创作主体不能最终从他所鄙弃的生命表象世界中,实现真正的超越。因为音乐归根结底是由不可逃离现实环境的人所弹奏的,无论人们如何样地尝试努力,最终仍是要忠实于人自己的声音的。因此,阮籍在艺术表现的领域内,甚至达到了在他的理论世界中所无法达到的高度:自然宇宙的根本属性在于矛盾斗争,而不是“和”,那种绝对超越是非、善恶、美丑的“和”并不真正存在。所谓的美,只能是短暂的,瞬息变化的。在阮籍所处的那种时代里,人类的苦难倒更是持续的、长久的,这种客观现实非个人主观意志所可改变。希求超越而无法根本超越,“清风”“明月”既难长久,就出现了“孤鸿”“翔鸟”这样的变奏之音。这就使“徘徊将何见,忧思独伤心”的理性观照,具有无比的悲怆!钟嵘《诗品》评价阮籍的《咏怀》诗说:

可以陶性灵,发幽思。言在耳目之内,情寄八荒之表。洋洋乎会于《风》《雅》,使人忘其鄙近,自致远大。……①

① [梁]钟嵘撰,曹旭集注:《诗品集注》,上海古籍出版社2011年版,第150、151页。

确实,读《咏怀·其一》这样的诗,除了使懦夫更加绝望懦弱外,真正的智者、勇者,会从中得到更大的激励,在人类悲怆的呐喊声中,同无情而长久的悲剧命运作殊死的搏斗!

三、结　　论

从前面的论述中,可以得出如下的结论:

第一,从深层意蕴看,阮籍实际是在对立统一哲学思维方式指导下,自觉建构了《咏怀·其一》的审美系统:“夜中”“鸣琴”与“清风”“明月”互相生发,共同构成了表现审美主体追求、希冀的意象群;“孤鸿”“翔鸟”则与“徘徊将何见,忧思独伤心”组合,象征不表现于阮籍的理论,而更多表现于他的诗文中的对立,是审美主体理性观照的必然产物。《咏怀·其一》以“夜中”象征审美灵境的有机生成;以“鸣琴”象征调适、求“道”之器,载“道”之体,传“道”之中介,理想人格形象之外化;以“清风”“明月”象征理想审美物;以“孤鸿”“翔鸟”象征与“清风”“明月”相对立的异化物,借以反思普遍存在于宇宙自然、社会人生、历史现实中的“失和”不“和”现象。这正体现了阮籍《咏怀》诗的基本审美倾向。因此,把握了《咏怀·其一》,也就从整体上把握了阮籍的心理图式和创作图式,而要从整体上把握《咏怀》诗,也需要从更全面的意义上来把握阮籍为人之“这一个”。从某种意义上讲,全部《咏怀》诗就是对高度凝练、浓缩化的《咏怀·其一》的全面展现和阐释。将《咏怀·其一》视为全部《咏怀》诗的“诗序”,未尝不可。于此也可知,前人“诗序”说这种直觉式的审美感知,是相当准确而深刻的。但是,今已难确知:阮籍是否将《咏怀·其一》作为全部《咏怀》诗的“诗序”,阮籍所处时代的文学创作风气,毕竟与以诗序诗成为传统的唐代不同。即使是已有了以诗序诗的传统,今人对于李商隐《锦瑟》是否为其诗序的看法也不一致。“诗序”说似容易引起理解上的歧误。为了准确区分主、客观这两种立场的不同,我们以为,称《咏怀·其一》对全部《咏怀》诗具有“范式”作用,似更恰切。

第二,《咏怀·其一》作为全部《咏怀》诗的高度概括与浓缩,具有十分丰富的审美蕴涵。与屈原的《离骚》、李商隐的《锦瑟》一样,《咏怀·其一》高度凝结了阮籍的人生经验与艺术经验,是其心理图式与创作图式的外化。所以,前人认为阮诗"八句而有长篇之气"这种直观的感悟,相当准确地把握了阮诗的审美蕴涵。而这种"厥旨渊放,归趣难求"的多重象征意义的出现,也就延伸和拓宽了审美空间,使《咏怀·其一》具有了更为深广的审美内涵。

第三,《咏怀·其一》所表现的这种审美特征,体现了阮籍对汉末、建安诗歌创作方式的自觉继承与改造。汉末、建安诗歌所表现的那种对外在功业的追求,以及对生命表象世界的关注与执着,到了阮籍诗歌中,就表现为超越生命表象世界、再造理想之境的自觉追求;汉末、建安诗歌在对人生的肯定中,表达对生命理想的追求,阮诗则在追求中否定了生命表象世界的合目的性;汉末、建安诗歌自信而开朗,阮诗沉潜而迂曲。两相比较,二者确是貌近而神远的。宗白华先生说:

> 中国艺术家何以不满于纯客观的机械式的模写?因为艺术意境不是一个单层的平面的自然的再现,而是一个境界层深的创构。从直观感相的模写,活跃生命的传达,到最高灵境的启示,可以有三个层次。①

著者以为,阮诗自觉追求最高灵境,抒写得自最高灵境的启示,因而达到了较一些汉末、建安诗歌更高的境界。阮诗这种对诗歌意境的自觉追求与营构,无疑是唐诗意境的先声。我们不难在陈子昂的《登幽州台歌》、柳宗元的《江雪》等诗作中依稀辨认出《咏怀·其一》的影子来。

第四,有两点应该予以强调:一是阮籍《咏怀》诗开辟了后世"咏怀"诗的创作传统。左思的《咏史》诗系统、郭璞的《游仙》诗系统、庾

① 宗白华:《美学散步》,上海人民出版社1981年版,第74页。

信的《拟咏怀》诗系统等，都直接受到“阮籍范式”的深刻影响。至于单篇诗歌借鉴阮籍诗歌创作经验的，就不胜枚举了。二是虽然《咏怀·其一》具有极强的思辨性，但这并不等于说，它与玄言诗有什么相同之处。阮诗是审美主体的情感体验、艺术经验与哲学思想的神契之物，而玄言诗则只是玄学理论的传声筒。抽去了强烈的感情色彩，缺少了生命外溢的审美意象，以及由浑然一体的审美意象群构成的艺术意境，玄言诗与《咏怀》诗自不可相提并论。

（本文原载《“英雄”文化与魏晋文学》，上海古籍出版社 2018 年版）

时空维度、文学寄寓与文化创造机制

——以阮籍的赋体创作为研究中心

一、导　　言

从有机整体层面看，古今对阮籍各体文学创作的研究不够均衡，整体性研究较少。对《咏怀》诗关注、研究较多，往往自觉不自觉地以对《咏怀》诗的某些认识，来包容、涵盖对阮籍其他各体文学创作的研究；对散文也有相当程度的关注、研究；对赋体创作就较为轻忽了，对赋体创作思维鲜有论及。

但实际上，如果我们充分关注阮籍赋体创作与其各体文学创作的关系，特别是打破仅关注单篇作品考证，轻忽创作时间考辨与理论研究关系的习见研究模式①，以实证考辨与理论探讨相结合，从有机整体联系层面，深入考辨阮籍的全部六赋和带有赋体性的《大人先生传》的创作时间，就会发现，阮籍不但有其独特的赋体创作思维，赋体创作也是表现其文学寄寓的重要方式，且取得较高成就。同时，深入研究阮籍的赋体创作与赋体创作思维，一是对于深化关于阮籍其人的研究，深化对其诗歌、散文等各体文学创作与创作思维系统的研究，具有关

---

① 本文所引前辈学者如姜亮夫、陆侃如、陈伯君、沈玉成、曹道衡、徐公持等，都对阮籍赋创作时间的考辨作出了重要贡献，但主要是从单篇作品着眼的，较少从有机整体层面来把握作家全部或大量作品创作时间的内在联系，鲜将具体考辨功夫与理论探索紧密结合，似是古代文学研究方法方面存在的重要缺陷，企盼本文对研究方法的关注能够引起学界的重视。

键性的定位作用;二是对于打破魏晋文论研究的习见模式,也具有重要意义。在古今魏晋文论研究中,人们往往囿于成说,习惯于以有无明确的文论观点为研究前提,而聚焦于曹丕、陆机等个别著名文论家;相对轻视从文论与具体创作实践的关系、特别是以作家的具体作品为对象,来开拓、发现魏晋文论,对一些虽然没有提出理论观点,实际有其较明确文体观的重要作家,缺乏必要的专门研究,或完全予以忽略。阮籍就是这样一位被完全忽视的重要作家。尽管魏晋文论研究多是从曹丕《典论·论文》直接跳到陆机《文赋》,实际上,阮籍不但有较为明确的文体意识和赋体创作思维,并且在魏晋文论演进进程中,有着不可替代的重要“坐标”意义。忽视阮籍这样的重要“坐标”,不能算是真正有机整体意义上的魏晋文论研究。

由以上认识出发,今试从有机整体联系层面,考辨阮籍赋的具体创作时间,对其赋体创造思维和文学寄寓进行较深入、系统的探讨。

二、偏爱以赋体作为理性批判武器

阮籍赋作今存六篇,加上已经亡逸的,数量当更为可观。在魏晋之际作家的赋体创作中,值得关注。深入考察阮籍赋体创作与其各体文学的关系,就会发现:

其一,阮籍的赋体创作与其散文创作有所不同,在一定程度上,阮籍有偏爱赋体的创作倾向。阮籍的散文以《乐论》《通易论》《通老论》[①]《达庄论》等“论”体类为主,更多关注超越事实与现象本身而进行形而上的哲学探讨,学术意味浓厚,近于纯粹说“理”。阮籍的赋体创作,除了今存的六篇以“赋”为名之作,“赞”“诔”等文体中今所仅存的《老子赞》《孔子诔》,皆为数句逸文,就文体表现来说,似更近于赋

---

① 论者以为阮籍此外尚有《道德论》,不确。《世说新语·文学第四》刘孝标注引《晋诸公赞》记载:“自魏太常夏侯玄、步兵校尉阮籍等,皆著《道德论》。”按阮籍《道德论》即《通老论》。参见王葆玹:《正始玄学》,齐鲁书社 1987 年版,第 141 页。

体而远于散文①。阮籍还将赋的表现功能扩大到其以说"理"为主的散文内容和散文文体上。如对《达庄论》这样在阮籍的创作中本应属纯粹"论"体的文章,也尝试赋予其赋体特征,表现出以赋体对"论"体散文文体的扩张与渗透;而使用纯粹的赋体来表现其深邃的"清思",也可视为用赋体表现其说"理"散文内容。其本应属散文传记的《大人先生传》,有多处是赋体性片段,不妨视为赋体性作品。而除了说"理"散文,阮籍其他的散文作品,就是数篇"书""笺""奏记"等实用文了。

其二,与以《咏怀》诗为主,或纯粹抒情,或虽涉及事实与现象,而以抒情为主的"诗"体创作不同,除了《清思赋》,阮籍其他五篇以"赋"名篇之作,如《东平赋》《亢父赋》《首阳山赋》《猕猴赋》《鸠赋》,都选取特定局部视角,更偏重于对事实、现象的描述与审视。如《东平赋》《亢父赋》二赋,主要着眼于对"东平""亢父"城邑现实的描述、审视、批判;《首阳山赋》立足现实"首阳山",而审视与伯夷、叔齐有关的历史真相;《猕猴赋》《鸠赋》也是对特定局部事实、现象进行描述、审视的。通过对事实、现象的描述与审视,表现其特定的批判、否定等思想感情,是阮籍赋体创作的主要趋向,与"颇多感慨之辞"而"言在耳目之内,情寄八荒之表""厥旨渊放,归趣难求"②"百代之下,难以情测",(《文选》李善注)更注重深隐婉曲的表现手法的"诗"体创作相比,显然具有更为直观、明晰、深入、细致的特点。

我们认为:阮籍的赋体创作之所以与其散文、"诗"体不同,主要是由于阮籍具有较为明确的、与其散文和"诗"体创作不同的赋体创作思维。在诗、赋、散文等诸文体中,阮籍主要以"论"体进行纯粹说理,以"诗"体发抒自我情怀,"赋"体则被作为其较为直接的现实社会理性批判的重要武器。

更具体些说:将赋"体"视为避免过于质直坦露的散文化倾向,表现既不那么过分直白,而又可正面触及事实本质的创作内容的合适载

---

① 在汉人观念中,"颂""箴""铭""诔""赞"等都被认为是赋体性的文体。故章太炎先生《国故论衡·辨诗》说:"其他有韵之文,汉世未具,亦容附于赋录。"阮籍当继承了汉代这种赋体观念。

② [梁]钟嵘撰,曹旭集注:《诗品集注》,上海古籍出版社1994年版,第123页。

体,使赋体创作集中于托“物”写“意”,注重选取局部视角,以“小”喻“大”、以“浅”托“深”,对特定具体事实、现象进行较“诗”体而言更为直观、深入、细致的批判、否定与说“理”,就是阮籍偏爱选择介于诗与散文之间的赋体创作的真正“用心”所在。

三、阮籍赋的嗣音与评价张华为“王佐之才”

今以阮籍与张华《鹪鹩赋》的深层关系契入,结合阮籍全部赋创作时间的考辨,深入探讨其赋体创造思维。

据《晋书·张华传》记载:张华“器识弘旷,时人罕能测之。初未知名,著《鹪鹩赋》以自寄”,“陈留阮籍见之,叹曰:‘王佐之才也!’由是声名始著。”①事实上,由于从根本上把握了关于时代“大”“小”的核心问题,张华《鹪鹩赋》的问世,在当时和后世都被视为重要文化事件,引起人们多视角的解读、认知和摹写②。除阮籍等给予高度评价,傅咸、贾彪等则专为著赋表达不同看法。傅咸《仪凤赋序》:

> 《鹪鹩赋》者,广武张侯之所造也。以其形微处卑,物莫之害也。而余以为物生则有害,有害而能免,所以贵乎才智也。夫鹪鹩既无智足贵,亦祸害未免,免乎祸害者,不唯仪凤也。③

贾彪《鹏赋序》:

> 余览张茂先《鹪鹩赋》以其质微处亵,而偏于受害。愚以为未若大鹏栖形遐远,自育之全也。此固祸福之机,聊赋之云。④

---

① [唐]房玄龄等:《晋书》,中华书局1974年版,第1068—1069页。

② 与此相类的重要文化事件,还有左思《三都赋》、孙绰《游天台山赋》和袁宏《北征赋》的写作与发表等。

③ [唐]欧阳询撰,汪绍楹校,《艺文类聚》,上海古籍出版社1999年版,第1559页。

④ [唐]欧阳询撰,汪绍楹校,《艺文类聚》,上海古籍出版社1999年版,第1068页。

《晋书》关于阮籍与张华赋的这条记载，蕴涵着重要的文化信息，可惜没有引起学术界足够的重视。如姜亮夫先生《张华年谱》[1]，虽注意到张华以“鷦鷯”自寄与竹林诸公“柔弱恬退以自适”的相近处，也以模糊口吻谈到其“阴柔”与“王佐之才”相关，却没有正面明确提出这样两个问题：

第一，为什么阮籍读“鷦鷯”之赋竟会想到“王佐之才”上去？须知，在魏晋之际多事之秋，张华甚至都不愿出仕而以“鷦鷯”自寄了，换句话说，就是要避之犹恐不及地远离“王佐”道路；阮籍又是“属天下多故”，“不与世事”、以“至慎”避开“时事”自保的[2]，为什么偏偏还要多嘴，指出张华想隐藏的“王佐之才”？难道张华写作《鷦鷯赋》的真正目的，就是要张扬其“王佐之才”？难道阮籍指出“王佐之才”就真是勉励张华永远做真正的“鷦鷯”？难道阮籍指出有着明显否定时局倾向的《鷦鷯赋》与“王佐之才”的关系，一点都没有显出对现实政治的否定，一如其“口不臧否人物”、尽量回避触及现实政治的习见做法？

第二，为什么阮籍的评价影响时人只认同张华的“王佐之才”，使其“由是声名始著”，奠定其日后平步青云的仕途基础，却完全忽略了张华原本是想以“鷦鷯”“自寄”的？

下面，联系张华赋与阮籍赋的创作时间，进行具体讨论。

关于《鷦鷯赋》的作时，学界看法不一。姜亮夫先生认为系于魏嘉平六年（254 年），陆侃如先生《中古文学系年》[3]认为系于景元二年（261 年）。沈玉成先生详辨二家说解而以为“《鷦鷯赋》之作，或当在高贵乡公甘露间”[4]。沈说可从。

按甘露年间（256—260 年），张华年在 25—30 岁。当时的政治现实是：一方面，司马昭承其父兄之蓄志，不但使篡权成为定局，且要加速予以真正实现。如他在甘露二年就曾使何充劝诸葛诞议禅代，甘露

---

① 姜亮夫：《张华年谱》，古典文学出版社 1957 年版。后面所涉及姜说，皆同此注。

② ［唐］房玄龄等：《晋书》，中华书局 1974 年版，第 1360 页。

③ 陆侃如：《中古文学系年》，人民文学出版社 1985 年版。后面所涉及陆说，皆同此注。

④ 《〈张华年谱〉、〈陆平原年谱〉中的几个问题》，载《文学遗产》1992 年 3 期。又《中古文学史料丛考·张华〈鷦鷯赋〉作年》，第 105—106 页。

五年高贵乡公即公开宣称,“司马昭之心,路人所知也”。另一方面,《三国志·魏志·高贵乡公纪》记载,高贵乡公年少而具有“才同陈思,武类太祖”的潜质,甘露元年“帝宴群臣于太极东堂”,而“慕夏少康”,甘露四年又自咏“潜龙”之诗。最终至不胜“威权日去”之忿,孤注一掷攻打司马昭而遇害。面对篡权将要真正出现的节骨眼儿上的如此凶险时局,对有关“小”“大”关系问题的认识,就直接决定着魏晋之际士人现实人生的“出”“处”及其安危。因为在魏晋之际,怎样认识、处理“小”与“大”的关系问题,一直关涉怎样看待时代、怎样看待自我,以决定其人生“出”“处”道路,这种每个士人都无可遁逃、而必须作出抉择的首要现实人生课题。如阮籍这样的时代智者,自然对时局有着极为透彻的认识,而当时众多名高位重的人物,却未必如此。如诸葛诞继毋丘俭、王陵之后,起而举兵反抗,钟会、何曾等辈趋走于司马氏之门,嵇康等则欲避之而实际未必能够真正做到。张华正是有感于此,而专门写作《鹪鹩赋》[①],以反思时代“小”“大”关系问题。认为在如此凶险情势下,所谓众“大”,反而是“小”,故对“形环足伟”“体大妨物”之“大”予以否定。

《鹪鹩赋》将所谓“大”者具体详分为四类:

第一类是“雕鹖”“鹄鹭”“鹍鸡”“孔雀”“凫”“雁”,以其“美羽”“丰肌”,追求“矫翼而增逝”,故“无罪而皆毙”。

第二类是前类中的鸟“衔芦以避缴”而“为戮于此世”。

第三类是以“鸷”“慧”之能而被迫屈服,“变音声以顺旨,思摧翮而为庸”,失去自由意志的“苍鹰”“鹦鹉”。

第四类是“飘飖畏逼”的“爰居”等远方之鸟。

在这些各不相同,却无不自“大”的众鸟中,我们分明可以看到包括高贵乡公在内的各类现实“大”人物的影像。

以众“大”为参照,张华赞美“鹪鹩”之“小”的处身有“智”:其“毛无施于器用,肉不登乎俎味”、“不怀宝以贾害,不饰表以招累。静守性

---

① 所引《鹪鹩赋》原文,均见于[南朝·梁]萧统等编,李善等六臣注:《六臣注文选》,中华书局1987年版,第260—262页。

而不矜，动因循而简易。任自然以为资，无诱慕于世伪”。在张华看来，“鷦鷯”的这种以“小”自居，反而是“小”而能“大”，实为无不自“大”、其实反“小”的众“鸟”所无法企及。

张华以“鷦鷯”之“小”“自寄”，又是从“阴阳陶烝，万品一区。巨细舛错，种繁类殊”、“普天壤而遐观”的“大”“小”之辨中得出的结论。以二十多岁的人生阅历，张华居然深得“老”“庄”神髓，对时局人事有如此老辣透辟的体认，能以“鷦鷯”“自寄”，求全自保，静以观变，实大不易！张华于赋中宣称：“言有浅而可以托深，类有微而可以喻大”，阮籍正是从他如此赋体创作动机与创作内容中，产生强烈的愤世共鸣，也看到其人生境界的宏大，而由衷叹服并予以高度评价①。

更进一步分析，张华创作《鷦鷯赋》而目空当时众“大”，实际显示出“王佐之才”，原其本心，其以鷦鷯自寄、求全自保，显然是指现实当下而非将来永远。自保的目的，则是为了谨慎待“时”，以期为“时”所用。在将来合适空间为“时”所用，显然并非是张华所反对的。阮籍赞美张华为真正的“王佐之才”，正是看到了这一点。故阮籍实际表达了他对张华作为“王佐之才”，在将来能够有所作为的期望。而关注、高度期许他人的“王佐之才”，则完全是由于阮籍内心的“王佐”之思没有泯灭的缘故，实际正透出阮籍不但有与张华相同的“小”“大”观，也包含着其对自我的认同、期许与待“时”苦闷。要不然就很难解释：为什么在如此多事之秋，阮籍还要十分突兀地对

① ［唐］房玄龄等撰《晋书》张华本传记载：“华少孤贫，自牧羊，同郡卢钦见而器之。乡人刘放亦奇其才，以女妻焉。华学业优博，辞藻温丽，朗赡多通，图纬方伎之书莫不详览。少自修谨，造次必以礼度。勇于赴义，笃于周急。器识弘旷，时人罕能测之。初未知名，著《鷦鷯赋》以自寄。”中华书局1974年版，第1068页。张华正是由于得到阮籍“王佐之才也”的赏评，“由是声名始著”，武帝与羊祜策划伐吴，群臣多以为不可，“唯华赞成其计”。平吴之役中，张华以度支尚书“量计运漕，决定庙算”，“典掌军事，部分诸方，算定权略，运筹决胜，有谋谟之勋”，因而被封为广武县侯，增邑万户。此后张华“名重一世，众所推服”，“有台辅之望”。是西晋末期重要政治领袖，虽因时乱，未能施展其政治长才，并在“八王之乱”中，被赵王伦与其佞臣孙秀所害，但阮籍的识鉴是精准的。尤其是张华在文化事业方面成就颇大。《晋书·荀崧传》记荀崧上疏：“世祖武皇帝应运登禅，崇兴儒学……九州之中，师徒相传，学士如林，犹选张华、刘寔居太常之官，以重儒教。”《晋书·儒林传》称晋武时代“茂先以博物参朝政”。参见《晋书》，第1068、1977、2346页；汪兆镛：《稿本晋会要》，书目文献出版社1988年版，第40页。

不愿出仕、以"鹪鹩"自寄的张华许为"王佐之才"。后世研究者对此显然缺乏会心。

四、时空维度与阮籍赋的创造性思维特征

从赋体创作看,张华选择"言有浅而可以托深,类有微而可以喻大"的赋体,作为最适合寄托其宏大人生追求境界的创作载体,这其实也正是阮籍赋体创作之本心所在。故阮籍高度认同张华为赋之良苦用心,"言有浅而可以托深,类有微而可以喻大",其实也正是阮籍赋体创作思维的重要特征。换句话说,张华《鹪鹩赋》正是阮籍赋的真正嗣音。对此,细致考辨阮籍赋的具体创作作时,会看得更加清楚。

第一,关于"小""大"关系问题的认识。恰好从嘉平元年(249 年)到正元二年(255 年),在如此集中的七年中,阮籍完成了今所可看到的全部六赋。这就凸显了这样一个被学术界完全遗忘的重要事实:在嘉平元年,司马懿与曹爽争权、揭开篡权序幕;而且对何晏、夏侯玄(何晏死于 249 年,夏侯玄死于 254 年)等人的诛杀也正好是在这个时期;至正元二年二月,司马昭以大将军辅政,司马氏的篡权才成为无可逆转的定局。而阮籍全部六赋,竟正好与司马氏残杀天下名士时间相吻合;与司马氏篡权的开始与成为定局相终始。这绝非偶然意义上的巧合!我们因此可以认定:阮籍赋体创作注重对特定具体事实、现象进行描述、审视,使其批判、否定与说理更为直观、细致、深入,始终都与司马氏的篡权有着直接关联。也就是说:阮籍特意选择赋这种文体,在他心目中,赋体创作可作为对受司马氏专权时代社会现实进行理性批判的最合适的思想武器!

《猕猴赋》为今所见最早的阮籍赋。据本传记载:

> 及曹爽辅政,召为参军。籍因以疾辞,屏于田里。岁余而爽诛,时人服其远识。①

① [唐]房玄龄等:《晋书》,中华书局 1974 年版,第 1360 页。

陈伯君认为此赋即作于嘉平元年,“疑此文为讽刺或悼叹曹爽而作”。他引《晋书·宣帝纪》《三国志·魏书·曹爽传》曹爽被司马懿诛杀前,竟有“不失作富家翁”的幼稚幻想,联系项羽“富贵不归故乡”被称为“沐猴而冠”,解释《猕猴赋》主旨,确有慧眼①。还可补证:赋中“近者不弥岁,远者不历年”,似亦暗示曹爽从辅政到失败之短暂迅速。

从全赋看,在集中讽刺“猕猴”之“大”的同时,阮籍还对魏晋之际似“大”实“小”、实“小”而自以为“大”的各类人物予以类型化的概括,分以“以其壮而残其身”的“文豹”“雏虞”“夸父”等,和或“乘危”“肆志”、或“畏逼以潜身”“终惑饵以来兮”“有利而可欲”“虽希觌而为禽”“近者不弥岁,远者不历年,大则有称于万年,细者则为笑于目前”的“熊狚”“夔”“䝞”等相喻②。这与其四言《咏怀诗》的“峨峨群龙,跃奋紫庭”而“鳞分委瘁”,“大道夷敞,蹊径争先。玄黄尘垢,红紫光鲜”等看法③,是完全一致的。

张华《鷦鷯赋》实与此同一机杼。甚至可据以推断张华赋当受到阮籍赋的影响,是阮籍赋的嗣音。这可以张华诗歌创作受到阮籍影响这一不争的事实作为佐证。如张华《轻薄篇》《壮士篇》,明显受到阮籍《咏怀诗》的影响。其中一些句子如,“北里献奇舞,大菱奏名歌”,直接改自“北里多奇舞,濮上有微音”;“但畏执法吏,礼防且切磋”,直接改自“但畏工言子,称我三江旁”;“长剑横九野,高冠拂玄穹”,直接改自“微冠切浮云,长剑出天外”等④。

《鸠赋》据阮籍自序:

---

① [三国·魏]阮籍著,陈伯君校注:《阮籍集校注》,中华书局2012年版,第46页。

② [三国·魏]阮籍著,陈伯君校注:《阮籍集校注》,中华书局2012年版,第43页,有论者以为如有厚利而又能够办到,即使十分罕见的动物也不免为人所擒。由此思路而对后面数句予以解释,似有误。

③ [三国·魏]阮籍著,陈伯君校注:《阮籍集校注》,中华书局2012年版,第438页。

④ [三国·魏]阮籍著,陈伯君校注:《阮籍集校注》,中华书局2012年版,第359页。

嘉平中得两鸠子，常食以黍稷之旨，后卒为狗所杀，故为作赋。[①]

陆侃如系于嘉平三年(251 年)；徐公持以为当作于嘉平之后，"似暗寓魏室二少帝先后被废被杀事"[②]；韩格平以为，这很容易使人联想到嘉平元年，司马懿诛杀曹爽、何晏一党的血雨腥风对士人精神的巨大打击[③]。究竟以哪一年为准，由于缺乏确凿证据，似难有定论。但是，此赋与魏晋之际特殊现实政治中的"大"人物对"小"的残害有关，则确定无疑。

《首阳山赋》据作者自序，作于正元元年秋(254 年)。本年司马师先后杀害李丰、夏侯玄、张缉、许允，又相继废黜张皇后和齐王芳，立十四岁的曹髦为傀儡，自己独揽大权。正元二年(255 年)，司马师死，司马昭辅政。从嘉平元年到正元二年，这血雨腥风极为密集的七年间，阮籍惯看了司马懿、师、昭父子兄弟阴谋篡权，和各类自以为"大"的野心家的各种丑恶表演，对"小""大"问题有着深刻的体认。据《晋书》本传记载：

籍本有济世志，属魏晋之际，天下多故，名士少有全者，籍由是不与世事，遂酣饮为常。……钟会数以时事问之，欲因其可否而致之罪，皆以酣醉获免。[④]

陆侃如系此事于正元元年(254 年)。本传又记载阮籍曾登广武考察楚汉战场，而目无刘、项。又曾"登武牢山，望京邑而叹，于是赋豪杰诗"。陆侃如系此事于甘露三年，与张华《鹪鹩赋》作时正相仿佛。在魏晋之际，那些所谓"刘、项"式的豪杰，其实只是些狂妄凶恶的政治狂人；而在这些政治狂人当政时奔竞不已的，亦为不自量力的跳梁小丑。政治的黑暗，正是由于这些狂徒的上行下效造成的。因此，在魏

① [三国·魏]阮籍著，陈伯君校注：《阮籍集校注》，中华书局 2012 年版，第 47 页。
② 参见徐公持：《魏晋文学史·阮籍的文与赋》，人民文学出版社 1999 年版，第 196—197 页。
③ 此处及后所引韩格平说分见《竹林七贤诗文全集译注》，吉林文史出版社 1997 年版。
④ [唐]房玄龄等：《晋书》，中华书局 1974 年版，第 1360 页。

晋之际这样的特殊时代，只有那些能够明辨“小”“大”之别，客观体认自我的人，才能真正保护自己，也能谨慎待“时”，以求进取于将来，而不至于狂妄自“大”，祸国殃民。如此之“小”，反而是“大”，反而能“大”。故阮籍四言《咏怀》声称与当时之“大”“出处殊途，俯仰异容”，而赞美孔子的“圣懿通玄”和“非义之荣，忽若尘埃”，表达“嘉此箕山，忽彼虞龙”、“虽无灵德，愿潜于渊”、“爰潜爰默，永符修龄”的强烈愿望。五言《咏怀·其八》也有“宁与燕雀游，不随黄鹄飞”之叹；其四十六则认同“鷽鸠飞桑榆”“栖树枝”“下集蓬艾间，上游园圃篱”“但尔亦自足”的生活。这些思想，都与其赋作相当接近。

第二，关于阮籍对自我的认同及其人生期望。历来认为，阮籍后期“不与世事”、谨慎避开“时事”以自保，这是实情。但有两点尚需澄清。一是不亲身参与世事，并不意味着彻底忘怀世事、全不关注世事。这可从阮籍大量诗、赋作品得到验证，不烦例举。二是说阮籍“不与世事”，大体与其生平行事符合，但不能说绝对就是这样；阮籍只是“属魏晋之际，天下多故”，才“不与世事”的，其“本有”的“济世志”实际并不曾泯灭，而是潜藏内心深处，谨慎自保以待“时”罢了。要不然，阮籍也就不会时常生发那种途穷之“恸”了。《世说新语·栖逸》刘孝标注引《魏氏春秋》：

阮籍常率意独驾，不由径路，车迹所穷，辄恸哭而反。①

另外，如其四言《咏怀诗》所咏：

于赫帝朝，伊衡作辅。才非允文，器非经武。适彼沅湘，托分渔父。（其一）

感往悼来，怀古伤今。生年有命，时过虑深。（其四）

乐往哀来，怅然心悟。念彼恭人，眷眷怀顾。日月运往，岁聿

---

① ［南朝·宋］刘义庆等编纂，余嘉锡笺疏：《世说新语笺疏》，中华书局1983年版，第538页。

云暮。嗟余幼人,既顽且固。岂不志远,才难企慕。命非金石,身轻朝露。(其十三)①

也都表现了谨慎自保以待“时”的苦闷情绪。按沈玉成说,则阮籍读到张华《鹪鹩赋》,当已四十七岁到五十岁出头。以如此饱经魏晋之际风霜的年岁,他对张华的未来如无期许,就不会评以“王佐之才”,甚至其中也蕴涵有他自己深藏内心的待“时”期望。这可从其《东平赋》与《亢父赋》的创作得到佐证。

阮籍创作《东平赋》明显与他曾任东平相有关。考阮籍平生曾两至东平。第一次是年轻时随叔父至东郡,见兖州刺史王昶,韩格平系于魏黄初七年(226 年),阮籍时年十七岁。根据《世说新语·任诞第二十三》刘孝标注引《文士传》记载,阮籍曾请求任东平太守,和《晋书·阮籍传》记载阮籍任东平相前,曾自言“籍平生曾游东平,乐其风土”,知阮籍黄初七年初游,东平其风土之美,确实给他留下了美好印象。而《东平赋》所写,诚如陈伯君所说

今观此赋,无一语道其风土有可乐者,反之,则极道其风土之恶,甚至谓“孰斯邦之可即”……②

可知《东平赋》与其初游东平无关。阮籍第二次到东平,《晋书·阮籍传》记载甚详:

及文帝辅政,籍尝从容言于帝曰:“籍平生曾游东平,乐其风土。”帝大悦,即拜东平相。籍乘驴到郡,坏府舍屏障,使内外相望,法令清简,旬日而还。帝引为大将军从事中郎。③

按正元二年(255 年)二月,司马昭以大将军辅政。故知《东平赋》

① [三国·魏]阮籍著,陈伯君校注:《阮籍集校注》,中华书局 2012 年版,第 200、438、440 页。

② [三国·魏]阮籍著,陈伯君校注:《阮籍集校注》,中华书局 2012 年版,第 1 页。

③ [唐]房玄龄等:《晋书》,中华书局 1974 年版,第 1360 页。

作于正元二年。至于是否如韩格平所说，系于阮籍欲离开东平之前，尚难确定。《文选》颜延之《五君咏》李善注引臧荣绪《晋书》说："籍拜东平相，不以政事为务，沉醉日多。"①阮籍在东平只有十余日任职时间，即使为政"清简""清宁"，总会有些政务与人事交接，且其又"沉醉日多"，能否有时间写出赋来，似还可以讨论②。

《亢父赋》据阮籍自序："吾尝游亢父，登其城，使人愁思，作赋以诋之，言不足乐也。"③其内容与《东平赋》颇为相近。按亢父为古县名，西汉时属东平国，东汉属兖州任城国。由于与前述相同的理由，其作时当与《东平赋》相近，即约当作于正元二年(255年)。

从《东平赋》《亢父赋》的具体作时背景，我们可以发现这样几个问题：

一是阮籍初游东平，其时是曹魏政权尚称稳定的黄初年间。东平政风、民风也当为阮籍所乐"风土之美"的方面。而至司马氏篡权时代，政风、民风确实到了使人难以忍受的地步，故阮籍《亢父赋》有"如何君子，栖迟斯邦"的沉重感叹。

二是阮籍初游东平时，诚如《咏怀》其十五所言，"昔年十四五，志尚好诗书。被褐怀珠玉，颜闵相与期"，正是他"本有济世志"的青年时代，而在创作二赋前，则曾先后以无奈心情做司马懿、司马师的从事中郎。司马师在进行大肆屠杀后死去，司马昭接着辅政。故阮籍的求为东平太守，固然不排除如"闻步兵厨有贮酒三百斛，求为步兵校尉"一样，有为享受"风土之美"的因素，而其如陈伯君所说的"托辞求去"，显然更由于看到司马氏篡权已成定局这一直接原因！

如前所说，阮籍虽不与世事，却不曾完全放弃了等待。司马昭的辅政，使篡权成为不可逆转的定局，这使阮籍的期待受到沉重打击。由此阮籍不再抱持幻想，作无谓等待，而尝试摆脱司马氏的控制。由于东平风土曾在其青年时代人生抱负正远大时留下美好记忆，故他

① [南朝·梁]萧统等编，李善等六臣注：《六臣注文选》，中华书局1987年版，第396页。

② 高晨阳即以为当作于正元二年回到京师，作司马昭的从事中郎时。参见《阮籍评传》，南京大学出版社1994年版，第352页。

③ [三国·魏]阮籍著，陈伯君校注：《阮籍集校注》，中华书局2012年版，第19页。

“托辞求去”时，自然就想到了东平。故可推断其求为东平太守的真实动机：既享受东平风土之可乐者，又为民做些实际有益之事，聊补早期人生追求之憾！实际上，东平太守正是阮籍所主动要求的最具实际意义的官职。其真正到任后的为政“清简”“清宁”，除了有追求自身享受的成分，在当时现实政治情势下，也确实是阮籍所能做到不扰民的唯一选择。正是阮籍亲眼看到司马氏的篡权，使政风、民风到了使人难以忍受的地步，故彻底失望，十余日而返[①]。

在正元元年、二年如此集中的时段，阮籍竟相继写了《首阳山赋》《东平赋》《亢父赋》《清思赋》[②]，还有颇有赋体意味的《大人先生传》[③]，可见，阮籍的思想在这两年经历了急剧的变化，不但对现实的关注更为强烈，甚至还一反表面上“不与世事”，而尝试有所作为。任职东平就是阮籍最后一次试图在政治上稍有实际作为。故《东平赋》《亢父赋》对现实的批判更趋强烈，与二赋大致同时的《大人先生传》甚至敢于彻底否定王权。

关于《大人先生传》，学界通常认为其虽否定王权，但对现实政治是回避的。但这实际就很难解释：为什么嵇康《与山巨源绝交书》的“每非汤、武而薄周、孔”[④]，就是激烈否定现实政治；阮籍的《大人先生传》连王权都予以激烈否定，却不是针对现实政治的？根据我们上面的考察，阮籍《大人先生传》等作品，在如此敏感的时候否定王权，实际有着其最后一次试图在政治上稍有实际作为的实践失败的重要人生插曲背景。其直接针对司马氏篡权已成定局这种现实政治形势的意图毫不回避，强烈愤慨的表达也至为明显，毋庸置疑。而司马氏之所

---

① 如此解释，则学界所认为的《东平赋》的批判内容，与阮籍对东平风土的赞美这一矛盾，便迎刃而解。

② 参见拙作《阮籍真的是癫狂症患者吗?》，《社科纵横》1995 年 2 期。

③ ［唐］房玄龄等撰《晋书》本传记载：“孙登居苏门山，文帝闻之，使阮籍往观，……遂归，著《大人先生传》。”《晋书·隐逸传》《世说新语·栖逸第十八》，及刘孝标注引《魏氏春秋》《竹林七贤传》等，均有记载。故陆侃如系于正元二年(255 年)任司马昭从事中郎之后。

④ ［南朝·梁］萧统等编，李善等六臣注：《六臣注文选》，中华书局 1987 年版，第 802 页。

以隐忍,完全由于其杀人太多,阮籍又名声过大①。关于阮籍谨慎待“时”的苦闷,与对司马氏篡权已成定局的激愤,我们还可从陶渊明后期的人生焦虑与他在刘裕代晋后的激愤互为参看。学界对陶渊明的相关思想研究,已至为深入,就不再多说了。

可见,正是魏晋之际司马氏篡权的特定时代,促使阮籍特意选择赋体创作,将其作为对现实时代社会进行较为直接的理性批判的重要武器。将其不能实现的宏大人生追求,借赋的形式予以表达,使赋体成为寄托其宏大人生追求的重要载体,正是阮籍为赋的真正“用心”所在。故阮籍以行将老去而不可能再在政治上有所作为之身,看到二十多岁的张华竟能以《鹪鹩赋》自寄,犹如看到了自己的年轻时代的影像,故叹其为“王佐之才”,对其将来寄予厚望。这可视为一位“帝王师”型类的哲人,对另一位“帝王师”型类的哲人的激情叹赏,甚至也可说是一位“帝王师”寄望于青年、寄望于未来的殷切心情的表达②。自然,阮籍也就对张华“言有浅而可以托深,类有微而可以喻大”的赋体创作思维甚为赞赏。因为“言有浅而可以托深,类有微而可以喻大”,这也正是阮籍赋体创作思维的重要特征。

而结合对阮籍赋具体创作作时的考辨来看,正元二年之后即是甘露元年(256年),张华又如前所说,对阮籍的文学创作多所研习、借鉴,故可认定:张华作于甘露年间的《鹪鹩赋》,确是阮籍赋的嗣音;张华“言有浅而可以托深,类有微而可以喻大”的赋体创作思维,确是对阮籍赋体创作思维的直接继承与明确表达。

由上述考辨,我们便会更清楚地看到:除了受特定时代因素的制约,散文文体本身的容易过于直白,诗“体”则以抒情为主,要求含蓄蕴藉,避免相对直露的批判、否定与说理。这些特定的文体制约,也是促使阮籍选择散文创作以纯粹说“理”为主、诗“体”创作以隐曲委婉为宗的重要原因。但同时,如果不是机械、教条地看,虽然魏晋之

① 《清思赋》的超越内容有浓厚的现实阴影,当非早期所作。从其对超越过程及特定情境的描写与《东平赋》《首阳山赋》《大人先生传》颇为相近,所用词语也与《东平赋》颇多相同之处,笔者以为其作时当与这三篇作品相近。

② 从东汉晚末期之郭泰到阮籍再到张华,都是潜隐型“帝王师”类型。

际时代特殊，阮籍又处世“至慎”，但他既时有途穷之“恸”，就不可能没有相对而言，需要以较直接、深入、细致的批判、否定与说理，来表现的思想感情。阮籍在要求含蓄蕴藉的诗“体”创作中，有时都忍不住会作直露的批判、否定与说理，《咏怀·其五十四》甚至还期望“夸谈快愤懑”①。因此，对这些用散文或“诗”体表现就不是那么适合的创作内容，阮籍往往偏爱借助赋的文体特征予以表现。阮籍的赋体创作，更侧重于表现对魏晋之际社会整体结构的黑暗与群体人性之恶的具体批判、否定的思想感情。而在具体表现时，则注意把握适当的表达方式，注重选取特定局部视角，对特定具体事实、现象进行描述、审视，使其批判、否定与说理更为直观、细致、深入，追求“言有浅而可以托深，类有微而可以喻大”的创作效果。并且愈到后期，其情绪表达越发激烈、显豁。

五、余　论

深入考论阮籍赋具体创作时间与赋体创作思维，同时还具有这样的重要价值：

其一，长期以来，对阮籍其人的研究多有处于泛感觉状态之作，一些所谓结论，都建立在主观臆测的基础上。对阮籍赋体创作具体时间的深入研究，显然具有较为重要的定位意义。

其二，对阮籍的各体文学创作，特别是对其《咏怀》诗的研究，也因具体创作时间的难以确定，而存在大量的主观臆说。对阮籍赋体创作具体时间的深入研究，则为《咏怀》诗和阮籍各体文学创作及其系统思维特征的研究，提供了较为重要的定位作用。

其三，对阮籍赋体创作思维的研究，更容易使我们看得清楚：为什么阮籍会创造“咏怀”式的诗“体”写作方式？为什么其散文创作会以“论”体为主？这完全由于阮籍有着较明确的文体观。而阮籍这种较明确的文体观，不但在魏晋之际作家中最为突出，并且在从曹丕《典

① ［三国·魏］阮籍著，陈伯君校注：《阮籍集校注》，中华书局2012年版，第351页。

论·论文》到陆机《文赋》的魏晋文体观念演进进程中,也有着不可替代的重要“坐标”意义。

（本文原载《“英雄”文化与魏晋文学》,上海古籍出版社 2018 年版）

◆学术年谱

刘志伟,男,1962 年 11 月出生,文学博士。现为郑州大学二级教授,博士生导师、博士后导师(兼书法)、郑州大学学科特聘教授、郑州大学文选与华夏文明研究院(筹)院长,郑州大学古籍整理研究所所长,郑州大学“中原历史文化”双一流学科“中原文化”方向学科带头人,河南省省级重点学科中国古代文学学科带头人。兼任中国文选学研究会副会长兼秘书长,国际考古学暨历史语言学学会常务理事、学术委员会副主任兼学刊副主编,河南省高评委,河南省高等教育中文教学指导委员会副主任委员,河南省教育人才学会副会长,复旦大学古籍保护研究院暨文物保护研究院特聘研究员,国家社科基金通讯评委,国家博士后基金评委,教育部社科基金评委;国家图书馆、国家古籍保护中心《书志》编委,《文选学研究》编委。曾任西北师范大学文学院教授、博士生导师;郑州大学文学院教授委员会主任、副院长,校文科学部委员;河南省中原文化与资源研究中心特聘教授,郑州成功财经学院(巩义)杜甫研究所所长及客座教授;台湾佛光大学人文学院客座教授,马来西亚马华公会(MCA)中央党校学术顾问、客座教授。

一、文学教育与少年读书梦

一九六二年

11 月 15 日月圆之夜,出生于甘肃省通渭县常家河镇刘家阳坡村。属虎,小字银泉。

祖父讳发奎,20 世纪 40 年代初,创建阳坡小学,任董事长。外祖父杨国栋,兼通“五经”,尤精《周易》之学,创建张家川小学,乡人尊称“大先生”。

父讳敏,甘肃通渭工业创始人之一。曾任全县唯一的企业张家川煤矿矿长,历任县毛纺厂、农机厂厂长,脱粒机厂书记、县经委书记。

伯父刘聪,20 世纪 40 年代成为中共地下党党员,新中国成立之初,任通渭仁义乡乡长,后任常河公社副书记,1969 年领导创建固河堆初级中学。

叔父刘锐，先后在兰州大学生物系、哲学系从事行政工作。

通渭县系著名书画之乡，刘氏家族向有重视文教传统，父辈以聪、敏、锐、智、仁、义、礼等为名，体现以忠孝和文教传家宗旨，家族祖、父辈在当地创办多所学校。

一九七一年至一九七八年　九岁至十六岁

1971 年，就读于王咀小学，之后，就读于固堆河小学、固堆河初中和常河高中。

幼年时期，体弱多病，不能坚持全程听课，家中《三国演义》《水浒》《四游记》《说唐》类历史小说等读物，激发了读书兴趣。在兰州大学哲学系工作的三叔刘锐，是最重要的文学启蒙老师，幼年曾向三叔学习外国文学知识，了解到雨果的《悲惨世界》，巴尔扎克的《高老头》和《欧也妮·葛朗台》，莎士比亚的《哈姆雷特》和《仲夏夜之梦》，大仲马的《三个火枪手》，小仲马的《茶花女》，福楼拜的《包法利夫人》，列夫·托尔斯泰的《安娜·卡列尼娜》《复活》《战争与和平》，果戈理的《钦差大臣》《死魂灵》，拉伯雷的《巨人传》，夏洛蒂·勃朗特的《简·爱》，艾米莉·勃朗特的《呼啸山庄》等大量的外国小说，以及希腊神话故事，安徒生、格林兄弟的童话故事、侦探小说等。

王咀小学一年级时，兰州大学地理系教授冯绳武曾来家乡调研解决吃水难问题。冯教授住在家中，起到重要启蒙作用。

家乡自然、生活条件较差；初、高中阶段，积极参与劳动和社会实践，社会生活锻炼获益良多。

二、恩师深情与金城受教时光

一九七九年　十七岁

本年，参加兰州大学附属中学高考补习班。时任兰大历史系主任杜经国任历史老师，中文系陈志明、兰州一中李兰纪任语文教师，兰大附中戴群任政治课老师。还得到高尔泰、辛安亭、刘文英等的指导。诸位先生的学识和独特人格魅力，对拓展文化视野，形成独特的精神气质和关于世界与人生的总认识，深有影响。本年得杜经国指导，读清末光绪癸巳年(即光绪十九年,1893年)江南制造总局首刊本《曾惠敏公遗集》。

一九八〇年　十八岁

9月,考取西北师范大学。大学四年,系统修学钮国平、王福成、胡大浚、乔先之、王尚寿、李文瑞、张文熊、甄继祥、吴福熙、侯兰生、杨凤清、田明、张纯鉴等的课程,其中钮国平授《先秦文学》,王福成授《魏晋南北朝文学》,胡大浚授《唐代文学》,王尚寿授《文学概论》,甄继祥、吴福熙、侯兰生授《古代汉语》,杨凤清授《现代汉语》,田明授《语言学导论》,张文熊授《逻辑学》《索绪尔语言学》,乔先之授《明清文学》等课程。

大学四年,打下了扎实、全面的学业基础,甄继祥鼓励、推荐报考郑文教授的硕士,对走上学术道路有引导意义。胡大浚指导修改《庾信〈枯树赋〉写作年代考辨》和《论庾信等由南入北文士的节操问题》。两文后得到学界前辈的肯定,导师郑文亲自审定,给予"能思考、有逻辑,可从事学术职业"考语。

一九八四年　二十二岁

本年,于西北师大本科毕业,获得文学学士学位。同年9月,以第一名成绩考取西北师大硕士生,师从著名学者郑文教授。郑文四川资中人,民国中央大学出身,从学于伍叔傥、孙鹰若、黄耀先、顾颉刚、罗根泽、乔大壮诸民国大家,曾与蒋礼鸿、王达津为中大"三助教";曾从"文选学"巨擘黄侃传人伍叔傥、孙鹰若受《文选》学。对个人从事"文选学"研究有重要影响。

在硕士学习阶段,还从张文熊习《说文解字》,从叶萌习《语言学名著导读》,从郭晋稀习《音韵学》,从乔先之习《文心雕龙与黑格尔美学》。从匡扶习《诗词写作》。

一九八七年　二十五岁

本年,通过由曹道衡主持的论文答辩,获文学硕士学位,并留西北师大中文系任教。

一九八八年　二十六岁

本年,在《西北师范大学学报》发表论文《庾信〈枯树赋〉写作年代考辨——与沈家庄同志商榷》，在《兰州大学学报》1988 年第 1 期发表论文《从庾信看北朝后期文人的“节操”问题》。

一九九一年　二十九岁

在《西北师范大学学报》1991 年第 4 期发表论文《关于〈论魏晋六朝作家“文心”与“人心”的分裂〉一文若干错误的订正》。

一九九二年　三十岁

在《西北师范大学学报》1992 年第 6 期发表《从音乐意象看阮籍文学创作与音乐的关系》，《人大复印资料》1993 年第 4 期全文转载，1995 年获甘肃省社科奖。本年，参与编纂的《中国历代乐府诗精品鉴赏》，由北京广播大学出版社出版。

一九九三年　三十一岁

编著的《〈幼学琼林〉助读》（上、下册）由甘肃少年儿童出版社出版，获得“唐代文学学会”古代文学优秀科研成果一等奖。

一九九四年　三十二岁

在《西北师大学报》1994 年第 1 期发表《走向文化反思的逻辑起点——从庾信看由南入北文士的文化幻灭感》。本年，主编的《陇上画师张维垣》由兰州大学出版社出版。

一九九五年　三十三岁

5 月，被评为 1995—1996 年度校内特殊津贴优秀中青年教学科研骨干；6 月，破格晋升副教授；8 月，参加在郑州大学举办的第三届“文选学”年会，初识时任郑州大学古籍整理研究所所长的俞绍初教授。本年，先后发表《嵇康兄弟之谜与兄弟关系考辨》（《西北师范大学学报》1995 年第 1 期，《人大复印资料》1995 年第 11 期全文转载）、《从音乐意象看魏晋诗歌与音乐的关系》（《兰州大学报》1995 年第 2 期）、《阮籍真的是癫狂症患者吗？——与刘康德先生商榷》（《社科纵横》1995 年第 2 期）、《不无危苦之辞，惟以悲哀为主——试论庾信后期的文学理论主张》（《甘肃社会科学》1995 年第 3 期，《人大复印资料》1995 年第 11 期全文转载）、《论〈咏怀·其一〉对阮籍〈咏怀〉诗的“范式”意义》（收录于《诗赋论集》由甘肃人民出版社出版）等论文，得到学界关注。

一九九六年　三十四岁

本年，在《西北师范大学报》第5期发表《〈文选〉音乐赋创作程式与美学思想发微》，被聘为西北师范大学研究生导师。

本年9月，赴北京大学做高级访问学者，师从葛晓音教授。其间，向袁行霈、褚斌杰、费振刚和龙协涛诸先生请益，拜访中国社会科学院文学研究所曹道衡、邓绍基和中华书局许逸民等多位著名前辈学者，与刘跃进、傅刚、魏明孔、漆永祥诸学兄往还。旁听谢冕主持的当代诗歌创作、研讨活动。完成《虬髯客传研究》初稿。

一九九七年　三十五岁

《〈文选〉音乐赋发微》，由中州古籍出版社出版的《文选学新论》收录。

一九九八年　三十六岁

应台湾中国文化大学洪顺隆教授的邀请，与刘跃进、曹旭、张伯伟等青年学者参加魏晋南北朝学术国际研讨会，开始与域外港澳台地区学者交流。其间，与台湾地区李纪祥、陈锡勇、林登顺、黄水云、廖一瑾等结为挚友。

一九九九年　三十七岁

本年9月起，在西北师范大学攻读博士学位，师从著名楚辞研究家赵逵夫教授。在导师指导下，系统精读先秦文化原典。

二〇〇〇年　三十八岁

发表论文《古今〈虬髯客传〉研究反思》（《西北师范大学学报》2000年第1期）。

二〇〇一年　三十九岁

发表论文《题材选择与魏晋诗赋文体演进》（《西北师范大学学报》2001年第6期）。

二〇〇二年　四十岁

本年，以《“英雄”文化研究》通过博士论文答辩，获文学博士学位，答辩委员会主席骆玉明教授评价：论文能够登高望远，抓住中国文化的命脉，并从中西文化的比较，发显原汁原味的中国核心文化精神与特质，显示了宏大的学术追求格局和气象。本年，被聘为西北师范大学教授。所著《魏晋文化与文学论考》，由甘肃人民出版社出版，2003 年荣获第五届甘肃省优秀图书奖。发表《从陆机诗赋论看其诗学赋学思想价值——兼论诗赋理论研究的思维模式与方法》（《西北师范大学学报》2002 年第 2 期）《中国历史上第一部"英雄"传记——试论王粲〈英雄记〉》（《兰州大学学报》2002 年第 3 期）等论文。所撰《子建"尘埃"与魏晋文化创造》，收录于《海峡两岸历史文学与历史文学创作论文集》，由台湾佛光大学出版社出版。

二〇〇三年　四十一岁

本年，《试论魏晋诗赋的骈偶化》收录于《文选与文选学》（学苑出版社出版）；参与编撰《中国历代文学作品选》（郑州大学出版社出版）。

二〇〇四年　四十二岁

本年，发表《〈语林〉与〈世说新语〉"捉刀"条考论》（《文学遗产》2004 年第 5 期，《人大复印资料》2005 年 2 期全文转载），获得学界广泛关注，被《文学遗产》编辑部竺青主任评价为改革开放三十年来《文学遗产》所发表的小说类代表论文之一。参加由韩国成均馆大学主办的儒教文化国际学术大会，发表《两汉王朝政治中的宗庙祭祀与孔子崇拜》（《儒教文化国际学术大会论文集》2004 版）。与钱穆的关门弟子、台湾佛光大学人文学院院长李纪祥教授联袂执行主编《两岸文化星系》丛书（龚鹏程《中国文人阶级史论》、刘志伟《"英雄"文化与魏晋文学》、赵孝萱《"鸳鸯蝴蝶派"新论》、尚永亮《贬谪文化与贬谪文学》、李纪祥《时间·历史·叙事》，兰州大学出版社）。本年，所著《"英雄"文化与魏晋文学》获 2002—2003 年度高校社科成果二等奖，连凌云发表书评《对"英雄"概念的另类阐释——试析刘志伟〈魏晋文化与文学论考〉中的英雄观》（《甘肃通讯》2003 年第 1 期）。

二〇〇五年　四十三岁

所主讲《魏晋南北朝文化史》获得甘肃省精品课程奖。

二〇〇六年　四十四岁

本年，被西北师大聘为博士研究生导师。8 月，以学科带头人身份被引进至郑州大学文学院工作。受邀参加《追求科学与创新——复旦大学第二届中国文论国际学术会议》,提交《〈文子〉与道家的文艺思想》(《甘肃社会科学》2006 年第 4 期);受邀参加韩国成均馆大学“孔庙与儒学”国际研讨会;受邀参加海宁市第五届金庸小说研讨会。发表《陆机研究的反思与展望》(《西北师大学报》2006 年第 4 期)、《试论魏晋诗赋创作的韵式探索》(《上海大学学报》2006 年第 6 期)、《刘邵与古典〈英雄〉概念的基本内涵》(《光明日报》2006 年 6 月 2 日“文学遗产”专栏)、《一部“老而更成”的杜诗研究专著——郑文教授〈杜诗檠诂〉评介》(《图书与情报》2006 年第 5 期);《边让考论》收录于上海古籍出版社《古代文献的考证与诠释——海峡两岸古典文献学国际学术会议论文集》。

三、倚梦嵩云与中州教研生涯

二〇〇七年　四十五岁

本年发表《“胡须”:魏晋“英雄”权力意志异化的象征符号(上)》(《语文知识》第 1 期)、《“胡须”:权力意志异化的象征符号(下)》(《语文知识》第 2 期)。

二〇〇八年　四十六岁

本年 5 月,被聘为清华大学哲学博士论文仲裁专家;6 月,被聘为许昌职业技术学院客座教授;7 月,被聘为北京大学核心期刊评审专家;8 月,被聘为台湾佛光大学人文学院客座教授;10 月,被聘为教育部学位与研究生教育评审专家。本年,所参加项目《学生诚信教育研究——学校实施诚信教育的现代价值探讨》,获河南省教育科学研究优秀成果一等奖。发表《孔融〈杂诗·其一〉作于光和三年考》(《中国典籍与文化》2008 年第 1 期)。

二〇〇九年　四十七岁

本年 4 月,《人民日报》(海外版)《中国博士生导师》专栏予以报道;5 月,被聘为“中国青少年语文风采”大赛组委会委员;7 月应邀赴马来西亚马华公会(MCA)中央党校讲学,为中央领袖研修班讲授《中国思想史:“英雄”与“英雄”文化》《〈世说新语〉与政治文化》,被聘为该校学术顾问兼客座教授;8 月,当选为“中国文选研究会”理事,参加第八届中国“文选学”国际学术研讨会;9 月,被聘为郑州大学博士研究生导师;12 月,被聘为校文科学部委员。本年,主持教育部规划项目《“英雄”文化与先唐文言小说关系研究》(已于 2014 年结项)。发表《〈唐钞文选集注〉陆机诗注的价值》(《中国典籍与文化》2009 年第 2 期,《人大复印资料》2009 年第 8 期全文转载,并于 2010 年 9 月获 2009 年度人文社会科学研究优秀成果一等奖);参加“中国(许昌)三国文化”学术研讨会,提交《曹操的家族文化观念与家族教育思想》(收入高等教育出版社《中国(许昌)三国文化学术研讨会论文论述集》)。本年,因指导《谶纬与六朝志怪小说关系研究》,获河南省优秀硕士学位论文指导教师奖。

二〇一〇年　四十八岁

主持 2011—2022 年国家古籍整理出版规划项目《古典文学研究资料汇编——文选资料汇编》;主持河南省社科规划项目《谶纬与先唐文言小说关系研究》(已于 2013 年结项)。所参撰《历代赋评注》(汉魏晋南北朝卷)由巴蜀书社出版,所参撰《先秦文论全编要诠》由人民文学出版社出版,所参撰《汉魏六朝赋点评》由三秦出版社出版;作为副主编编著的《中国古典文学与文献学研究》第五辑由学苑出版社出版。发表《两汉王朝政治中的王统与教统关系——以宗庙祭祀、孔庙祭祀与孔子崇拜为考察中心》(《中州学刊》2010 年第 2 期)、《阮籍赋体创作思维考论——由与张华〈鷦鷯赋〉之关系及阮籍的赋创作作时契入》(《钦州师院学报》2010 年第 2 期)、《边让见袁阆原型故事发生的时间与真相蠡测》(《中国典籍与文化》2010 年第 3 期)、《〈文选〉白文会校与义疏的时代意义》(《郑州大学学报》2010 年第 3 期)、《抒情性句型选择与魏晋赋体创作的表现特征》(《语文知识》2010 年第 4 期)、《论“痴”的审美与文化价值——“文化语义学与魏晋文化研究”之一》(《河南师范大学学报》2010 年第 6 期)、《试论魏晋赋的骈体化》(《中国古典文学与文献学研究》第五辑)等论文。本年,因指导《谶纬与六朝志怪小说关系研究》,获郑州大学优秀硕士学位论文指导教师奖。12 月,受邀参加复旦大学“中国文学古今演变研究”第四届学术研讨会。

二〇一一　四十九岁

9 月，当选中国文选学研究会副秘书长。同月，被聘为嵩阳书院导师，10 月，被评为河南省教育科研专家。本年，因指导《〈世说新语〉中的“文学”——以〈文学〉篇为中心》，获 2010 年郑州大学优秀硕士学位论文指导教师奖。本年，获郑州大学 2011 年优秀研究生导师奖、郑州大学第 3 届学生“我最爱的老师”荣誉称号。

二〇一二年　五十岁

2 月，担任文学院教授委员会主任；5 月，出任郑州大学古籍研究所所长；11 月，被聘为河南省省级网络精品资源共享课程团队首席专家；本年，被聘请为《兰州大学学报》“先唐文学专题”特邀主持。所著《汉魏六朝文史论衡》由上海古籍出版社出版；该书出版后引起学界广泛关注，被视为本年度汉魏六朝文学的代表性专著，中国社会科学研究院文学研究所《中国文学年鉴》收入了由该所许继起副研究员撰写的书评；《人民日报》刊登刘德杰教授书评《赋予文献以生命》(2014 年 2 月 4 日出版)；获 2012 年度河南省社会科学优秀成果二等奖。本年，发表《〈文选集注〉成书众说平议》(《文学遗产》2012 年第 4 期，获 2012 年度人文社科研究优秀成果一等奖)、《首条“范式”与“言语”门之边让见袁阆叙事——兼论〈世说新语〉与汉末魏晋“言语”文化时代的关系》(《中山大学学报》2012 年第 2 期)、《中国古典“英雄”概念的起源》(《中州学刊》2012 年第 2 期，《人大复印资料》2012 年 7 期全文转载)、《〈世说新语〉中的“坐”与“座”》(《青海师范大学学报》2012 年第 3 期)、《王统教统关系视野中的道德重构与文化复兴——论陆贾对汉初政治文化转型的设计》(《上海大学学报》2012 年第 5 期)、《“素王”典范造像与人的本质精神价值实现——论司马迁〈史记·孔子世家〉的创作》(《西北师大学报》2012 年第 5 期，《人大复印资料》2012 年 11 期全文转载)、《古钞〈文选集注〉鲍照乐府诗注的价值》(《广西师范大学学报》2012 年第 6 期)、《边让〈章华台赋〉考论》(《中国文学研究》第二十辑)等。本年，获郑州大学第七届研究生“最佳点评指导教师奖”；因指导《文选集注陆善经注研究》，获 2011 年郑州大学优秀硕士学位论文指导教师奖。

二〇一三年　五十一岁

本年,主持上海古籍出版社丛书出版项目《齐梁萧氏文化》(2015年结项)。被聘为教育部人文社科研究项目通讯评委、教育部重大招标项目评委、教育部二十一世纪人才计划评委、召集人。本年,受邀参加香港大学饶宗颐学术馆成立十周年庆典国际学术研讨会,并向饶宗颐先生请益,向法兰西学士院院士汪德迈教授和其弟子李晓红教授、吴华教授请益;6月,受邀参加厦门大学举办的《历代文苑传笺证》专题研讨会;9月,受邀参加由山东曲阜中国孔子研究院召开的第六届世界儒学大会,提交《颜回话语与汉初道德文化重构》(《第六届世界儒学大会学术论文集》);11月,在河南博物院做《武松的"文"化与〈水浒传〉创作》讲座:12月,在香山讲坛做"英雄"文化主题演讲。发表《〈虞殡〉非送葬歌曲考——兼论挽歌起源》(《青海大学学报》2013年第1期)、《虚构与志怪:谶纬神学话语制作的实质特征——谶纬与先唐小说关系研究之一》(《西北师大学报》2013年第4期,《人大复印资料》2014年2期全文转载)。所主编《文选研究资料汇编·赋类卷》(上、下册)由中华书局出版,引起学界广泛关注;邵杰《〈文选〉文献资料汇编》书评《拓宇开疆起盛业》(《中华读书报》2014年4月9日11版),许云和《登高博见,不歌而诵——评〈文献资料汇编·赋类卷〉有感》(《中国社会科学报》2014年8月20日),胡旭、刘子立《旧学商量加邃密——读〈文献资料汇编·赋类卷〉有感》(《中国社会科学报》2014年8月20日),雷紫翰《"新文选学"旨趣》(《光明日报》2014年9月29日)等文,皆给予高度评价。本年,《〈幼学琼林〉诵读本》由中华书局出版。12月,《高古书风与范斌先生的书学实践——兼论21世纪书学发展问题》作为《范斌书法艺术作品集》代序,由江西美术出版社出版。本年,所指导论文《谶纬与先唐文言小说关系研究》,获河南省哲学社会科学科学规划办优秀奖。

二〇一四年　五十二岁

本年,主持国家社科基金重点项目《〈文选〉李善注校理》,主持郑大"基础与新兴学科"10+1项目"《文选》与'活体文献'研究"。1月,接受中央电视台采访,1月30日在中央电视台九频道《英雄之路》播出。5月中旬,赴青岛参加书画家范斌书法展。6月,被聘为青岛崇汉堂汉画艺术交流中心研究员、青岛市收藏与鉴赏研究会顾问。8月,由中国文选学研究会主办,郑州大学文学院、郑州大学古籍研究所承办的"《文选》与汉唐文化"国际学术研讨会暨十一届中国文选学研究会在郑州光华大酒店召开,担纲大会主席,当选为"中国文选学研究会"副会长。发表《〈文选资料汇编·赋类卷〉编后语》(《书品》2014年第2辑)、《萧统主编〈文选〉的编纂理想——兼谈对未来"文选学"研究系统的展望》(《郑州大学学报》2014年第5期)、《〈文选〉李善注中"感甄"故事考论》(《兰州大学学报》2014年第5期)、《〈文选〉所收〈剧秦美新〉之作年及涉莽时事考论》(《河南师范大学学报》2014年第5期)、《〈文选〉李善注引唐前别集述论》(《中州学刊》2014年第8期)、《〈文选〉与郑州大学"文选学"研究》(《中国社会科学报》2014年8月20日)、《比隆周汉、文系天下——论萧统的文化理想及"文选学"系统重构》(《光明日报》2014年10月8日,获2014年度人文社科优秀成果一等奖,2014年度河南省社会科学优秀成果二等奖)等论文。

二〇一五年　五十三岁

1月,担任郑州大学文学院副院长。3月,被聘为《中州学刊》特约外审专家。4月,带领本院部分青年教师赴南京大学、浙江大学学习交流;受邀赴台湾艺术大学参加"融会与启发:音乐学的多元视角"国际学术研讨会,并赴台湾大学、台南大学、台湾中国文化大学等讲学、交流。8月,所著《齐梁萧氏文化概论》由上海古籍出版社出版,获2015年度河南省社会科学优秀成果奖一等奖,2015年度河南省社会科学优秀成果一等奖。9月,参加常州市主办的"齐梁文化研究丛书"首发式。10月,参加由韩国国立庆尚大学人文学院主办的"人文学的传统与现代"国际学术研讨会。12月,受邀参加香港大学饶宗颐教授百岁华诞国际学术研讨会,主持小组讨论,并发表大会报告《〈征辽〉战争与李世民的政治黄昏》;本月,书法作品《选学论萃》获郑州大学首届学生工作者书画摄影作品展一等奖。本年,发表《墨染秦汉韵笔蕴汉唐风》(《祖国》2014年秋季特刊)、《中国古典"英雄"概念与"英雄"文化》(《聆听智者的声音:香山讲坛演讲录》5 月刊)、《"素臣"形象与王朝政治中的道德文化重构》(韩国《人间·文化·疏通》12 月刊)等文。本年,获郑州大学第八届教学名师奖,2015 年度河南省高等学校教学名师奖。

二〇一六年　五十四岁

1 月,书法作品入选"郑大情·中国梦"郑州大学教职工书画作品展,获评一等奖。8 月,被聘为郑州成功财经学院杜甫研究所所长及客座教授。11 月,被聘为"中国文选学研究会"副会长兼秘书长。11 月,参加厦门大学主办的"文选学与汉唐文学研究"国际学术研讨会暨第十二届"文选学"年会,主持大会主题发言和闭幕式环节;受邀参加复旦大学中国古代文学研究中心、中文系、语言所主办的"传承与开拓——复旦大学第四届中国文论"国际学术研讨会,发表《思弘古雅:大一统礼乐文明重构与萧衍的音乐思想》(凤凰出版社出版);受邀参加浙江大学人文高等研究院主办的"汇通视野下的唐宋文学研究"高层论坛;11 月 30 日,于郑州大学文学院报告厅做题为"中国古代文学研究的传承与创新发展"讲座。本年,主持河南省高等学校哲学社会科学研究优秀学者资助项目"《文选》与'活体文献'研究"。发表《李善注〈文选〉底本与注本关系试探》(《河南师范大学学报》2016 年第 4 期);《虬髯客形象考论》(上海辞书出版社出版的《饶学与华学》)等论文。本年,获评 2017 年河南省高等学校哲学社会科学优秀学者;获郑州大学 2016 年优秀硕士学位论文指导教师奖。

二〇一七年　五十五岁

1 月,被聘为郑州大学学科方向带头人层级特聘教授;12 月,被聘为"国际考古学暨历史语言学"学会高级研究员、理事。本年,被聘为国家图书馆、国家古籍保护中心《书志》编委;入围 2017 年国家"万人计划"教学名师候选人;被聘为河南省高等教育中文教学指导委员会副主任委员。4 月,代表郑州大学中国"文选学"研究团队向教育部陈宝生部长汇报工作。6 月,所主持"《文选》资料汇编"9 卷本获评 2017 年度国家古籍整理出版专项经费资助项目;11 月,启动主持上海古籍出版社与郑大出版合作项目"中州问学"丛书项目;12 月,所主编的

《文选资料汇编·总论卷》《“文选学”论文集萃》由中华书局出版。9月,应邀赴日本广岛大学、二松学舍、立命馆大学讲学、访问交流。获2016年度河南省优秀硕士学位论文指导教师奖。

二〇一八年　五十六岁

3月,赴美国密歇根大学、哥伦比亚大学、华盛顿大学和联合国太极文化学会等讲学、交流。《艺术、政治隐喻与〈水浒传〉的“生日”叙事结构》讲演获得关注,讲学期间接受美国密歇根大学记者采访。《生日文化、师生情怀与道问之学》刊发于《国际考古暨历史语言学刊》。4月,担纲大会主席,主持在“诗圣”故里巩义举办的首届“诗圣杜甫与中华诗学”国际学术研讨会,由中国大陆、港澳台地区、海外日韩美法等国家的专家学者140余人共襄盛会,会议期间举办了“月是故乡明·谷雨雅集”大型“茶道”活动。6月,分别在河南博物院、安阳文字博物馆做“三国英雄与魏晋文学”公益讲座;17—19日,担任“中国荆州·中华诗学论坛”学术主持。8月,参加“西域文化研究暨中国语言文学学科建设高层论坛”学术研讨会;被聘为“国际考古学暨历史语言学”学会高级研究员、常务理事;与社科院文研所原所长杨义研究员等,应邀担任澳大邓骏捷教授的博士生杨笑涵的博士论文答辩委员;参与筹办北京大学“中国《文选》学研究会第十三届年会暨百年《选》学:回顾与展望”国际学术研讨会,做学术演讲并以副会长兼秘书长身份主持闭幕式,参与曹道衡创会会长追思会;所主编《〈文选〉与汉唐文化——第十届〈文选〉学国际学术论文集》由中华书局出版。9月,被聘为“国际考古学暨历史语言学”学会学术委员会副主任兼副主编,平顶山学院客座教授。10月,主持上海古籍出版社、常州市政府与常州大学联合举办的“齐梁文化”丛书之两种:《〈金楼子集〉笺校》《萧绎评传》学术研讨会。11月,受邀参加清华大学“纪念朱自清先生120周年诞辰”学术研讨会,并做分组学术报告;本月参加郑州大学与中华书局“文选学”暨中华典籍整理研究平台建设战略合作签约仪式;应邀与清华大学人文学院党委书记孙明君教授一道接受《中国社会科学报》关于“魏晋南北朝文学研究回顾展望”1万字长篇采访(发表于该报2018年11月15日)。12月,随刘炯天校长一行赴台湾大学、台湾清华大学、台湾政治大学、铭传大学、东吴大学、东华大学、台湾“中央研究院”、台湾故宫博物院等参访交流；本月被聘为河南省教育人才研究会副会长；发表《“诗圣”杜甫“圣”化论》（第一作者，《文艺研究》2018 年第 12 期）；《英雄文化与魏晋文学》（修订版，40.2 万字，2018 年 12 月第 1 版）由上海古籍出版社出版。

二〇一九年　五十七岁

本年，获评河南省社科名家。1—11 月，受教育部和国家社科办邀请参与多篇博士论文和项目评审；1 月，赴大陉山，参谒郑国名相子产墓；2 月，参观大象陶瓷博物馆、登封窑、郑州市文物考古研究院，开展中原“活体文献”调研；发表《法国汉学泰斗：汪汪深广中国情》（《中国社会科学报》2019 年 2 月 14 日），回忆与法兰西学士院“儒莲奖”（号称世界汉学诺贝尔奖）得主汪德迈院士交往往事。3 月，应法国阿尔瓦大学和索邦大学、巴黎中国文化中心的邀请，赴法国参加“中西方诗画会通研究”国际学术研讨会，发表《“诗圣”杜甫的“英雄”视野与艺术世界——以杜甫的绘画题咏诗歌为研究中心》报告（《欧洲时报》2019 年 4 月 12 日予以报道），应邀参加在巴黎中国文化中心举办的中法美术百年学术研讨会；在巴黎中国文化中心的“国际视野中的中国古代文学与文化研究”圆桌论坛上，发表《中原根、原文化对当代中国与世界的启示意义》演讲，《欧洲时报》（2019 年 5 月 12 日）予以报道。其间，敬谒周恩来总理留法勤工俭学故居，与汪德迈院士、阿尔瓦大学李晓红教授和法国中国文化中心李中耀教授贤伉俪同访法国国家图书馆写本研究中心，参访巴黎卢浮宫、先贤祠。4 月，应邀赴首都师范大学讲学；与国家图书馆出版社殷梦霞总编辑和古籍编辑室南江涛主任等，就子产文化和杜甫研究、中原“活体文献”研究合作等展开会谈；所总编之《文选资料汇编 · 序跋卷》由中华书局出版。6 月，应邀参加天水师范学院《重走杜甫秦州路：唐代文学与甘肃华夏文明》学术研讨会，并为师院师生做《政治叙事与文学“范式”——以〈水浒传〉研究为中心》的学术报告。7 月，为河南省委党校学习班学员 400 余人做《中原根、源文化与中华文化自信——以中原考古与出土文献为中心》的学术报告。9 月，获任郑州大学“中原历史文化”双一流学科“中原文化”方向带头人；河南省教学技能大奖赛评审委员会文史哲组长；为河南师范大学师生做《“尘埃”与曹植的文学创造》学术报告。10月，赴常州大学调研中国文选学研究会第十四届年会筹备工作；参加河南省教育人才学会理事会第二次会长工作会议。11月，为郑州大学书法学院“西部书界高级研修班”做《“尘埃”世界与文学的天才创造——以曹植的文学创作为研究中心》等学术报告；应邀参加复旦大学古籍保护研究院五周年院庆暨文物保护研究院创院揭牌仪式、学术研讨会，获聘两院特聘研究员；与上海古籍出版社相关负责同志会商系列性“中州问学丛刊”与“域外‘文选学’译介工程”出版项目事宜，所主编“中州问学丛刊”中的两种：刘群栋的《〈文选〉唐注研究》和王翠红的《〈文选集注〉研究》已于2019年11月出版。